高等工程教育研究丛书

工程学与工程教育

下册

朱高峰

高等教育出版社·北京

内容提要

　　本书共上下两册，上册第一部分为工程学概要，主要从工程的基本概念出发，展开为工程活动、工程要素和工程价值三个维度，全面论述了工程的各个方面，展开了工程的全貌，力图使读者对工程有个全面的了解；第二部分为世纪之交时作者在中国工程院主持的研究报告"开发我国工程技术人员创新能力的对策研究"，虽然时隔二十多年，但有些问题并未解决，由于该报告在当时并未发表，故一并列入本书；第三部分收入了作者关于工程的部分文章。下册则是作者关于工程教育的一系列文章，论述面较宽，也涉及一般教育的一些问题。

图书在版编目（CIP）数据

工程学与工程教育．下册/朱高峰主编．--北京：
高等教育出版社，2021.11
（高等工程教育研究丛书/姜嘉乐，王孙禺主编）
ISBN 978-7-04-057214-8

Ⅰ.①工⋯ Ⅱ.①朱⋯ Ⅲ.①高等教育-工科（教育）
-教育研究-世界 Ⅳ.①G649.1

中国版本图书馆 CIP 数据核字（2021）第 217599 号

Gongchengxue yu Gongcheng Jiaoyu

策划编辑	李　慧	责任编辑	李　慧	封面设计	于文燕	版式设计	杜微言
责任校对	马鑫蕊	责任印制	赵义民				

出版发行	高等教育出版社	网　址	http://www.hep.edu.cn	
社　　址	北京市西城区德外大街 4 号		http://www.hep.com.cn	
邮政编码	100120	网上订购	http://www.hepmall.com.cn	
印　　刷	北京中科印刷有限公司		http://www.hepmall.com	
开　　本	787mm×1092mm　1/16		http://www.hepmall.cn	
印　　张	26.25			
字　　数	480 千字	版　次	2021 年 11 月第 1 版	
购书热线	010-58581118	印　次	2021 年 11 月第 1 次印刷	
咨询电话	400-810-0598	定　价	88.00 元	

本书如有缺页、倒页、脱页等质量问题，请到所购图书销售部门联系调换
版权所有　侵权必究
物　料　号　57214-00

高等工程教育研究丛书编委会

总　序

　　近现代意义上的中国工程教育始于晚清洋务运动，迄今已走过了 140 多年的历程。百余年来，历经萌芽、发展、初具规模、历史性跨越，今天，我国已成为世界上工程教育规模最大的国家。

　　新中国成立后的前 17 年，尽管照搬苏联模式给我国高等教育带来不少问题，但高等工程教育仍取得了不俗的成绩，基本上满足了发展我国社会主义经济、特别是建设独立自主的工业体系对高级工程人才的需要。

　　改革开放以来，我国的高等工程教育厉行改革，阔步发展，成就卓著，形成了层次丰富、形式多样、学科门类齐全的工程教育体系，培养了大批优秀的工程科技人才，为我国工业、农业、科技、国防现代化做出了举世瞩目的卓越贡献。在我国高等教育事业中，工程教育规模巨大、目标远大、任务重大，是国家创新体系的主要智力资源。

　　近些年来，西方发达国家不约而同地将工程人才培养作为重塑竞争优势的战略选择，通过回归实体经济，大力发展先进制造业，创造新的经济增长点和新的就业机会，来摆脱经济长期停滞不前的危机，并为此而全面改革其工程教育体系。这些战略的提出和实施，对我国的工业化，甚至对我国经济走向全球市场、获得长远发展构成了严峻的挑战。为此，我们必须制定战略、采取措施、积极应对，而工程教育在这一进程中的关键作用不容低估。

　　耐人寻味的是：一方面，无论就其规模还是能量，工程教育都是我国高等教育中毫无争议的"专业大户"，在培养大批创新人才、应对上述全球挑战的时代话剧中扮演着真正的主角；另一方面，诚所谓"桃李不言，下自成蹊"，工程教育界似乎很少大张旗鼓地谈论教育理论，致使人们误以为工程教育对现代高等教育研究的贡献不大。然而，实际情况绝非如此。为了贯彻落实国家的科技战略、人才战略和教育发展战略，在教育部和中国工程院的推动下，我国高校不仅在工程教育中率先进行了一系列意义重大的教育和教学改革实践，而且相当一批学者专家积极参与了相关的专题研究，其中既有非常前沿的理论研究，也有包括政策研究和案例研究在内的大量实证研究。这些研究深刻地总结了国内外工程教育改革发展的实践经验，为我国工程教育的战略决策和长远发展提供了先进的理论指导，同时，也提升了我国高等教育研究的理论水平，极大地丰富了我国高等教育研究的知识宝库。

中国工程教育研究始终意识到它的实践背景，以国际视野观察工程的未来，以国家理想探索人才的成长，把历史创痛视为前进的动力，把真实问题作为研究的导向。这是工程教育研究的最大特色，也是它对高等教育研究在方法论上的最大贡献。

总之，系统地搜集、整理、精选、出版中国高等工程教育研究成果、特别是改革开放三十年来工程教育研究成果的时机已经成熟。我们决定编辑出版这套丛书，把我国工程教育研究中的精髓以系列书籍的形式奉献给广大读者，这不仅是为了检阅我国高等工程教育研究的成就，更是为了通过国际比较、历史回顾、政策分析、案例研究、理论探讨来引领我国工程教育未来的改革发展。

感谢中国工程院教育委员会、教育部高教司、高等教育出版社对这项工作的大力支持。

姜嘉乐　王孙禺

2014 年 10 月 12 日

序

习近平总书记指出："工程造福人类，科技创造未来。工程科技是改变世界的重要力量。""工程科技创新驱动着历史车轮飞速旋转，为人类文明进步提供了不竭动力源泉。"

习近平总书记强调："教育决定着人类的今天，也决定着人类的未来。""中国将坚定实施科教兴国战略，始终把教育摆在优先发展的战略位置。"

中国工程院成立以来，一直鼓励、组织院士们团结广大工程科技工作者在产业革命、经济发展和社会进步各个方面努力做出贡献，同时在培养提高工程科技人才队伍方面发挥积极的作用；与之同时，院士们会同各方面专家，在工程学和工程教育的理论、性质、规律等方面开展了一系列的研究。

朱高峰院士的新著《工程学与工程教育》就是这些研究的一份丰硕成果。从书名看，本书将工程学与工程教育紧密联系在一起，这是一项创造性的工作。本书从活动、要素和价值三个方面对工程学开展系统的研究，在此基础上，对工程教育进行了深入的研究和论述。

这项工作由朱高峰院士来做也是因缘际会、适逢其人。他是电信专家，也是中国互联网的促成者之一，有着长期在工业部门和工程咨询机构从事宏观管理的丰富经验；同时，他对国民经济、特别是工业经济的健康发展及与之相应的各类创新型工程人才培养的关注由来已久；进入中国工程院的二十多年，他重点关注了中国制造业的发展和工程教育的探索。在长期探索和研究的基础上，朱高峰院士笔耕不辍，完成了这部有开拓价值、有重要意义的专著。

朱高峰院士是工程科技界的老同志，他的为人治学都值得我们学习。20世纪90年代后期，朱高峰院士主动请缨，担任了中国工程院教育委员会第一任主任委员；20多年来，朱高峰院士主持了多项工程学和工程教育的研究项目，取得了重要的研究成果；阅读《工程学和工程教育》这本专著，我们能够深深领会到朱高峰院士对于工程教育事业的深情厚谊、战略思考、真知灼见和理论贡献。

现在，《工程学与工程教育》即将由高等教育出版社出版。我愿借此机会，代表工程界和工程教育界的同志们和青年同学们，向朱高峰院士表达衷心感谢。祝愿朱高峰院士继续为中国的工业发展和工程教育发展建言献策，贡献他的经验、学识和智慧。

周济

2020 年 11 月 16 日

前　　言

自 1998 年受命组织中国工程院工程教育委员会（后改名为中国工程院教育委员会）之后，我这个虽然受过多年教育但对教育工作是个门外汉的人就踏入了教育这个领域。我常对人说也许因为我不是教育界的人，所以看问题的思路、角度和长期从事教育事业和工作的人会有不同之处，也许有些话他们不好说，而我们却少了些禁忌和顾虑，这就是当时的本意吧。

但既然进了这个圈，首先是要学习教育的理论和规律，了解教育的实际情况。20 年下来，虽然做了一些努力，但究竟不是本行，也没有从事实际的教育工作，所以有时发表一些看法，也还是雾里看花的多。

近期有机会进入到学校的具体教育发展和改革研究之中，因为教育范围太广，涉及面太多，所以还是限定在工程教育领域，想能结合实际做一些探索。

工程教育顾名思义，应该是工程加教育，当然不是机械加法，而是要结合、融合，因此首先要对工程和教育两方面分别厘清。但说实在话有些失望，先看教育，虽然工科在中国高等教育中规模上比重很大，大约为三分之一①，但工程教育在教育学科分类中却没有什么地位。近年来从事工程教育实际研究的人不少，但学术研究却不多，真正以工程教育为对象的著作甚少。工程教育论的书就很少，而工程教育学为名的书更是难以看到。教育学的书很多，但其中论述工程教育的内容却很少，大概在研究教育学的人看来，教育是学，而工程是术，而中国一向重学轻术的思想积重难返，所以从事教育学的人不愿意涉及工程教育吧。

反过来看工程，这应说是我的本领域了，讲工程的文章、书籍可是汗牛充栋了，但真正要从宏观上去研究工程、了解工程，在仔细查找以后却又感到无从下手，各种各样关于工程的论述基本上都是对具体分类工程的研究和讲述，

---

① 高等学校本科专业目录（2020 年版），12 个专业门类中，共包括 32 个专业类，共 157 个专业，专业个数占比为 33.5%。

而对于工程总体却极少看到有清晰的论述。即使对工程究竟是什么，包括什么内容，都缺乏权威明确的定义。这与世界自工业革命以来工程蓬勃大发展的对比是如此明显，更与中国改革开放几十年来依托工程在改变落后面貌，大步追赶缩小差距向现代化迈进的现实脱离太远。

近十年来中国工程院立了工程哲学的研究项目，在殷瑞钰院士牵头组织下进行了较持续多维度的研究，已经出版了《工程哲学》《工程演化论》《工程方法论》《工程知识论》等几本著作。在项目引导下，已经有一些高校开始开设工程哲学课程，在广大教师和教育研究部门的努力下，也有一些学校开始开设工程导论课程，受到了学界关注和学生们的欢迎。

但工程哲学是从哲学角度来研究工程，通过研究，明确了工程与科学、技术的关系，提出了工程本体论，为工程的地位树立了坚实的基础。由于主题所限，工程哲学不可能对工程的内涵、规律等做全面的展开，在工程哲学与各门领域工程学之间还缺乏对工程学总体的展开。

由于工作的需要，作者试图对此做个尝试，对工程教育做一个较为系统的论述，首先对工程做个全领域、全视角的展开，恰好当值防疫期间，宅在家中避免外出，也提供了相对充足的时间。由于前述情况，首先是对工程内涵尝试做较全面系统地展开，写出了工程学概要，从工程活动、工程要素和工程价值三个角度进行展开。至于专业技术领域因为已经有了太多的著述，这里就基本未涉及。当然由于时间精力关系，展开的各方面也只是做了较为粗浅的介绍，对一些问题如工程分类等提出了新的看法。对教育方面，过去已发表了若干文章，论述了有关的各个问题，既有工程教育的，也有一般教育和人才学方面的问题。一下子还难以综合成一个整体，所以只是归纳提出了认为主要的几个方面的问题，写成了《关于工程教育和一般教育问题的再思考》一文。

在世纪之交时曾组织做过几个较大的调查，其中和张维先生共同主持的"我国工程教育改革与发展——迎接21世纪的挑战"调查和与其他几位同志共同做的"开发我国工程技术人员创新能力的对策研究"调查，都写出了较有分量的报告。但由于种种原因，当时没有公开发表，现在看来当时提出的问题，有不少目前仍然存在，虽然客观情况有了很大变化，但并不等于问题已解决，所以把这两份报告分别纳入本书中，也便于从历史发展角度来分析、认识问题。

书中选用了过去曾发表过的若干篇关于工程和教育的文章，有些内容是已提出多年但并未解决的，也有些是看法过于理想化而难以实现的。纳入本书中，一方面是补充对一些具体问题的展开，另一方面也是呈现一个历史的脉络。

希望能引起广大工程界和教育界人士关注，共同探讨做进一步研究，共同构建工程教育学的框架，促进工程教育的健康发展，同时对工程学开展基本探讨，为形成工程学的基本框架抛砖引玉。

目 录

教育与人才篇

第四部分　关于工程教育和一般教育问题的再思考

第五部分　调查报告：我国工程教育改革与发展
——迎接 21 世纪的挑战

第六部分　教育和人才相关论文

教育与人才篇

第四部分

关于工程教育和一般教育问题的再思考

关于工程教育和一般教育问题的再思考

近十多年来中国的教育规模有巨大增长，其中高等教育增长更快，而在高等教育中工程教育占比最高，大概占三分之一，因此近年来对高等工程教育的关注也较多。本人曾针对高等工程教育发表过一些看法，但现在回想起来，工程教育中的一些重大问题目前似乎还没有一致意见，有些还没有引起足够的重视，因此想提出一些看法供讨论。当然，下面的讨论也不可避免地会涉及教育中的普遍问题。

1. 工程教育的实践性问题

从历史上来看，工程教育有两个来源，一个是自古已有的师徒传授模式，另一个是始于中世纪欧洲的现代大学教育中的一个大类，即从几百年前现代科学诞生、特别是工业革命开始后出现的成体系的现代工程教育。前者是零散的纯经验性的操作技术传授，后者则是自然科学结合工业发展衍生出来的有组织的系统教育；前者主要是实践经验（包括表现为窍门的规律）的总结与传承，后者则是从科学理论体系扩展延伸到实践应用的完整教育序列。现代教育体系普及后，前者逐渐发展为职业教育或者职业培训，后者则纳入普通教育体系中。

工程本质上是造物活动、实践活动，但与古代从经验到经验的工程实践不同，现代工程实践需要理论的指导，所以现代工程教育也应该实践与理论紧密结合。现在工程教育的各种改革、变化、演进云云，主要就是如何更好地处理实践与理论两者的关系。值得注意的是，论者往往较多关注两者在量上的比重，但归根结底，应该是孰为主导的关系。目前有两种选择：一种是理论必须成体系，而实践只能用于验证理论的正确性；另一种则是旨在通过实践做出实物（包括模型）来对学生进行完整的工程训练，而理论则用于为实践提供方向和某些原理性的支撑（当然也说明实践行之有据），不言而喻，在这里，理论的作用是工具性的。可以说，前者是科学教育的余绪，也是迄今为止大多数学校奉行不渝的"正统"；后者则是近几十年来遥接全球工程教育改革主流、但仍时有纠结的改革探索。人们没有意识到，在理论与实践的关系中，突出实践的主导地位，正是工程教育区别于传统科学教育、复归自身本质属性的关键所在。工程教育"回归工程"的实质在于其主导地位由实践取代理论的变化，而并非单纯课时比例的调整。当然，这样说丝毫无意于贬低理论的价值，仅仅是想说明，在工程教育中，虽然理论与实践必须紧密结合，但只能是工程实践主导的结合，如此而已。

　　在工程教育改革中，我们往往困扰于理论课体系如何调整，困扰于任课教师维持本学科的系统性而对压缩课时的抗拒心理。我认为，如果大家都能理解和接受实践主导的理论与实践相结合的工程教育理念，则课时调整问题其实不难处理。目前工程教育中的理论课是"科学教育"旗号下理论课的压缩版，但如果不触动"科学教育"这个"原则"，调整的空间将会非常有限，甚至可能把有用的理论给压缩掉。

　　近些年来，通过对知识内涵的研究，人们接受了知识可分为显性知识和隐性知识两大类的判断，后者指的是在实践中形成而难以用文字表达的知识，它因其经验形态通常不能被归纳进科学体系，但在工程活动中却至关重要，为此，工程教育改革不能不更加需要强化实践的分量。

　　2. 教育公平与教育卓越的平衡问题

　　（1）教育公平，是它与教育卓越矛盾的主导方面。

　　教育的根本矛盾是公平与卓越的平衡问题。两者都是教育的目标，但都要受客观条件的限制。一定社会发展阶段的教育，受到资源和伦理的约束，只能采取相对平衡的办法，实现教育公平。

　　换言之，公平总是相对的，任何社会都做不到绝对公平，公平程度只能随着社会的发展进步而逐步提高。在当前中国社会条件下，教育公平的程度当然也要受到环境差距、学校差距、资源差距、治理差距等因素的制约。目前的办法是把差距主要限制在地区层面上，即从义务教育阶段直到高中，各个地区采用不同的标准，在本地区内实现相对的公平。另一个是学校的区别，趋优避劣乃人之常情，优质学校的学区房让家长们趋之若鹜，由此造成的不公平可想而知，最近有的地方尝试采取抽签的办法（所谓计算机派位），似乎绝对化了一些，能否成功还有待观察。至于"高考不公"，多年来更是备受批评，但做了各种改革尝试之后，业内外不得不承认，现行高考制度至少能维持形式上的公平，似乎仍然是"不好中的最好"。高考制度是古代科举制的现代变种，但内容由过去的专于文科转向文理兼考、以理为主，换言之，现在考的主要是精确科学（其中是非并非没有争议），从历史角度看，它促进了现代科学普及，这当然是一种进步，但学习内容的僵化和学习动力的异化，则是这种一考定终身的制度所固有的弊端。此外，统一高考，看似公平，但录取分配的地域差异仍然存在，这虽然在一定程度上弥补了单纯笔试的不足，但也掩盖了其他方面的差异（比如不知根据何在的录取分配比例的差异）。

还有一个更具有实质性的公平问题似未引起注意，那就是办学经费的分配。众所周知，学校的差距表现在设施、师资、教学、管理等诸多方面，这是自然形成的客观存在。但有一个差距却是人为的，那就是公共经费的差距。政府用于支持民生的经费（亦即二次分配），原则上都是抑强补弱，唯独给学校分配的经费却常常是抑弱补强，不知主管方面是否关注到这一点，希望能有效平抑这种不公。

无论如何，不公平的现象应当止于校际，而校内不应再有差生歧视和优生偏宠。目前不少学校（尤其是所谓"名校"）乐于为成绩好的学生"开小灶"，成立条件优渥、名称酷炫的××班、××学院（当然，笔者并不反对那些有特定改革目标的试点），而对一些差生则漠然视之，甚至弃之不顾，这不仅悖逆了公平原则，也显然有违教育者的师道。当年笔者上学的时候，对于差生，学校和教师都是会下大功夫给予帮助的。

如前所说，公平是相对的。帮助差生不等于不讲教育质量。生源有优劣，成绩有高低，学校既要在教育上一视同仁，又要在成效上从严验收。不要平时放任自流，为确保毕业率又高抬贵手、宽进宽出，这样做，无论对学生本人还是对社会，都是不负责任的，对那些通过诚实努力取得合格成绩的学生也是不公平的。

（2）教育卓越，可分个体和群体两个方面。

个体卓越是主客观因素共同作用的结果。一般来说，在人才等级方面，中等总是占多数，优秀占少数，而称得上卓越者更是极少数。达到卓越，需要具备天赋、努力和环境机遇三个方面的因素。天赋是客观存在的，只能发现而不能培养，有些家长、教师乃至学校以为拔苗助长（这方面的例子太多了）可以培养天赋，这是荒唐的。天赋多种多样：有记忆力超强的，有逻辑思维能力优异的，有形象思维发达、艺术想象力丰富的，也有喜好并擅长动手操作的……发现人才，要发现其特点，而不是千人一面、强求一律。有天赋的人需要被特别关注，我们要创造一定的环境使其发挥，但不是为其提供超越普通学生的特权条件。从智力发展的角度看，天赋通常会打破智力平衡，所以有一个说法，叫作"天才往往是偏才"。教育者的责任，是适度弥补其短板，而不是为其强项过度"施肥",弥补措施也要适可而止,不得有损于其天赋的发展。在这方面,老一代的教育家已有不少成功的经验。一般来说,有天赋的青年人进入高等教育阶段后,应让其在普适条件下自己成长,对其表现优异之处可以给予鼓励,但不宜提供过多特殊条件,更不应当助长特权,把他们与其他学生隔离开来。只要不对其与众不同之处加以压抑即可,主要是顺其自然,给予适当指导,鼓励发挥所长,将天赋转化为特殊能力。目前一些高校设置的带有试验性的特殊班级,除非专业需要,一般不宜以卓越为主题,而应更多地鼓励自由发展。有些学校忽视普通班级的教育质量,不顾自身条件,把大量资源用于特殊班级,这是违反公平原则的,效果也不一定好。比如,这样做可能会使优生怠于努力,不进反退,甚至产生特权意识,贻误人格的健全发展。大量的事实证明,艰苦的条件和竞争的环境对于优秀人物的成长反而是有利的,所谓"生于忧患,死于安乐",乃是成才之道。

群体卓越是个有点敏感的话题,实际上群体卓越是个伪命题。如前所述,卓越首先要有天赋,而天赋是个性化的,所以群体卓越难以形成,但优秀群体是可能的。换言之,就是在高等教育大众化的背景下,还要不要精英教育?精英教育与前面讨论的教育公平是否矛盾?精英教育实际上涉及国家对高等教育的战略布局问题。对于中国这样的大国来说,为了确保民族振兴大业最终取得成功,确保国家发展不在全球科技竞争中落伍,确保工程创新和技术创新对提升综合国力的战略作用,保留一部分精英教育的重要性和必要性是不言而喻的。笔者认为,应面向中长期发展,对应于国家科技发展的战略部署,就自然科学而言,应具有基础性和重大的探索价值,就工程技术而言,应具有前沿性和重大的创新愿景。在严格控制规模的前提下,在少数有条件的学校集中一批优秀学生实施精英教育是必要的,也是可能的。

如前所说,教育公平是相对的,高等教育大众化已经为实现教育公平做出了重要贡献,教育大众化与精英教育的平衡则对教育公平的相对性提出了新的要求,是教育公平与教育卓越这一组矛盾在新条件下的新平衡。教育公平的原则不应妨碍国家在前沿科技领域,尤其是重大工程技术创新领域及其相关学科和专业方向上支持精英教育。为此,当然要提供必要的硬件支撑和经费投入,但这仅仅意味着入选其中的教育者和被教育者将被赋予更大的责任,承受更大的压力,面临更艰巨的挑战,而不是高人一等,轻松走上坦途。

3. 工程教育的分层问题

这里的分层不是指按教育进程分阶段,而是指将同阶段的教育机构按所谓表现优劣分档次。学校办学水平有不同档次,这是客观存在,国内外概莫能外。区别在于,这个档次是自然形成的还是人为设定的。众所周知,"常春藤"

高校是自发形成的，但硅谷、128 号公路周边高校的崛起则受地方政府干预的影响；在欧洲，巴黎高科是拿破仑政府扶植起来的，德国的名校也均为公立学校。这两种学校分层均未影响政府与学校之间的关系。这是问题的一个方面，另一方面，20 世纪以来我国政府对学校进行的"水平"分层却留下了一些隐患，一是分层的目的不明，就是说，大学分层并未与国家的整体经济发展和产业布局挂钩，并未与激励重要基础学科和战略性专业发展挂钩，变成了为分层而分层。二是分层标准和方式复杂多变、名目繁多，入围"高层次"的学校当然很高兴，但圈外的学校难免产生被边缘化的失落感，失去奋起直追的动力；占大多数的低层次学校的学生则从此带上了档案性的标志而终其一生，在就业市场上遇到许多原本可以避免的误解或伤害。三是被分为高层次的学校凭政府赋予的名望而拥有优秀的生源，使大多数学生在选择学校时主要根据其名声而非根据自己的兴趣、爱好和与之相关的专业，造成潜在的优秀人才过度集中。四是对分层的结果处理不尽恰当。学校被分为三六九等后，这些等级就成为政府分配资源的依据之一。虽然名义上学校教学经费是按生均分配，但实际上学校财政很大一部分来自生均以外的项目经费。一些有更强研究基础的学校能获得更多研发项目，这是凭实力自己挣来的，当然无可厚非；但很大一笔经费来自额外的办学项目，这就值得讨论了。有些办学项目不仅经费额度巨大，而且按年度持续拨付，其累计投入足以造成弱者更弱、强者更强的"马太效应"，至于强校的办学效果是否符合相应的投入产出比，迄今并未得到有说服力的统计数据的支撑。由此可以看出分层的目的就是为了分配资源。这和前面讲到的精英教育不是同一回事。

那么，学校分层的依据是什么呢？一般认为，是科研水平。据此，对高等学校的原始分类就叫研究型和教学型（据说是根据卡内基分类引进的），于是两类学校高下立判。至于后来的"研究教学型"和"教学研究型"云云，都是沦为"教学型"的高校为了改变命运，根据同一标准痛苦努力的可怜结果。耐人寻味的是，大家都在提升名称等级上做文章，却没有人质疑划分等级的标准本身是否合理。从已有名称可以看出，在高校的教学、科研、社会服务这三大任务中，教学的中心地位已不复存在，已被科研取而代之。本来，从社会舆论、职称评审、经费分配、劳动收入等角度看，教学在高校中的地位已经不高，这种基于科研中心的分层标准出来后，教学的地位更是每况愈下。对一个教育机构来说，教学中心地位的沉沦，其后果可想而知。至于流行一时的"五唯"现象，则是"科研中心"理念的进一步异化，限于篇幅，这里不拟赘述。

工程教育领域近年来也出现了一些新的提法，其中，以"应用型本科"影响最大。应用型本科的本意似乎是想解决理论与实践的关系问题，但安上一个新名称就能化解困境吗？从概念辨析上看，一直没有见到与"应用型"相对应的概念是什么。既然提出"应用型"，想必就应该有"非应用型"。那么，"非应用型"又指哪些学校呢？有人说应该是"研究型"，有人说是"学术型"（"研究型"的另一具分身），果真如此，那就又回到"研究型"身份高、"应用型"身份低的套路上去了。其实，是否"应用型"，与学校的等级并无本质联系；应用与否是由专业的性质决定的，按照这个判断，至少 80% 以上的专业都是应用型的，无论设置这些专业的学校有多"高级"。从学生出路的角度看，本科教育有两种选择：大部分本科生将直接面向职场，因此需要更多针对行业特点的应用训练；少数本科生准备攻读研究生，因此需要更多的通用基础训练，在后一种情况下，本科无非是研究生教育的预科，只是把专业的应用性延后了而已。"应用型本科"这个概念还会带来其他的理解困境，比如，多年来一直有人主张兴办职业本科，目前已经批准开办了 20 多个高职学校，并且校名改为职业大学，其中只有一所公办学校。为了维护职业教育的定位，所有职业大学仍强调培养技术技能型人才，但职业大学比高职究竟是在技术上更强还是在技能上更强？从另一方面看，技术技能难道还不是为了应用？那么，"应用型本科"和职业本科究竟有何区别？如果像西红柿和番茄一样指代同一事物，是否可以选择一个类似学名的标准提法？

4. 供求关系问题

教育是培养人的事业，同样有供需互相适应的问题，这个问题早在 20 年前中国工程院教育委员会第一次调查报告中就已经明确提出来了。该报告由张维先生和本人牵头，当时我们提出：医学、基础教育等人才数量要和人口总量成比例，而工程人才数量要和工程的产值（增加值）成比例，各国比例的高低，说明国家的强弱。现在我国人均 GDP 只有发达国家的 1/6~1/5，就已经实现高等教育的大众化，并且还要追求普及化，供需不平衡是显而易见的。我国制造业的增加值比美国高了约 30%~40%，但高校工程专业的毕业生却是美国的 3~4 倍，明显不相匹配。与此同时，技术工人却明显不足，经济转型需要大量的有一定知识、能适应技术提高的产业工人，但我们的高等工程教育规模却供需倒挂，大学生就业成为每年必须确保解决的头号难题，而合格的基层劳动者却供给乏人、缺口巨大。这个矛盾长期存在下去，将会严重影响经济转型、提高质量的战略任务。

这种局面，其源有二：一是传统观念作祟。由于各方因素的引导，全社会普遍认为学历越高越好，所有青年人都要走同一条学历攀高之路。传统上，便是"万般皆下品，唯有读书高""劳心者治人，劳力者治于人"，到了近现代，虽然多次经新文化洗礼，上述"圣人之道"的影响仍然深远，余绪绵绵，导致社会上普遍低看体力劳动者，其社会地位和实际收入都有明显差距。不但工程领域如此，其他领域也不少见。例如医生和护士的数量不匹配，把护士看作是简单劳动者，不认为护理是一门专业，需要专业知识和技能。至于社会急需的护工和老年人护理专业人员，就更是等而下之了。虽然护士比例近年有所提高，但和发达国家相比仍有很大差距。二是不承认人的天赋有别，或者只承认强度之别，而不承认领域之异。于是家长和教师都把尊重个性、"因材施教"的原则抛诸脑后，衡量年轻人只有一把尺子，唯标准答案是问，唯考分高低是从，可谓误人子弟，误导了一些青年人的发展方向。不少家长"望子成龙"心切，给孩子报了很多课外补习班，大多毫无必要，甚至纯属误导。如此拔苗助长，效果自然适得其反：既助长了厌学的心理，又泯灭了向上的志趣，不仅浪费了学生的青春，还给家庭带来沉重的经济负担，成为影响民众消费能力的重要因素，简直一无是处，严重影响了全民素质的提高。

与之直接有关的还有一个人力资本问题。我国对人力资本问题的研究不多，但实际上人力资本相当值得关注。人力资本与个人、家庭、国家和社会都紧密相关。人力资本要考虑投入产出两个方面，从个人、家庭角度看，上学付出了精力和费用，加上中小学期间的各种补习费用，总投入在家庭支出中占了相当的比重，而产出则是就业后逐渐增加的收入。当然，收入增加与就业后的表现有关，但学历也会起一定作用，尤其是起始工资，更与学历直接相关。这笔账真正细算需要做大量的调查、研究、分析工作，至少，对于无谓浪费的投入应该算清楚。政府对此也应心中有数，这是社会经济总量中的一部分，又牵扯到千家万户，其中浪费的投入减少了家庭的可支配收入，降低了人们的购买力，也就有损于实际的经济总量。

在供需协调方面还有一种说法，就是推迟就业。世纪之交那次高校大扩招，原因之一就是为了推迟就业。从国家层面来讲，如果高学历就业人员稀缺，而低学历人员过剩，那么，扩大高校招生就是完全正确的。但中国当时的情况是高学历人员已经出现过剩，有一定知识和技术的中等学历劳动者则出现短缺，在这种情况下，高校扩招看似减少了待就业的人员，缓解了就业压力，但实际上却是大大加剧了后来就业的困难。最近这次扩招主要是职业教育扩招，应该说是总结了经验教训，期望在改变劳动力结构方面能有好的效果。目前研究生教育仍在大规模扩招，这同样属于供需倒挂，如何处理，期待引起关注。如果我们的招生政策缺乏对业界需求的针对性，学生在心理上就会被误导，似乎学历越高就业越容易。实际上，如果没有相应的业界需求，学历越高反而越难找到合适的工作，在家待业或者降低要求勉强就业就在所难免。实际上盲目提高岗位的学历要求不单是浪费人力资源，实际工作效果不一定好，不少情况下反而更差。可以说，全社会盲目追求高学历之风越盛，由此导致的学位教育规模越大，对经济社会发展需求的适应度反而会越低。其中的经济规律，非常值得有关政策的制定者关注。

5. 教育评估问题

教育这么大的事业是需要进行评估的，评估的目的当然是使教育越办越好，这里就有一个对"好"的认识、"好"的标准问题。教育本身处在不断变革之中，尤其是在中国这样快速发展的情况下，教育既要补课，缩小与发达国家的差距，又要紧跟时代步伐尽量适应经济技术的发展，加之各种专业教育情况各异，因此要用一套固定不变、长期适用的统一标准去衡量是做不到的，勉强推行也是做不好的。为此，教育主管部门组织了一支相对专业的评估队伍，主要由原来从事教育工作的专家组成，他们有丰富的经验，工作责任心很强，做了很大努力，但专家们能否跳出个人经验的局限，跟得上形势的发展，接受不同的探索，博采各家之长，似乎也不能一概而论。评估要求得出定量的结论，像考试一样给出成绩，还要排名次，分层级，这就有点强人所难了。众所周知，评估结果往往与办学资源挂钩，接受评估的学校谁都不敢怠慢，不得不投入大量精力，针对评估重点准备材料，当然是以成绩为主，非评估内容则大抵忽略之，有点类似学生备考应试，虽有一定的督促效果，但也难免挂一漏万。评估能否客观全面反映学校的办学绩效，的确不易判断，至于评估会对日常教育教学工作造成的额外负担，多年来各方都有所反映。教育的对象是人，教育的结果是人的知识的丰富、能力的提高、品德的养成，对教育效果需要长期观察，不可能像工厂检验产品一样去做实时的精确测量，因此，教育评估原则上应该是以指导性、方向性、定性为主的，不宜盲目追求定量化，评估结果应有助于学校和教师改进工作，而不是多设规矩、滥施奖惩。最近中央全面深化改革委员会专门讨论了改进教育评估的问题，说明中央已经看到其中的利弊。

日常教学评价中有一类评价值得讨论，那就是学生评教。近些年来提倡以学生为中心的教学，学生评教就成了教学评价的主要途径之一。让学生评价教师及其教学，本来无可厚非。学生评教，可以使教师了解自己的成功与不足，从而扬长补短，改进工作，也可以使教师了解学生的困难和需求，从而对症下药、因材施教。国内外在这方面都积累了不少有价值的经验，可以继续探讨。但是，如果学生评教不是用于教师改进工作，而是与教师的报酬、奖励和职称晋升直接挂钩，成为有关部门进行教师管理的刚性手段，那就值得斟酌了。现在的商业活动，流行买家（顾客）评价，这类新鲜做法，对于改进商家服务质量当然有一定意义。但是，随着利益相关方的增加和竞争环境的复杂化，顾客评价的客观性就逐渐变味了，用钱拉票者有之，苦情哀求者有之，捆绑诱导者有之。商业活动尚且如此，简单套用于教育活动，套用于师生关系就更不妥。对教育来讲，师生之间即使有一定的利益关系，那也是非常间接的，两者互动是直接建立在文化和伦理基础上的。如果把学生评教与教师利益直接挂钩，就可能导致其价值的异化。比如，使教师患得患失，不敢从严管理，进而导致学风松弛，教学质量下降。学生评教，掺杂的因素非常复杂，其动机不仅有求知之诚，也有"过关"之需，还有对缩小复习范围、降低考题难度、不劳而获、坐享高分的期待，极端的，甚至有个别人对从严要求的教师挟私报复，聚众压低评分……所列消极动机，都有违引入学生评教的初衷。退一步说，即使学生评教的动机都是纯正的，也不意味着他们的意见和建议都是正确的。教师有责任、也有权利根据教学计划和对教学现状的了解，对这些意见和建议加以分析取舍、择善而从，而不是一味迎合迁就，否则还要教师干什么？从教学管理角度看，这种定量化甚至绝对化、唯一化是管理上的"懒汉思想"导致的。教学管理部门要为师生之间的有效沟通和良性互动提供畅通的渠道，包括健康的学生评教这种渠道，而不是为了方便管理，不惜以学生评教的手段去损害教师的合法利益，限制甚至打压教师的工作积极性。合理利用学生评教的结果，使之成为促进教学改革的积极因素而不是消极因素，对于教学管理部门来说，也是一种考验。

不言而喻，教师与教师之间总会存在差距。大而言之，无非是学识和人品之别。陶行知先生所谓"学高为师，身正为范"，启功先生所谓"学为人师，行为世范"，表达的是同一个意思，教师之间的差别，也体现在这两个方面。就大学教师而言，所谓学识，又可一分为二：一是专业知识和能力，二是教学知识和技能。能满足教学需要，并能不断自我充实提高，教师的学识就足够了。至于人品，只要为人正派，有责任感，有育人之诚，时时、处处、事事遵循教学规范，就算合格了。即使是优秀教师，也不可能全知全能，大贤大德，有如圣人再世。正如韩愈所云："闻道有先后，术业有专攻，如是而已。"（《师说》）再者，影响课堂教学效果的因素非常复杂，除了教师水平和临场发挥状态以外，知识的难易、现场环境的好坏或者其他因素的存在，都可能对某堂课乃至某门课产生积极或者消极的影响。所以，衡量教师是否合格、是否优秀，定位要精确，标准要合理，要有恰当的重点，不宜求全责备，更不宜把教师考核的重任推给学生。换言之，学生评教是师生沟通、改进教学的渠道，而不是考核教师、奖惩教师的手段。教学管理部门有很多了解教师教学情况的途径，对于经严格考核证明确实低于合格线的教师，当然要给予恰当处理：或者分流到其他合适的岗位，或者"回炉"培训，助其重新争取执教资格。这也是任何学校师资建设、教学管理的题中应有之义。

6. 课程教学中实践和理论的交叉融合问题

这是工程教育中的一个核心问题，也是近些年来国内外工程教育致力于改革改良的主要内容，目前存在多种方式。

（1）以理论教学为主，在校期间安排学生在校内实验室做与理论课配套的系列科学实验，并在校办车间或工厂进行生产实习，毕业前做毕业设计（有可能制作实物）或写毕业论文，这是最传统的做法。

（2）同上，但有机会到相关企业去生产实习，内容由企业自定或校企商定，大多是参观性的，也有部分顶岗活动，少部分由工厂员工带领参与一些创新活动。中国改革开放前大多采用这种方式，当时专业性工科高校与相关企业共同隶属于政府的行业主管部门，这些部门有专门机构负责安排相关事宜，但改革开放后行业主管部门陆续被撤销，联系大多中断，只有少数校企保持了双边合作。也有不少学校和企业在互相需要的基础上建立了新的联系。

（3）学校根据资源和教师能力，安排部分学生参与学校的一些研发项目。

（4）学校鼓励学生利用假期或学校在学期中安排的时间到社会上找一些短期工作，其内容可以与校内学习内容相关，也可以不相关，学校为学生找工作提供或多或少的帮助。

以上各种方式中，教学基本上按传统的基础课、专业基础课、专业课三段论式安排，通识课穿插其中，学校会就相关专业或新的技术发展方向开设一些选修课。

（5）学校开始改变三段论式教学安排，逐渐引入以实践为主导的方式，较著名的有 MIT 的 CDIO[①] 制，此方式推行 20 年，并已在全球范围内得到较广泛的认可和仿效。在我国也有学习推行的，但程度不一。

（6）丹麦奥尔堡大学等学校提出 PBL（project based learning）的理念，即基于项目的学习，不以系统性理论学习为纲，而是围绕实际项目来安排。具体方式各有不同，其极端者从入学开始就安排（或选择）项目，整个在学期间学生可以参与多个项目，从中了解所需的理论基础并接受相关理论学习。PBL中的 P，亦可理解为 problem，浙江大学的研究者索性表示为 P^2BL。

（7）在 PBL 模式中出现了一个特例——美国的欧林工学院，该校为一个

---

①　CDIO 代表构思（conceive）、设计（design）、实现（implement）和运作（operate），它以产品研发到产品运行的生命周期为载体，让学生以主动的、实践的、课程之间有机联系的方式学习工程。CDIO 培养大纲将工程毕业生的能力分为工程基础知识、个人能力、人际团队能力和工程系统能力四个层面，大纲要求以综合的培养方式使学生在这四个层面达到预定目标。

小规模的精英学校，并且坚持只办本科，学生总规模不到一千人，其坚持的理念为：使天赋较好的适龄青年掌握超乎一般学校学生达到的知识和能力。关键在于，不在校内办"特区"，不单独设置特殊班而导致待遇不公，而是入学前选择优质生源，进校后则公平施教。主要是通过项目训练追求人的潜力的充分发挥，使学生在本科阶段即可达到优秀甚至卓越的水平。当然，投入成本也很大，除学费外，该校还有赖于基金会的全力支持。这种模式的主要缺点是难以较大范围推行。

（8）第三类模式可称为三明治制，主要是校企紧密合作，共同培养，学生在整个学习期间轮流在学校和企业学习，具体安排可由双方商定，在企业多数时间是顶岗工作，不同阶段可以有不同性质的岗位。其中关键问题是校企双方要有共同理念，协调好各自不同的利益，合作是出于自己的需求，而不是外界压力，也不是基于社会责任的善举。一个学校可根据专业的不同选择对口若干企业，一个企业也可根据需求对口若干学校。

三明治制最受关注的例子是加拿大滑铁卢大学，该校除了普通学制外，专门设有校企合作学制，为五年制，比普通本科增加一年，学生入学时可自主选择参加与否。在五年制中，将每年设为三个学期，前四年各学期轮流在学校和企业度过，相当于一个多重三明治，最后一年在学校进行总结式的学习。虽然学制多了一年，但是由于长时期在同一家企业工作，所以实际上已经就业，并且在企业期间拿正式工资，而不是补贴，因此学生经济上并没有压力。至于课程和岗位的交叉如何具体安排，由学校和企业双方协商确定，学校有一个一百多人组成的庞大机构负责相关事务。至于具体做法和效果如何，还需要做详细的实地调查。

（9）我国的职业教育中有一种校企合一的做法，前几年曾在一些地方实施，但由于学校与企业毕竟性质不同，运行规则、治理方式都不一样，往往会触碰到一些既定规则的边界，所以该模式近年来似乎趋于萎缩了。

以上所列，在相当长时期内大都会同存共荣。在我国，由于对工程教育的性质尚未形成共识，传统方式在很长时期内仍会占主导地位。但是，我国经济社会发展要求转型升级，在发达国家尚且不断探索改革的竞争压力下，若不认真思考筹划，真正做出符合工程教育本性的改革，长此以往，工程教育也是难以为继的。

改革的难点首先在于转变认识。学校要认识到单靠自己解决不了实践的问题，培养的人也达不到社会的要求；企业要认识到培养合格的人才为我所用，自己是有责任且须付出努力的。这样在共同利益的基础上形成共识，才能真正实现合作。在学校内部，如何看待理论与实践的关系，领导和教师都应转变观念，特别是理论课教师，要接受实践主导下理论与实践相结合的新观念，放弃理论传授体系完整的绝对观念，真正让理论教学接受实践的主导，服从塑造培养对象的需要。当然，本文讨论的是校企合作育人的内容，至于研发方面的校企合作或产学融合，则是另一个话题，不是本文的重点，这里只补充一句，合作研发也是合作育人的宝贵资源，有心者应善加利用。

7. 双师建设问题

工程教育需要双师制，目前对这一点业界大体上已达成共识。所谓"双师"，指的是教师队伍的双师结构和教师个人的双师素质。双师制的形成首先是因为高校工科教师缺乏进行实践教育的能力，在中国，高校教师的来源基本上是从校门到校门，他们是通过自我学习、自我复制的。所以高校需要从企业引进有一定从教潜质的工程技术人员充实现有的教师队伍，改善其专业结构。但是，中国高校从产业界、从企业吸引来当教师的人非常之少，究其原因，一是企业人员不习惯学校的工作方式，也很难按目前理论主导的教学规范来备课；二是制度上企业也不希望其人员，尤其是水平较高的人员到外边兼职，分散精力，贻误本职工作；三是待遇问题，由于缺乏正式的规定，因此对现实的学校财务制度提出了挑战。看来这方面还需要做很大的努力。另一方面，高校为提升在校教师的双师素质而鼓励他们到企业兼职，也存在类似问题，特别是在唯论文是瞻的绩效评价标准下，教师的企业工作背景完全无助于职称晋升。

从长远看，还是应该向提升教师的双师素质这个方向发展，即所有教师都应兼备理论和实践两方面的素养并用于育人工作。要进行教师管理制度改革，让教师可以在学校教学和企业研发之间自由转换，尽管达到这个目标尚需假以时日。目前发达国家的高校教师在互相兼职上做得好一些，尤其是企业人员到学校兼职的许多成功经验值得我们借鉴。中国在这方面还要下大力气，从观念、制度上做出努力，同时要解决实际问题。

8. 大学前后的工程教育问题

我国目前的工程教育还只限于高等教育和职业教育，中小学阶段基本与此无涉。从发展趋势看，应该从少年时期即开始普及工程常识、培养工程意识。国外的 K12 工程教育就是颇有成效的探索。我们也应该在这方面开始努力，使我们的基础教育更全面、更符合社会发展的需要。

至于大学毕业后的工程教育则是个更宽泛的问题，属于终身教育的范畴。终身教育中的工程教育，基本上还是在职教育（包括转岗和退休后再从业）。其形式可以有多种，其内容既包括更多与实践有关的内容（既有常规性的理论与实践的结合，也有学校教育中未能充分展开而实践中又遇到的高难待研问题），也包括各种新兴技术或者跨专业的技术知识，以及管理、经济类知识。

教育的方式基本上是业余进行，诸如基地培训、业余上课和自主学习。教育组织包括三类：一是大企业自己组织的教育培训机构，内容与企业的需求密切结合，企业提供场地、设备等条件，教师可以由企业选派，也可以外聘兼职；二是全日制高校开办的在职教育或课程，可以根据企业委托开设专门班，也可根据本地产业发展需求设置开放性课程，生源可以是企业选送或个人根据需要报名；第三类是社会上单独开办、有盈利目的、针对在职人员的专门培训机构。后两种要与学历教育有所区分，学业完成后可以获得证书，虽然不是学历教育，但与执业资格认证关联，成为规范管理的合法行为。至于在职人员的学历教育，如早期的工程硕士教育，则属于另一个范畴，需要专文探讨了。

上述问题，不仅关乎教育本身，更是涉及整个社会。概括起来，无非是两个方面：一是观念、理念层面的问题；二是制度、政策层面的问题。而两者又都涉及从个人到机构到全社会的利益问题。

某种观念的形成，既有历史的渊源，也反映了面向一定社会现实的个人、阶层和社会团体的利益愿景。对绝大多数已经摆脱贫困的中国家庭来说，向富足发展，特别是让下一代地位跃升、摆脱阶层固化已成为主要憧憬，甚至是紧迫的需要。而要满足这些超越温饱之需的"高级"期待，社会所能提供的渠道却十分有限，其中，最可靠、最诱人的途径看上去就是考上大学、取得高学历了。唯其如此，高学历的摇篮——大学——也就有了提高身价、使自己更加奇货可居的利益需求。这是一条显而易见的利益链。但同样显而易见的是，这条利益链并非是影响大学办学方向的唯一要素。除了办学层次所能带来的明显好处外，大学当然有其历史形成的传统和价值观，有其超越功利的社会文化使命，关键是面临方向性选择的时刻，尤其是在上述矛盾的日常表现并不那么泾渭分明、各种要素的观念形态比较模糊的情况下，大学会倾向于接受哪种要素的影响。

观念是感性认识的集成，而理念则是观念集成的逻辑升华。前面分析过的几对矛盾，就是种种观念的理念升级版。而以上理念之所以会发生内在矛盾，大体上也都可以找到它们直接或者间接的利益根源。

前已述及，观念的另一个来源是历史文化，这方面近现代学者已做过许多去芜存菁的梳理工作，这些文化遗产的积极面当然有助于观念向理念的健康转化，有助于社会和大学的良性发展，但其消极面一旦与现实利益结合，其逆向的社会影响仍不容低估，也不易清除。

笔者之所以对工程教育和一般教育中的若干问题进行再思考、再分析，就是意识到观念和理念中的矛盾如果混沌不清，高等教育改革，特别是工程教育改革中的制度建设、政策选择、方法探索、质量保障都难以在正确教育思想的指导下有序开展、持续进行。为此，希望社会各界、特别是与教育制度和决策直接相关的部门和专家都来参与教育观念和理念的讨论，以便我们的任何改革举措——无论是宏观、中观还是微观，都出自清醒的头脑，出自对发展条件、发展路径、发展前景的精准判断。

教育并非社会生活中的孤岛。教育主管部门的任何决策，尤其是战略性决策，一定要与国家发展的大局挂钩，与国家综合实力的提升挂钩，就工程教育而言，更要与全国和地区的产业布局、经济规模、产业发展和提升的需求挂钩。要平衡教育投入与教育产出的关系，正确发挥教育质量评估和相关资源分配的指挥棒作用，把质量提升视为最大的教育产出。关键是，评估标准要摆正教学、科研、服务在高校工作中的位置，始终突出教育和教学的中心地位，排除非教育因素（譬如"五唯"）的干扰。正确的决策要基于充分的论证，有可持续性，切忌玩弄概念，朝令夕改，以亮丽的名词代替扎实的工作。教育主管部门主持的改革举措，既要在实践中切实可行，又要宽严适中、张弛有度，给不同地区、不同学校留下因地制宜、灵活发挥的合理空间。

各个地区的教育主管部门、各类高校的领导和职能主管，要在正确理解中央教育主管部门统一部署的前提下，认真研究本地区、本校的办学定位和改革条件，找到适合本地区和本校的教育教学改革路径，用好用足中央明令给予的"办学自主权"，为国家和区域发展培养更多能满足社会需要的高水平人才，切忌惑于各种时髦名词，舍本逐末，陷入"五唯"泥淖，忘记了培育人才这个中心。工程教育改革，不要偏离实践导向、理论与实践结合、校企合作育人的正道。各类企业，无论规模大小，不管公办民营，都应着眼长期需求，克服急功近利心理，全面、全程、积极、有效地参与工程教育改革和工程人才培养。

中国的高等教育研究，参与者众多，成果也不少，但是，面向具体专业教育进行实证研究和理论提升的研究者却为数寥寥。实际上，高等教育大众化之后，中国的教育涌现出大量的新现象和新问题，正好为教育研究者提供了丰富的研究课题和理论开拓的土壤。其中，工程教育可谓改革不断、成果丰硕，是最活跃、最具规模和影响力的教改领域，而且亟须理论提升和指导，然而，从事高等教育研究的专家和后起之秀，却很少涉足这个领域。希望这种局面逐步得到改变，希望有更多的教育研究者把他们的学术目光转到工程教育改革上来，转到中国高等教育改革面临的新现象、新问题上来。比如，本文提到的这些问题，若有教育研究的高手介入，一定能在更大范围内取得释疑解惑的效果，对全社会端正观念，对教育主管部门合理决策，对提升教师和学生参与教改的信心和决心，一定大有裨益。

中国的高等教育、特别是工程教育改革的实践证明，要不断取得成功，真正走出一条有中国特色的建设高水平大学之路，培养出大批满足社会需要的栋梁之材，除了观念的清晰、理念的端正、制度建设的不断完善之外，还要有各利益相关方在特定法律规范的制约下实现责权利的合理制衡和积极有效的协同参与。这不是一个简单的教育管理问题，而是一个整合教育系统内外因素共同参与的教育治理问题。最终的辉煌，不可能一蹴而就，而有赖于长期不懈的坚持，有赖于正确的宏观决策和切实推进的大学治理。

"路漫漫其修远兮，吾将上下而求索"！

第五部分

调查报告：我国工程教育改革与发展
——迎接 21 世纪的挑战

前　言①

中国工程教育的发展，可追溯十分久远，就现代意义上的中国工程教育而言至少也有百余年的历史。

在我国，最早办大学，培养工程技术人才的，应属 1895 年在天津成立的北洋大学（现天津大学的前身），随后于 1896 年在上海成立南洋大学（现上海交通大学和西安交通大学的前身）和唐山路矿学院（现西南交通大学的前身）。新中国成立前，我国先后成立了 20 多所工业大学或工学院，其教育计划和教学标准主要是以美国教育的模式为样板。只有个别学校受到其他国家的影响，如上海同济大学为德国模式，上海震旦工学院为法国模式，哈尔滨工专为沙俄模式，等等。这些学校规模很小，直至中华人民共和国成立，全国工科的本科毕业生只有寥寥几万人，研究生则更是靠国外培养。

中华人民共和国成立以后的一个时期内，我国高等院校改为学习苏联的模式，经过院系调整，工科院校形成以单科性工学院为主的模式。这种模式的教学计划由基础课、技术基础课和专业课三个部分组成，要求学生参加生产实习、课题设计和毕业设计，这与之前的美国模式相比，理论与实际结合得更好，但专业划分过细过窄，知识面过窄，难以适应工程技术的迅速发展。

改革开放以后，我国的高等工程教育进行了一系列的改革，有了很大发展，取得了巨大的成就，培养了大批工程科学技术人才，为我国工业、农业、科技、国防现代化事业作出重大贡献。初步形成了多种层次、多种形式、学科

① 中国工程院教育委员会于 1998 年完成了《我国工程教育改革与发展》咨询项目概要报告。本前言是向国务院呈报的概要报告的主要内容。本项目同时获得了国家自然科学基金委员会的基金支持。本报告是 16 位院士，31 位教授、专家历时近三年的研究成果。

门类基本齐全的工程教育体系。

随着 21 世纪科学技术和全球经济一体化的发展，国际间的经济竞争越来越激烈；现代工程大型化、集成化与智能化的趋势越来越明显。我国工程技术水平与之不相适应的矛盾日益突出，主要表现为高技术产业方面的差距较大，基础工业薄弱，生产工艺落后，消耗水平持续上升，工业增加值率下降，生产能力利用率低，缺乏创新能力，产品质量不高，市场竞争力不强，由我国制造并拥有知识产权的产品，难以进入国际市场，国内市场的比重也在减少。这种被动的状况还在不断扩展。

造成这种严峻状况有诸多因素，缺乏具有综合性、创新性能力的高质量工程技术人才是其中最主要的原因之一。它涉及人才的培养、使用与管理等众多环节上存在着严重的缺陷。为此，我们必须从战略高度来认识工程教育改革的紧迫性，要按照邓小平同志提出的面向现代化、面向世界、面向未来的方针和十五大精神，加快工程教育的改革，逐步形成一个院校工程教育和继续工程教育有机结合、协调发展的现代工程教育体系，并加强对工程技术人员的合理使用与科学管理，以适应社会、经济发展的需要。

为此，中国工程院从 1995 年开始组织了 16 位院士，31 位教授、专家历时近三年，对我国工程教育的状况进行了认真的调研。这次调研得到了国家自然科学基金委员会、教育部等有关部门的大力支持。调研分为五个专题开展："工程教育发展与人才需求背景""全面推进院校工程教育改革，培养跨世纪人才""工程技术人员的使用与管理""推进'产学合作' 培养现代工程技术人才""积极发展继续工程教育 提高我国工程技术队伍素质"。本报告是这项调研的主要成果，其主要结论反映在如下四个方面。

一、加快我国院校工程教育的改革

院校工程教育是社会、经济持续发展的基础。中华人民共和国成立以来，我国的院校工程教育培养了大批专业人才，为国家的经济建设和工业发展作出了重要贡献。近十余年来，其发展速度极快，已形成了相当的规模。1996 年我国工科类专业的毕业人数已达 31.5 万人，数量上居世界第一位，但我国的工业总产值仅为美国的 1/7，日本的 1/4。我们认为，目前我国院校工程教育的主要问题是要提高质量，进行结构性调整，增强对经济发展的适应性。

就教育结构与质量问题而言：①从横向看，单科性工科院校过多，并且分得过细，不利于培养综合性、复合型人才，还造成教育资源的浪费。②从纵向看，盲目攀高成风。专科纷纷向本科看齐，一般院校则与重点院校攀比，办学模式、培养规格单一化，不适应我国产业、经济结构多样性及地区经济发展不平衡的需求，而且导致工程技术队伍总体水平的滑坡。③从教育内部结构看，学科结构不合理；教育观念陈旧，重理论，轻实践；专业面窄，课程体系陈旧，知识结构单一；教师队伍的年龄、知识等结构不合理；教育管理体制死板等。导致所培养的学生素质不高，能力薄弱，特别是缺乏创新精神和能力。④从教育与外部的关系来看，企业依靠工程教育很不够，过分依赖引进；院校面向企业也不够，产学研合作的良好环境远远没有形成，极大地影响了工程教育的发展。

因此，建议以面向工程、稳定规模、调整结构、提高质量的改革思路，大力进行院校工程教育的改革，改革的目标是建立与社会主义市场经济相适应的多层次、高质量的院校工程教育体系。

1. 面向工程

工科院校的培养目标是工程师的"毛坯"。要坚持"面向工程"的办学方向。根据现代工程师所需的知识与能力等要求组织工程教育活动。要纠正重理论、轻实践的倾向，加强理论与实践的结合。

2. 稳定规模

工程教育既有一般教育的共性，又有其工程的特性，它的发展必须与经济的发展相适应。根据我国经济发展规划与现状，目前要稳定工科类专业的总规模，要提高教育质量和办学效益。

3. 调整结构

教育管理部门要转变职能，增加高校的办学自主权，鼓励各院校在各自的层次上办出特色，坚决反对盲目攀比；同时要加强宏观监控，并从专业、教学及层次三方面进行结构调整。其一，要根据产业、经济的发展变化，调整专业结构，逐步提高与高技术产业相关的新兴专业的比重，适度加强与我国资源和人口特点密切相关的专业，又不可过于削弱基础产业所必需的传统专业。其二，要改革教学体系，切实加强工程实践训练和创新教育；拓宽专业面，走大专业与专业方向相结合的道路；适度充实经济、管理、人文、环境等方面的知识，构建新的课程体系。其三，各院校要分出层次，在培养规格上要有区别，各有侧重，以适应经济多样化和不平衡的要求。专科要办出特色，要分门别类地调整专科与本科的比例。在硕士研究生中要加大工程硕士的比重。工学硕士应重视基础理论和创新能力的提高，为今后的研究工作打好基础；工程硕士要注重理论与实践的结合，侧重于培养解决技术开发、设计、制造、运行、管理等过程中实际问题的能力，并根据不同学生的特点有所侧重。

4. 提高质量

当前提高工程教育质量要着重抓好三方面改革：其一是要改革政治理论课程，针对当前的实际问题，加强学生的思想道德教育，增强学生对社会的适应能力；其二是要在不削弱基础科学教育的前提下，切实加强工程实践训练；其三是需改革教育体系与教学方法，培养学生的学习主动性与创新能力，要使学生成为学习的主人，能发挥其个性与特长。要在符合基本要求的前提下，给学生有转专业、转系、转校、转轨的可能性及更多选择课程、作业的主动权。同时加强对教学质量的控制，严格实施淘汰制，改变目前的严进宽出的状况。

5. 大力推进产学合作

产学合作是构建现代工程教育体系的一个重要环节，是提高工程教育质量、提高院校办学效益的一个战略性措施，必须坚持互利互惠、优势互补、共同发展的原则，鼓励在不同层次上积极探索各种产学合作模式。当前首先要请有关部门和地方政府有选择地重点投资于一些效益好的大中型企业，建设一批生产实习与工程设计的实践基地，并加强管理，及时推广好的经验。各类大中型企业有义务为院校提供实习基地，同时，也享有学生在实习中所创造的成果（知识产权）和聘用毕业生的优先权。政府要发挥指导与协调作用，并设立"工程教育改革基金"，从机制和政策等方面推动企业与院校建立有效的产学合作体制。

6. 加强教师队伍建设

要建立规范的教师岗位责任制及考核、晋升、淘汰制度。引入竞争与流动机制，教授与副教授实行公开招聘。优化教师结构，坚持专职与兼职相结合。既鼓励具有实践经验，并有学术水平的工程师到学校兼职任教，又要鼓励工科教师到企业兼职。应建立工科类专业教师接受工程实践锻炼的制度。要进一步改善教师尤其是年轻教师的工作及住房条件，提高待遇，稳定骨干教师。

二、大力发展继续工程教育

继续工程教育是对已受过高等教育的在职工程技术人员进行知识、技能等补充和提高的追加性教育。院校教育所培养的只是工程师的"毛坯"，合格的工程师还需要通过工程实践和继续工程教育才能"成形"。就业后继续工程教育是现代工程教育体系的重要组成部分，它与院校工程教育系统整合构成终身教育体系，是提高人才素质、保持工程技术队伍活力、增强我国在国际上竞争力的重要途径。据粗略估计，其规模应不小于院校教育，在当前尤其有极其重要的现实意义。

目前，虽然一些单位和部门在继续工程教育方面做了不少的工作，但就总体而言，我国继续工程教育的体系尚未建立起来。其教育目标不明确；法规制度不健全，管理乏力；投入严重不足，缺乏必要的条件；教学手段比较落后，培养方式单一等，导致众多技术骨干很难获得继续工程教育的机会。此外，人们对院校教育期望值过高，对继续教育、终身教育的重要性认识不足；对继续教育不同于常规学历教育的特点和规律等研究不够，往往把继续教育办成学历教育。即使是非学历的继续教育，也是套用学历教育的教材和教学方式等。为此建议：

（1）加强宣传，使各级领导和社会各界提高认识，看到继续教育在当今新形势下的重要作用至少不亚于院校教育。要建立终身教育观念，扩大继续工程教育的规模。

（2）建议全国人民代表大会对继续教育立法，明确政府、企业和个人的责任、权利和义务。应组建由教育部牵头，人事部等有关部门参加的继续教育管理机构，加强对继续工程教育的领导与协调。

（3）企业是继续教育的主体，应建立规范化的继续教育制度。大型企业应建立专门的培训机构，并加强与高校的合作；中小企业应加强与学校、学（协）会及社会的联系，由政府推动建立公共性的培训机构。

（4）高校要重视继续教育。重点院校要积极承担较高层次的继续教育任务；有条件的原部（委）属院校，要把教育重点转到面向专业技术人员的继续教育。继续教育的形式应灵活多样，要积极采用各种现代化教学手段，面授与非面授结合，长短结合，以短为主。

（5）加大投入。政府应有专项拨款，主要用于基础和公用设施建设；企业的继续工程教育经费属于人力资源开发费用，应视为一种生产性投资，要根据技术密集程度，制定培训经费标准，计入成本；大型投资和新技术开发项目应有相应的培训费。

三、加强工程技术人才的合理使用与科学管理

工程技术人才的合理使用与科学管理是人才效益发挥的关键。目前我国国有企事业单位工程技术人员总数已达 580 万人，每年从院校毕业的新增人员约为 30 多万人，在数量上居世界之首。但工业总产值仅为美国的 1/7，日本的 1/4。这就是说，我国的工程技术队伍总体上处于人数多，效益低，工程师平

均创造价值甚少的状况。企业拥有众多的工程技术人员，但把科研成果转化用于生产以及消化吸收能力却很薄弱，长期地重复引进，又严重地影响到我国自主科技成果的产业化。

造成这种状况的主要原因之一是由于对工程技术人员使用与管理不善。其主要表现为：①人事工作责权脱节。用人主体不明确，真正用人的部门（工程技术或生产部门）在选用、奖惩、待遇等方面，没有多少权力。②工程师的岗位与职责不清，普遍存在着人浮于事及高才低用的现象。③缺乏人才激励机制，在职称评定与晋升中缺乏客观标准和独立机构，基本上是论资排辈。④人才待遇过低，复杂与简单劳动的工资差距过小，专科、本科、研究生毕业后工资差距不大。⑤没有正高级工程师职称等。

这些不仅严重影响了工程技术人才的成长和人才效益的发挥，还导致优秀人才大量外流，企业在毕业生使用上的盲目"高消费"，造成人才资源的浪费。为此建议：

（1）加快人事制度改革的步伐，要建立谁用人、谁管人的制度，使工程技术人才的使用与管理有机结合，以利权责统一。要明确工程师的岗位及职责，健全岗位责任制，规范培养与考核制度。

（2）要建立激励机制，调动工作积极性。要改革职称评定的方法与标准，要突出实绩与能力，反对论资排辈，反对单一地以论文数量和评奖结果为依据。评审工作的组织，可由以行政单位为主，逐步转为以行业从业者组织为主，逐步推行工程师注册制度。

（3）定正高级工程师职称的称谓及评定办法，提高工程师的社会地位。改善工作条件，提高待遇，拉开工资级差，使责、权、利相互吻合。

四、努力营造良好的工程技术人才成长的环境

工程教育的改革与发展不仅需要加强教育内部环境的建设，还需要创造良好的外部环境。目前，一方面大家对教育的要求很高，另一方面支持教育的实际行动却不够。为此建议：

1. 转变观念，取得共识

要转变教育是纯消费性投资的观念，认识到教育投资是生产性投资，教育的投入产出比是高的。要引导全社会树立终身教育观念，形成人人都来关心和支持工程教育的局面。要认识工程技术是把潜在生产力变成现实生产力的桥梁，要像宣传科学家那样宣传工程师的作用。提高工程技术在国民意识中的

地位。

2. 增加教育投入

近年来教育经费的平均年增长率低于通货膨胀率，而工程教育与其他教育相比，所需成本较大，投入就更显不足。建议政府既要在稳定规模的前提下，加大工程教育的经费投入；又要通过政策引导，鼓励企业、社会和个人投资，增加投资渠道。

3. 基础教育要由应试教育转向素质教育

受应试教育的影响，高中文理分科，学生知识面窄，能力薄弱，思想道德水准不高，极大地削弱了高校生源素质，也普遍降低了国民素质，应尽快加以纠正。要真正贯彻德、智、体全面发展的方针，改革高考制度，以发挥对素质教育的导向作用。

4. 逐步建立和完善我国的工程与技术两大系列

我国的工程教育与技术教育的培养目标定位不准，没有形成不同特点的系列。轻视技术与工艺，是造成我国产品质量不高、缺乏竞争力的主要原因之一。建议逐步地把工程和技术分为两大系列。在教育方面，应按不同系列的要求及特点，组织教学活动。在人才使用与管理方面，要完善各自的职称系列配套。这将有助于教育结构与人才结构的改善。

5. 建议组建国家工程教育咨询组织

鉴于工程教育改革和现代工程教育体系的建立是一项十分重要而又艰巨的任务，必须作长期的艰苦努力。建议组建国家工程教育咨询组织，由教育专家、工程技术专家和教育行政领导参加，直接向国务院负责。

第一章

工程教育发展与人才需求背景^①

概念与界定：

科学：科学是人类探索自然和社会现象并取得认识的过程和结果，它包括自然科学和社会科学。科学本质上属于认识世界的范畴。

技术：技术是人类在征服自然、改造自然的过程中采用的手段。技术本质上属于改造世界的范畴。

工程：工程是人们综合应用科学的理论和技术的手段去改造客观世界的具体实践活动，以及它所取得的实际成果。工程中不仅含有许多技术方法问题，也涉及大量的科学理论问题。一般认为，工程包括工业、建筑业、交通、运输、邮电、通信业等。

工程教育：工程教育是以技术科学为主要学科基础，以培养工程师为教育目标的一门学科。内容上，工程教育包括工程科学、工程技术、工程管理等方面的教育；层次上，工程教育包括中等工程教育、高等工程教育和继续工程教育。本文研究的问题主要涉及高等工程教育和继续工程教育。

一、工程教育发展面临机遇与挑战

人类社会与科学技术的进步推动了工程教育的发展，工程教育的发展又促

---

① 中国工程院院士朱高峰、张维、李三立、陈先霖、韩德馨及有关同志沈廉、江丕权、冯厚植等对本专题给予了直接指导。本专题执笔人王孙禺。

进了人类社会与科学技术的进步。近 50 年来，随着高等教育事业的迅速发展，我国工程教育有了很大的发展，工科院校从中华人民共和国成立时仅有 28 所、在校本专科生 3 万人，发展到 1996 年 280 所、在校生 121 万人、研究生 6 万余人，中华人民共和国成立以来已经为国家培养出 300 多万工程技术人员。初步形成了一定规模、多种层次、多种形式、学科门类基本齐全的工程教育体系。

但我们也必须清醒地认识到，我国工程教育在总体上还比较落后，远不能适应 21 世纪的要求。现在，一个更加富有挑战的世纪出现在我们的面前。我国工程教育面临着发展的机遇，也面临着严峻的挑战。

第一个面对的是日新月异的科学技术革命的激烈挑战。

以计算机和通信技术为主导的新技术革命在 20 世纪已经开始，它将人类推进到前所未有的信息时代，促进了人类生产能力和生活质量的极大提高。在即将到来的 21 世纪中，微电子与人工智能等高新技术无疑将继续发展；生命科学和生物技术的迅速发展及其应用，将为人类自身的健康带来福音；环境科学和材料技术将改善人类赖以生存的环境和资源；一切科学技术上的发明创造都将通过工程这个中介转化为生产力。我国工程技术的发展能否跟上 21 世纪科技革命的潮流？我国的科学技术能否转化为生产力？我国新一代工程建设者和接班人，能否适应 21 世纪科学技术的迅速发展，适应社会生产力和社会生活变革——这都与工程教育有密切关系。

第二个面对的是我国经济发展目标和经济体制改革的使命。

到 2000 年，我国要在人口比 1980 年增长 3 亿左右的情况下，实现人均国民生产总值（GNP）比 1980 年翻两番。为了实现这一目标，我国将实现两个具有全局意义的根本性转变，即经济体制从计划经济体制向社会主义市场经济体制的转变，经济增长方式从粗放型向集约型转变。随着我国社会主义市场经济体制建立和完善，以及经济的快速、持续发展，中国必将要全面地参与世界性的激烈的竞争，为了迎接这一挑战，我们必须把经济建设转到依靠科技进步和提高人才素质的轨道上来，培养 21 世纪需要的高层次、高素质的建设者和专业人才。"科教兴国"战略的提出，无疑使我国工程教育肩负更加光荣和更加艰巨的使命。

第三个面对的是工程教育要面向国民经济建设主战场、提高办学质量和办学效益的艰巨任务。

江泽民同志强调指出，我们的教育工作必须进一步解决好两大重要问题，一是教育要全面适应现代化建设对各类人才培养的需要，二是要全面提高办学的质量和效益。我们培养人才既要立足于现实又要着眼于长远。一方面要为国家培养大批高级专门人才，另一方面又要面向广大农村和基层企事业单位，培养大量急需的中级、初级技术人才，经营人才和管理人才。要进一步优化工程教育结构，提高教育资源的合理配置和利用率，把我国的工程教育水平提高到一个新的高度。

工程教育将在未来世纪中扮演越来越重要的角色。21 世纪正向我们走来，每个国家、每个民族都在认真地思考 21 世纪将给我们提供何种机遇，以及我们对此应作出何种正确的抉择和准备。随着现代科学技术、工程技术的迅猛发展，在国际经济竞争和综合国力的较量中，科技实力起着越来越重要的作用，谁占领科技的制高点，谁拥有领先水平的人才，谁就将把握竞争的主动权。人们从来没有像现在这样深切地感受到，世界范围内的科学技术革命如此汹涌澎湃。人们也日益清楚地看到，经济和社会的发展越来越依靠科技和教育的进步。因此，在这场竞争中，我国与发达国家间的差距可能缩小，也还可能扩大。

二、我国工业经济发展的阶段

本课题组通过对江苏、北京、上海、天津、西安、昆明等地的调研，并根据国家统计数据可以看出我国宏观经济发展的状况。

1996 年我国国内生产总值（GDP）为 68 593.8 亿元，按汇率计算约为 8 168 亿美元，世界排名第七位。与改革开放初始的 1978 年相比，增长指数为 544.2，与 1995 年相比，增长指数为 109.0。1996 年第一产业总值为 13 884.2 亿元，第二产业为 33 612.9 亿元，第三产业为 21 096.7 亿元，分别占国内生产总值的 20.2%、49.0% 和 30.8%（见表 1-1）。

1996 年，我国从业人员共计 6.89 亿人，其中第一产业 3.48 亿人，第二产业 1.62 亿人，第三产业 1.79 亿人，分别占从业人员的 50.5%、23.5% 和 26.0%（《中国统计年鉴 1997》，第 94 页）。

1996 年全年完成财政收入 7 407.99 亿元，比上一年增长 18.7%（其中工业、交通、建筑部门 1995 年的收入分别为 2 745.35 亿元、224.72 亿元和 118.6 亿元。1996 年数据未公布）。财政支出为 7 937.55 亿元，比上一年增长 16.3%（《中国统计年鉴 1997》，第 235、337 页）。

全年参加科技活动的人数为 273.22 万，其中科学家、工程师 166.73 万。完成国家重大科学技术成果 3.1 万项，国家发明奖 111 项，国家科技进步奖 536 项（《中国统计年鉴 1997》，第 671 页）。

在我国宏观经济发展的基础上，工程技术方面也取得了举世瞩目的成就。

表 1-1 国内生产总值 (GDP) 和指数表

年份	国内生产总值					第三产业			人均国内生产总值/元
	(GDP)	第一产业	第二产业	工业	建筑业		交通运输、仓储、邮电、通信业	批发和零售贸易、餐饮业	
绝对数值/亿元									
1978	3 624.1	1 018.4	1 745.2	1 607.0	138.2	860.5	172.8	265.5	379.0
1980	4 517.8	1 359.4	2 192.0	1 996.5	195.5	966.4	205.0	213.6	460.0
1985	8 964.4	2 541.6	3 866.6	3 448.7	417.9	2 556.2	406.9	878.4	853.0
1990	18 547.9	5 017.0	7 717.4	6 858.0	859.4	5 813.5	1 147.5	1 419.7	1 634.0
1995	58 478.1	11 993.0	28 537.9	24 718.3	3 819.6	17 947.2	3 054.7	4 932.3	4 854.0
1996	68 593.8	13 884.2	33 612.9	29 082.6	4 530.3	21 096.7	3 494.0	5 560.3	5 634.0
指数 Indices (1978＝100)									
1978	100.0	100.0	100.0	100.0	100.0	100.0	100.0	100.0	100.0
1980	116.0	104.6	122.9	122.4	129.2	114.2	113.8	107.4	113.0
1985	192.9	155.4	197.9	196.2	218.7	231.9	185.9	276.8	175.5
1990	281.7	190.7	304.1	304.9	298.8	363.0	297.2	346.5	237.3
1995	496.5	233.7	677.7	688.2	597.4	583.4	503.4	497.6	394.0
1996	544.2	245.6	759.7	774.2	648.2	628.9	563.8	524.5	427.1
指数 Indices (上年＝100)									
1978	111.7	104.1	115.0	116.4	99.4	113.7	108.9	123.1	110.2
1980	107.8	98.5	113.6	112.7	126.7	105.9	105.7	98.7	106.5
1985	113.5	101.8	118.6	118.2	122.2	118.3	113.5	128.9	111.9
1990	103.8	107.3	103.2	103.4	101.2	102.3	108.6	95.2	102.3
1995	110.5	105.0	113.9	114.0	112.4	108.4	112.0	105.9	109.3
1996	109.6	105.1	112.1	112.5	108.5	107.8	112.0	105.4	108.4

资料来源:《中国统计年鉴 1997》。

(一) 当前，我国工业经济发展的现状和特点

1. 工业经济规模：规模总量不断扩大，工业发展速度明显加快

1995 年末，全国工业企业和工业生产单位为 734.2 万个，比 1985 年末增加 215.6 万个；从业人员 14 735.5 万人，比 1985 年增长 56.8%；资产总额为 88 374.4 亿元，比 1985 年增长 8.2 倍；1995 年工业产品销售额 77 231.2 亿元，比 1985 年增长 7.8 倍；上缴税金 4 643.6 亿元，比 1985 年增长 2.4 倍；工业增加值为 24 353.7 亿元，占国内生产总值的 41.8%，按可比价格计算，比 1985 年增长 2.5 倍，平均每年增长 13.4%；工业总产值为 91 893.7 亿元，按可比价格计算，比 1985 年增长 4.1 倍，平均每年增长 17.6%。这是中华人民共和国成立以来工业经济增长速度最快的十年。工业产品量大幅度增长，钢、煤、原油、发电量、水泥、化肥、电视机等一些重要工业产品产量已居世界前列。

2. 工业经济类型结构：以公有制工业为主体，多种经济成分工业竞相发展

1985 年以来，工业经济类型结构呈现出以公有制工业为主体，国有工业为主导，多种经济成分工业竞相发展的局面。在全部工业总产值中，国有工业的比重虽然逐年有所下降（1985 年为 64.9%，1990 年为 54.6%，1994 年为 37.3%，1995 年为 34.0%），但公有制工业（即国有工业加集体工业）占主导地位的格局没有改变。1995 年公有制工业占全部工业的份额，按工业总产值计算为 70.6%，按资产总额计算为 77.5%（见表 1-2）。

表 1-2　工业经济类型结构变化情况

	按资产总额计算/%		按从业人员计算/%		按工业总产值计算/%	
	1985	1995	1985	1995	1985	1995
国有工业	74.6	53.7	41.1	31.6	64.9	34.0
集体工业	24.0	23.8	49.5	39.8	32.1	36.6
私营工业		1.0		3.3		2.6
个体工业	0.5	1.9	8.9	17.5	1.8	10.5
股份制工业		5.0		1.7		3.5
其他工业	0.9	14.6	0.5	6.1	1.2	12.8
全部工业中：						
乡镇工业	12.0	20.3	32.9	49.7	17.7	42.5
三资工业	0.2	16.2		6.1	0.3	13.1

资料来源：《关于第三次全国工业普查主要数据的公报》，国家统计局，1997 年。

3. 工业产业结构：轻重工业产业比例稳定，新兴产业的比重有所上升，工业内部产业结构的总格局变化尚不显著

1985 年轻重工业总产值比例为 47.4：52.6，1995 年为 47.3：52.7。能源、原材料等基础工业有所加强，加工工业比重相对下降。基础工业与加工业的比例，1985 年为 26.6：73.4，1995 年为 29.1：70.9，基础工业的比例上升了 2.5 个百分点。

工业内部产业结构演进的基本趋势是：一些新兴产业，如石油加工、电子及通信设备等的比重有所上升，一些传统产业，如纺织、橡胶等的比重开始下降，但产业结构的总格局变化尚不显著。1995 年我国工业总产值比重排序前 10 位的分别是：食品饮料烟草、冶金、机械、纺织、建材、化学、交通运输设备、服装皮革、电气机械及器材、电力煤气自来水。

4. 工业劳动者：技术素质明显提高，工程技术人员和管理人员比重升高

工业劳动者队伍进一步扩大。1995 年，全国工业企业和工业生产单位的从业人员为 14 735.5 万人，比 1985 年增长 56.8%；工业从业人员占全社会劳动者比重由 1985 年的 18.8%，上升到 1995 年的 21.4%。

职工队伍中工程技术人员和管理人员比重升高。在乡及乡以上的工业企业的 8 501.2 万名职工中，工程技术人员占 6.0%，管理人员占 10.6%，工人和学徒占 70.7%，服务及其他人员占 12.7%。与 1985 年相比，工程技术人员比重上升 3.2 个百分点，管理人员比重上升 0.1 个百分点，工人和学徒比重下降 4.9 个百分点，服务及其他上升 1.6 个百分点。

职工队伍中，具有技术职务的专业技术人员达 990.65 万人，比 1985 年增加 5.2 倍。有大专文化程度的占 5.7%，具有中专、技工和高中程度的占 34.1%，初中以下文化程度的占 60.2%。与 1985 年相比，大专程度的比例提高了 2.9 个百分点，中专、技工、高中程度的提高了 10.5 个百分点。

5. 工业科技活动：投入力度有所加大

1995 年全国大中型工业企业拥有技术开发机构 13 107 个，平均每个企业拥有技术开发机构 0.6 个；技术开发人员 123.4 万人，占企业职工总数的 3.2%，比 1985 年增加 2.2 个百分点；当年投入技术开发经费 394.3 亿元；用于新产品开发的经费 165.0 亿元，占当年投入技术开发经费的 41.8%；完成技术开发项目（课题）108 052 个；获国家级技术开发成果奖 705 项，省部级技术开发成果奖 5 654 项；申请专利 3 935 件。

6. 工业装备：水平提高，设备更新速度加快，但设备技术水平偏低问题仍比较突出

据对大中型工业企业 1 180 种主要专业生产设备技术水平的普查，按设备

原价计算，达到国际水平的占 26.1%，比 1985 年提高 13.2 个百分点；属国家先进水平的占 27.7%，提高 5.9 个百分点；属国内一般水平的占 33.4%，下降 13.6 个百分点；属国内落后水平需淘汰的占 12.8%，下降 5.5 个百分点。主要专业生产设备虽然较新，但设备技术水平偏低问题仍比较突出。

7. "三资"工业、乡镇企业：在改革开放中迅速发展壮大

"三资"工业在改革开放中迅速发展壮大。1995 年末，"三资"工业企业和生产单位由 1985 年的 282 个增加到 59 311 个；从业人员由 7.8 万人增加到 898.3 万人；工业总产值由 27.1 亿元增加到 12 021.2 亿元。"三资"企业主要分布在电子及通信设备（占 14.2%，按照工业生产总产值计算，下同）、纺织（7.7%）、交通运输设备（7.6%）、电气机械及器材（5.9%）和食品加工（5.8%）等行业。

乡镇企业发展规模急剧扩大，在全国工业中的份额显著提高。乡镇工业主要以轻纺织和一般加工工业为主。乡镇工业在装备水平、职工文化素质等方面与国有、"三资"企业有明显差距。乡属企业从业人员中，具有大专以上文化程度的仅占 1.2%，初中以下文化程度占 72.0%。

8. 国有工业、大中型工业企业：推动我国经济发展的骨干力量

1995 年，国有工业生产总额达 47 472.1 亿元，占全部工业的 53.7%；工业增加值 8 307.2 亿元，占 34.1%；产品销售收入 26 103.1 亿元；上缴税金 2 563.2 亿元，占 55.2%。在能源、原材料等基础工业和一些高新技术行业中，国有工业仍占主导地位。

大中型工业企业是推动我国经济发展的骨干力量。1995 年，大中型工业企业 23 007 个，占全国工业企业单位数的 0.3%，其中，特大型企业 215 个，大型企业 6 201 个，中型企业 16 519 个；从业人员 3 891.3 万人，占 26.4%；工业增加值 9 651.2 亿元，占 39.6%；产品销售收入 30 847.1 亿元，占 39.9%；上缴税金 2 860.5 亿元，占 61.6%；实现利润 1 291.3 亿元，占乡级以上工业的 79.0%。

1995 年，大中型工业企业拥有工程技术人员 253.2 万人，占其职工总数的 6.6%，高于小型企业 5.5% 的比重；具有大专以上文化程度的占 8.8%，中专、技工及高中文化程度的占 38.3%；在已评定的技术职务的技术人员中，具有高级技术职务的占 6.7%，中级技术职务的占 29.2%，初级技术职务的占 64.1%。

国有大中型工业企业是我国国民经济发展的栋梁。1995 年国有大型工业企业为 15 668 个，仅占全部工业企业单位数的 0.2%；资产总计 39 346 亿元，占 44.5%；工业增加值 7 122.1 亿元，占 29.2%；产品销售收入 21 518.8 亿

元，占 27.9%；上缴税金 2 265.5 亿元，占 48.8%，实现利润 705.0 亿元，占乡及乡以上工业的 43.1%。

从生产规模的水平看，1995 年末，我国已拥有年产原煤 1 000 万吨以上的煤矿 21 个，年产原油 500 万吨以上的油气田 5 个，装机容量 1 000 万千瓦以上的电网 7 个，装机容量 100 万千瓦以上的电厂 40 座，年产钢 800 万吨以上的钢厂 3 个。年加工原油 500 万吨以上的石化企业 22 个，年产合成氨 30 万吨以上的化工厂 19 个，年产汽车 20 万辆以上的企业 2 个，年产电视机 100 万台以上的企业 5 个，年产电冰箱 50 万台以上的企业 9 个，有 10 万纱锭以上的纺织厂 49 个，年产乙烯 30 万吨以上的企业 5 个，等等。这些大企业已经基本接近或达到合理的经济规模，是我国现代化工业企业的代表。

（二）当前我国工业经济发展中的主要问题是工业经济效益不理想

从我国的工业经济发展的效益来看，尽管工业新创造价值总量增加，1995 年乡及乡以上工业增加值 15 446.1 亿元，按可比价格计算，比 1985 年增长 1.6 倍；实现利润 1 634.9 亿元，增长 73.2 亿元；上缴税金 4 034.3 亿元，增长 2 倍。但从投入产出水平看，经济效益不高，主要表现在：

产销衔接水平下降。1995 年工业产品产销率为 95.9%，比"七五"时期平均水平 97.5% 低 1.6 个百分点。

消耗水平持续上升。工业增加值率由 1985 年的 36.0% 下降到 24.0%，中间物质消耗和支付给非物质生产部门的劳务消耗上升 12.0 个百分点，平均每年上升 1.2 个百分点。

亏损增加，利润率下降。1995 年盈利企业盈利总额 2 833.5 亿元，比 1985 年增长 1.9 倍；但亏损企业亏损总额增加 1 158.1 亿元，增亏 28.2 倍；销售收入利润率为 3.1%，比 1985 年下降 8.8 个百分点；总资产利税率为 6.4%，下降 13.0 个百分点。

资产负债结构不合理。1995 年末，工业企业资产总计为 79 233.9 亿元，其中固定资产 38 444.3 亿元，占 48.5%；流动资产 35 561.0 亿元，占 44.9%；负债总计 51 751.1 亿元，其中流动负债 35 630.4 亿元，占 68.8%；流动资产周转天数 231 天，比 1985 年延缓 80 天；资产负债率高达 65.3%，流动比率为 0.998 1，已属不良型。企业偿债能力较低，致使企业资金相互拖欠严重。

生产能力利用率低。据对 900 多种主要工业产品生产能力的普查，1995 年全国有半数产品的生产能力利用率在 60% 以下，如照相胶卷仅 13.3%，电影胶片 25.5%，电话单机 51.4%，内燃机 43.9%，自行车 54.5%，一些重要产品生产能力利用不充分，如大中型拖拉机 60.6%，小型拖拉机 65.9%，钢材 76.7%。

产品质量水平与世界先进水平尚有一定的差距。工业产品质量总体水平稳中有升，大中型企业产品质量水平有所提高。据对大中型企业 770 种主要工业产品质量状况的普查，1995 年全部合格产品按产品价值计算，达到国际先进标准水平的优等品占 19.8%，达到国际一般标准水平的一等品占 41.5%，与 1985 年相比，优等品率提高 3.5 个百分点，一等品率提高 16.0 个百分点。但产品的实物质量水平在整体上与世界先进水平尚有一定的差距，有待进一步提高。

多数工业技术经济指标尚待改善。与 1985 年相比，主要能源、原材料消耗指标中，上升的占 50.9%，下降及持平的占 49.1%；主要原材料及设备利用率、实物劳动生产率等指标中，上升及持平的占 40.0%，下降的占 60.0%。与国外先进水平相比，多数技术经济指标仍有差距，进一步提高的潜力很大。

国有工业发展速度较低，困难较多。1995 年国有工业企业生产（按工业总产值计算）比上年增长 8.2%，而同期集体工业增长 15.2%，个体工业（含私营）增长 51.5%，"三资"等其他经济类型工业增长 37.2%；盈利企业盈利额 1 305.2 亿元，比上年增长 6.4%；亏损企业亏损额高达 639.6 亿元，占全部工业亏损额的 53.4%，比上年增亏 36.5%；盈亏相抵后实现利润 665.6 亿元，比上年下降 12.3%。企业债务负担沉重，1995 年末国有工业企业资产负债率为 65.8%，高于工业化国家企业的平均负债率水平。国有工业企业离退休人员 1 023.4 万人，相当于在职职工人数的 23.1%，支付离退休金及福利费 603.8 亿元，占当年产品销售利润的 15.0%，企业内部和社会负担都大大高于非国有企业。

（三）我国工业现代化发展阶段

以上数据的援引，目的在于给出一个我国工业和工程技术现状的基本概况。从总体来看，一个以公有制为主导、多种经济成分并存的、健康发展的产业类型结构已经出现，同时可以看出：

1. 从产业类型结构来看，我国处于工业现代化的中前期阶段

一般认为，在国内生产总值（GDP）中，若第一产业占较大比重，属于工业社会的前期，若第二产业占绝对比重，属于工业社会，若第三产业占绝对比重，属于工业社会的后期。因而，从我国一、二、三产业的比重及我国近 50 年工业发展的状况来看，我国处于工业现代化的中前期阶段（也有一些专家认为我国处于工业现代化初级阶段的后期）。

2. 从工程技术结构来看，科学技术含量越来越高

新兴产业，如微电子、通信、信息、石油、材料等正有较大发展，对工程

技术人员的素质要求越来越高。

3. 低技术产业不能忽视

产品从低技术向中、高技术转变是缓慢而艰巨的，即使在工业化国家中低技术产品仍占重要地位。我国处于工业现代化的起步阶段，大量的技术改造、技术创新、管理创新问题尚待解决，需要工程技术人员做大量的基础工作。

总之，我们应当注意经济增长方式从粗放式向集约式转换，以运用先进的科学技术和工程技术，改造和发展我国的传统产业为重点，努力发展高技术、新技术产业，带动整个民族工业和国民经济向前发展。当前，我国工业已进入提高素质的关键时期。

三、我国高等工程教育发展状况

（一）我国工程教育的成绩显著

中国工程教育的发展，可追溯十分久远，就现代意义上的中国工程教育至少有百余年的历史。

在我国，最早办大学，培养工程技术人才的，应属 1895 年在天津成立的北洋大学（现天津大学的前身），随后于 1896 年在上海成立南洋大学（现上海交通大学和西安交通大学的前身）和唐山路矿学院（现西南交通大学的前身）。1949 年以前，我国先后成立了 20 多所工业大学或工学院，其教育计划和教学标准主要是以美国教育的模式为样板。只有个别学校受到其他一些国家的影响，如上海同济大学为德国模式，上海震旦工学院为法国模式，哈尔滨工专为沙俄模式，等等。这些学校规模很小，直至中华人民共和国成立，全国工科的本科毕业生只有寥寥几万人，研究生则更是靠国外培养。

中华人民共和国成立以后的一个时期内，我国高等院校改为学习苏联的模式，经过院系调整，工科院校形成以单科性工学院为主的模式。这种模式的教学计划由基础课、技术基础课和专业课三个部分组成，要求学生参加生产实习，课题设计和毕业设计，这与之前的美国模式相比，理论与实际结合得更好，但专业划分过细过窄，知识面过窄，难以适应工程技术的迅速发展。

改革开放以后，我国的高等工程教育进行了一系列的改革，有了很大发展，取得了巨大的成就，培养了大批工程科学技术人才，为我国工业、农业、科技、国防现代化事业作出重大贡献。初步形成了多种层次、多种形式、学科门类基本齐全的工程教育体系。主要表现为：

工科院校，从中华人民共和国成立时仅有 28 所，1996 年达到 280 所，占 1996 年全国普通高校 1 032 所的 27.1%；

工科在校本专科生，1949 年仅有 3 万人，发展到 1996 年在校生 121.3 万人，占 1996 年全国在校本专科生 302.1 万人的 40.2%；

工科研究生，1949 年全国不到 100 人，1995 年在校工科研究生 6 万人，占全国在校研究生总数 16.3 万的 36.8%；

1949 年工科本科只设系科，不设专业，1993 年全国工科本科专业共有 379 种，有 5 717 个专业点，分别占全国本科专业、专业点的 40.0% 和 35.4%；

工科专任教师，1953 年仅有 1 万人，1996 年达到 11.4 万人，其中教授 1.1 万人，副教授 3.5 万人，分别占 1996 年全国专任教师总数 40.2 万、教授 3.3 万、副教授 11.1 万的 28.4%、33.3% 和 31.5%（《中国统计年鉴 1997》，第 643 页）；

工科本专科生毕业生累计数，1949 年以前仅 3.2 万人，1949 年到 1993 年共有工科本专科生毕业生 307.5 万人，为 1949 年以前的工科毕业生总数的 96 倍（张光斗、王冀生，《中国高等工程教育》，第 34 页）；

此外，1993 年普通高等学校的夜大学、函授部、干部专修科等还有工科在校本专科生 19.52 万人，广播电视大学、职工大学等成人高等学校工科在校本专科生 19.5 万人。

这些数据充分表明，近 50 年来我国工程教育有了很大的发展，在我国高等教育事业中占据着十分重要的地位。

（二）我国工程教育的阶段划分

中华人民共和国成立以来，我国工程教育的发展大致可划分为 5 个阶段。

第一阶段：1951 年至 1957 年。高等工程本科教育稳步发展，工程专科教育一度较快发展，研究生教育处于试验阶段。

从 1951 年底开始，我国高校进行了大规模的院系调整，其方针是"以培养工业建设人才和师资为重点，发展各类专门学院，整顿和加强综合性大学"。调整后的我国工程教育发生了深刻的变化。一方面，工程教育中本科有了较大的发展；另一方面，通过调整，明确了以培养"工程师"为工科大学的培养目标。与此同时，大专人才的培养一度较快，但随着培养技术员的任务由工科大学转到中专，高校工科的专科生比重也随之大幅度下降。我国的研究生教育在中华人民共和国成立初期十分薄弱。1949 年全国招生研究生 242 人，在校研究生 629 人，其中工科研究生招生 87 人，在校生 94 人。1953 年国家颁布了研究生培养办法，使立足国内培养研究生的工作进入试验阶段。

第二阶段：1958 年至 1965 年。"高教六十条"确立了高等工程本科教育的培养目标，工程专科教育起伏很大，研究生教育有了一定的发展。

1958 年，我国教育界在"破除迷信，解放思想"的浪潮中，开展了以教育与生产相结合为中心的教育大革命。由于"大跃进"运动的冒进，我国高等教育事业（包括工程教育）一度发展过快。1960 年，全国高校猛增到 1 289 所，在校生近 100 万人，其中工科院校猛增到 472 所，在校生达 39 万人，分别是 1957 年工科院校数和在校生数的 10.7 倍和 2.4 倍。1961 年，随着"调整、巩固、充实、提高"方针的贯彻和"高教六十条"的执行，我国高校纠正了从 1958 年后出现的违背教育规律的做法。经过这一时期，我国高等教育稳定了工程教育中的本科教育，调整了专科教育，同时对研究生的招生、培养、分配、管理等做出了明确的规定，这些对完善工程教育起了积极的作用。

第三阶段：1966 年至 1976 年。高等工程本科教育、专科教育、研究生教育遭到严重破坏。

1966 年"文化大革命"运动开始，高校全部停止招生，由于林彪、四人帮的破坏和"左"的错误的影响，包括工程教育在内的整个高等教育遭到严重的破坏。尽管从 1970 年起，部分理工科大学开始陆续招生，但实际上远不能达到工程教育培养人才应具备的要求。"文化大革命"期间，全国高校毕业生共有 103 万人，其中 67 万为 1965 年以前入学的。由于"文化大革命"的影响，工程教育少为国家培养百万人才，造成各条战线一度青黄不接、后继乏人的严重状况。

第四阶段：1977 年至 1985 年。高等工程本科教育获得较大发展，高等工程专科教育稳步发展，研究生教育进一步受到重视。

1977 年全国高校恢复统一招生考试制度。在改革开放不断深入的过程中，工程教育的结构也进行了调整、改革。工程教育中的专科教育进入了持续稳定发展的阶段，改变了过去大专层次的人才培养只是作为满足急需的一种临时性措施而出现的大起大落的状况，专科教育的作用越来越受到重视。工程本科教育在恢复、建立正常教育秩序的基础上得到较大的发展，教育、教学改革进一步深入展开。这一时期，研究生教育获得较大的发展，特别是在 1980 年国家颁布《中华人民共和国学位条例》之后，高层次工程专门人才的培养受到格外的重视。

第五阶段：1985 年至今。《中共中央关于教育体制改革的决定》发布后，高等工程本科教育发展迅速，工程专科教育有一定困难，研究生教育需求旺盛。

1985 年 5 月，中共中央、国务院召开了全国教育工作会议，并发布了《中共中央关于教育体制改革的决定》，标志着我国教育事业进入一个新的发展阶段。1994 年 6 月，中共中央、国务院召开了改革开放以来的第二次全国教育工作会议，再次讨论了改革办学体制和改革教育管理体制的问题。这一时期，工程大专教育一度发展很快，一些"热门"系科大幅度膨胀，然而随着人才市场需求矛盾的变化，大专学生的就业分配发生困难。工程本科教育和研究生教育在提高教学质量方面越来越受到重视，规模也得到了相应的发展，人才市场对研究生的需求增长很快。随着"211 工程"的审定与实施、工科专业目录的调整、办学体制和运行机制的改革，我国工程教育以提高教学质量和办学效益为中心的教育思想大讨论、大改革正在兴起。

(三) 我国工程教育存在的问题

工程科学、工程技术、工程管理的发展，是开拓我国社会主义经济、建设社会主义强国，在世界激烈竞争中取得主动地位的基础。科学技术作为第一生产力，在工业建设方面，主要是通过工程来实现的。工程教育对于发展我国经济建设，提高人民生活和精神文明建设水平，以及参加国际市场竞争起着重要的作用。然而，20 世纪 60 年代以来，世界科学技术的迅速发展，工程专业内容的不断更新，世界经济格局和国际竞争的加剧变化，我国工程教育过去的结构和水平已不能适应这一形势的需要。为此，我们认为，当前我国工程教育存在着以下几个问题。

1. 工程技术人才"面向工程实际"的问题

工程教育的人才培养必须面向工程实际，这是我国经济发展的迫切需要，也是包括工业发达国家高等工程教育和工业发展的经验。而当前，我们工程教育中，面向工程实际的工程技术教育是我们这一段时间以来的主要欠缺。

它突出反映在学科专业划分过细，知识面太窄，又没有足够的工程实践训练，导致学生缺乏对工程设计在工程及工程教育中的重要地位和作用的认识，缺乏现代工程设计思想、方法的培养和综合运用多方面的知识解决工程问题的能力，缺乏对现代工程所必须具备的有关经济、社会、交往方面的了解，缺乏参与管理现代工程的领导、决策、协调、控制的初步能力和管理素质。问题可能来自多方面，包括教育经费、基础素质、就业走向等，但主要是我国过去高度集中的计划经济和工业生产处于粗放型水平条件下形成的传统工程教育思想和培养模式不能适应社会主义市场经济和经济增长方式向集约型转变的需要。加之近些年来，在工程教育中存在重"学"轻"术"的倾向，许多工程院校，无论是直接为工业企业培养人才的人数，还是毕业生进入国民经济第一线的人数都偏少，甚至直接为工业企业服务的工程性论文和设计的数目也偏少，这与我国工程教育在国民经济中应有的地位和应起的作用差距很大。

2. 我国工程教育的培养层次、结构体系与人才类型的问题

我国当前工程教育的学历、学制和多层次教育的培养要求之间不够协调，多层次教育的培养目标不甚明确，分工不够清楚，没有形成多种特色。当前我国经济建设发展对人才需求是多样性的。按照国家对人才的需求层次和人才培养的规律来讲，工程教育应设有专科、本科和研究生三个层次，每个层次都需要工程科学、工程技术、工程管理教育。博士生可以偏重工程科学研究，而本科生应强调与工程实际的紧密结合（因为多数工程师来自本科）。硕士层次处于两者之间，从我国的现状来看，硕士的培养还是应该更倾向于工程技术，掌握解决工程实际问题、从事工程管理的能力。目前我国工程教育存在追求高层次的倾向，这是不恰当的。任何一个国家的工业建设都需要有各个层次的人才，各有所长的工程师是工业建设中不可缺少的，各个层次的教育都应办出自己的特点和水平。层次有不同，地位无高低，各就其位，各司其职。在教育思想上要明确，教育结构上要有规划，不能盲目追求高层次、高学历，注意重心下移。为了提高办学效益，充分利用我国有限的教育资源，为了适应工业界日趋激烈的竞争，国家对工程教育总体结构进行宏观调控的机制尚需进一步完善。

3. 我国工程教育与产业结合、与企业紧密联系合作的问题

工程教育是培养人才、出科学技术成果的；工业企业是使用人才、发展生产力，使产品和服务在国际市场上具有竞争能力的。为此，工程院校必须面向工业企业，工业企业必须依靠工程教育，两方面密切合作，互帮互促，共同解决应用型人才的培养问题。但目前，由于我国工程教育模式既不像美国工业界有对进入工业企业的毕业生进行必需的工程师岗位培训系统，又不像德国工科大学毕业生具有的参与工程项目的实践经验。我国工程教育的培养规格比较单一，缺乏一定的灵活性，不能适应社会主义市场经济对工科人才的要求。我国工业企业中，开发工作做得较少。对于引进设备与技术的消化、吸收、提高和创新重视不够。这样我国的技术和产品在国际市场上将永远处于落后地位。大批在工业企业中的工程技术人员长期处于落后水平的生产线上或在引进的生产线上工作，不能发挥他们的作用和潜力，不能在工程实践中不断提高业务水平。工业企业与高等工科院校在培养高层次工程人才和把科研成果转化为生产力等方面的合作缺乏共同的基础。这对我国工业和工程教育的发展都会产生严重影响，使我国高等工程教育的质量很难提高。许多企业对开展继续工程教育不够重视，这对提高我国企业的技术水平和管理水平极为不利。

4. 工程教育中的创新教育问题

技术创新问题是工程教育界研究讨论的"永恒课题"。创新问题，不仅仅

是一个学校的校风问题（许多学校把"严谨、勤奋、求实、创新"作为自己的校风），而且是高等工程人才的培养目标问题，进而言之也是一个国家一个民族在世界上的竞争力的问题。在面对 21 世纪的发展机遇和严峻挑战这个大背景下，我们应当更加意识到培养人才创造性的紧迫感。因此，江泽民同志尖锐地指出：一个不能创新的民族是一个没有希望的民族。创新是一个民族进步的灵魂，是国家兴旺发达的不竭的动力。对于一个工程师来讲，其任务是为国家和社会提供现实的产品和服务，要有意识地做到在继承与模仿当中有新的创意，这样才能在技术引进之后，有消化、有更新，才能自觉地根据工程实际，根据中国国情，创造出有中国特色的工业现代化。然而，我国的工程教育对这样一种战略思想的指导重视不够，没有自觉地把增强工程创新意识和技术创新能力的要求贯穿于人才培养的全过程。

四、人才需求与经济发展水平相适应

　　工程教育的发展状况必须与国家经济发展的水平相适应，这是一条重要的客观规律。人才需求必然与国家经济所能承担的能力相适应、相协调。工程教育更是如此。

　　根据教育部教育发展目标，到 20 世纪末，我国将形成具有中国特色的面向 21 世纪的社会主义教育体系的基本框架，我国的战略选择是大力加强基础教育，积极发展职业教育和成人教育，以提高质量和办学效益为重点，适度发展高等教育。到 2000 年，全国普通高校和成人高等本专科在校生将达 630 万人左右，研究生达 20 万人，18～21 岁的学龄人口入学率将提高到 8％。

　　根据教育部计划，到 2000 年上述 630 万左右的高校在校生将由 350 万普通高校在校生和 280 万成人高校在校生组成。从近些年工科在校生占全部在校生 2/5 左右进行估计，普通高等工科学校在校学生将为 140 万左右。（见表 1-3）

表 1-3　教育部 2000 年高校本专科在校生目标

	在校生总人数	普通高校		成人高校在校生人数
		在校生人数	工科在校生人数	
2000 年计划	630 万	350 万	140 万	280 万
1995 年	547 万	290 万	116 万	257 万
差距	83 万	60 万	24 万	23 万
平均年净增	16.6 万	12.0 万	4.8 万	4.6 万

目前，教育界、工程界在对"如何发展工程教育"的理解上，有着一些不同的看法。

有的同志认为，随着经济建设的飞速发展，高等教育，包括高等工程教育也必须在规模上随之加速发展。我国的大学生数量远远不能适应社会的迫切需要。美国人口 2.6 亿多，在校大学生 1 300 余万人，大学入学学生占入学年龄组的 70％，其中有相当比例的工科学生。而我国大学入学学生占入学年龄组的比例只有 4％左右，大学毕业生在工业系统职工人数中的比例还很低，远远低于世界上工业发达的国家，这反映了工程教育与经济发展之间的不协调。因而，我国工程教育规模再大也不为过。为此，他们恳切希望政府"胆子再大一点，步子再快一点，思想再解放一点"，为工程教育扩大规模大声呼吁。

还有的同志认为，希望高等教育尽可能发展快一些，以更好地适应经济和社会迅速发展的需要，这种愿望是很普遍的。发展是硬道理，但是，发展不仅是数量上的增长，质量与效益的提高是更重要、更积极的发展。对高等教育是这样，对高等工程教育尤其是这样。从我们对江苏、北京、天津、陕西、云南等地的调研来看，当前更需要强调的是如何提高工程教育质量，这是 20 世纪末到 21 世纪初工程教育的重要任务。

我国现在是"穷国办大教育"，教育经费严重不足。普通高等教育的经费仍是以政府投入为主渠道，而高等教育，尤其是工程教育是一种需要有大投入的事业，没有一定的国民经济实力的支撑是肯定办不好的。据世界银行《1990年世界发展报告》的数据表明，日本的国内生产总值 GDP 是 28 437 亿美元，在校大学生人数为 258 万人，平均每亿美元 GDP 支持 90 名大学生在校学习；德国每亿美元 GDP 支持 140 名大学生在校学习；而中国平均每亿美元 GDP 需要支持 560 名大学生在校学习。当然这里有汇率计算问题，也有培养成本的差距，但从一个侧面可见我国的教育负担已经很重。然而这些年国家财政性教育经费占国民生产总值 GNP 的比例一直呈下滑趋势，1991 年为 2.85％，1992年为 2.73％，1993 年为 2.52％，1994 年为 2.46％，1995 年为 2.46％，1996年已下降到 2.44％。与此相反，从 1995 年到 2000 年高校规模还要增加。这样下去，高等教育的规模将出现新的隐性膨胀，高校的教育质量将更加无法保证。因而，在目前条件下，工程教育的规模不应盲目扩大，某些学科和专业反而应该紧缩。工程教育与师范教育、医科教育不同，不能以人口比例估算需求，而要与经济发展状况相适应。

据 1996 年统计，我国工程技术人员总数 580 万，其中工程师为 150 万，高级工程师为 63 万。从目前工程技术队伍的数量上看，规模已经不小。美国1985 年工程师为 160 万，但其经济的产值是我国的 10 倍多。即使按照世界银行的购买力平价计算，也是我国的 4 倍；从每百万元产值的工程师人数来看，我国大约是美国的 16 倍，是德国的 13 倍。这些数据都说明我国工程技术人员在数量上已经不少了。我国每年有二三十万的工科本科毕业生（工学士），而美国仅有 10 万名本科毕业生取得工学学士学位。如果扣除在工程学科涵盖范围的差别（我国的工学比美国的工学范围要略宽一些），我国至少每年比美国多一倍的工科本科毕业生。大专中工科的毕业生，我国也要多于美国。因此，调研组绝大多数人认为当前主要的任务是：提高认识、稳定规模、调整结构、提高质量。

此外，我们还应看到：

1. 工程师平均创造价值不高，潜力没有得到充分发挥

我国高等学校毕业生 1994 年为 63.7 万人，1995 年为 80.5 万人，其中大约 2/5 是工科毕业生。相对美国每年工科毕业生 10 万人，日本 9 万人，德国 5 万人（均为 1988 年数据），应该说，我们的毕业生绝对数量并不少。然而我国的工业总产值仅为美国的 1/7，日本的 1/4。我国的工业技术人员总体上处于人数多、效益低的状况，工程师平均创造价值不高，潜力没有得到充分发挥。

以钢铁工业为例。中华人民共和国成立以来我国钢铁工业有了很大发展，1996 年我国钢铁的总产量首次突破 1 亿吨大关，跃居世界第一位。这表明我国钢铁工业的规模和能力在全世界已经处于举世瞩目的地位。然而，我们也不得不看到我国与钢铁强国之间还有相当的差距。我国的 1 亿吨钢与发达国家的 1 亿吨钢含金量不同。因为我们 1 吨钢铁只不过卖 300 美元，只是人家 1 吨钢铁售价的一半；我们 1 吨钢的平均能耗几乎是人家的 2 倍；在国际市场钢铁交易中，我国的出口仅为 1%，处于 20 多位；我国的钢材品种都是大路货，高档次、高附加值产品少，仅盘条钢一种，就达 3 000 多万吨，占了总产量的 1/3，其中优质率仅 7%。而附加值高的薄板、钢管比重低，特别是冷轧钢片，汽车、锅炉、造船用的钢板等含金量高的产品，我国产量很少或根本不能生产；我们的生产率很低，1 亿吨钢要用 300 多万人来炼，而日本的 9 500 多万吨钢才用 20 万人。我国的钢铁企业多达 1 660 多家，年产 600 万吨以上的企业只有 4 家，100～600 万吨的只有 19 家。1 亿吨的产量中，这些特大型企业（4 家）占 1/3，大型企业（19 家）占 1/3，余下的 1/3 是 1 640 家企业生产的，规模效益低下。这种差距用一句话讲，就是粗放经营和集约经营的差距。面对我国这样一个钢铁大国却远远不能称之为钢铁强国的现实，除了走集约经营，增加科技含量的道路，绝无其他办法。

再从我国的工业经济发展的效益来看，工业新创造价值总量有所增加，但从投入产出水平看，经济效益不理想，主要表现在：产销衔接水平下降；消耗

水平持续上升；亏损增加，利润率下降；资产负债结构不合理；生产能力利用率低；产品的实物质量水平在整体上与世界先进水平尚有一定的差距；与国外先进水平相比，多数技术经济指标需进一步提高。

这些困难不是靠工程师数量的增加就能解决的。恰恰相反在工业企业处于困难较多的情况下，短时间内不可能吸纳更多的大学生，即使接收了也很难为他们聪明才智的充分发挥提供必要的条件。

2. 人才类型结构不合理的现象比较普遍

一般来说，发展中国家比发达国家的工科学生占大学生总数比例要大一些，我国工科招生人数占招生总人数的比例在世界各国一直是最高的，比美国高 4 倍以上（我国为 35％～40％，美国不到 8％）。随着经济与社会的发展，学习文科、经济、法律、医学等的学生的比例应逐渐加大，我国工程类学生人数的比例也应有所下降。

近年来，我国人才市场的需求也有一定的变化。据《光明日报》报道，1997 年北京地区高校毕业生有中央部委院校 4.7 万人，市属院校 1.2 万人；入学时北京生源 1.9 万人，外地生源 4 万人。就业形势总的来说，供求大致平衡，但存在一定的困难。这是因为近些年社会的需求呈逐年递减的趋势，在总体平衡的情况下存在诸多的不平衡，主要是供需的结构性矛盾非常突出，短线专业的供需可达 1：20，而有些长线专业则几乎为零。工科学生就业情况好一些，如机械、电子、建筑、计算机类专业的需求量明显超过毕业生人数，而一些基础理论性专业则供过于求。不少专业的需求明显下降。工程教育中的不平衡还表现在相同专业在不同层次的院校差别较大，研究生越来越抢手，专科生受冷落等。再有造成困难的原因就是毕业生就业期望值居高不下。

通过对江苏、天津、上海、陕西、云南等省市的调查来看，反映出的情况与北京基本相同，工程技术人才类型结构不合理的现象明显存在，人才不足与人才过剩并存。

3. 人才市场存在虚假需求现象

从目前需求状况看，对高层次人才的需求是旺盛的，越是高层次的，越是"抢手货"，如博士、硕士毕业生。而专科生近年来出现了"饱和"，不少人才市场上挂起了"大专免谈"的牌子。人才市场上"研究生多多益善，本科生等等再看，大专生靠边站站"的现象时有发生。

从调研中看到，影响就业的重要因素是文凭，就业的需求导致了人们对接受高等教育的需要。但客观上就业市场是有限的，如果社会过分助长个人这种需要的话，就会出现文凭膨胀、文凭贬值、文凭失业的"文凭疾病"现象，其根本原因在于教育发展与经济发展不相适应。"文凭产出"速度大大超前于经济发展的需要。其后果可能就是"高职低用"，人浮于事，既浪费了教育资源，又浪费了人力资源。甚至有的单位聘用博士生只是为了装点门面，当"花瓶"给人看的。长期以来，我国企业中工程技术人员"物美、价廉、经久耐用"的现象始终存在，低工资、低效益的怪现象一直困扰着改革的发展。工程技术人员的工作环境问题没有解决，大专、本科、研究生毕业后工资档次拉不开，自然导致企业在毕业生使用上的"高消费"，盲目接收，层次越高越好，造成目前虚假需求的产生。

我们现在面临着两难问题：一方面，经济发展水平不高，制约工程教育发展；另一方面，学龄人口和文凭需求的压力敦促工程教育发展。我们必须谨慎地在两者之间找到平衡点。

五、工程教育结构与经济结构变化相适应

随着改革的深入发展，工程教育的人才需求结构问题日益受到教育界、工程界、经济界人们的普遍重视，特别是随着市场经济的发展，教育与经济关系的研究已成为教育发展战略研究的重要课题。

通过调研使我们看到，我国的经济结构经历了深刻的变化，传统的农业经济正向现代化、工程化、商品化方向发展；工业结构长期严重失调的轻重工业的比例关系也发生了根本的变化，交通、能源、电子、轻工、食品和其他新兴工业在今后一个时期内将有一个较大的发展；第三产业，特别是信息、金融、商业、咨询服务等将迅速发展为重要的产业部门。

工科人才结构的核心问题是要满足社会经济建设和社会发展对各类高级专门技术人才品种和规格的需求。从人才需求看，企业将进一步期望工科大学毕业生既能进行开发研究，又能动手解决生产技术中的应用问题；既懂专业技术，又懂经营管理等，这是对工科毕业生在总体素质上的要求。当然，对每个大学毕业生，苛求他们都是具有全方位能力的人才是不现实的，特别是工程教育，工程师的基本训练很难都在学校里完成。因而，工科大学培养出来的只是工程师的毛坯，在大学里完成的只能是有限目标。

1. 工程教育的层次结构与工业经济技术结构相适应

目前我国工程教育的层次，主要分为研究生、本科和专科三级。工程教育的层次结构在很大程度上是由工业经济技术结构所决定的。随着我国经济不断地从粗放式向集约化发展，整个经济技术结构水平在不断提高，从而对工程技术人才的数量及层次比例也将提出不同的要求。

从我国的工业发展水平看，我国工业经济的技术结构呈橄榄形结构状态。工业技术结构，就全国范围来说，高层次的、即自动化程度很高的技术结构为数仍不多；中等层次的、即半自动化的技术结构是大量的，占 2/3 左右；低层次的、即技术装备水平很低的工业类型，还占一定的比例。在这种技术结构呈橄榄形结构状态下，我国除了需要一大批高层次、高水平的工程技术人员开发新产品、开拓新领域外，同时，在我国数百万个企业中，需求量更大的是专科人才，即使将来经济发达了，这种应用型人才也会在工业企业职工人数中占相当大的比重。根据国外的人才配套计算，大学和专科培养人才之间的合理比例大致为 1∶3，而我国过去一个时期过于重视本科教育和研究生教育，忽视发展专科，层次结构比例失调。目前，许多行业和大企业中，工程师与技术员的比例倒挂，使很多受过高层次教育的人才不得不做中级甚至初级人才的工作。

层次结构的合理与否，是考察工程教育是否适应经济与社会发展需要的一个重要指标。什么是合理的人才层次结构，可能很难回答。但是，有一点可以肯定，那就是低层次人才的需要量一般要比高层次的多。工程教育的层次的合理结构大概应该呈金字塔形，适应我国国情的高等教育层次，应该是低重心的。

（1）研究生教育是为各个工程学科领域培养高级专门人才的最高教育层次。由于社会对研究生的要求已经不是以往单一的"学者型"模式了，工程教育将进一步拓宽社会适应面，为社会培养急需的工程科学型、工程技术型、工程管理型人才。根据实际需要，尽可能扩大在职研究生的招生比例，将来，"工程硕士"会逐步成为研究生结构的一个重要形式，以广泛适应工业化阶段研究生层次的需要。

（2）就我国工程教育的总体而言，本科教育仍是重点。根据建设事业对本科人才培养规格的要求，我们应该扎实地进行基础知识和专业知识教育，加强工程实践环节训练和实际工作能力的培养。为了有利于学科和技术的发展，应该鼓励工程类复合型人才的成长。跨系跨专业的双学位毕业生作为复合型人才，在社会不断变化的形势下，有较强的适应性，会受到社会的欢迎。

（3）很有必要进一步强调专科教育。在一个较长的时期内，我国工程教育曾把主要精力放在培养本科生和研究生方面，专科教育大起大落，地位长期不稳定，使得有些专科教育在培养目标、规格、内容等方面，盲目地存在着向本科看齐的倾向，从而使得专科和本科界限不够明确。必须尽快改变专科教育计划是本科教学计划的"浓缩"的状态，强调专科的教学计划、课程设置、教材内容和教学方法都要突出实际应用，适应业务和生产第一线工作需要的特色。

2. 工程教育的科类专业结构与国民经济产业结构相适应

科类专业结构是指专业门类之间的比例关系，它决定着工程教育培养人才的品种。当前，产业结构的发展与变化具有以下趋势。

（1）与"知识经济"有关产业的比重上升。传统的工农业物质生产部门的产值在国民经济中的比重逐渐会相对下降，而与"知识经济"有关的新技术、高技术的知识产业的产值将不断上升。目前，高技术产业在增加，产业结构正在向调整到高层次的技术密集型和知识密集型产业发展，使劳动密集型和初级技术型产品逐步减少市场份额。

（2）制造业的技术改造步伐加快。在低耗能、低耗材的基础上，应用新的技术改造传统制造业，创造更高劳动生产率，为传统工业增添新的活力。改变低技术含量的产业在工业发展中仍占举足轻重的地位的现状。

（3）第三产业的迅速发展。据美国劳工统计局预测，今后 10 年美国每年 10 个新职业中有 9 个在第三产业。一些发达国家，如日本和西欧一些国家也正在发生类似的演变。可以预计 21 世纪，世界第三产业将有更大的发展。

我国目前的情况，与经济发达国家相比存在很大差距，主要表现在：生产力落后，市场经济不发达；产业结构的层次低；能源、材料、交通、通信等基础工业和基础设施还是国民经济的薄弱环节。为此，专业结构的改革和优化迫在眉睫。我们要通过专业目录的调整，更新改造老专业，发展社会今后急需的专业，以满足人才市场的需求。对社会需要量不大的长线专业，采取压缩与限制招生的办法。工科院校不能只顾学校自身条件办专业，不顾社会需求，要认真研究与控制，彻底改变专业结构比例失调的局面。

3. 工程教育的形式结构与大学—企业横向结构相适应

所谓形式结构，是指普通高等学校的工程教育与其他各种类型的工程教育之间存在的一定的内在联系及其相应的比例关系。

20 世纪以来，特别是第二次世界大战以后，科学技术和社会经济的迅速发展，使学科门类和职业门类不断增加，人们接受高等教育的需求日益强烈。单一的传统的全日制学校教育结构已不适应形势发展的需要。"学会学习""终身学习"的概念已逐步被人们接受。建立和发展传统正规院校教育以外的其他各种类型的教育，使更多的不同年龄的人得到不同形式的教育与训练的机会，已成为当今社会普遍关心的问题。

中华人民共和国成立以后，我国高等教育事业，除全日制普通高等教育外，出现了各类形式的成人高等教育，如广播电视大学、教育学院、管理干部学院、函授大学；出现了多种多样的业余学校、刊授学校、进修班、培训班等教育组织；出现了高等教育成人自学考试制度，等等，从而突破了我国高等教育事业的传统模式。工程教育亦是如此，在教育对象、培养规格、教育方式、学习方式、办学体制方面呈现出多样化趋势。

今后，大学后的继续工程教育、高层次的岗位培训，将作为工程教育的又一重点。近年来的实践证明，远程教育覆盖面大、教育网点可以遍布城乡各地；学生容量大，不受固定校舍限制；教学手段现代化，学习方式比较灵活；还可以选聘国内外优秀教师讲授课程，使教学质量得到提高。因此，从我国国情出发，可能会把现代化远距离教学手段作为一种新的教育形式，在大力发展广播电视教育的同时，启用现代化网络技术，以满足职业教育、继续教育的广泛需求，通过远程教育把校园的边界推到省界、国界，甚至更远。继续工程教育的对象大都是有一定社会实践经验的在职职工、管理干部、工程师等，随着现代教育技术的发展和应用，相信远程教育会成为 21 世纪教育社会化、教育大众化和终身教育的新的重要特色，成为院校教育与企业教育的重要纽带。

我们正处在一个科学技术大发展的时代，技术水平日新月异，有许多重大的发展问题有待我们去解决。为了培养一大批德才兼备的优秀工程技术人才，我们必须改革我国的工程教育，提高人才质量和办学效益。通过正规的院校工程教育，通过继续工程教育等各种方式，使我国广大工程技术人员不断掌握高新技术，提高参加国际竞争的素质和能力，以适应我国国民经济与社会发展对人才的需要。

主要参考文献

［1］朱高峰．工程与工程师．中国工程师，1997（11）.

［2］张光斗，王冀生．中国高等工程教育．北京：清华大学出版社，1995.

［3］朱光亚．当代工程技术的发展态势．全国科技大会报告，1995-5-28.

［4］张维．我国与西方四国工程教育的比较及其与本国工业化的相互作用．中国工程师，1995（12）.

［5］张光斗，柯俊，路甬祥．改革我国高等工程教育，增强我国国力和国际竞争能力．中国科学院，1994.

［6］余寿文，王晓阳．中德美高等工程教育的若干比较与思考．清华大学教育研究，1996（1）.

［7］王孙禺，李卓宝．面向 21 世纪中国高等工程教育的思考．中国教育报，1996-11-16.

［8］母国光，翁史烈．高等教育管理．北京：北京师范大学出版社，1995.

［9］孙明泉，郑海航．产量第一为何称不上"钢铁强国"．光明日报，1997-1-16.

主要数据来源

中国统计年鉴 1980—1997 年

中国教育统计年鉴 1980—1996 年

国家统计局《关于第三次全国工业普查主要数据的公报》，1997 年

附录 我国高等工程教育发展状况

附表 1-1 我国高等学校及高等工科院校教育发展情况

年份	全国高校数	工科院校数	年份	全国高校数	工科院校数
1949	205	28	1977		
1950	193	27	1978	598	184
1951	206	36	1979	633	191
1952	201	43	1980	675	191
1953	181	38	1981	704	207
1954	188	40	1982	715	
1955	194	42	1983	805	215
1956	227	48	1984	902	232
1957	229	44	1985	1 016	262
1960	1 289	472	1986	1 054	271
1961	845	269	1987	1 063	275
1962	610	206	1988	1 075	282
1963	407	120	1989	1 075	285
1965	434	127	1990	1 075	286
1970	434		1991	1 075	286
1971	328	115	1992	1 053	288
1972	331	116	1993	1 065	292
1973	345	118	1994	1 080	297
1974	378	120	1995	1 054	286
1975	387	123	1996	1 032	280
1976					

数据来源：张光斗、王冀生《中国高等工程教育》第 43 页，《中国统计年鉴 1997》第 638、649 页。

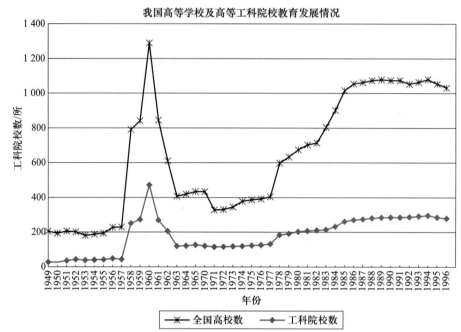

附图 1-1　我国高等学校及高等工科院校发展示意图

附表 1-2　1949—1995 年普通高等工业学校本专科学生情况表

年份	毕业生人数			招生人数			在校生人数			高校在校生总人数
	合计	本科	大专	合计	本科	大专	合计	本科	大专	
1949 年以前最高年										154 612
1949	4 752			10 820			30 320	23 118	7 202	116 504
1950	4 711			18 531			38 462			137 470
1951	4 416			17 689			48 517			153 402
1952	10 213			33 952			66 583	45 909	20 674	191 147
1953	14 565	10 194	4 371	34 165	23 285	10 880	79 975	54 227	25 748	212 181
1954	15 596	2 551	13 045	33 173	23 684	9 489	94 991	73 599	21 392	252 978
1955	18 614	9 207	9 407	36 425	34 538	1 887	109 598	97 239	12 359	287 653
1956	22 047	12 938	9 109	63 750	61 507	2 243	149 360	143 757	5 603	403 176
1957	17 162	16 297	865	35 725	35 683		17 225	16 200	1 025	441 181
1958	17 499	17 182	317	101 551	80 279	21 272	257 277	217 995	39 282	659 627
1959	14 714	13 752	962	103 051	84 667	18 384	325 556	283 996	41 560	811 947
1960	37 430	29 828	7 602	124 053	104 085	19 968	388 769	334 872	53 897	961 623

续表

年份	毕业生人数			招生人数			在校生人数			高校在校生总人数
	合计	本科	大专	合计	本科	大专	合计	本科	大专	
1961	52 714	43 590	9 124	60 791	55 477	5 314	371 560	337 817	33 743	947 166
1962	58 573	47 225	11 348	40 928	40 751	177	345 247	326 172	19 075	829 699
1963	76 359	65 084	11 275	55 068	54 664	404	319 524	313 222	6 302	750 118
1964	80 917	76 266	4 651	60 202	59 581	621	296 831	294 513	2 318	685 314
1965	80 294	79 352	942	67 444	65 598	1 846	295 273	292 680	2 593	674 436
1966	61 523	61 127	396				233 750	231 553	2 197	533 766
1967	46 071	45 224	847				187 679	186 329	1 350	408 930
1968	59 834	58 484	1 350				127 845	127 845		258 736
1969	66 365	66 365					61 480	61 480		108 617
1970	60 307	60 307		10 450	10 450		11 623	11 623		47 815
1971	1 173	1 173		13 550	13 550		23 700	23 700		83 400
1972	1 633	931	702	50 395	49 233	1 162	69 918	68 245	1 673	193 719
1973	5 316	4 472	844	56 671	54 887	1 768	118 396	115 951	2 445	318 645
1974	11 104	9 899	1 205	63 283	60 085	3 198	168 348	164 401	3 647	429 981
1975	48 240	46 005	2 235	65 870	58 292	7 578	186 298	177 806	8 492	500 993
1976	51 448	46 916	4 532	71 618	64 609	7 009	198 080	189 527	8 553	564 715
1977	73 562	67 929	5 633	79 619	76 183	3 436	209 004	202 789	6 215	625 319
1978	56 512	53 630	2 882	135 741	114 689	21 052	287 648	196 252	91 396	856 322
1979	21 362	21 362		91 869	84 694	7 175	345 430	277 450	67 980	1 019 950
1980	44 164	44 164		92 387	83 517	8 870	383 520	346 714	36 806	1 143 712
1981	12 199	12 199		91 261	81 432	9 829	461 265	426 693	34 567	1 279 472
1982	172 236	156 777	15 459	102 825	91 329	11 496	398 214	362 763	35 451	1 153 954
1983	111 405	98 220	13 185	131 331	105 801	25 530	418 545	369 524	49 021	1 206 823
1984	77 546	83 941	13 605	158 925	118 796	40 129	479 527	403 932	75 593	1 395 656
1985	97 672	80 619	17 053	201 004	113 837	67 167	580 168	154 322	125 846	1 703 115
1986	119 213			184 958			645 117			1 879 994
1987	156 065	101 797	54 268	200 542	136 874	63 668	686 319	521 070	165 249	1 958 725
1988	173 585	115 397	58 188	219 532	141 962	77 570	727 722	545 498	182 224	2 065 923
1989	186 582	129 405	57 177	201 425	128 684	72 741	740 109	541 069	199 040	2 082 111
1990	195 841	125 761	70 080	208 285	135 624	72 661	745 613	546 096	199 517	2 062 695

续表

年份	毕业生人数			招生人数			在校生人数			高校在校生总人数
	合计	本科	大专	合计	本科	大专	合计	本科	大专	
1991	206 268	133 154	73 114	214 532	141 389	73 143	747 947	552 097	195 850	2 043 662
1992	207 007	138 560	68 447	263 580	151 458	112 122	802 366	563 361	239 005	2 184 376
1993	196 216	127 422	68 794	327 028	168 312	158 716	934 039	605 015	329 024	2 535 517
1994	228 922	141 654	87 268	344 105	187 261	156 844	1 117 604	689 427	428 177	2 798 639
1995	295 839	148 844	146 995	352 463	203 018	149 445	1 166 931	742 965	423 966	2 906 429
1996	315 005	160 435	154 570	366 816	223 058	143 758	1 212 554	802 817	409 737	3 021 079

数据来源：张光斗、王冀生《中国高等工程教育》第 131 页，《中国统计年鉴 1997》第 641、642 页。

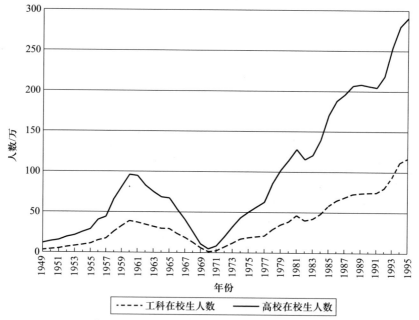

附图 1-2　普通高等工业学校本专科学生情况

附表 1-3　工科研究生占全国研究生总数的比例表

年份	全国工科在校研究生总人数	全国在校研究生总人数	工科所占的比例/%
1949	94	629	14.9
1952	508	2 763	18.4
1957	628	3 178	19.8
1962	2 568	6 130	41.9

续表

年份	全国工科在校研究生总人数	全国在校研究生总人数	工科所占的比例/%
1965	1 808	4 546	39.8
1978	4 011	10 943	36.7
1980	7 266	21 604	33.6
1981	7 310	18 848	38.8
1982	11 083	25 874	42.8
1983	15 909	37 166	42.8
1984	24 894	57 566	43.2
1985	38 412	87 331	44.0
1986	49 464	110 371	44.8
1987	53 751	120 191	44.7
1988	44 032	112 776	43.4
1990	41 536	93 018	44.7
1991	39 597	88 128	44.9
1992	43 195	94 164	45.9
1993	46 471	106 771	43.9
1994	58 016	127 935	45.3
1995	61 916	145 443	42.6

数据来源：张光斗、王冀生《中国高等工程教育》第132页，《中国统计年鉴1997》第641页。

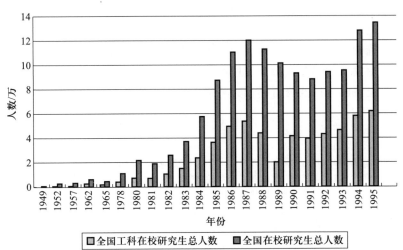

附图 1-3 工科研究生占全国研究生总人数的比例

第二章

院校工程教育改革与跨世纪人才培养[①]

　　一切从国情出发，应作为院校工程教育改革的根本指导思想。我国的国情是，在一个相当长的历史时期里仍将处于社会主义初级阶段，到 21 世纪中叶，随着社会主义市场经济的不断完善和现代化进程的不断发展，我国将从一个不发达国家转变为一个中等发达国家。我国的院校工程教育首先必须深刻认识这一大背景，同时还应充分了解我国的工业化情况。

　　从工业发展的现实来看，我国工业化的发展阶段与西方工业化初期的情况有所不同，主要表现为地区之间工业发展水平极不平衡，即使在同一地区，工业经济成分也是多样的，甚至公有制的形式也是多样的。从工业的生产技术水平和管理水平来看，又表现为高新技术企业与劳动密集型企业并存，先进的现代化管理方式与落后的作坊式或手工业式管理方式并存。工业发展的不平衡性要求高等院校培养的工程技术人才的规格必须是多样性的。

　　从工业发展的趋势来看，我国的经济体制正逐步从计划经济向市场经济转轨，工业经济成分以及公有制形式将进一步向多样化发展，国有企业为实现规

　　①　本专题课题组成员：
　　　　张维，课题组组长，中国工程院院士，中国科学院院士，清华大学教授
　　　　冯厚植，课题组副组长，北京航空航天大学教授
　　　　毛祖桓，课题组成员，北京科技大学副教授
　　　　张彦通，课题组成员，北京航空航天大学副教授
　　　　王秀平，课题组成员，北京化工大学副教授
　　　　审阅人员：
　　　　时铭显，中国工程院院士，石油大学（北京）教授
　　　　王孙禺，清华大学副教授

模和效益将进一步实施战略性的改组，企业之间的竞争、国内市场与国际市场的竞争必将加剧。总之，企业的生存和发展将越来越依靠科技进步和人才。不管是变革日益加剧的社会转型期还是竞争日益激烈的人才市场，都将要求高等院校培养的人才必须具有较强的灵活性、应变能力和广泛的社会适应性。

总之，工业发展的现实与趋势都决定了工程技术人才的培养必须实行多样化，增强适应性。为此目的，教育部正在努力推动面向 21 世纪的教学内容和课程体系的改革；新的本科专业目录也即将颁布，专业数目将从 500 余种减少到 250 种左右，专业覆盖面将进一步拓宽。这些重大的改革举措将对工科院校培养模式的改革起到积极的推动作用，从而进一步增强人才的多样性和适应性。

本课题着重于从宏观和长远发展的战略角度，对院校工程教育的现状进行剖析，为今后的改革方向提出建议。通过调研，我们认为院校的工程教育应在以下几方面进一步明确改革方向，即：①培养目标；②工程教育体系与学制；③专业与课程设置；④教学工作；⑤院校工程教育的教师队伍。

一、关于培养目标

（一）存在问题

近年来，各类社会调查显示，用人单位对工科毕业生的综合素质提出了许多新的要求，不满之处集中表现在以下几方面。

在思想品德方面：敬业精神、工作责任感差，合作能力弱，缺乏相应的人文方面素养。

在知识技能方面：实际动手能力弱，实践经历少，知识面窄，跨学科知识不足，综合能力差，中文和外语应用及表达能力不理想。

教育体制方面：学生转换专业及学校的可能性极小，学校教育与继续教育脱节。

这些意见既涉及高等工科学校本身的教育问题，也涉及诸多社会环境因素以及大学前教育的问题。产生这些问题的原因，从宏观角度看主要有：

1. 培养目标过于单一

现代社会的发展，要求工程技术人才多样化，有的重博，有的偏专，有的理论水平高，有的实践能力强，要工程组织者，也要技术专家。即使同一专业，也有工程技术型、应用开发型、学术研究型、经营管理型之分。这样才有利于在发挥个性特长的基础上实现群体互补，形成优化组合。而现有的工科院校（以本科为例），各校培养规格大同小异，缺乏特色。管理体制死板，不利于学生根据发展需要及其个性特征灵活转轨（转专业、转系、转校）。

2. 对继续教育的认识不够

我国企业培训制度至今尚未真正建立起来，用人单位总希望学校能提供现成的工程师和技术员，忽略了他们的形成需要相当的实际锻炼。社会经济和科学技术的发展，对高等教育提出了越来越多的要求，但是依靠加法原理，把教学计划塞得满满的，并非出路，最终还需依靠继续教育来实现知识更新。由于我国当前对继续教育的概念及其重要性还未形成社会共识，这种状况也必然会影响到院校教育的目标设定。

3. 职称政策引导不够合理

现行工程技术人员职称体系是单一的，大专毕业的技术员要想取得工程师特别是高级工程师待遇，是很难的。虽然教育部一再强调专科的特点和发展专科的必要性，但现实却是专科生为了未来的发展，不得不继续追求本科学历。这就造成在继续教育、成人教育中出现了大量专升本的学历教育。盲目追求高学历的结果，是使大量生产一线中诸如生产运行、安装维修、测试分析、计划调度等技术性工作受到削弱，直接影响到企业的竞争能力。

（二）改革建议

1. 进一步明确未来工程技术人员的培养目标

明确培养目标是所有教育活动的前提与先导，它决定了人才培养的模式和方式。现代科技与现代大工业的发展已对现代工程师的规格、知识结构与能力结构提出了更新、更高、更宽的要求。工程师的类型是多样化的，在具体规格上的要求也可以有所区别。但就我国的情况而言，在院校工程教育的培养目标上首先必须从根本上改变观念，克服长期以来存在的一些明显的缺陷，如：

（1）重理论、轻实践，理论与实践脱节；

（2）重知识、轻能力，知识与能力割裂；

（3）重视共性的要求，忽视个性的发展；

（4）重视继承，忽视创新；

（5）工科院校层次不明，定位不准，盲目攀比，等等。

应针对不同学制和不同类型的工程教育制定出不同的培养规格要求，以体现出不同层次工程技术人员的多样性和灵活性。显然，只有在培养目标准确定位以后，才有可能进一步考虑其他相关方面的改革。

工程师的知识结构是个动态的概念，未来工程师在学校教育阶段所需的培养年限也是个动态的概念。如果说在 19 世纪时只需要两三年至三四年的话，那么，到了 20 世纪前半叶，学制已延长到 4～5 年，到了 20 世纪中叶直至 80 年代，世界上一些主要国家又进一步将学制延长为 5～6 年。目前，美国一些工科院校积极试验 5 年制本硕连读，这是因为认识到，4 年制的本科教育对于培养一个未来的工程师来说，已经远远不够了。当然，毕业后有一段实际工作的经验，对于任何学制的毕业生来说，都是必不可少的，所不同者在于，各类学制的毕业生成为一名合格的工程师需要的适应期长短不一。

以机械工程师为例，其业务规格应在如下方面具有相应的知识和能力，即：①自然科学；②技术科学；③专业知识；④材料科学；⑤工业造型；⑥外语；⑦工程实践；⑧经济与企业管理；⑨人文社会科学等。所以，学校应当在所有这些方面对学生给予必要的训练。虽然学校教育只能为学生提供其职业需要的基本训练，但必须认识到，毕业生所能达到的水平与合格工程师实际应具备的水平之间是必然存在一定的客观差距的。这种差距不仅表现在工程实际经验方面，同时也表现在各种知识领域方面，而且这种差距的大小在不同的知识领域应当是有所不同的，在修业年限不同的毕业生之间也是有所不同的。图 2-1

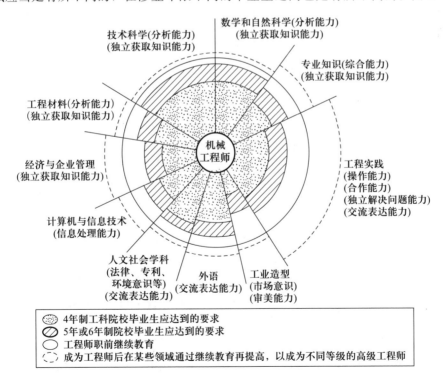

图 2-1　机械工程师所需知识能力示意图

表示基本学制为 4 年的本科毕业生和基本学制为 5 年或 6 年的本硕连读毕业生，在不同知识能力方面分别所能达到的水平与工程师实际应具有的水平之间的差距。图 2-2 表示后者在学校所掌握的知识量，无论在广度还是深度上，都应超过前者。图 2-3 表示同专业不同类型工程师的知识结构及深度，他们在要求上是有一定差异的，学校教育在培养目标和教学计划中应适当体现这种差异性。

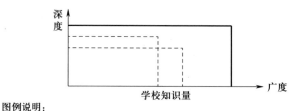

图例说明：
──── 所围方框表示5年或6年制的毕业生在学校掌握知识量的深度与广度
----- 所围方框表示不同类型4年制毕业生在学校掌握知识量的深度与广度

图 2-2　不同学制毕业生在知识深度与广度上的差距

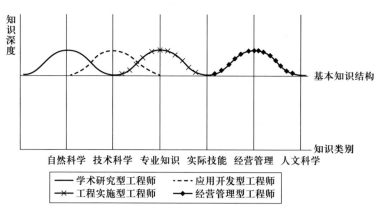

图 2-3　不同类型工程师知识结构及深度示意

按照同样的思路，也可以设计出技术员应具备的知识能力结构。

2. 改革职称体制，建立工程师与技术员两大职称系列，并制定相应的待遇标准

工程技术人员是一个十分笼统的概念，可以设想将来把我国的工程技术人员分为两大系列来培养和使用，即未来的工程师和技术员。之所以要加上"未来的"这样的限定词，是为了表明学校教育所培养的人才只是完成了基本训练，培养出来的毕业生只是这种未来工程师或技术员的"毛坯"。而真正成长为一个合格的工程师或技术员，还需要在工作实践中经受一段时间的锻炼。按工程师和技术员两大系列来培养，其优点是：

（1）有利于按照工程领域对不同层次工程技术人员的实际需求来培养人才，以避免高才低用和低才高用或者职责不明。

（2）有利于稳定技术员队伍，加强我国工业基础技术水平，同时，也有利于各个系列的工程技术人员有各自明确的奋斗目标，按照合理的职称系列不断进取。

（3）有利于不同层次的学校各自办出特色，专科院校应纳入高等职业技术教育体系，从培养目标到培养模式、教学内容都应当注重培养应用型人才，而不应当按本科压缩型的模式去培养专科生。

（4）有利于缓解职称评定和高等教育人才培养模式中的"千军万马过独木桥"的现象。

当然，为了从政策上保证专科教育的健康发展，国家有关部门应当积极地着手制定工程师和技术员的职称系列和相应的待遇标准。

因此，大专生的培养目标应是完成技术员的基本训练。本科生的培养目标应是完成工程师的基本训练，形象地说就是培养成为工程师的"毛坯"，而不可能像苏联20世纪50年代所强调的那样，培养"现成的专家"。硕士研究生的培养目标则应比本科生的业务规格在深度和广度上有更高的要求，更接近工程师的终极目标。应当特别重视工程类型硕士生的培养，其对象是厂矿企业有实践经验的业务骨干。博士研究生的培养目标更偏重于科学技术研究人员和教学人员，但也要为厂矿企业培养一部分工程类型的博士生，为企业的领导层和学术带头人培养后备人才。

二、关于工程教育体系与学制

（一）存在问题

现行院校工程教育体系所存在的种种问题是历史形成的，受计划经济下条块分割、各自为政管理体制的影响很大。其弊端主要表现在以下一些方面。

1. 学校教育与继续教育的配合与衔接性差

从图 2-1 中可以看出，工程师的形成需要学校教育与继续教育的有机衔接，但是我国目前二者的衔接性还很差，缺乏统一协调的管理体制。学生大学毕业并不等于教育的完结。毕业生进入工作岗位后应成为继续教育的开始，经过一定时期的工作实践和知识的更新，才能成长为一名合格的工程师。这一阶段的学习应当是持续不断和维持终生的。所以，学校教育和继续教育应是同等重要但又相互结合的两种不同的教育体系。但是，继续工程教育目前由于思想上、组织上、经费上、法律制度上均不落实，一方面处于自发、无序的状态，没有得到充分的发展；另一方面有步入误区的倾向，趋同于学校教育。

2. 现行考试制度及课程设置不利于具有丰富工程实践经验和具有同等学力的工程技术人才继续深造

厂矿企业的优秀工人、技术人员或者业务骨干，如想继续深造，进入大学学习，遇到的第一个障碍是考试制度，第二个障碍是课程设置。学校工程教育的入学考试并不重视考生的具体特点，而仅仅强调考试的统一标准。考试的科目、方式和标准与统考招生一样，仍然偏重于外语和数理基础水平的考查，并不重视工程的实践经验，其结果往往将这些人拒之门外。少数人即使能通过入学考试，划一的课程设置也很难适应他们的实际需要，使他们学有所得、学有所用。

3. 大专与本科之间互转不畅，转专业、转系、转学校可能性极小

在现有的规定下，不允许大专毕业生报考本科院校，这是不合理的。结果使得大专毕业生若要向本科过渡，只有上成人教育大专起点本科班一途，而不可能转入正规普通高校适合的年级学习。反过来，本科生如果学业不佳，也只有退学，在相当一些学校中无法转到大专学习。至于在校生如果需要转专业、转系、转学校时，这种可能性是极小的。这种僵化的体制是束缚个性的，无疑对学生一生的发展是十分不利的。

4. 教育层次划分不清

我国现行培养工程技术人员的学制，中专有 2 年、3 年、4 年制；大专有 2 年、3 年制；本科有 4 年、5 年制；硕士研究生有 2 年、2.5 年、3 年制。若以高中水平为底线，几乎是 1、2、3、4、5、6 俱全，各层级差很小。从学校讲，导致相邻学制课程设置缺少显著差异；从社会讲，形成学生毕业后会遇到岗位、待遇、培训上的一系列矛盾。这里主要强调的是要认识到教育层次划分不清的不良后果，而并非主张各层次的学制应当完全划一。

（二）改革建议

1. 教育体系改革

工程教育体系的改革应当重点解决两个问题，即：

（1）各层次工程教育之间的纵向衔接，特别是院校工程教育与继续工程教育之间的衔接；

（2）不同专业（学科）、不同学校、不同地区之间学生的横向转轨。

这两个问题解决好了，才能保证在继续教育和大工程观（即培养的知识面要宽，不仅包括科学技术，也包括人文、社会科学与管理等）的思想指导下，将工程技术人员的培养纳入统一衔接、灵活转轨的工程教育体系，从而为提高工程技术人员的质量提供切实可行的制度保障。

加强院校工程教育与继续工程教育的纵向衔接是非常重要的，工科院校与工业企业应当相互支持、密切配合。具体的分析和建议可以参看"全球性科技竞争与继续工程教育发展"一章。

工程教育体系的改革和整个国民教育体系的改革是密不可分的。为此，建议在九年制义务教育的基础上，建立职业教育和普通教育（包括中等及高等）两类同等重要的教育体系，并大力发展继续教育。职业教育和普通中、高等教育之间应有互转的可能。不同层次的中、高等教育之间应当保持相互衔接和畅通的转轨渠道，优秀职业高中毕业生、中专生和大专生应允许转学，或通过考核进入高等院校深造。不同层次的学校工程教育在入学考试及课程设置上应有相应的政策规定，以利于具有同等学力和丰富工程实践经验的人进入高校深造，接受本科生教育或者工程类型硕士生教育。随着科技的发展、产业结构的调整和人才市场的变化，考虑到学生的志趣和实际需要，也应当使学生转专业、转系、转学校有一定的可能。

2. 学制改革

学校教育学制的改革与工程教育体系的改革是密不可分的，前者是后者的有机组成部分，后者包括的范围比前者更为宽泛。这里重点讨论的是工科院校不同层次的工程教育在培养目标已经明确后，修业年限应如何规定且相互之间应如何衔接的问题。

随着科学技术与社会的进步，国家对工程技术人员的质量提出了更高的要求，毕业生必须掌握更多更广的专业知识和能力，才能适应现代工程技术发展的需要，这就对传统学制提出了挑战。我国的现状是，绝大多数工科院校本科学制是 4 年，极少数是 5 年。改革的选择主要有三种可能性。

第一种可能性，现有本科工程教育全部改成 5 年制。出发点是本科生的知识结构必须改变过窄的现状，4 年完不成 21 世纪工程师所需要的基本训练，因此必须延长学制。但是这一方案实施有一定困难，理由是：①工科院校教育经费需增加 20%，相应地增加了国家的负担；②我国工科本科为 5 年制的仅有三校（其中清华大学正在部分专业中试验本科—硕士统筹指导性教学计划，到本科第 4 学年结束时学生可以选择，或再读 1 年本科毕业，或再读 2 年硕士生毕业，等于 4＋2 的模式）；③考虑到我国地域经济之间，不同院校之间，以及不同专业之间存在的差别，学制仍应保持多样性。

第二种可能性，基本维持现状，绝大多数本科保持 4 年学制不变，少数改为 5 年。但考虑到 4 年制与 5 年制区别很小，5 年制的培养模式较难定位，改革的实际意义不大。

第三种可能性，绝大多数院校保持 4 年学制不变，压缩研究生学制，少数有条件的院校可尝试推行 6 年制本硕统筹的培养模式，学生毕业可获工程硕士学位或文凭工程师称号（相当于德、俄 5 年半文凭工程师的培养模式或美国现正推行的 5 年本硕连读培养模式）。这种学制与国际上通行的学士、硕士学制相当，有利于与国际接轨。之所以考虑 6 年，是因为我国大学生普遍存在外语及动手能力较差的问题，需要适当增加时间。学生在 2 年级或 3 年级结束时应有一次选择机会，决定自己只念 4 年本科还是本硕连读。即使本科生毕业工作几年后，如果愿意的话，也可以再念 2 年，获得工程硕士学位。这种学制实际上缩短了修业年限，因为现行学制不管是 4 年本科加上 2.5～3 年的硕士课程还是 5 年本科加上 2 年的硕士课程，要获得硕士学位，总年限都在 6.5～7 年之间。正如图 2-2 所示，长学制比短学制在知识的深度和广度上都应更接近工程师的终极目标。国务院学位办已通过了设立工程硕士专业学位的决定。本硕打通的模式有利于课程整合，对学生进行全面、系统的科学训练并强化工程意识的培养，使毕业生具有更坚实、更宽广、更合理的知识结构，更强的综合分析解决问题的能力，更具创新精神和组织协调能力，是培养工程硕士的一种重要模式。国际上近年来工程教育改革也趋向这个方向。

工科院校在选择学制时，应充分考虑自身的条件，不可盲目攀比。在一个较长的时期内，绝大多数学校仍将是 4 年制，少数有条件的学校可实行 5 年制或 6 年制本硕统筹。多种学制并存，多种模式进行试验，也是应当被允许的。

大专生的学制现在是 2 年制与 3 年制并存，最好能统一为 2 年或 3 年。但无论采取何种学制，都应注重培养应用型和技术型的人才，办出自己的特色，而且在大专与本科的互转上还应进一步探索行之有效的方法。

至于博士生的学制，可暂不作变动，应特别注意为厂矿企业培养有助于工业创新并善于综合解决工程问题的工程博士。

以上设想既便于将来与国际接轨，又从总体上缩短了学制，拉开了层级距离，同时也有利于节约教育投资和减轻学生及家庭负担。

图 2-4 是学历工程教育学制体系及转轨机制示意图。

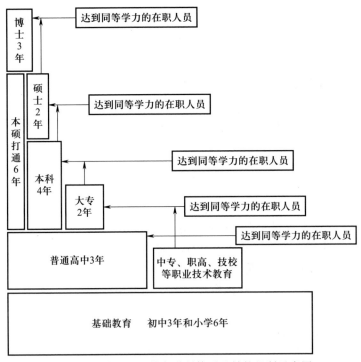

图 2-4　学历工程教育学制体系及转轨机制示意图

三、关于专业和课程设置

(一) 存在问题

我国工程教育在即将跨入 21 世纪的今天，正面临严峻的挑战。随着科学技术特别是高科技的迅猛发展以及知识经济与信息产业对人类社会的影响越来越深刻、越来越全面，改革专业和课程设置已成为一项十分迫切而又艰巨的任务。我们应针对存在的问题，借鉴国外的有益经验，结合我国的国情，加快改革的步伐，加大改革的力度。当前这方面存在的主要问题是：

1. 工科专业结构过分偏重重工业，需进一步调整

由于历史的原因，我国工科专业结构中重工业的比重过大。据 1992 年有关统计，机械类专业占 24.69%，无线电技术及电子学类专业占 19.54%，而

轻工类、粮食食品类、运输类和通信类专业分别只占 3.29％、2.54％、1.57％和2.45％。据有关专家预测，2000 年对前两类专业人才的需求将相对下降，而对后几类专业人才的需求将大幅度上升。

2. 在一些部门，专业涵盖面过窄的问题仍很严重

以建筑业为例，建筑业已日益成为我国的支柱产业，但由于实行行业部门管理，搞的是小土木，而国际上搞的却是大土木，还包括铁路、水利、道路等。因此，我国的结构工程（如工民建专业）可扩展到道、路、桥等，否则学生的知识面太窄，且无法同国际接轨，不利于我国建筑业进入国际市场。我国的理工科大学，长期以来本科专业的定位大多是以三级学科为目标的，专业面显得过于狭窄。

3. 在课程设置与内容方面，主要问题是"死""深""窄""虚""旧"

"死"是指课程设置死板划一，缺乏弹性和灵活性，学生选课的余地很小，既不利于学生个性的发展，也不利于学生将来自主择业。

"深"是指课程，特别是专业课程内容过深，本科生的教学内容本该注重基本训练，不宜过深。但在我国本科生教学内容中往往出现一些在国外通常是研究生才学的内容。

"窄"是指教学计划中课程设置一方面技术较为狭窄，非技术方面如经济、管理、法律、环保等内容则相当薄弱；另一方面则专业较为狭窄，懂机的不懂电，懂电的不懂机，学生明显缺乏跨学科的知识。

"虚"是指课程内容与教学环节的安排，过多偏于理论，实践训练偏少，不利于培养学生的实际动手能力。教学计划中讲课比重过大，在培养学生创新能力方面更差。

"旧"是指课程内容随着科学技术的飞速发展，已有相当一部分陈旧落后了，而由于一些实际困难，教师编写新教材的积极性不高，教材内容更新的速度缓慢。

4. 工科院校基础设施条件亟待改善

受经费匮乏的影响，不少院校基础设施和必需的教学条件（包括计算机房、实验室、实习工厂、语音教学设备、图书馆等）硬件建设水平远远不能适应现代科技发展对培养工程技术人员的需要。即使是学生的设计训练与下厂实习，也常因经费紧张而大打折扣。从我国现实出发，学校本应特别加强校内动手能力的训练，但实习工厂条件满足不了，以致培养的学生动手能力甚差，进而影响下厂实习效果。

以上这些问题如不能及时得到解决，到 21 世纪我国工程教育的质量与发达国家的差距将会进一步拉大。

（二）改革建议

当前世界各国对工程教育的改革都非常重视，从一些发达国家的改革趋势看，具有如下一些特点：都在根据科学技术发展和产业结构变化，纷纷调整专业结构，专业设置上出现了明显的综合化趋势；以美国麻省理工学院为代表提出树立大工程观，重建工程教育体系的构想，并已付诸实施；许多学校都强调要重视能力培养（包括综合能力、分析能力、创新能力以及理解广阔的工程背景的能力），将设计项目教学作为一种重要的教学方式。联系到我国上述存在的问题，特提出如下建议：

1. 调整专业结构

应当进一步调整工科专业结构，充分重视轻工、食品工业、运输、通信业、矿业及林业等方面的专业建设和发展。招生的比例也应作相应的调整。

2. 拓宽专业面，走大专业与专业方向相结合的道路

为了进一步拓宽专业面，并给学生以更多的选择权，使学生在高年级可根据社会的需要和自己的意愿与兴趣选择专业发展方向，可以考虑工科本科生按新专业目录中的大类专业招生。如建筑与规划、土木工程、机械工程、电机工程、信息工程、化学工程、采矿工程、冶金工程、材料工程、航空航天工程、管理工程、核能工程、海洋工程、环境工程等。每个大类专业又可分若干个专业方向，如机械工程类的专业部分可以由若干个课程模块构建十多个专业方向，每个学生可选择两个专业方向，这样的模块化的专业方向就可以有许多不同的组合方式，使培养出的人才既具有适应性又具有多样性，而不是单一模式。同时，学生有了一定的选择权，也更有利于学生个性特征、兴趣、志向的发展，有利于调动学生学习的主动性。

3. 优化课程结构

优化课程结构，核心任务是拓宽学生的知识面。在重新设计学科体系的基础上，要精心设计必修课、限选课与任选课的合理结构。必修课是基础，其主要任务是完成专业通识教育。限选课是为了专门教育，是为使学生进一步深造设置的，可以按专业方向分组设置。必修课与限选课的比例，不同学校可根据其培养目标作不同处理。任选课可以灵活设置，主要目的在于拓宽学生的知识面，发展个性，增强未来的职业适应性。可以通过学分制和提倡建立跨学科的专业教学计划，以保证学生的知识结构实现文理渗透、理工结合，也有利于实施不同层次教育的转轨。

4. 强化设计和工程训练，培养创新精神

要加强设计教育和工程训练（包括工程试验与实践训练）在教学计划中的

比例（对大专教育则更应强调工程实践与动手能力的训练），在教学计划中实践训练应由局部到全局，循序渐进，始终不断线。设计教育是通过项目并和工程实践密切联系的，重在培养学生掌握设计的方法以及在项目小组中分工协作的精神。只有高度重视设计和工程实践训练，才能使学生所学知识活化，真正理解工程的本质，把培养学生的工程意识、动手能力、分析能力、综合能力、合作精神、创新品质、自学能力等真正落到实处。工程就是创造，要注意为学生营造和培育一个良好的工程教育的氛围，在潜移默化的影响中培育学生的工程意识、工程思想方法、工程工作方法，特别是培养他们的创新能力与创造意识。

5. 改善工程教育的基本设施条件

提高工程教育的水平，需要有物质条件保证，因此需要政府支持、企业和社会参与并加大教育投资力度。只有把工程教育的基本设施条件搞上去，才能保证高等院校为我国 21 世纪的现代化建设输送高质量的工程技术人员。

6. 加强产学合作

各校应根据需要和可能，有重点地与若干企业建立固定的联系，如建立企业与高校的联合委员会。还可以采取毕业生提前一年预就业的办法，既解决了学生实习和毕业设计的选题问题，又部分地为企业提供了技术服务。

7. 重视信息技术对未来教育的影响

信息时代正在向我们走来，信息技术越来越广泛的应用，正在深刻地影响着人类教育的本质、教育决策、教育规划到教育的形式、内容、方法、手段等。所以，我们必须重视信息技术在院校工程教育中的应用，改革教学方法，进一步让学生主动地、生动活泼地学习。

四、关于教学工作

（一）存在问题

应当承认，一个时期以来，在校内外环境中一些消极因素的影响下，院校工程教育的教学质量有滑坡的趋势。无论是校领导、教师，还是学生，投入教学过程中的精力都明显不足。学校的中心工作是教学，就像企业的中心工作是生产一样，这是绝对不能动摇的。在评价工科院校办学水平时，首先要看教学工作是否到位、上位，要看教风、学风是否严谨、向上。

　　学校教育能否取得成功，关键在于是否真正调动了学生学习的主动性和积极性，形成了生动活泼的学习局面，培养了学生学会学习和创新的能力。长期以来，我们对教师在知识传授和能力培养中的作用讲得比较多，而忽视了学生在教学过程中作为学习主体的作用，这种认识表现在各个方面，并已对学生个性的发展产生了不利的影响。它集中表现在下列几个方面。

　　1. 课堂教学方法死板

　　在课堂教学中，教师习惯于单向的、注入式的讲授，很少采用双向的、研讨式的教学方法，鼓励学生积极参与。学生在课堂上以静听和记笔记为主，长期处于被动听讲的地位。这种传统的教学模式极易造成学生学习的依赖性和智力活动的被动性，极易抑制学生的主观能动性和个性特征的发展。

　　2. 教学计划缺乏弹性

　　长期以来，我们一直实行的是学年制，教学计划缺乏弹性。近年来，在一些学校开始实行了学分制，但由于种种原因，一般实施的仍是学年学分制。学习优异的学生，能提前毕业的为数极少，由于种种困难需要延迟毕业的学生也很难如愿。学校由于各方面的困难，开出的选修课无论是数量还是质量都难以满足学生的需要。学生对课程的选择余地很小，转专业、转系和转学更加受到限制。这种情况非常不利于学生个性的发展。

　　3. 实践教学环节薄弱

　　在实习、实验、设计、毕业设计等实践教学环节中，主要以验证性、体验性、观察性、模仿性和认识性活动为主，学生基本处于被动状态，学生自主设计、制作与探索性实验的活动安排得很少。应当承认，学生生动活泼主动学习的局面还远未形成。

（二）改革建议

　　1. 落实教学工作在学校的中心地位

　　有关领导要真抓、实干，使教学工作在学校的中心地位真正得以落实，要切实地改变教师和学生在教学过程中时间和精力投入不足的问题。

　　2. 转变教学观念

　　要花大力气，帮助教师完成从传统教学观到现代教学观的转变。要引导青年教师学习现代教学理论，特别是高等教育学、大学教学论、学科教学法和教学技能技巧，要加强教学基本功的训练。对于中老年教师也要引导他们把长期积累起来的教学经验努力上升到理论的高度来认识。

　　3. 改进教学方法

　　在改进教学方法、提高教学效率方面，高校的潜力是很大的。教学方法改革的核心任务应注重学生主体地位的发挥，培养学生自主学习的积极性，变"要我学"为"我要学"。在教学上还应区别哪些内容适合教师讲，哪些内容适合学生自学，哪些适合通过实践训练培养，哪些适合环境熏陶和影响。我们的教师，如果除了讲授法以外，还能熟练掌握研讨法、案例法、发现法等在国际上已被普遍采用并被证明是行之有效的各种先进的教学方法，如果能迅速跟上时代发展的步伐，熟练掌握各种现代化教学手段，那么，院校工程教育课堂教学的效率一定会大大提高，学生学习的主动性、积极性也一定会随之大大提高。

4. 改革教学内容

教学内容的改革已迫在眉睫。教学内容既包括理论教学内容，也包括实验、实践内容，教学内容的更新是科技进步带来的必然结果。我国高等工程教育的课程体系与教学内容中有相当一部分已陈旧落后了，教育部在促进教学内容更新的同时，应组织专家编写新教材或翻译一批工业发达国家大学的教科书。学校应制定有效的激励措施，使教师有编写讲义和教材的积极性。

5. 探索适合培养工程硕士的教学模式

工程硕士的教学模式应与工学硕士有所区别，在产学合作的培养模式、双导师制、毕业论文选题结合工程实践、课程设置的针对性等方面要进一步加以完善。

五、关于院校工程教育的教师队伍

（一）存在问题

《中国教育改革和发展纲要》指出："振兴民族的希望在教育，振兴教育的希望在教师，建设一支具有良好政治业务素质、结构合理、相对稳定的教师队伍，是教育改革和发展的根本大计"，但从现实情况看，工科教师队伍建设面临许多问题。

1. 教师的年龄、职称、学历结构不合理

从总体看，到 2000 年，"文化大革命"前任教的在校教师将陆续全部退休，特别在一些重点院校，退休的比例更大，他们中绝大部分是现在具有高级职称的教师、博士生导师和学科带头人。35～45 岁教师的比例普遍偏低。除一些重点院校外，35 岁以下教师中，本科学历教本科的仍为数不少。在一般院校中，具有高级职称教师的数量与质量均不容乐观。

2. 教师待遇偏低，队伍不稳

有人对教师队伍的现状用四个"反差"作了概括：一是高校教师职业的理论地位和实际地位的反差；二是社会对高校教师思想、业务及贡献的要求与报酬的反差；三是高校教师待遇与其他行业待遇的反差；四是执教数十年的老教师与刚刚走出校门的毕业生待遇的反差。由此形成了现实存在的学校教师队伍的显性、隐性和潜性流动。显性流动主要去向是三资企业或各类公司，有调查表明北京近几年这种流动约占每年补充教师量的 15% 左右，且多数为高学历者。隐性流动指人在校内，但相当的时间和精力用在校外，这种流动的年龄段呈上移趋势，约占教师总数的 30% 左右。潜性流动指人心思走，等待时机，随时都可能离去，约占青年教师的 20% 左右。想走的原因主要是由于工作环境差，工资待遇、住房等问题长期得不到解决，表现出强烈的失望和不满。教师的低待遇必然导致教师精力的低投入和队伍的低素质，最终造成教育的低水平。

3. 现有教师队伍的素质与高等工程教育改革和发展的需要不相适应

在一部分工科院校的中老年教师中，的确存在知识老化的问题。他们的外语水平、计算机水平都亟待提高。有些教师甚至还是计算机盲。很多重点院校早在 20 世纪 80 年代就提出每个专业至少有一门课程采用英文讲授，但至今多数未能实现，其原因之一也涉及任课教师的外语能力。部分青年教师价值观念混乱，为人师表及育人意识薄弱，教学基本功差，知识面窄。尤其需要重视的是，作为工科专业教师，应当具有较强的工程能力与一定年限的工程实践经验，但现在的青年教师包括博士、硕士，都非常缺乏工程实践，这必然会制约工程人才的培养质量。此外教研室"四世同堂、近亲结缘"的现象也比比皆是，使教师队伍缺乏应有的活力。

（二）改革建议

教育者必先受教育，培养工程师的人首先应具备工程师所应具备的知识、能力和素质。而今后 5 年将是我国教师队伍新老交替的关键时期。可以说建设一支适应 21 世纪工程技术人才培养所需的教师队伍，要求高而时间紧，必须采取非常措施来解决问题。为此建议：

1. 转变观念，充分认识教师队伍建设是教学改革的核心

各级政府和教育主管部门要充分认识高校教师队伍建设的紧迫性，它直接关系到要不要"切实把教育摆在优先发展的战略地位"的问题。必须采取切实措施，力争 5 年左右面貌基本改观。学校应本着人员精干、结构合理的原则，

根据自己的类型、层次、规模、专业等做好定岗定编工作，以利教师队伍的调整。

2. 引进竞争机制，重视教师骨干队伍的建设

应通过关键岗位、关键课程的分析，确定关键教师，其数量大约为教师总数的 20％左右（重点院校、重点学科的比例可以高一些），可以从现有教师中遴选，也可以从国内外招聘，引进竞争机制。教师职称的每个层次中都大体有 20％左右的人属于关键教师。对管理人员和教辅人员也应如此。建设一支教师骨干队伍，在工资、住房、医疗、进修、晋升、退休等方面，政策应适当倾斜，这将有利于稳定学校的教学质量，也有利于加强凝聚力和对其他教师起到榜样和示范作用。

3. 建立专、兼结合制度，改善师资队伍结构

应鼓励高校聘请兼职教师，这不是一项权宜之计，而是促进教学、科研、生产三结合的重要举措，是工程教育本质决定的必由之路，是国际工程教育发展的普遍趋势。要从企业和研究院所聘请一定比例的具有丰富实践经验的高级工程技术人员，到学校开课并承担学生实践环节的指导，这样既有利于学校师生知识的更新并密切学校和企业、科研院所的联系，又有利于改善高校师资队伍的结构。这项工作要坚持下去必须制度化，学校和企业、科研院所都应制定相应的鼓励措施和荣誉称号。

4. 青年教师应加强工程实践训练

那些直接由博士、硕士毕业留校任教，缺乏工程实践经验的青年教师，应分期分批到有关的企业去挂职锻炼一段时间，以加强工程实践经验，完善其素质结构。

5. 取消终身制，实行聘任制，促进人员流动

学校应取消人员编制及职称的终身制，不称职的可以另行安排工作直至辞退，实行建立在竞争机制上的定期聘任制。评上高级职称的，不出成果或不称职的可以低聘，后起之秀可以破格高聘。应当允许和鼓励校际教师互聘。学校应为青年教师创造条件，鼓励他们把精力集中到学校的教学和科研工作上来，缺乏教学经验的要有培训制度，帮助他们过好教学关。如何稳定青年教师仍然是主要矛盾，但也应有激励机制以防止冗员沉积。有的学校已对青年教师实行"非升即转"或"非升即走"的政策，以取代现行签约 5 年服务期的做法，这种做法在促进人员流动方面还是有一定的积极意义的。

6. 切实解决教师待遇问题

政府应进一步采取切实可行的措施，尽快改善教师工作条件，解决教师待遇偏低、住房困难的问题，使教师职业真正成为令人羡慕的职业，从而保证教

师质量能真正得到提高。

附录　五国大学土木工程专业课程体系简介[①]

英国：帝国理工学院土木工程专业课程简介

- 学制：13 年的基础教育之上

　　　　3 年工程学士

　　　　4 年工程硕士（含学士阶段）

- 专业：工程硕士（土木工程）

　　　　工程硕士（土木工程与环境工程）

　　　　工程硕士（土木工程，1 年的欧洲大陆学习）

　　　　工程硕士（土木工程与环境工程，1 年的欧洲大陆学习）

- 教学计划

　▲ 头两年所有 4 个专业课程相同，每个专业由必修课或核心课组成

　▲ 第三与第四年，课程是由模块构成的，每个学生从 9 个模块中自由选修 2 个模块

　▲ 另一种选择：第三学年暑期或暑假在工业企业进行 18 周的结构工程实践（相当于两个任选课程模块）

　▲ 教学：讲授，问题式或讨论式指导，项目设计和实验

　　作业包括：项目设计，计算机工作，实验室报告，模块构建，制图，测量与野外地质实习及其他实践性或专业性训练

　▲ 暑假期间，鼓励学生参加工业培训，从而增强对科学方法在工程中应用和实践的认识

　▲ 工程硕士学生在欧洲大陆进行 1 年学习，巴黎国立桥道学校，马德里道路、运河与桥梁高等工业学校，德国亚兴高等工业学校，荷兰德尔夫特工业学校，意大利土伦多科性工学院

　▲ 四年级的所有课程都是任选的，每门课 60 学时，讲授、指导和项目结合，学生需在 2 个模块中选择 6 门课，并完成 1 个必修的设计

　▲ 所开课程

---

① 本附录所列教学计划中的课程名称及课时数已无从查证，其中或有疏漏。

必修课程	一年级课时	二年级课时	三年级课时	四年级课时
导论课	40			
数学	80E	66E		
基础力学	24E		28E，14T，10lab	
结构力学	40E	72E		
流体力学	36E			
地质工程	22E＋实习	70E		
材料	40			
土木工程概论	20	37		
计算机在工程的应用		10		
制图与草图	36	20		
书面与口头表达	17			
设计	105			
人文或语言	40			
野外测量实习	10 天			
水力学		54E		
环境工程		30E		
结构设计		151		
设计项目		42		
水利工程			60E	
土力学			60E（L，T，P）	
系统工程（半模块）			15，8　7E，P	
混凝土结构与设计			37L，8T，15P	
概率方法与结构可靠性			35L，10T，15P	
工程数值分析			60	
工程地质学（半模块）			30L 与实践	
工程地震学（半模块）			30，T 和 P	
环境工程中微生物学与化学导论			60	
道路工程			60	

续表

必修课程	一年级课时	二年级课时	三年级课时	四年级课时
工程数据处理			30L，15T， 1 天实习， 15 个计算机实验	
钢结构与设计				60
结构动力学				35L，10T，15P
非线性结构动力学				30L，15T，15P
边坡稳定				60（L，T，P）
高等地质工程				60
海洋工程				60
给水与排水工程				34L，20T，6P
水资源工程				36L，6T，18P
运输规划				22L，11T
交通工程				22L，11T
机器人与施工自动化 （半模块）				30
系统论				30L，13T，12P
专家系统				20L，20T，20P
应用水动力学				60
计算流体力学				60

第四年，6 门课，6 个考试

注：L——讲授；E——考试；T——辅导；lab——实验；P——课题。

● 研究生教学计划

▲ 学制：脱产 10～12 个月；半脱产 2～3 年

▲ 学位：帝国理工学院证书

▲ 专业方向：9 个

　　1. 钢筋混凝土结构

　　2. 地震工程与结构动力学

　　3. 环境工程

　　4. 环境管理中的水文学

　　5. 土力学

    6. 土力学与工程地震学

    7. 土力学与环境地质工程

    8. 钢体结构设计

    9. 交通运输工程

▲ 专业课程（以混凝土结构专业方向为例）：共 18 门课，学生可以自由选修

    1. 结构概念与设计

    2. 项目设计（独立）

    3. 混凝土施工

    4、5. 工程方法Ⅰ、Ⅱ

    6、7. 结构分析Ⅰ、Ⅱ

    8、9. 平台与框壳理论Ⅰ、Ⅱ

    10、11. 预应力结构Ⅰ、Ⅱ

    12、13. 混凝土材料Ⅰ、Ⅱ

    14、15. 钢筋混凝土Ⅰ、Ⅱ

    16. 混凝土热应力与其他时间相关现象

    17. 混凝土实验

    18. 毕设（论文）

▲ 每门课 20～45 小时

法国：国立桥路学校土木工程专业课程简介

- 可能是世界上最早建立的土木工程学校
- 目标：培养土木建筑工程师
- 学位：工程师证书
- 学制：12 年基础教育＋入学考试

      2 年预科学习＋入学考试

      3 年本科

- 教学计划

  ▲ 模块体系：每年 3 个单元，每单元 3 个月

  ▲ 课程：核心课程、选修课程、工业实践和项目设计

  ▲ 核心课程：4 个部分

    1. 科学与技术课程

    2. 语言

    3. 选修课

4. 项目设计

▲ 第一年（3 个单元）共同课程和 1 个项目设计，1 组实验或年末的工业实习，学生选修 1 个主修专业方向和 1 个辅修专业方向

▲ 专业方向：4 个

   1. 土木与工业工程

   2. 土木工程与施工

   3. 经济学、管理和网络技术

   4. 工程信息技术

▲ 所开课程

科学与技术课程	第一年	第二年	第三年
力学	√		
数学分析	√		
数值分析	√		
信息论	√		
概率论	√		
热力学	√		
经济学	√		
土力学	√		
流体力学	√		
材料力学	√		
设计概论	√		
施工概论	√		
语言（必修英语）	√		
选修课			
科学、测量、实践、设计	√		
专业方向课程（基础部分）		√	√
专业方向课程（高等部分）		√	√

以土木工程和施工专业方向为例：

专业方向课程（基础部分）：地基与基础；金属结构；混凝土结构；预应力混凝土结构；地质学；房屋构造

专业方向课程（高等部分）：结构分析（平台与框壳，CAD，损伤理论，稳

定理论……）；材料（断裂，弹性理论，燃烧学……）；社会科学；施工（生产，信息交流技术，成本核算，安全，法律，专家系统，工业关系……）

德国：慕尼黑工业大学土木工程专业课程简介

- 目标：培养土木工程师
- 学位：工程师证书（工程学位）
- 学制：13 年基础教育＋免试入学

  至少 8 个学期和 17 周实习

  学位论文，3 个月

  共计 5.5～6 年
- 教学计划

  ▲ 14 个专业方向，学生必选其二：

  1. 工程信息技术
  2. 工[①]
  3. 结构静力学
  4. 工程材料
  5. 道路工程
  6. 基础、岩土力学
  7. 木结构
  8. 水力学与治河工程
  9. 混凝土结构
  10. 钢与薄壁结构
  11. 隧道工程与施工组织
  12. 运输与城市规划
  13. 水利工程
  14. 给水工程与污水处理

  ▲ 每个专业方向的教学由讲授、辅导和讨论组成

  ▲ 专业方向的要求：2 门基础课程；2 门必修课程；4 门选修课程

  ▲ 每门课程 30 学时，7～8 个学期需完成 240 学时课程

---

① 该专业方向的名称已无从查证。

▲ 任意选修课不受限制，旨在拓宽知识

▲ 学位论文需出自所选专业方向之一

▲ 所开专业基础类课程

课程	I		II		III		IV		V		VI		VII	
	L	T	L	T	L	T	L	T	L	T	L	T	L	T
画法几何与制图	1	1	1	1										
测量I、II	2	—	1	2										
实验物理 I、II	2	—	2	—										
高等数学 I、II、III	5	2	3	2	2	1								
工程材料 I、II、III	2	—	2	2	1.5	—								
工程力学 I、II、III、IV	3	2	1	1	3	2	2.5	1						
法律	2	—	2	—										
制图	—	2												
房屋构造 I、II、III	4	1	3	1	—	2								
地质学	2	—												
数理统计			1	1										
野外测量实习			—	4										
数据处理概论			2	2										
结构学I、II、III、IV					2	1	2	1	2	1	2	1		
混凝土结构I、II、III							2	1	2	1	2	1		
木结构							3	1						
工程数值计算							2	1						
水力学与治河工程							1.5	1						
水工结构 I、II									2	—	2	0.5		
施工方法 I、II、III									3	—	2	—	1.5	2
水力学									3	1				
土力学									3	1				
道路工程 I、II、III									2	—	2	2	1.5	2
钢结构 I、II									2	2	1.5	1		
施工信息									1	1	1	1		
给水工程与污水处理									2	1	2	1		

续表

课程	Ⅰ		Ⅱ		Ⅲ		Ⅳ		Ⅴ		Ⅵ		Ⅶ	
	L	T	L	T	L	T	L	T	L	T	L	T	L	T
运输与城市规划Ⅰ									1	—	1	1	1.5	1
水资源Ⅰ											2	—		
基础Ⅰ与岩土力学											2.5	—	2	
水利工程与水资源设计														2

注：L——讲授；T——辅导。

▲ 所开专业类课程

■ 钢筋混凝土结构专业方向

必修课：预应力混凝土结构Ⅰ（2L，1T），Ⅱ（1L，1T）；设计（1L，1T）

限制性选修课：高等钢筋混凝土结构（1L，1T）；空间混凝土结构（1L，1T）；钢筋混凝土构件设计与计算Ⅰ（2L），Ⅱ（2L）；钢筋混凝土桥梁设计、施工和维护Ⅰ（1L），Ⅱ（1L）；钢筋混凝土结构新发展Ⅰ（1L），Ⅱ（1L）；结构工程中的概率与统计Ⅰ（1L），Ⅱ（1L）；结构可靠性（1L）

任意选修课：钢筋混凝土结构中计算机数据处理Ⅰ（1L），Ⅱ（1L）

■ 钢结构专业方向

必修课：钢结构（2L，1T）；钢结构稳定性（3L，1T）；钢桥梁（1L，1T）

限制性选修课：交架结构（1L）；焊接技术（1L）；电视塔（1L）；施工与构架（1L）；薄壁钢结构（1L）；轻金属结构（2L，2T）；疲劳（1L，1T）；概率与统计（1L）；结构稳定性（1L）；施工中的差额强度（2L）；事故分析（2L）

任意选修课：钢结构讨论（1L）；钢桥指导讨论（1T）；钢结构专题（2L）；钢升降装置（1L）；结构力学（1L，1T）

■ 给水与污水处理专业方向

必修课：给水与污水处理工程Ⅲ（2L），Ⅳ（2L）；给水与污水处理Ⅰ（2T），Ⅱ（2T）

限制性选修课：污水处理工程规划、施工和运行Ⅰ（2L），Ⅱ（2L）；给水与污水处理Ⅰ（2L），Ⅱ（2L）；环境卫生（2L）；工

地参观 4 天

任意选修课：给水与污水处理专题Ⅰ（1L），Ⅱ（2L）；污水系统规划、施工和运行Ⅰ（2L），Ⅱ（2L）；水资源保护（2L）；灌溉工程（1T）；管道水力学专题Ⅰ（1L），Ⅱ（1L）；水技术中的化学Ⅰ（2L），Ⅱ（2L）

■ 设计和学位论文

STUTTGART 大学 199×年的计划：

要求：两个研讨班（75 学时）

　　　一个项目设计（150 学时）

　　　一篇学位论文（3 个月）

项目设计题目：

1. 多功能屋顶

2. 火车站

3. 壳体屋顶

4. 桥梁设计

5. 2000 年世界博览会大厅入口大门结构

6. 工业厂房屋顶

7. 高速公路

研讨班题目：

1. 悬臂式高墙

2. 工业厂房屋顶

3. 预应力混凝土桥

4. 飞机库

5. 斜拉桥

6. 旅游瞭望塔

学位论文（毕业设计）共 16 种选择：

1. 钢结构梁柱节点的比较研究

2. 钢板桥的设计

3. 扁底抗震油罐计算比较研究

……………

美国：麻省理工学院（MIT）土木工程专业课程简介

● 目标：培养工程师掌握当代关于现有建筑重建与改造的科学和技术，并能从财政、社会、经济与公共关系的角度处理复杂的土木工程和环境工程。了解当今设计概念，如优美公路与汽车（smart highway and vehicles）等的本质变化。

- 学制：12 年基础教育之上的 4～5 年本科教育
- 学位：4 年土木工程理学学士

　　　5 年理学硕士或土木工程理学硕士
- 专业：土木工程专业

　　　环境工程专业
- 资格认可：A1 课程需经工程评估委员会、工程与技术评估小组认可
- 教学计划

　▲ 土木工程专业教学计划：2 个部分

1. 校级课程	周小时
科学（物理、化学等）	6
人文科学，文学，社会科学等	8
科学与技术（限定选修）	2
实验（包括系定课）	1
	17
	17×12 小时/每周＝204 周小时
2. 系级课程	周小时
必修课程	147～153
限定选修课	30～36
任意选修课	48～54
	225～243 周小时

合计：　　　　　204＋189＝393 周小时

期限：8 学期

平均周学习负担：49 小时

■ 系级必修课程	周小时
分析与计算	48
计算机导论与工程问题分析	12
工程概率论与统计	12
物理与工程系统的计算模型	12
差分方程	12
工程力学与材料	12
（固体力学，流体力学与材料）	33

土力学	12
结构工程	12
钢结构设计	12
结构设计	12
工程经济学（微观）	12
实验（结构实验与结构设计实验）	6～12

207～213 周小时

■ 系级限定选修课

在导师指导下从下列课程中选 3 门	周小时
工程地质	12
环境工程诊断	12
水文学	12
化学品与药物处理和运输	12
生态学	12
化学品、药物、政策与管理	12

36 周小时

实验：选 3 个	周小时
流体力学	12
水化学	12
环境流体力学	12
施工与管理	12
工程项目管理	12
施工方法与程序	12
建筑物中的能源	12

36 周小时

▲ 环境工程专业教学计划：2 个部分

1. 校级课程（同前）	204 周小时
2. 系级课程	180 周小时

384 周小时

平均周学习负担：48 周小时

■ 系级必修课程	周小时
工程概率与统计	12

差分方程	12
热动力学	12
流体力学	
方法导论	12
地球系统科学	
水文学	
工程地质学	
地球流体物理（大气与海洋）	12
全球性变化科学	12
污水处理	12
环境监控技术	12
分离方法环境	12
空气污染控制	12
经济与公共政策（选 1 门）	12

　　微观经济学

　　环境政策与法规

　　工程师、科学家与社会矛盾

环境生物学与毒药学	12
环境工程中的化学物、药物与毒药学	12
生态学实验（水化学；环境流体力学）	12

- ■ 系级限定选修课：2 门　　　　　24 周小时
- ■ 系级任意选修课　　　　　　　54～57 周小时

　　　　　　　　　　　　　　　180 周小时

中国：清华大学土木工程专业课程简介

- 目标：培养未来土木工程师
- 学制：12 年基础教育之上的 5 年本科教育
- 学位：土木工程理学学士
- 专业

　土木工程系：结构工程专业；土木工程管理专业

　水利与水电工程系：水利与水电工程专业

　环境工程系：环境工程专业

- 所开课程

年级	一年级		二年级		三年级		四年级		五年级	
学期	Ⅰ	Ⅱ	Ⅲ	Ⅳ	Ⅴ	Ⅵ	Ⅶ	Ⅷ	Ⅸ	Ⅹ
周数　课程	21	24＋2	22	21＋5	21	20＋5	20	22＋6	16	18
体育	1	1	1	1	1	1				
语言：英语基础，自然科学，专业	4	4	4	4	2	2		2		
社会科学	2	2	1*		2	2	2＋1*	2＋2	1*	
法律与军事知识	2	1⁽²周⁾								
化学或生物	3 或 2									
物理＋实验		4	4＋2	2						
数学：微积分，线性代数，概率，统计，微分方程	5	5	3		3	2				
计算方法						2				
工程力学：静、动力学，材料强度			3	3＋4	2					
结构力学					5	2				
弹性力学与有限元							2			
工程地质学					2					
水力学						3				
土力学与基础工程							4	2		
系统工程								2		
制图	4	4								
实习					2wl					
房屋构造					4					
钢结构与设计计划						3＋2				
钢筋混凝土件与设计						3＋3				
钢筋混凝土结构							2			
桥梁结构								3		
高层建筑设计								3		
运输工程								2		

五年级 Ⅸ—Ⅹ 学期：学位论文

续表

年级	一年级		二年级		三年级		四年级		五年级	
学期	I	II	III	IV	V	VI	VII	VIII	IX	X
周数　　　课程	21	24+2	22	21+5	21	20+5	20	22+6	16	18
运输管理与控制									2	
高速公路工程									2	
土木工程概论	1									
计算机基础		3								
计算机程序		3	4							
测量+实习				4+2w						
公益劳动				+1w						
施工技术							3			
施工管理								2		
建筑设备								2		
建筑经济							1			
多层结构系统与抗震								1		
工程项目管理							1			
任意选修课										
语言						1				
工程数据处理系统						2				
结构矩阵分析						2				
计算机绘图								2		
工程中 CAD									2	
微机系统									2	
结构可靠性									2	
结构稳定性									1	
应用工程软件									2	
应用管理软件									2	
其他课程										

五年级 IX-X 栏: 学位论文

五国土木工程专业课程体系比较

1. 专业面

   英、法、德、美四国（以下简称"四国"）：在一个系

   中国：在三个系

2. 学制与学位

英国	13＋4＝17	工程硕士
法国	12＋2＋3＝17	文凭工程师
德国	13＋5～6＝18～19	文凭工程师
美国	12＋4＋1＝17	理学硕士
中国	12＋5＝17	工学学士

3. 资格认可

   英国、德国和美国：均有国家认可机构

   法国：不详

   中国：正在考虑

4. 课程

   ● 四国均有自己国家社会和工业发展的深厚背景，所开课程不仅覆盖科学与技术，而且与社会、经济、法律、管理等有紧密联系，相当于中国 3～4 个专业

   ● 在中国专业教育的比例太高

   ● 在英国、法国、德国和中国，设计课程与学位论文比例比美国高，但是美国更强调学生创新能力的培养。美国（MIT）正在考虑提高其设计课程和技术课程的比例

   ● 法国、中国，特别是英国和德国，对实践训练有一定的要求，但美国正在加强学生的实践能力，以弥补其自第二次世界大战以来的不足

   ● 在外语教学方面，英国、法国和中国有要求，德国在中学教外语，美国没有要求

   ● 在引入高新技术方面，美国比欧洲国家反应更快，中国相对较慢

第三章

工程技术人员的使用与管理

一、我国工程技术人才基本状况

（一）工程技术人员的界定和职责

工程技术人才作为工程技术领域的专门人才，对于国家经济建设、工业发展和技术进步有着重要的作用。工程技术人员的概念、特征以及职责随着社会的发展和科学技术的进步在不断发展变化。目前，在我国人事、统计工作中，习惯于将工程技术人员界定为具有中专以上学历或具备初级以上技术职称，在工程领域从事技术工作的专门人才①。从能力和经验划分，工程技术人员可以划分为高级工程师、工程师、助理工程师和技术员。其中，工程师是指具有大学本科以上学历和虽不具备上述学历但具有高、中级技术职称的人员，他们通过工程教育和工程实践具有专门工程工作经验，并能运用数学、自然科学和工程科学知识，运用工程分析和设计的原理、方法从事实际工程任务，是从事工程活动的专门人才。

（二）工程技术队伍的数量和层次结构

我国在 1949 年以后为了恢复和发展国民经济，建设了大量工程项目。这

---

① 这类技术人员由人事部主管，技术工人由劳动部主管。

些项目在建设和运行过程中培养了大量生产第一线的工程师。同时，为了满足工业发展的需要，合并、建立了一批高等工科院校，培养了大量既有基础理论又有专业知识的工程技术人员，并形成了从技术员到高级工程师的一整套技术职称体系。工程技术人员作为一类重要的专业技术人员也有了独自的体系。特别是进入 20 世纪 80 年代以后，工程技术人员队伍有了较大发展：1995 年全国国有企事业单位工程技术人员达 560 万人，其中工程师 150 万，高级工程师 59 万。工程技术人员总量分别是 1952 年（16.4 万人）和 1978 年（157.1 万人）的 34 倍和 3.5 倍，其数量占整个专业技术人员的 29.7%。每年从院校毕业进入工作岗位的新增人员约为 30 多万人。其中，专科生 15 万人，本科生 16 万人，研究生 1.4 万多人。从数量上看，我国的工程技术队伍在世界上已是最大。

（三）工程技术人员的成长途径

工程技术人员作为专门技术人才，其成长过程符合专门人才成长的一般规律。必须有系统的专业学习经历和丰富的专业实践经验。所谓成长过程，也就是学习与实践相互交织互为补充。目前，我国工程师的成长主要有以下几种途径。

一般途径：大学（大专）毕业—适应期（包括实习期，担任技术员，助理工程师）—考评或聘任—成熟期（继续教育和工程实践）—高层次工程技术人员。

产学合作途径：大学基础、专业基础学习—大学企业联合培养—考评或聘任—合格工程师（继续教育和工程实践）—高层次工程技术人员。

研究生途径：大学毕业—两年实践经验—工程硕士（博士）—考评或聘任—合格工程师（继续教育和工程实践）—高层次工程技术人员。

自学途径：主要通过自学和岗位继续教育达到要求。

系统的高等教育对于工程人才的成长起着越来越重要的作用，乃至于将成为必不可少的条件。高等教育培养获得基本的理论与实践训练的工程人才。通过 4 年左右的时间使学生掌握专业必需的数学及自然科学基础、技术科学理论基础知识；一定的专业知识以及相关的工程技术知识和技术经济、工业管理知识。对本专业范围内的科学技术知识有一般了解并掌握工程工作所必需的制图、运算、实验、外语等技能。受到工程设计方法和科学研究方法的初步训练。

实践锻炼对于工程技术人员的成长是必不可少的环节，实践形式多种多样，比如生产实习、合作教育或者直接参加生产实践。在工程师形成的初期，实践可以培养基本的工程意识，熟悉实际生产过程，验证并实践学习的理论知识。完成从学生向工程技术人员、从课堂到工厂的转变。对于合格的工程师，工程实践是使工程人才增加实践经验，使自身能力得以不断发展的保证。实践锻炼，包括在校期间及就业后在实际工作岗位上的实践，这两个阶段对于工程师的成长都具有重要作用。

工程人才的成长是一个长期的学习与实践的过程。任何一个培养阶段都不可能包办某一项内容的培养。特别是在今天，工程人才已经不可能单凭几年的学习应付一生的工作，出现所谓的终身学习的概念。因此，工程人才的成长过程也就是工程人才不断发展、提高的培养过程。

（四）工程专业技术职称、职务

目前我国工程师的培养途径基本上是学校教育加岗位培训。原则上要求经过大专以上的正规学校教育。毕业进入工矿企业或研究机构后，经过适应实习，担任技术员、助理工程师一定时间，按从业年限和技术工作能力经考评成为工程师。整个过程由所在单位人事部门进行管理。目前，我国在工程领域实行的是职务聘任制度，工程专业技术职务是根据实际需要设置的有职责、任职条件和任期，并需要具备专门业务知识和技术水平才能担负的工作岗位。划分为技术员、助理工程师、工程师、高级工程师等级别。其职责与要求见附录3-1。目前，我国工程技术队伍中高级专门人才占9%（人事部认可为教授级待遇为0.54%），中级专门人才占28.4%，初级专门人才占62.6%；主要集中在企业单位（占72.7%）和事业单位（占27.1%）。目前，各级工程技术职务对应的职责和资格要求如附录3-1所示（附在报告之后）。

（五）工程技术人员的资格认证

任职资格管理是指为了保证专业人员的质量和标准，从而对取得专业称号的资格和条件给予规定和限制。我国制定了一系列法规用以对工程师的资格进行规定，1979年12月国务院颁发了《工程技术干部职称暂行规定》，规定了工程技术系列的职称级别、晋升标准和考核制度。1986年2月，国务院为了推进专业技术职称制度改革，将专业技术职称由终身制改为聘任制，颁布了《关于实行专业技术职务聘任制度的规定》。职称是按工程人才能力高低与承担工作责任的情况授予的技术称号，体现工作经验和学术能力。工程专业技术职务是根据实际需要设置的，有明确职责、任职条件和任期，并需要具备专门业务知识和技术水平才能担负的工作岗位。以宝钢为例，按照岗位设计了专业技术岗位规范表，规定了每个岗位的名称、规范、职责、上岗标准（专业知识、

实际技能），并规定了在这个岗位上文化程度、工作经历、身体素质的基本
要求。

　　建筑师是较早实行注册制度的职业，我国现在已经开始试行建筑师注册制
度。建筑师注册制度是对建筑师从事建筑设计的技术水平和设计能力认定的过
程，是一种行业准入制度。只有达到国家规定的标准，才能成为注册建筑师，
具备签字权。建筑师注册的标准有三项：①教育标准。教育标准是注册标准的
起点，是按制定的标准对高校建筑学专业进行评估，检查是否达到了国家对于
注册建筑师规定的专业教育水准，经过评估的院校毕业生才能得到建筑学学
位。我国注册建筑师条例规定：除已经获得高级工程师技术职称者外，成为一
级注册建筑师必须具备建筑学或相近专业本科以上学历，这样便对建筑师的成
长途径有了明确的规定。②职业实践标准。由于注册建筑师职业是一门实践性
很强的职业，不但需要有较高的专业教育水平，而且要满足一定的实践训练的
要求，这就是职业实践标准。美国建筑业实践有严格的标准程序，要求设计人
员完成较全面的训练实践，职业实践计划（IDP）实行学分制，达到一定分数
便可通过。我国也建立了相应的标准，规定学士毕业以后从事 3 年设计实践才
具备考试资格。③考试标准。考试是对申请人专业水平的全面检验。考试依据
国家制定的注册建筑师考试大纲，我国考试大纲覆盖了从事建筑设计工作需要
具备的主要内容，要求在连续 5 年以内累计通过全部科目的考试。考试办法由
国务院建筑主管部门会同人事行政主管部门共同制定。

　　注册建筑师制度严格规定了成为注册建筑师的各方面要求，并用行政手段
限制非注册人员在建筑领域的工作。这对于保证建筑工程的质量是很重要的。
同时，办法详细地规定了成为注册建筑师的条件，客观上对人才培养途径起着
很强的引导作用。

二、工程技术人才使用与管理的发展简况

（一）工程师的作用及其职业管理

1. 工程

　　随着现代科学技术的发展，工程的概念也在不断扩展，工程是人们综合应
用科学的理论和技术的手段去改造客观世界的具体实践活动，以及它所取得的
实际成果。现代工程越来越发展，有更多更完整的科学理论指导工程实践，也

有更多的技术手段供人们在工程实践中应用；同时，现代工程涉及社会多个方面，所要解决的问题涉及经济、市场、人口、环境、生态等方面的客观社会问题，其解决问题的过程往往是一个群体的社会实践过程，要有严密的群体组织及其相应的管理。

工程内涵的发展，使工程工作的内容不断地扩展、丰富，它已包含研究、开发、设计、生产、质量检验、运行与维护、市场营销、管理、咨询、教育等几个方面。不同的工作要求工程师所必备的知识及能力也有所区别。

2. 工程技术队伍的构成

一般认为，工程技术队伍的各类人员应形成金字塔形结构，但对于不同行业或专业，其金字塔形的具体形式有所区别。实际上，从粗略估计看，行业或专业不同，人才层次结构区别很大，如土木、水利、矿产、冶金、纺织、农业等行业，目前属于劳动密集型行业，其人才结构呈扁平金字塔形；而电子、通信和信息等行业属于技术密集型行业，其人才结构呈尖高金字塔形。大体划分如图3-1所示。它说明人才层次结构形成与专业或行业特点有密切关系。

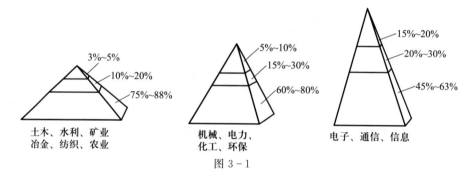

图3-1

按照管理学中的帕累托法则（二八法则），在进行人才规划时，特别应重视抓好各层次中20%左右的关键人才的培养。

各层次工程技术人员的职责，一般来说，除技术工人和技师之外，可分为工程师、技术专家及技术员三类。

工程师是工程项目的构思者、规划者、设计者、复杂技术系统或企业管理者，他们的工作需要应用大量深入的科学技术知识，应用其对政治、经济、社会、文化、艺术、法律、环境等相互关系的理解，他们不仅应承担技术责任，还必须就其技术承担经济法律乃至道义的责任及义务。工程师实际上是一种综合性复合型人才，对一个项目或某种产品要回答从总体上为什么要这么做的问题。

技术专家的工作，在于密切支持工程师将其思考方案转变为技术系统的营造与运行，完成其研究、开发、设计等工作，并对技术员及工人工作提供技术指导。他们对工程的非技术方面也应有一定理解，但主要是承担其技术责任，他们也应是综合性复合型的，但主要是技术学科领域的综合，对一个项目或一种产品，要回答从技术角度如何做最好的问题。其中部分可以发展为技术专家，在某一个或几个技术学科领域有更高、更深的造诣。

技术员和高级熟练技工，通常是在工程师或技术专家指导下工作，他们对工程原理有所了解，能按工程标准在生产运行、安装维护、测试分析、质量控制、生产调度等领域完成技术性作业任务，具备有关方面熟练的技能或手工操作技巧。他们应能维护正常的生产运行，找出正常运行中在本岗位上出现卡壳的原因。

西方有的国家将工程技术人员分为工程师及技术专家两个系列，各有初级、中级及高级职称（或级别）。我国目前是一个系列，且依此反观我国工科院校人才培养，可以说过去重点放在技术专家上，一般是按技术专家模式，且更偏于技术一隅，而缺少工程学士、硕士、博士。

下面重点放在工程师的使用和管理方面。

3. 工程师的职责

随着工程的发展，工程师在整个工程实践中的作用也在发展，大体可分成三个层次：参与、组织、领导。任何一个工程实践必然要有工程师的参与，并在其中起骨干作用。工程项目往往是一个有组织的、群体的实践活动，工程师不仅是一般性的参与，而且要组织一定的集体开展实践性的工作。作为工程中起主导作用的工程师，即使不在领导岗位上，有的也需要帮助领导工作。

一般来说，工程师在工程技术工作中主要应当具备以下职责：

（1）研究职责：通过研究深入探索物质的本质，阐明工程技术的理论基础。工程师的研究一般称为应用研究或工程技术研究，研究对象是工程实践中提炼出的实际问题，解决的是具有普遍性、应用意义的工程技术问题，成果是具有新颖性、先进性和实用性，可以带来巨大经济效益的技术发明。

（2）开发职责：将研究成果应用于实践，利用已有的理论发现、技术发明去开发新的过程或设备，或者将研究成果实际推广，使其成为新产品、新工艺。工程开发包括设计结构、制造、组装、配置以及为选择工艺方法与程序而进行比例模型、中试模型和实验模型的实验。

（3）技术设计职责：是指当一项过程或装置完成实验，需要生产和投放市场时，处理和确定细节的过程。技术设计是根据已经提出的技术设想，按照标准、材质、安全系数的要求，制定出具体、明确并可以实施的设计方案和设计说明书的活动。

（4）生产管理、监督职责：确定生产目标，协调和计划各种工艺规程，选择理想的生产流程和工艺，并负责在技术上保证生产的顺利进行。

（5）经营职责：产品的销售、调试、维护需要销售人员有充足的专业知识。另外，要求工程师了解市场需求，通过超前研究和合理设计提高产品竞争力，降低成本。这些变化使工程师进一步增加了经营、销售的职能，产生了销售工程师，并在规模与层次上不断得以发展。

（6）教育职责：工程师的教育职能体现在两个方面。①在工作中指导周围的工程师或其他技术人员，指导刚开始从事工程工作的年轻工程技术人员。②利用本身丰富的工程技术经验担任大学兼职教师，对学生进行工程实践的教育。而现实状况中，工程师所发挥的作用与这些职责尚有较大差距，尤其是经营职能在现实要求中还体现得不够。

（二）使用与管理的含义及其主要作用

1. 含义

管理是为达到既定目标，对人力、物力等资源进行系统精心安排的一种科学或艺术。对工程技术人员的管理就是对工程技术人员这一人力资源进行计划、组织、协调、指挥、训练的活动。进入社会主义市场经济引起了资源配置方式的改变，工程技术人员作为重要的人力资源，其配置方式也面临改变。对工程技术人员的管理包括对工程技术人员资格、使用、专业发展和对职业规范、工程安全的管理。

工程技术人员作为人力资源而言，通过使用才能实现其价值。但这又与其他资源不同，在使用过程中，通过实践工作的锻炼，从而不断积累经验，实现在工作中不断提高个人素质的目标。使用是管理的一部分，同时也是培养的一个环节。对工程人员的使用主要是量才录用、人尽其力，似可包括能力特长的了解、岗位的选择、工程项目的委任、工作条件的创造、进修的保证，以及在工作实践过程中的计划制订、执行、协调、监督与测试、评价及检查。

2. 主要作用

工程技术人员的使用与管理对于生产的顺利进行、人力资源的合理配置以及工程技术人员的培养与提高具有非常重要的作用。

有效的管理、合理的使用是生产顺利进行的保证。工程任务是一项复杂的系统工程，主要依靠工程人员的劳动和创造来实现。工程技术人员作为设计者和生产的组织者，对于生产的顺利实施起着关键性的作用。因而，工程技术人员的使用与管理在工程技术人员的成长过程中的作用更为突出。

首先，工程技术人员的工作有严格的技术标准和职业规范的要求，他们的从业资格、工作过程和结果需要严格的监督与管理。这种管理在工程技术人员形成初期通过行业的"行规"来体现。在今天则以各种明确的制度、法规和条例对工程技术人员的工作进行监督管理。

其次，工程技术人员作为工程领域的专门技术人员，对其知识、能力有特殊要求，而这些要求需要在特定的培养环境中才能逐渐具备，说明工程技术人员成长的过程与环境需要严格的控制与管理。

最后，工程技术人员的经验和能力需要不断地在工程工作中加以锻炼，也只有真正参与工程工作才有可能体现工程技术人员的价值。这些要求以制度的形式引导和约束着工程技术人员的成长与发展过程，对工程技术人员的成长具有很强的引导作用。因此，使用与管理本身也成为工程技术人员成长的一个重要影响因素。

工程师的使用乃至各类人才的使用不单是"用工"，而且是一个资源配置的问题。适当地配置将被使用者的能力得到最有利的发挥，从而产生成倍的效果，而且也使被使用者得到知识的更新和能力的提高。如何在使用过程中调动人员积极性，并使工程师通过工作不断提高个人的能力成为一个普遍关注的问题。我国以前的人才使用格局是建立在干部管理制度上的劳动人事管理，偏重组织关系的管理而忽视了工程师作为专业人员的专业发展，没能有效地通过管理发挥人才效能。随着资源配置方式由计划走向市场，人才管理制度也逐步向人力资源配置过渡。在这一过程中，强调人才在使用过程中的培养与更新功能，形成使用即培养的观念，对于工程师能力的发展有着根本意义上的促进作用。

讨论使用与管理，是因为两者对生产建设和工程技术人员成长过程起着引导和保证作用。合理地使用、严格地管理，将有利于生产发展、技术进步，保证优秀工程技术人员在实践中脱颖而出。反之，工程技术人员不能有效参与工程实践、没有一个合理的体制使人才顺利成长，或是单靠个人奋斗，无组织无目的地自发甚至盲目行为，都会对生产造成不良影响，也不利于工程技术人员的顺利成长。

（三）使用与管理的主要内容

人才使用与管理包括的内容很广，从工程师形成与成长的角度，主要包括以下几个方面。

1. 工程师专业发展的管理

20 世纪 90 年代和 21 世纪初将形成技术革命的新高潮。科学技术的飞速发展带来了人类社会的进步，同时知识的迅速更新也带来了现有知识的老化，对技术人员提出了新的要求。美国一家化工杂志的主编通过对 32 家美国化工企业的调查，在论文《工程技艺的老化》中指出：工程技术的发展极为迅速，每年有 5% 的知识落伍；如果工程师只从事工作而不学习，那么有用的知识在 10 年以后只剩下一半；如果不努力学习、掌握新知识，他原有的知识将在 12～15 年后完全落伍，并且需要掌握的知识每 10 年将增加一倍。工程师在开始工程工作以后，一方面需要不断参加实践以丰富自身的工程经验，另一方面要不断学习新知识、掌握新技术，才能适应这种变化，保证个人素质的提高和事业的发展。这也是工程技术在当今世界保持发展的必要条件。由于这种发展需要的条件如工程项目、脱产学习不是单靠个人就能完成的，因此这种自我完善、自我发展不仅是一种个人行为，同时也是工程整体发展的一项内容，需要宏观的管理和安排。

所谓专业发展（professional development）不同于一般的训练（training），它是以较为长远的目光使工程师在工作与思想上提高一个层次，而不单在于某一技巧或工具的掌握。工程师专业发展的途径有两条：一是参加工程实践，二是岗位学习（或脱产学习）。相应的管理办法，一是使用，二是继续教育。

（1）工程师的使用。

工程师的主要工作是工程实践，其价值在于通过长期工程实践具备的工程经验和工程意识。因此，是否参加或参加多少工程项目的实践，是决定工程师能否在岗位上得以发展的决定条件。对工程师的使用，就是针对个人特点，统筹安排工程师参加工程项目，并对其工作进行计划、监督、鉴定和奖惩。在不断的实践过程中积累经验，增加才干。使用不单是为了完成工作任务的安排和调度，同时也是一种人才培养的重要手段。正如人们常说的："修一条路，培养一批人；架一座桥，培养一批人"。在中华人民共和国成立初期，虽然许多工程师没有机会接受系统的高等学校教育，但大量的工程建设培养了一大批优秀的工程人才。目前，一些企业一方面缺乏有经验的工程师，另一方面也有许多大学生、工程师没有真正参加工程实践，只是从事辅助性的工作或改行，造成所谓专业不对口或高才低用的情况，这等于切断了工程师发展的途径。

使用对工程师的培养作用包括了解工程项目建设的特点，逐步熟悉工程实践的运行规律和管理；增加工程实践知识和经验；培养工程意识，增加综合管理能力和解决实际问题的能力。

目前，由于对培养模式的理解还局限于教学，认为只有学校教育才是培养，而企业只需要用人，不必考虑培养；加之对于人才使用的概念不明确，认为只要是自己的人，随便干什么工作都是使用，忽略了使用过程中人才组合、调配，充分发挥人才能力的要求。因此，使用作为一种培养手段，其作用还未被人们充分认识到。

（2）工程师的继续教育（参见继续工程教育专题报告）。

（3）进行专业发展管理的意义。

对于工程师专业发展进行管理的意义在于：明确指出工程师的专业发展不光是个人的努力和选择，也不是单凭个人努力就可以完成的。以工程实践和继续教育为主要内容的专业发展需要一套以人才培养为目标的专业发展管理体制来保证。依靠企业、政府、学校及行业的统一规划和宏观管理，为个人发展创造机会和条件。通过工程师在岗位上不断地发展达到促进生产发展和企业技术进步的作用。

2. 工程师任职资格管理

（1）任职资格管理的概况。

任职资格管理是指为了保证专业人员的质量和标准，从而对取得专业称号的资格和条件给予规定和限制。最初的注册制度出现于 12 世纪的欧洲，公元 1140 年，诺曼底规定医生在开业时，必须由同行认可他具有为公众服务的资格。对从事专门职业的资格进行要求，是因为这类职业需要专门技术而非普通的"工作"，并且其工作成果将直接对他人和社会生活产生影响。任职资格管理的方式因时间、地点而不同。其中最为典型的是"专业注册"制度。这项制度最初是 1907 年美国怀俄明州为了防止不合格的工程技术人员和土地测绘人员进入工程队伍而设立的，注册的实质如犹他州注册法律中所表明的："从某个时代起，人们认识到产生了一些特殊的专业和职业，从事这些工作需要特殊的技能、知识和经验。考虑到公众没有足够的知识判断这些从业人员的质量，因此需要具有一定级别和权威的机构来制约这些人员，并表明他们具备从事这些工作的能力。因此，为了保证公众的安全、健康和福利，州政府用行政权力建立标准作为从事这些工作必须服从的要求。"

"专业注册"制度规定了成为工程师必需的条件，如①从 4 年制学校（由 ABET 评估合格）毕业；②有效的经认证的4年以上工程工作经验；③通过总计为16 小时的 FE（基础测试）或 EIT（实习工程师测试）考试和职业考核或原理与实践考试。注册委员会向合格者发放执照，使之合法从事工程工作，并合法使用"工程师"的称号。注册制度的主要目的是为了避免"对健康和安全造成危害"，同时保证工程师队伍的质量和水平。

欧洲国家工程师协会（FEANI）建立了统一的欧洲注册工程师制度。要求它的 22 个成员国的申请人至少经过 7 年的工程教育专业形成期，其中至少有 3 年时间在一所 FEANI 鉴定或认可的大学或工学院学习。另外 2 年的时间或在大学继续完成学业，或在经认可的工程师协会或大学的指导下接受培训，并具备 2 年的专业工作经验。符合条件者可以成为"欧洲工程师"（Eur Ing）。

（2）对工程师从业资格进行管理的意义。

资格认证作为一种管理手段，对于工程师的成长起着重要作用，对培养过程具有指导作用。它大体上规定了成为一名工程师所必须接受的理论学习和生产实践，并通过考试，保证工程师真正掌握要求的内容。因此，对工程师资格的管理实质上就是对工程师成长路线方式的规定，是培养环节的组成部分。目前，国际上工程师从业资格制度已非常发达。如美国建立了 400 多个工程师协会组织，虽然按照规定并非所有的工程师都必须注册，但越来越多的工程技术人员，把成为注册工程师作为从事工程工作和个人发展的重要准备。在我国，随着对外交流机会的增加、市场经济制度的建立以及新型企业管理制度、人才流动体制的形成，建立符合我国国情的工程师资格管理制度，进行制度化管理、评估，从而提高工程队伍质量，逐步与国际接轨，对于提高工程师的社会地位、保证工程建设质量、使工程技术人员走向世界具有重要意义。

3. 对工程师职业规范和道德的管理

正如医生有医德、教师有师德，工程师同样具有其所必须遵循的规范、伦理、道德。工程师必须遵循的规范很多，首先要求遵循科学研究的规范，在工作中尊重科学原理，避免耗费大量精力和资源去尝试违背基本科学原理的设计，永动机就是一个典型的例子，这是工程工作基本规范。其次要遵循工程规范，工程规范是工程师的工作标准，是由管理机构统一制定的、通用的技术标准，工程师的设计必须符合这些规范，否则其产品就不能有效地生产，比如材料、性能、尺寸、加工过程、工艺、零件结构与标准件等，这是工程工作与科学研究的一个很大的区别。最后是行为规范，工程师属于人类的一部分，自然应遵守人类的共同规范，不能使工作直接或间接地危害社会发展和公众的生活。同时，作为专业人员还有其特殊的规范，如全美工程师协会章程中详细规定了参加专业工程师协会必须履行的章程，其中对个人行为的标准要求和约束有：工程师不应在工作中从承包商或代理商手中收取勒索钱财；工程师应始终认识到自身的职责，在工作将会给公众的福利安全带来威胁时，要明确向有关机构说明；未经当前或以前的委托人或雇主同意，工程师不得泄露有关技术工艺的机密情报等。这些道德规范对于我国工程师也是十分有参考价值的。

职业道德是对工程师行为的道德约束。它不能像规范一样明确表述和执行，但职业道德在更大的范围内影响着工程师的行为。比如对产品使用中的安全质量没有把握而为了某些原因不去考虑后果；明知生产将破坏环境而不采取防治措施，又如故意侵权、假冒他人的科研成果。即使这些活动不会产生严重不良后果，但仍然属于没有职业道德的表现。

对职业规范的管理和职业道德的培养，是工程师管理的一项重要内容，因为它对工程师的声誉和工作内容、工作效果都有极大责任。最根本的方法是加强教育，制定严格的法律、规章和制度，严格的管理是工程师健康成长的保证。

三、工程技术人员使用、管理中存在的问题

合理地使用和科学地管理工程技术人员，一方面能使他们发挥更大的作用，为国家和企业做出更多的贡献；同时，也使他们的业务水平与创造财富的能力不断得到锻炼提高，这也是人才成长一个十分重要的环节。不断实践加上不断学习才是工程师成长的道路，也是为培育杰出工程师创造更好的条件。

目前我国在工程师的使用和管理上，存在不少问题，主要有以下几方面。

（一）工程师的岗位与职责不清

首先是作为工程师，要达到什么水平或标准才能成为工程师，在企业中他们起什么作用，从事哪类工作，虽然我国有一些规定，但实际上并不十分明确，常常笼统地表述为从事"技术工作"。一个企业的岗位中，需要多少工程师，似无明确的认识及相应的规定。国外发达国家对工程师的界定有比较明确的规定，强调了工程师从事的是智力的及多样性的工作，而不是例行公事或技艺性的工作，而且在工程中不同性质的工作也有明确的分类（如研究、开发、设计、生产、质检、营销、维护、管理、咨询、教育等），涉及很宽的范围。不同的工作要求工程师所必须具备的知识及能力也是不同的，而且从事同一性质工作的工程师需求量及比例在不同产业部门及企业中也是不同的。对这方面的基本概况，许多在企业做人事工作的同志并不都十分了解，也没有认真的研究，因此在工程师的使用上存在较大的盲目性。

（二）用人的主体不甚明确

用人的主体不甚明确，或者说用人主体层层不到位，人才的使用与管理脱节，如选用、奖惩、任免、待遇等，真正用人的部门（工程技术或生产部门）没有多少权力，人事部门又不了解工作的实际需要及人员的真实情况。而人事部门的工作方式，多年来受计划经济的影响很深，仅仅看到人事工作作为政治工作的侧面，没有突出它的经济与技术的侧面，把人事管理也作为管理科学的

一个分支来看。这种状况近年来已有所改善，但仍需要有一个过程。目前有些企业仍受"官本位"的影响，只认"××长"，如果一个工程师不担任什么长，即使是高级工程师，其工资、住房等待遇也提不起来，这样的政策只能引导优秀的工程师去担任领导职务，脱离工程技术第一线，对于提高企业自身开发能力，提高产品的质量与档次都是十分不利的。

（三）存在"人浮于事，高才低用"的现象

目前，在一些国有企业中，技术人员人数很多，有的在设计开发部门，有的在生产第一线。但是：①有相当多的工程师工作量不饱满，尤其是设计、开发等方面；②有的工程师在做一般技术员做的日常生产中的事。造成"人浮于事，高才低用"的现象具有多方面的原因：在一些企业中是由于工程技术人员数量过多、专业过分集中、缺少配套造成的；也是由于企业在进人时希望要学历高的（因为工资水平低、级差小），但真正到企业又没有较多合适的技术工作可做；同时，也因为目前许多具有相应职称的工程师不能独当一面，不能承担起工程中的多个环节的任务，表现为一些本来应该是技术员就能做的事找工程师来做。

长期以来，我国的研究、开发工作大多集中在研究院所，因而企业的研究开发力量不够强，加上近年来工业企业产品中引进技术的比重较大，自行开发的产品主要是仿制。因此，企业的工程师在研究、开发、设计等方面不能得到较多的锻炼机会，使得我国在这些方面与国外的差距拉得很大。另外一些产品以内销为主的企业，长期不重视产品质量的提高及新产品的开发，因而在生产岗位上的工程技术人员也很少遇到难度大的技术工作的机会，总之是锻炼机会少，成长也就慢。这是造成"人浮于事，高才低用"现象更根本的原因。

（四）人才使用、管理及培养之间缺乏一体化的管理

工程人才的培养周期较长，并非仅在学校就能完成。大学不可能直接培养出合格的工程技术人员。工程技术人员只有在工作岗位上经过锻炼才能成为合格的工程技术人员。在此过程中，实践教育与学校教育同样重要甚至更重要。当然两者特点不同、内容有别，不能互相替代，需要有相对独立的安排。但是这种独立性是建立在培养合格的工程人才的共同目标上。通常所说的工科大学培养的只是工程技术人员的"毛坯"。显然，还要通过工程实践的锻炼才能"成形"，成为合格的工程技术人员。

在高等工程教育的这次社会调查中发现，学校对不断变化的企事业单位需求特别是毕业就业趋势不够了解，随着人才市场的发展，及时获取这方面的信

息越来越重要；用人单位对高校毕业生期望过高，要求通过学校就教育培养出训练有素的工程技术人才，忽视了企业自身培养人才的责任。同时，各个成长阶段的培养目标和培养内容出现脱节或重复，造成周期的拉长和教育资源的浪费。这种高校与企事业用人单位的脱节，表明缺乏从整体上考虑人才培养、使用和管理。正确划分培养阶段以及相应的培养内容，明确学校教育的任务，明确用人单位也应负担培养的责任，有利于提高工程师的培养效率和质量。

（五）目前在评定职称上存在较大问题，不利于专业发展

工程队伍的质量是生产顺利进行的保证，并且由于工程的成果或产品将直接影响人们的生活、安全和健康，因此保证工程技术队伍的质量尤为重要。工程师在开始其职业生活以后，要不断学习新知识、掌握新技术，才能适应这种变化，保证个人素质的提高和事业发展。这种自我完善、自我发展不仅是一种个人行为，同时也是工程整体发展的一项内容，需要宏观的管理和安排。职称是从事职业的资格，也是促进专业发展的一种制度。目前，我国的工程师评聘制度主要由单位人事部门负责，属于行政工作的范畴，其评定标准不够明确，真正能反映业绩的规定少；另外，评定工作由行政首长主持，也不易客观掌握业务标准，有的单位主要依据工作年限和资历，注重行政职务的升迁而忽视了技术人员的专业发展。这些制度和做法不能有效保证工程师的质量、素质和通过管理、使用实现专业发展。

目前的职称评定办法和低工资、"平均制"造成工程技术职称各层次间在职责要求和待遇上的脱节，使工程师队伍规模庞大而素质降低。职称评定制度的限制不利于年轻人的脱颖而出，不利于国有企业发展的人才流动，加之由于"文化大革命"造成的人才断档，使这一问题在今天更加严峻。

（六）工程技术人员工资待遇过低，级差过小

技术人员的收入是一个急待解决的问题。调查中发现在一些企业中，工资收入主要决定于行政职位和工作岗位，职称与工资收入关系不大，客观上削弱了技术人员对专业发展的积极性。而在有些高校中教师工资收入很大程度上取决于职称，工资、住房、医疗等主要决定于职称；工龄等其他成分降到很低甚至被忽略的位置，使职称晋升成为提高生活待遇的途径。这两种趋势都是不合理的。另外，工程师提职的标准掌握不严，也与现行工资制度的级差过小有关。高级工程师与一般技术员、技术人员与普通工人的工资差距没有拉开（见附录3-2）。这对于鼓励从事技术工作和专业发展是不利的。

仅从专业技术人员的工资状况看，几十年来不是改进而是"改退"，已经

到了十分尖锐的程度。

另外，人力使用费在生产成本、项目经费中所占的比例普遍过低，虽然有些并不低，但是人浮于事，人多、效率低。国内项目经费中人才培训费用要比国外少很多，甚至是数量级上的差别。"廉价劳动力"的办法，在开始发展经济时期，对提高竞争力、吸引外资有好处。但长此以往，必将在提高劳动生产率、推动技术进步方面的消极作用越来越大，还会导致优秀人才外流的问题。这种情况虽然在一些中等发达国家与地区也曾发生过，但它对我国这样一个发展较快又缺乏一流人才的国家来说，造成的影响很大。

（七）工程技术人才通向乡镇企业的渠道并不畅通

调查组在对江苏乡镇企业的调查中看到，相当多的乡镇企业急需工程技术人才，而通向乡镇企业的人才渠道并不畅通，毕业生最大的担心是乡镇企业不稳定，如档案、职称、工资、养老、入党团、住房、爱人子女工作学习问题等没有着落。张家港市建立了人才管理的三级管理网络，有针对性地解决上述问题，部分地解决了高校毕业生的后顾之忧，但这仅是少数。

四、建　　议

（一）提高对于工程技术重要作用和工程技术人员社会地位的认识

工程对于社会发展的作用越来越重要，但目前社会对工程作用的认识还不充分。许多人认为工程技术只是将科研成果转化为产品的简单劳动过程，既没有高深的理论，又没有尖端的科技，因而形成重视科学、学术，轻视工程、技术的偏见。科学研究固然重要，但是如果没有工程人员的技术设计和生产工艺，科学成果就无法付诸实施，也就失去了实用价值。落后的工程技术也将阻碍科学技术的进步。同时，由于科学研究以基本原理和较为抽象的理论问题为研究内容，距离应用还有较长的一段过程，而工程实现了从总体设计到每个零件的生产工艺、管理措施的整体过程，具有很高的应用价值。因而与科学相比，工程技术更倾向于严格保密。科学属于整个世界，但技术有明确的国界。在经济竞争日益激烈的今天，技术转移的代价越来越高。因此，提高整个社会对工程技术和工程技术人员作用地位的认识，对于我国工程技术的发展，以及在国际经济竞争中占据主动具有巨大的意义。

(二）明确工程师的岗位、职责及权力

各级工程师的岗位、职责要明确，要有职有权，企业的总工程师是全企业的工程技术最高负责人。要真正掌握全企业的研究、开发、设计、生产、质量检验等技术工作的大权。而且对于企业的工程技术人员的使用与培训要有发言权。这样除了有利于企业技术水平的提高外，对于提高多种技术在企业各项工作中的重要性与工程技术人员的地位都有利。要明确工程师的岗位，按需设岗，按岗定编，控制工程师的总数。工程师要做工程师该做的工作，否则就不要设工程师的岗位，这样才能使工程师人尽其才、有职有权，使每个工程师发挥应有的作用。

(三）明确用人主体及其责权

加快人事制度改革的步伐，其中明确工程技术人才的用人主体及其责任、权力是十分重要的方面，建议尽快明确用人主体层层到位，使工程技术人才的使用与管理结合，在选用、奖惩、任免、待遇等方面，直接用人者有更大的权力及责任，以利于提高企业自身的生产、开发能力，提高企业的经济、社会效益。

(四）建立严格的工程师任职评审制度

工程师任职评审的标准应更为明确，更能反映实际业绩，并反映继续教育情况，主持评审工作的单位由目前以行政单位为主逐步转变成以专业协会为主，并逐步推广涉及国计民生更加要害岗位（职业）的工程师的注册制度。这对于提高工程师的水平有益，也有利于国际互认，可以使得我国的工程技术进一步走出国门，开拓国际市场，推动我国经济的发展。同时，应尽快公布正高级工程师职称的评定办法。

建议有关部门着手研究在适当时机，划分工程与技术两个系列的初级、中级、高级职称方案。

(五）用人单位要树立重视人才、重视人才培养的观念，促进工程技术人员的专业发展

用人单位要建立培养人的观念，工程技术人员的专业发展主要是在工作岗位上实现的。企业主要领导者（厂长、经理或总工）必须抓好工程技术人员的成长，要形成培训制度，并与用人制度结合起来，使得大学毕业的工程师的"毛坯"尽快变为"成品"并继续提高。尤其要重视对于其中的优秀人才的培

养，他们是决定企业兴亡成败的宝贵财富，既要使其能接受系统的按部就班的教育，又要让其在关键性岗位上接受解决实际困难问题的锻炼，两者相辅相成。许多部门制订了跨世纪人才培养计划，要注重实际，不要流于形式，尤其不能拔苗助长，可以破格提拔，但不采用指定"接班人"的做法。对于这些培养计划，教育部门要积极地配合与参与，这也是"产学合作"的一个重要内容。

提高工程师的外语水平，以利于与国际同行直接进行技术交流，也是专业发展所必需的。

（六）提高工程师的工资待遇，拉开级差

目前的低起点工资、低工资级差不利于鼓励工程技术人员的成长，也是造成人才外流（包括流向国外及"三资"企业）的主要原因。当前企业情况很不一样，适度加大工资级差及工程技术人员与一般职工工资差还是可以做到的。同时应允许企业有改革工资制度的自主权。这样有利于保持人才稳定及钻研技术、做出更大贡献的积极性。

（七）促进人才合理流动，打开通向乡镇企业的渠道

人才流动对于更好地发挥工程技术人员的作用，以及人才在新的工作要求、新的环境下增长自己的才干，都是有利的。改革开放以来，尤其是最近几年，人才的流动已经比以往容易多了，但是流动的倾向与国家所期望的流向常常是相反的，不是流向更加需要人才的乡镇企业及"三边"地区，而是流向大城市与沿海地区，流向"三资"企业。"三边"地区及乡镇企业缺乏人才的情况仍然十分严重，这就需要有政策来干预，要制定相应的政策，有利于人才的合理流动。人才市场的兴起带来培训市场的发展，目前这种培训对提高我国工程技术人员的素质是很有好处的。在某种意义上它也是继续教育中专业发展的一种内涵，应该加强引导，提高其质量和水平，使其健康地发展。

对于乡镇企业的人才需求也不能估计过高，因为现阶段绝大多数乡镇企业处于并非高技术的加工业，许多企业都在用各种方式（许多是不正当的）获得他人的技术，同时又受到条件的制约，正在重组之中。因此，对人才需求，特别是专业人才的需求不能过高地估计。

附录 3-1　美国专业工程师协会对各层次
工程师职责的划分

级别	一般特征	职责	工资
1，2	职业工作的入门水平。用标准的技术、方法和准则完成相关的工程任务，主要从事具体工作，并进行适当的轮换	按照规定的方法，完成有经验的工程师从事的工程项目中的一部分。在工作中使用标准的技术和实践，能够调整相关参数，并了解其对于结果的影响，从而进行相应的操作	90%～130%
3	用标准的技术、方法和准则独立完成工程任务，并有小的改进，积累职业工作经验。等价于研究生教育	从事的工作包括普通类型的（复杂性较低，有先例）计划、研究、调查、规划、装配。一般包括以下任务：装备的设计开发，材料实验，准备详细的说明书、报告，工艺研究，调查研究及其他局限于有限理论知识和技能的工作	120%～170%
4	独立完成常规的工程工作的合格工程师。要求有足够的职业经验，是训练有素的工程师，或有基本的研究经验。相当于博士研究生	负责中等规模的工程项目（或大型项目的一部分）的计划、安排、施行或协调。完成具有一定多样复杂特点的普通工程工作。工作需要具备专业领域的广泛知识和相关专业的知识与实践	150%～210%
5	在所从事的及相关的领域有深入、广泛的工程理论和实践知识，采用高技术和理论进展，独立解决工程问题，并积累这个层次的经验、知识和专长	具备以下一条或更多：①监督大型、重要工程或包含大量复杂内容的小型工程的计划、开发、协调和指导，在重要岗位上从事 4 类工程师的工作；②作为独立研究人员，完成需要新开发或技术与过程改进的复杂、新型任务，设计或改进技术或过程，从而设计新的或改进设备、材料、过程、产品和科学方法；③作为专家发展或评价他人项目、活动的计划和标准。评估工程评价测验、产品或设备指标的可行性和合理性	185%～255%

续表

级别	一般特征	职责	工资
6	对解释、组织、执行和协调任务负有完全的技术责任，对计划和实施项目所涉及的重要问题选择范围，选择主攻方向，发展新概念和方法。在有关领域的技术问题上，承担各类团体内外或个体间联络的责任，积累这一水平的进展和经验	具备以下一条或更多：①监督大批大型，重要工程或主要的、具有重要意义的工程的计划、开发、协调和指导；对一般难度和范围的工作负责其整体计划，他应有3～5个下级协助工作（至少有一个是5级工程师）。②作为独立研究人员构思、计划、施行具有相当复杂性和难度的问题的研究。这些问题涉及系统、理论的研究，难以用传统方法解决，需要新方法和尖端技术。通过研究产生发明、新设计或对解决重要问题有重大意义的技术。③作为专家担任组织（公司、企业）的技术专家，在指定的领域内应用新的理论、原理、概念和过程。保持科学的发展，及时使这些组织获得发展	220%～300%
7	在广泛的工程活动中有重要影响。公认的权威。在工程师和其他团体及公司的广泛联系中负责关键问题的说服和协商。参与解决新出现的工程问题，在多种工程活动中，确定目标及要求，组织计划和项目，以及在发展标准及指导中，表明具有在此水平的创造性、预见性和成熟的工程判断力	①作为管理人员，负责一个具有广泛、多样工程需求的组织的工程任务的重要部分，或有限工程任务的整个过程。这些任务包含需要先进技术才能解决的关键问题。问题的解决将带来多方面的发展。完成这些任务需要多个部门的统一工作，通过配备技术人员和资金满足整个组织目标的实现。②作为个人研究咨询人员，在整个广泛的专业领域或某个集中的专业领域是公认的权威和领导，为组织今后的发展选择研究内容。构思、计划及调查对于工程发展有重要作用的新领域。作出高层次的、可信的科学解释和建议。实现新的发明、设计或对领域内技术发展作出巨大贡献。	260%～360%
8	在广泛的工程和公司的相关活动中有深远的影响。公认的权威。在高层工程师和其他团体、公司的行政人员里，协商关键的有争议的问题。在这一层次上，在计划、组织和指导，扩展工程计划以及杰出的、新的、重要的活动中，表明个人有高水平的创造性、预见性和成熟的判断力	①作为管理人员，负责一个内容非常广泛和高度复杂的工程任务的重要部分，或中等工程任务的整体工作。这些任务由其复杂性，对于整个目标有着重要的作用，且包含难以顺利解决的非常困难的问题。这些任务一般由几个部分组成，由下一级管理人员负责。负责决定为完成总目标的各项工程任务选择科学方法，计划、组织人员、任务，并负责解释结果。②作为个人研究咨询人员，阐述并指导攻克特别难的问题，并表明其对于组织或工业的重要程度。按照课题的前景和发展的可能性选择课题，从而使研究发挥最大作用。作为广泛领域或新的、重要的专业领域的知名权威进行指导和咨询工作	300%～450%

续表

级别	一般特征及职责	工资
9	在这个水平的工程师是下列任何一种：①管理广泛的复杂的计划，要求相当多的、足够的成员及资源（例如，负责扩展工程计划的政府部门的研究和发展，或一个团体的主要成员，满足团体目标中工程责任的主要成员）；②被公认为国内外权威的研究者或顾问，是工程或科学某领域的领导者	不封顶

　　资料来源：美国专业工程师协会（NSPE），工资栏指该级别与基本工资的比例，1996 年 NSPE 统计工程师基本工资为 35 966 美元/年，江丕权、左海峰译。

附录 3-2　我国专业技术人员工资状况的历史比较

　　工资等劳动报酬由多种因素所决定，如劳动的复杂程度、劳动强度和劳动条件，职业的重要程度及工作责任，以及职业供求情况、生产经营状况等，情况十分复杂又不易调查清楚。现仅就 1956 年和 1993 年两次工资改革，从反映劳动的复杂程度的工资差别来比较。

　　用以下两个参数来表示劳动复杂程度的工资差距：

　　1. 本系列中最高工资与大学毕业实习期结束转正时起始工资的比值；

　　2. 专业技术人员与工人的最高工资和最低工资的比值。

	1956 年		1993 年	
专业技术人员间最高工资与转正时起始工资之比	教师： 工程技术员： 职员（学校）：	5.56 5.01 4.82	教师： 工程技术员： 职员（学校）：	3.74 3.74 3.86
专业技术人员与工人的最高工资和最低工资之比	教师与工人	最高工资比：3.85 最低工资比：3.53	与技术工人之比 1.93 1.23	与普通工人之比 2.13 1.33
	工程技术员与工人	最高工资比：3.53 最低工资比：3.53	1.93 1.23	2.13 1.33

　　从以上对比可见，1993 年方案比 1956 年方案在反映劳动复杂程度为主的等级差距上都缩小了：专业技术人员之间等级差距从 4.82～5.56 缩小到不足 4，专业技术人员与工人之间的差距从 3.53～3.85 缩小至 1.23～1.93（相对技术工人）及 1.33～2.13（相对于普通工人）。

　　合理的等级差距有待专门研究，但从一部分专业技术人员的反映看来，

1956 年的等级差距比 20 世纪 90 年代的要更合理，也就是说 30 多年来差距的缩小是不合理的，产生此变化的原因，更是有待研究的问题。

当前实际收入状况（除离退休人员外）与上述工资收入有差别，有的差别较大。原因是众所周知的，在工资表外收入有奖金及并非第二职业的其他收入。工资表外收入出现与工资表内收入高出许多的状况，这里又分两种情况：一种是按能力及贡献分配，拉开了不同劳动复杂程度的差距；另一种有补贴收入之不足，采取平均的办法，使不同劳动复杂程度的差距拉平。实际情况千差万别，难以了解。但是事业单位工资表外收入接近或大于工资表内收入的情况，导致其员工对本职工作的放松，不能认为是正常的。

实际购买力的对比要考虑物价上涨的因素，对比 1993 年及 1956 年的情况，同类人员的工资增长情况如下：

教授最高工资比值：2.77	助教最低工资比值：4.12
高级工程师最高工资比值：3.08	工程技术人员最低工资比值：4.12
事业单位技术工人最高工资比值：3.89	事业单位技术工人最低工资比值：5.27
事业单位普通工人最高工资比值：3.57	事业单位普通工人最低工资比值：4.91

即专业技术人员的工资 30 多年来增加了三四倍，工人增加了四五倍。

因为物价上涨的情况比工资（特别是专业技术人员的工资）增长速度要快。按照专业技术人员日常工作与生活必需的食品及书籍、报纸、杂志类物品物价上涨 10 倍计，实际收入下降的问题更尖锐。

附录 3-3　美国 1995—1996 年工资等级情况

1995 年工资基数为 35 966 美元/年，折合人民币约 30 万元/年，相当于约 2.5 万元/月，如按世界银行购买水平价法折算，约为人民币 11 万元/年，相当于约 9 000 元/月，工程技术领域最高工资与最低工资的比值大于 5.44。

工程师级别	工资范围
1，2	90%～130%
3	120%～170%
4	150%～210%
5	185%～255%

续表

工程师级别	工资范围
6	220%～300%
7	260%～360%
8	300%～450%
9	不封顶

第四章

"产学合作"与现代工程技术人才培养模式[①]

当今时代，科学技术已成为推动经济发展和社会进步的强大力量，科学技术的发展需要人才，人才的培养主要依靠教育。因而教育、科技、经济必须密切合作、协调发展，这是世界各国特别是发达国家推动经济发展的共同道路和成功经验。随着我国现代化建设的发展和经济体制改革的需要，借鉴国外"产学合作"的情况，20 世纪 80 年代以来，我国高等学校与科研院所、产业部门开展了多种形式的合作。实践已充分证明："产学合作"有利于产学双方的共同发展，对于深化教育体制改革、拓宽高等教育的社会职能，建立高等教育与国家经济建设紧密结合的新机制，探索跨世纪工程技术人才的培养模式，推动企业的技术改造和提高经济效益，都有非常重要的意义。现在的问题是在迎接 21 世纪的新形势下，如何进一步推进"产学合作"，以适应我国国民经济高效健康发展和工程教育改革的需要。

---

① 本专题课题组成员：
时铭显，课题组组长，中国工程院院士，石油大学（北京）教授
席巧娟，课题组副组长，北京理工大学高等教育研究所副所长
韩德馨，课题组成员，中国工程院院士，中国地质大学教授
沈本善，课题组成员，中国石油天然气总公司石油教育与人才研究所副所长、教授
常顺英，课题组成员，北京理工大学高等教育研究所副编审
林彤，课题组秘书，北京理工大学高等教育研究所讲师
审阅人员：
张福泽，中国工程院院士，空军第一研究所
马祖耀，清华大学继续教育学院院长、教授

一、"产学合作"的重要性与紧迫性

（一）"产学合作"的涵义

"产学合作"这个概念高度概括了高等教育界实施教育与生产劳动相结合的丰富的理论与实践，也深刻地揭示了教育、科研、生产三者相辅相成的辩证关系，具有深刻的内涵和广泛的外延。目前流行的提法既包括高校与企业两类实体的合作，也包括学校教育教学活动与科研、生产实践这两类活动方式的结合，也就是说应该包括高等院校和产业界（含科研院所等）在人才培养和科技开发与应用等方面全方位的合作。

高等教育要与国民经济发展和社会发展要求相适应，就必须按照技术发展的要求和现代化大生产的需要为社会输送优秀人才和科技成果，而企业要发展、要进步，也必须依靠人才和科学技术，这已是当今大家的共识。当前的"产学合作"，关键是要解决好"面向"和"依靠"的关系，本报告主要从工程教育改革与发展的角度，对促进高校与企业界的合作提供情况和建议。

展望21世纪，世界面临着以微电子和计算机技术为标志，以一系列高新技术为龙头的新的科技与产业革命，它的显著特点是：科技发展和转化为生产力的速度日益加快；世界经济的全球化合作日益深入，竞争日益激烈；工业生产方式也将会出现全新的灵活多变的精益生产与传统的大工业批量生产并存的局面。在这种新形势下，人们越来越强烈地认识到：工程教育必须按照现代科技发展的规律和现代化生产对人才的需要进行深刻的改革，企业也必须更自觉地依靠人才和科技，才能具有生存与发展的活力。

所以，推进全方位的"产学合作"也就必然越来越成为各国政府与部门所关注的重要问题之一。

（二）"产学合作"是培养现代工程技术人才的必然途径

世界各国的经验均证明，培养出一名合格的工程师，必须使其经历工程科学知识的学习、工程实践的训练和工作实际的体验三个环节。这三个环节的实现大体需要8~9年的时间，事实上是由学校和工作单位共同来承担这一培养任务的，其中工程实践训练是促进学生理论联系实际、学以致用，以便走上工作岗位后能够尽快地适应工作的极重要一环，如果学校教育中只有理论知识的传授而没有实际动手能力的培养训练，则学生基本的工程综合与设计能力是不可能培养出来的，尤其是创新思维能力的培养必将落空，毕业的学生就很难适应当今迅速变化着的科技与生产发展形势，更谈不上在国际上有竞争力了。所以在新形势下要大声疾呼：要有效地加强对学生的工程训练。必须充分利用学校教学与生产实践这两种育人环境的协调结合，改革现有的传统的教育模式，大力推进产业界与高校的密切合作。

许多发达国家对"产学合作"问题都十分重视。早就把工程实践训练纳入学历教育的欧洲大陆的工程教育自不待言，就连一向实行"通才教育"，把工程实践训练留给企业的美国教育界也在积极研究与探索如何推进"产学合作"，改革工程教育。美国国家研究院的工程教育委员会（BEED）花了四年时间，组织了 311 所工科院校及各类企业参加大讨论，于 1995 年提出了一份很有影响的报告——《工程教育适应性体制设计报告》。该报告认为："几十年来我们过于强调工程科学（分析），而牺牲了设计（创造性综合）和工程实践的其他方面"。突出强调要改革工程教育，使培养出的"工程师在迅速变化的国际市场上更具竞争力"。为此，"工程教育要成为强调知识综合与整合的过程，还要加强教育、科研与专业实践之间的密切结合"，"四年对于一名终身职业为工程生涯的工程师的正规教育来说已不再足够了"。所以认为"高校与企业或政府部门的合作有助于建立学校的最佳结构"。美国许多著名的研究型大学都面临着自 20 世纪 40 年代以来最大和最深刻的调整，正如美国麻省理工学院（MIT）院长所说"在 40 年代，MIT 引导美国的工程教育从经验向科学转变，现在，MIT 又要引导美国的工程教育从科学向工程回归"。他们组织了 16 个不同专业的教授在广泛调研后写了一份报告"*Made in America*"，认为当前工业界对工程教育的主要意见就是工程实践及开发能力削弱了。所以提出了一个新变革思路，就是"在不削弱基础科学的前提下，加强大工程概念下的工程实践，即设计—制造—管理—环境—市场—伦理等的综合集成"，并分别在几个系内实施"本硕五年贯通计划""校厂合作教育的 Intership 计划"等新的教育模式。他们的这些见解和做法，值得我们认真思考和借鉴。

（三）现代企业发展需要依靠"产学合作"

当今时代，谁掌握了高新技术，谁拥有了高素质的工程技术人才，谁就能在国内国际市场竞争中赢得主动权。因而还要发出另一个大声疾呼：企业必须树立依靠科技进步与"终身教育"的新观念，大力加强对工程技术人员的学历后的继续工程教育。这就要求企业充分地认识到利用高等院校智力资源与科技优势的重要性，自觉地推进与高校的密切合作。

许多发达国家早就十分重视这点，近年来纷纷建立了以大学为依托的科学园区（如著名的美国"硅谷"、剑桥科学公园、日本筑波大学科学城、英国沃里克大学科学园等），有效地推进了国家经济的发展。美国国家科学基金会与工业界联合资助建立了 21 个工程研究中心，为推动大学与工业企业密切合作创造条件；并实施科学研究与工程教育的整合，培养新一代工程技术人才，促进科技成果为工业发展直接作出贡献，从而充分挖掘与发挥了大学的人才资源优势，使全社会的科技贡献率超过 60％～70％。

我国当前正经历着"两个根本性转变"，许多企业特别是国有大中型企业正在逐步参与到国际合作与竞争的大潮流中去。但从整体上看，现有企业工程技术人员大多数还缺乏正确判断、优化选择与吸收新技术并把它迅速转化为生产力的能力，许多技术从国外反复引进，缺乏自我的技术创新，更没有走向世界的竞争力，如不尽快改变，我国经济的发展必将受制于人，这是非常可怕的后果。所以推动企业与高等院校的密切合作，将先进科技转化为生产力，提高企业工程技术人员的水平，就显得更为突出，更为紧迫了。

根据在社会调查中收集到的情况和得到的有关资料看，许多技术密集型与资金密集型的产业部门，如石油、化工、航空航天、冶金工业、电子工业等部门都十分急需外向型、复合型的高级工程技术人才。各产业部门都已日益认识到，必须向科技进步与科学管理要效益，增强在国际大市场中的竞争力，因而产生了对人才、对科技的紧迫感，并积极地与大学实行多方位合作，为推进"产学合作"探索了一些有益的经验，这显然是今后企业发展的方向。

随着 21 世纪的到来，现代高等工程教育必然向着与现代生产日益紧密联系与合作的方向发展。现代企业必然日益依靠科技进步与人才来获得发展。所以，积极推进"产学合作"，是迎接下个世纪、强国富民的客观需要；是现代化社会发展的一种必然趋势；是工程教育改革与发展中的一个带有根本性与方向性的重要环节。

二、我国"产学合作"的发展概况与存在的问题

就"产学合作"的内容与主要目的而言，有以培养工程技术人才为主的合作和以科技开发为主的合作这两大类。1949 年以来，对我国高校特别是高等工科院校而言，这两种类型的合作都或多或少一直在实践着。早期主要是组织学生下厂实习，结合生产任务开展真刀真枪式的毕业设计等，同时也有不定期的学校教师与企业合作，开展科技开发及技术改造，以及企业工程技术人员到

学校参加教学活动等。但从总体上讲，高校培养工程技术人才还基本上局限于校园内部环境中，与企业的科技合作也未形成有影响的规模，更没有什么定型的模式。

进入 20 世纪 70 年代以来，随着科学技术日新月异的飞速发展和世界多极经济合作与竞争格局的形成，发达国家一方面大力推进诸如科学园区与工程研究中心这类"产学合作科技开发"的模式来促进经济发展；另一方面又对已有百年历史的"产学合作教育"注入新的活力，将其视为 21 世纪高等工程教育改革的大走向，英、美、加等国政府还公开表明要给予充分肯定和支持，使得"产学合作"进入了一个新的历史时期。

面对世界上这些新动向，我国的"产学合作"也有了新的发展。特别是 1982 年中央又提出了"经济建设必须依靠科学技术，科学技术必须面向经济建设"的方针，大大促进了高等学校与科研机构、工厂企业的联系与协作。1984—1985 年，中共中央相继颁发了关于经济、科技、教育体制改革的决定，给"产学合作"指明了方向。1987 年国家教育委员会（以下简称"国家教委"）在《关于改革高等学校科学技术工作的意见》中强调指出："高校要主动自觉地推进多层次、多形式的横向联合，实行教育、科研、生产（社会应用）三结合。教育、科研、生产联合体，是促进科技、教育和生产相结合的重要组织形式之一，要继续发展。"1990 年后，"产学合作"的试点工作由国家经济贸易委员会（以下简称"国家经贸委"）和国家教委分别牵头组织。

国家教委于 1990—1993 年间连续召开了三次"教育与生产劳动相结合"的研讨会，1991 年又批准成立了"中国产学合作教育协会"，引起许多高等工程院校和企业部门的重视，迄今已有 120 多个学校与企业参加，而且已组织两市七部委所属高校及企业进行了大量的试点实践，已涌现了许多好经验，例如：

以清华大学为代表的国家教委所属高校把"教学、科研、生产相结合"作为"产学合作"的重要内涵，强调以科研为合作的纽带，实行多方位的"产学合作"的教育改革；

以西北工业大学为代表的工业部门所属高校实行"预分配，联合培养的 3-1-1 教育模式"改革试点；

北京科技大学实行"产学合作培养工程型硕士研究生"的改革试点；

以上海工程技术大学纺织学院为代表的"厂校结合、工学固定交替"的教育模式改革探索；

以北京工业大学为代表的"在五年教学计划中安排学生一年工程实践"的改革试点，等等。这些改革探索和试点都取得了十分可喜的成效，主要表现在：

（1）提高了工程技术人才的培养质量，缩短了学生毕业后从学校到企业的适应期。无论在思想作风上，还是在业务水平和工作能力上，都比同时期非试点的学生要好，企业普遍很欢迎。

（2）促进了教育教学改革，对于改善目前工科教师缺乏工程实践锻炼的情况很有作用，大大有利于学校的师资队伍建设和整体水平的提高。

（3）推动了高校更好地进入国民经济主战场，为社会和经济发展服务：一方面促进了高校科研实力与水平的提高；另一方面又对企业的科技进步和生产发展起到了积极的促进作用，企业也获益匪浅。

（4）开展了对企业在职人员的继续工程教育工作，为企业增强"后劲"作出了贡献。

试点成效显著，但存在的问题却是"推广比较困难"。主要原因是：①有传统观念在内的一些思想阻力，对在大学教育阶段内是否要加强工程实践训练等问题还缺乏共识；②有政策导向上的偏向，如目前学校内教师的提职只重视学术水平，根本不考虑实践能力与贡献；③企业的积极性还远远不如学校，企业的条件（经济实力、对科技与人才的需求、技术岗位的安排等）也不太具备，人一多就有困难；④现行的人事、劳动就业和财务等法规条例还不能适应"产学合作"所出现的新的情况，在一定程度上抑制了企业、学校和师生投身"产学合作"的积极性；⑤缺乏必要的经费投入；⑥"产学合作"的模式及运行机制的客观规律尚未被掌握，如何能体现长期的互利互惠原则也缺乏办法。

当前最严重的问题还在于：高等院校教学计划中最基本的一项内容（也是使学生有一定实践训练的最起码的条件），即学生下厂实习与进行毕业设计实践遇到了越来越严重的困难。包括：工厂不欢迎学生实习；学生下厂只能"看"，不能"干"，收效甚微；实习费用颇高，学校不堪负担。这些困难迫使不少学校越来越把教育教学活动基本上封闭在校园内进行，与厂矿企业的合作绝大多数仅局限于科技开发方面，在教育与生产劳动相结合方面大有每况愈下的危险。这种局面如不迅速采取有效措施予以改变，提高工科学生的素质与能力将是一句空话，对国民经济发展的不利影响将在21世纪初逐步暴露出来，这不得不引起我们的极大忧虑。

国家经贸委、国家科学技术委员会（以下简称"国家科委"）等会同有关工业部门，依托若干有条件的重点大学组织实施了一批产学研联合的"工程研究中心"。虽然它的主要作用是科技开发并转化为生产力，但也对培养高年级本科生及研究生的工作起了很好的推动作用，普遍都提高了培养质量；而且还对传统专业的改造及学校教学改革注入了新的活力，大大增强了学校的实力，提高了学校的整体水平。这是"产学合作"中一种较高级的重要模式，但可惜只能在少数条件好的专业中实施，大面积推广还有困难。较多的还是结合具体某一项科技攻关任务，校企合作，一事一办。如化学工业部沧州化肥厂与华东理工大学合作开展"合成氨和尿素装置优化控制和调度"科研攻关，石油大学与大港油田合作开展"枣园油田综合勘探开发"科研攻关等，都取得了突出效果，不仅为企业创造了明显的经济效益，深受企业欢迎，而且提高了教师的水平，也提高了研究生的培养质量，密切了校企的关系，为学生下厂实习创造了良好的条件。鉴于改革开放以来，高校与企业合作开展科研的活动日益增多，应该说这是较为可能推广的一种方式，但它没有固定的模式，没有可周期性重复操作的规律，要纳入相对固定的教学计划之内还有困难。清华大学成立的"校企合作委员会"为克服这个矛盾作出了新的可喜的探索，值得重视与研究。

三、具有代表性的若干"产学合作"模式的分析

就工程教育的改革与发展而言，"产学合作"的主要目的是利用学校教学与企业生产两个环境来协调一致地培养面向 21 世纪的高素质工程技术人才，它包含学历教育，也包含继续工程教育。但从现阶段的实际来看，科技上的合作应该是"产学合作"的纽带与动力，因它容易体现"互惠互利"的原则，容易调动双方的积极性。所以如何把"科技合作"与"教育合作"有机地结合好，实现全方位合作乃是今后的发展方向。

总结我国实行"产学合作"的经验，借鉴国外某些有益的做法，针对我国现阶段的现实可能条件，从高等工程教育改革的角度，我们对若干有代表性的"产学合作"模式进行研讨分析，以求对推动"产学合作"的发展有一定借鉴作用。

1. 发挥政府职能，各地方各部门都要建设好一批工科学生实习基地

当前最迫切需要解决的首要问题乃是：学校和企业共同努力，切实落实工科学生下厂实习及结合生产实际进行毕业设计这两个基本教学环节，强化效果，提高质量。

从中国航空工业总公司（以下简称"总公司"）与西安飞机工业有限集团公司的经验来看，这个问题并不难解决，关键在于要提高对中央"科教兴国"重大战略方针的认识，并下决心予以落实。他们的做法是：① 企业拿出一栋可住 200 人的楼房供下厂的教师及学生使用，象征性地收取一些费用（如每人每天 1 元）。每年接待 5～6 所学校的 20 多个专业的 1000 多名学生的实习。各

车间都有工程师指导学生，并按规定进行考核与打分。②学校要针对企业条件，制订每年的实习计划与教学大纲，向企业交底，并抓好学生的思想教育。③总公司每年组织企业与学校双方互相给对方打分考核，上报给总公司审查，作为改进工作，布置下一年安排的依据。每隔2～3年又组织一次巡回检查，不断改进与强化这个最基本的实践教育环节。上海宝山钢铁工业集团公司与北京科技大学、上海交通大学等五所高校订有长期合作协议，组织教师下厂挂职锻炼半年，为提高高校师资队伍水平，解决当前工科院校的年轻教师普遍缺乏工程实践锻炼的弊病提供了宝贵的经验。

由此可见，这种好经验对于各地方各部门并不难推广实施。现在的问题是：各地方各部门要切实发挥政府职能，采取某种行政立法手段，选定一些效益尚好的大、中型企业，集中一定的资金投入，或实施某种优惠政策，切实建设好一批"生产实习基地"，并加强厂校联合管理，建立考核制度，使之长期坚持下去，办出成效。

此外，学校内部也要努力改善校办工厂与实验室的条件，积极改革实践性教学环革，切实加强校园内对学生动手实践能力的培养，为提高下厂实习效果创造前提。

2. 在大学本科层次上，要鼓励有利于增强学生工程实践能力的多种教育模式的改革探索

"在不削弱基础科学教学的前提下，加强工程实践教学，对学生进行现代工程师所需要的全面素质培养"是面向21世纪的大学本科层次的工程教育改革中的一个关键问题。

目前有些学校实施的3-1-1教育模式的探索乃是实施这种改革的一个十分有吸引力的途径，是充分调动校企双方积极性，将两种育人环境统一协调、有机组合的一种简便可行的好办法。

从对西北工业大学与西安飞机工业有限集团公司（以下简称"西飞公司"）合作试点的经验来看，实施这种改革模式的几个关键问题是：①在学生下厂一年期间，校企双方共同制定学生的培养要求，并且一定要把学生放在合适的专业技术岗位上，在专人指导下，真正承担一定的对企业有用的专业技术工作，把"学"与"干"有机结合好。②在待遇上，企业要把学生视为正式职工看待，因为要看到，学生的劳动也在为企业创造有用价值，如西北工业大学有个学生在西飞公司一年中就为公司设计了八套模具，都用到生产中去了。③学校要逐步改革教学计划，既要在前三年为学生下厂做好必要的准备，让学生下厂后可在技术上发挥作用；又要为最后一年学生回校的再学习创造好充分的条件，满足他们在实践基础上进一步提高理论的新要求。

　　调研结果证明，能实施3-1-1模式的企业应该是技术密集型的经济效益好的大中型企业。即使是这类企业，也不可能满足学生一个专业班成建制地下去的要求，只能接受各类专业中少数学生下去。一个学校要扩大这种改革试点，必须要扩大与许多个企业的合作，这就给学校的管理工作带来了很复杂的问题，经费支持上也将产生很大困难，再加上寻找合适的合作企业也决非易事，所以按目前的条件，该模式也只能处于试点阶段，但却是值得积极鼓励与大力支持并逐步扩大的一种改革模式。按照我国目前高等教育的管理体制，我们认为：有些工业部门，如中国石油天然气总公司、中国航空工业总公司、中国兵器工业总公司、国家电力公司、冶金工业部等部属院校与部属大型企业是有条件实施较大面积的3-1-1模式试点的。

　　与此类似，有的学校实行三学期制，将校内与下工厂的工程实践训练有计划地分散在几个短学期内，使课堂教学与工程实践相互配合地交替进行，成效也是很好的。较为典型的代表就是上海工程技术大学纺织学院和北京工业大学等。但它较适合于建在企业密集的大工业城市中的省属院校，而且学制最好改为五年。否则利用减少假期来做工程实践是不能持久的，也不宜大面积推广。这种模式要能持续下去的一个关键问题是要让企业感受到学生来厂实践不只需要企业投入人力物力，同时也能为企业创造一定的效益，是符合互利互惠的原则的。当然这种模式的合作需要学校与企业的上级主管部门及各级地方政府的大力支持和积极参与。

　　3. 鼓励联合培养研究生并大力推进工程硕士培养试点工作

　　面临当前科技飞速发展和国内外市场激烈竞争的形势，许多工业部门和企业都迫切需要一批外向型复合型的新型工程技术人才，迫切希望解决好高级工程技术人才青黄不接的矛盾，所以普遍欢迎高校和企业联合培养企业所需要的工程型硕士。北京科技大学从1985年开始就在冶金工业部支持下进行了试点，迄今已毕业了477人，深受企业欢迎，反映是"留得住，用得上"。这种模式，企业的积极性普遍都很高，学校也有较大积极性，因为这可以充分发挥学校的智力资源，扩大科研项目，提高办学效益，而且以此为契机，容易进行与企业的全方位合作，为目前普遍感到困难的本科生下厂实习打开局面。最近，国务院学位委员会办公室（以下简称"国务院学位办"）又批准一批院校开始进行工程硕士培养试点工作，这种硕士生有企业工作的实际经历，又实行厂来厂去，不离岗培养，培养方向和研究的课题容易和企业的实际需要对口，且不涉及复杂的人事就业等社会问题。我们建议应在一段试点后，尽快扩大实施范围，可以实行"宽进严出"政策，大力推进这种容易大面积实施的"产学合作"模式。

4. 重视在大学内建立产学研合作的"工程研究中心"

根据国家产业发展规划，在国家或地方政府部门的支持与组织下，选择有优势技术的学校或学科专业，联合有关工业部门或企业，成立国家级或省部级的"工程研究中心"；或以一些大学群为依托，成立"联合工程研究中心"，是当今世界上颇为成功的一种做法。从工程教育角度看，它对提高学校的整体水平，推进教育教学改革，提高本科生尤其是研究生的培养质量，可以起很大的作用；更可贵的，还可为培养出拔尖的一流水平的高级人才提供良好的条件。这方面的一个典型例子是上海交通大学的"国家模具 CAD 工程研究中心"，他们在上海汽车工业总公司及国家教委的支持下，依靠自身在模具 CAD 技术上的优势，经过十多年努力，从一个固定资产不到 60 万元的专业实验室发展成为现在拥有 1 亿元固定资产的教学、科研、生产一体化的实体，开发的模具 CAD 软件已推广到全国及国外。更重要的是用高新技术改造了传统的老专业，探索出了培养人才可柔性转换的教学改革经验，大大增强了本科生的适应性，提高了毕业生的整体素质与能力；同时培养出了大批素质好、水平高的硕士与博士，成为各相关企业的"抢手货"。这个成功的例子充分表明，建立"工程研究中心"对于我国工程教育改革与发展是一条值得提倡和推广的好经验。应该说，工业部门各自选择自己所属在某方面有优势的重点大学来建立这类集教学、科研、生产于一体的"工程研究中心"，是完全切实可行的，是把工程教育带入 21 世纪的一项十分值得重视的重大举措。

5. 不拘规模和形式，推动产学双方的全方位合作

高校根据各自的优势和能力，采取多种形式与产业部门合作，使院校教学、科学研究、技术开发、继续工程教育联成一体，形成固定的联系，将双方的权利、义务、合作内容以协议或合同形式确定下来。目前有的高校与相关企业成立了类似"校企合作委员会"的组织形式，从而使高校与企业界的全方位合作有了专门的组织与人员去研究和落实。例如清华大学的做法就有一定代表性：学校通过校企合作委员会已与国内 67 家企业形成紧密联系，还联系了二十多家外企和少数乡镇集体企业。校长专门聘请了一批资深教授作为校企合作委员会的专职联络员，每人分工联系 2～3 个企业。校企合作委员会实行会员制，对于成为校企合作委员会成员单位的企业，学校实行了一系列优惠政策。校企合作的内容主要是科技开发和成果转化、人员培训和继续工程教育、学生的实习和毕业设计等工程实践训练，校企互为基地，长期固定。这种以科技开发为合作的纽带与龙头的合作方式，较易实现互惠互利的全方位合作，从而可从面上解决当前学校普遍面临的学生下厂实习难的难题。为此，可以提倡推广，以便从中摸索"产学合作"不断深化的机制与规律。

四、进一步推进"产学合作"的若干建议

我国高等学校和企业部门的"产学合作",目前正在快速发展,双方的积极性都在提高,前景是广阔的。但是,从我国工程教育改革的急迫性来看,高校和企业合作的步子还应该迈得更大些;国家推动"产学合作"的政策和法律,还应该进一步加强和完善。为此,我们概括提出如下七个方面的建议。

(1) 各级主管教育的部门和高校要转变观念,在"产学合作"的重要性和紧迫性方面取得共识。应充分认识到:21 世纪所需要的高级工程技术人才必须在学校教学与生产实践这两种育人环境下协调一致地培养。对于企业,尤其是各行业的骨干大型企业应明确地认识到:"产学合作"是企业依靠科技进步提高效益与竞争力的重要途径;在为国家培养人才方面,企业也应承担一定责任。

(2) 地方政府及工业部门应采取某种行政立法手段,选择一些效益尚好的大、中型企业,集中投入一定的资金,或实施一定的优惠政策,建设好一批"生产实习基地",并加强厂校联合管理,建立考核办法,长期坚持,使之成为制度。

(3) 各类高等工科院校要根据自身的条件及地区的情况,统筹规划,与学校的各项改革相结合,选择多样方式开展与企业的联系与合作,由点到面,持之以恒,逐步深入;在过程中努力提高自身的整体水平,关键要有科技上及人才上两个优势,才能吸引企业。

(4) 有条件的工业部门和省市地区的政府要根据择优原则,积极组织所属院校的"产学合作"试点工作(如前所述的一些模式)。在经费、毕业生分配就业、师生待遇等方面制定必要的规定,给予支持;定期总结,因势利导,探索建立能形成良性循环的动力机制和可以周期性运行的模式,再逐步在面上推广。

(5) 国家应通过一定的立法程序,进一步明确规定企业在为国家培养人才方面和对本企业工程技术人员开展继续工程教育方面所应负的责任。

(6) 国家设立"工程教育改革基金",积极支持符合国家目标的若干改革试点(包括"产学合作"试点在内)。也可试行某种优惠政策,对国家确定的试点企业,在税收方面或财务管理方面给予一定优惠,鼓励他们为国家的总体长远利益多作贡献。

(7) 鉴于"中国产学研合作教育协会"成立六年来研究和试点取得的成

绩，建议教育部继续支持协会的试点计划，将这项工作列入年度工作计划之内，加强指导。当前一个时期主要是在不同层次（本专科，研究生）、不同类型（委属、部属、省市地方的学校）方面，会同有关部委和省市地方政府，抓好几项有普遍意义、有推广前途的试点工作。一旦时机成熟，应制定必要的政策与法规，不断促进"产学合作"向纵深发展。

主要参考文献

［1］Engineering education for a changing world. ASEE Prism，1994，4（4）：20-27.

［2］FISHER N. Developing industry-university research links-A successful model. European journal of engineering education，1994，19（4）.

［3］BARRETT P. Interaction between professionals and researchers：creating research synergies. European journal of engineering education，1994，19（4）：459-468.

［4］樊恭烋. 全面贯彻教育方针，积极推进产学合作教育的科学实践. 中国高教研究，1996（1）.

［5］陈希，郑大钟. MIT 的科学学士/工程硕士五年贯通计划. 清华大学教育研究，1996（2）.

［6］王一鸣. 3-1-1产学合作教育用人单位反馈信息综合与分析. 航空教育，1996（3）.

［7］美国工程师教育和使用委员会. 美国的工程教育与实践（我们的未来技术—经济基础）. 李江，译. 清华大学教育研究，1986（2）.

附录 4-1 关于"产学研"合作教育访问西安飞机工业公司和西北工业大学的报告①

（一）概况

西飞公司建立于 1958 年，是中国航空工业总公司科研、设计、生产制造一体化的大型飞机研制企业，是我国大中型军民用飞机设计制造定点基地，属国家一级企业。公司现有职能管理部门 15 个，飞机专业生产厂 8 个，民品专

---

① 附录 4-1 由沈本善执笔整理。

业生产厂 3 个,铝业股份公司 1 个,中国瑞典合资豪华大客车制造公司 1 个,以及在外地的 10 多个独资、合资和联营子公司;现有职工 2.1 万名,其中有工程技术和管理专业人员 9 000 多名,技师 600 多名,属技术密集型企业。1996 年销售收入 15 亿元,预计到 2000 年可达 100 亿元。产品中以民品为主,约占 80%。

公司自 1984 年以来进行了全面改革,特别是近几年组建了企业集团,实行了全员劳动合同制,进行了局部股份制改造,建立了中外合资公司。公司的发展战略是"飞机为主,多种经营,高科技、外向型"。在努力实现"两个根本转变"中要建立现代企业制度,调整产品结构,开发技术含量高、批量大、效益好的民用产品,坚持科技进步,加强技术改造,努力赶上国际先进水平,大幅度提高经济效益。这一发展战略和规划为加强产学研合作奠定了良好的基础。

西北工业大学(以下简称"西工大")成立于 1957 年,是国家重点大学,学科专业以航空、航天、航海为主,设有 9 个院系,44 个专业,59 个硕士点,22 个博士点,5 个博士后流动站,在校生有 1 万多人,教职工 4 000 多人,其中教授 260 多人,博士生导师 116 人,办学实力较强。西工大主要面向中国航空工业总公司,也拓宽专业内涵,为国民经济主战场、地方企业培养人才,面向西北、西南地区。学校有为社会主义现代化建设服务的强烈愿望和可能条件。

西工大和西飞公司学科、专业相容,教学生产各有所长,改革开放和"两个根本转变"的大环境促使学校和企业走在一起,互补短长。双方都有合作的积极性,并且都处在西安地区,有便利的地域条件,因此,从 20 世纪 80 年代末,两单位经过探索、实践和提高认识后,就正式形成了产学研合作的良好伙伴关系。

(二) 对产学研合作的认识

西飞公司认为随着国民经济的不断发展和科学技术的飞速进步,特别是在社会主义市场经济条件下,工业企业无不处在国内外激烈的市场竞争中。要在竞争中处于优胜地位,并不断地有所发展,人才是关键。只有有了大批的高级工程技术人才从事新技术、新产品的研究、开发和推广应用,大批的高级管理人才从事经营决策、市场营销,企业才能具有市场竞争能力,才能取得好的经济效益,也才能推动社会生产力的发展。航空工业是高技术产业,必须具有一批了解熟悉企业实际,有一定实践经验,思想稳定,心向企业,扎根基层的既掌握现代科学技术,又具有现代管理水平,既有开拓创新精神,又具有经济意识的高学位航空专门人才。在市场经济竞争中，特别是在中国具体条件下，厂长经理不仅是企业家，也应该是教育家。企业竞争不仅是人才的竞争，也是人才培养的竞争。不抓人才，不抓人才培养，竞争就难以取胜。西飞公司的发展需要多方面的高水平人才，既要靠社会上院校的输送，更要靠在职教育的培养。西飞公司坚持"教育奠基，科技振兴"的战略思想，始终把教育作为企业发展的重要战略任务。

西工大认为教育与生产劳动相结合的意义体现在三个方面，即改造现代社会、提高社会生产和造就全面发展的人。教育与生产劳动、科学研究相结合，不仅是马克思主义教育学说的一个基本原理，也是毛泽东教育思想的主要组成部分，是我国教育方针的主要内容，具有以下特点：

（1）教育与生产劳动相结合，是教育与生产劳动两大独立活动在目的和内容上的有机结合，有两个过程交替结合的涵义，并非两个过程的简单相加或融合成一个过程。

（2）教育与生产劳动相结合是以教育为出发点，对受教育者进行政治思想教育，培养劳动观点及工程实践技能的训练，实施德、智、体素质教育，以培养全面发展的人才为根本目的。

（3）教育与生产劳动相结合，绝不是指教育与繁重的体力劳动相结合。生产劳动是一个含义丰富的概念，包括体力劳动和脑力劳动，应该是多层次、多内容的结合。

（4）教育与生产劳动相结合不仅是指教育与物质劳动、生产劳动的结合，更是指一种广义上的结合，即教育与生产劳动相结合还表现在教育事业要主动适应国民经济的发展，不断地改革和完善办学体制、管理体制以及培养模式等，为国家建设服务。

（5）高等工程教育要培养高素质的高级工程技术人才，也就是要培养建设社会主义中国的工程师。这种教育以培养学生掌握科学技术知识并应用于工程实际的能力为重要特征。其教育过程与生产实践相结合是发展工程技术的需要，也是工程师形成的必由之路。

高等工程教育的性质和特点，要求高等工科院校应更加注重教学、科研和生产相结合。这种结合以专业生产劳动和科学技术为纽带，以产学研合作教育为主要形式。

西工大把贯彻实施教育与生产劳动相结合作为办学的一个基本指导思想，把它视为适应社会主义市场经济、培养高素质人才，更好地为社会主义建设服务的一项学校发展的战略措施。

（三）促进双方成功合作的契机

生产发展的需要是推动产学研结合的原动力。从理论上讲，产学研合作教育在我国四个现代化建设的今天，应该是顺理成章的。但是，涉及具体的学校和企业并不是都能有效地结合，还必须有重要的具体因素去促成。

1. 20 世纪 80 年代末，西飞公司在改革、发展中出现了良好的势头，急需大量高水平技术人才、外语人才和管理人才

（1）对外合作。转包生产美国波音、麦道公司的飞机部件，和瑞典合作，生产豪华型大客车等，要求技术和外语双精的复合型人才；涉外谈判中，对方来人大都具有博士头衔，我方则无。

（2）现代化的企业、管理、市场营销需要大批专业人才。

（3）从企业整体看，技术管理人员新老交替，高级技术和管理人员的接替和新人的补充出现了严重的断层。老年职工退休加重了高层次人才的缺乏。

（4）公司地处阎良，属偏僻地区，人才进不来，1958 年至今只分配来研究生 10 名，毕业生分来后有些也留不住，要走。

（5）生产中的技术难题成为完成生产任务和开发新产品的严重障碍。

（6）管理决策层亟须掌握科技、生产的前沿信息，对企业现有职工需要进行继续教育，以提高能力。

但是，人才、新技术、新知识、新信息却成了企业发展的拦路虎。等、靠、要不能解决问题，只有积极主动，采取企业也要抓教育的措施，走产学研合作的道路，才能走出困境。

2. 西工大为培养高水平人才而做出的努力

（1）有现代企业能为学生提供实习基地，了解生产中的实际问题和信息，使教学能推陈出新，跟上时代步伐。

（2）有教师的生产实践基地，提高教师的工程实践能力。

（3）和企业、研究部门进行科研合作，在认识和改造世界中提高教师的学术水平。

（4）扩大教学服务面向，提高教学能力，改善教师待遇。

（5）多渠道筹措办学资金。

（6）教学改革探索多种模式、多途径培养学生，拓宽就业途径。

3. 中国航空工业总公司的重视和领导是促成合作的重要因素

产学研合作必须做到互利互惠，要达到这一点，合作双方必须首先考虑如何去满足对方的需求，做到互动、互让。也即，需要牺牲一时、一事的局部利益来换取产学研合作对双方都有利的总体利益。其中，需要有一个好的领导。

实践表明，效益不好的企业，对合作培养人才的积极性不高，但效益好、地区也好的企业，人才来源好，对合作培养的积极性也不高。效益好、地区不好的企业，由于人才来源不好，眼前的生产受到严重制约，对合作培养的积极性就高。西飞公司就属于这一类型的企业，它既有生产的推动力，又有经济基础作保证。

西工大在 20 世纪 80 年代早期曾主动向西飞公司提出为其培养研究生的诉求，但未得到回应。到了 20 世纪 80 年代末、90 年代初，生产上来了，困难也来了，西飞公司主动提出与西工大合作培养研究生的要求，并且尝到了甜头，提高了技术，突破了难关，推动了生产，从而更激发起培养高层次人才的积极性，形成了良性循环的好势头。而西工大是一所在教学、科研上都具有雄厚实力的学校，有能力满足企业的要求。这样，一方面有广阔的天地，另一方面有雄厚的师资力量，既有利益驱动，又能从全局考虑问题，再加上中国航空工业总公司的领导，因此，合作就水到渠成了。

（四）合作的方式方法

产学研合作的方式方法和深度随各自的需要和可能而变，灵活、多样，具体如下：

（1）签订全面合作协议书，成立全面合作委员会，并相应设立教育、科技、管理等专业分委员会，实施全面合作。

1990 年，西飞公司与西工大签订了全面合作协议，成立了以公司总经理和学校校长为首的西飞公司-西工大产学研合作教育委员会。20 名西飞公司高级工程师被聘为西工大兼职教授，20 名西工大教授被聘为西飞公司顾问或兼职研究员的高工。西飞公司借助西工大的科研、人才优势和教学能力，努力提高企业的设计、工艺水平和职工的文化技术素质，西工大借助西飞公司科研、生产基地的实力提高师生的工程实践能力、教学质量和技术水平。

（2）学校与企事业单位联合培养、办学或与产业部门结合，成立董事会，实行产学结合、双向参与的合作培养体制。

1994 年 8 月在西飞公司建立了"西北工业大学产学研合作教育基地"。

（3）学校与企业签订科技协作合同书，创办联合工厂。

（4）面向世界，走出国门，开展国际合作的探索与实践。

十年来，西工大开展了多层次的产学研结合，在各年级的本科生、研究生和青年教师等各层次人员中开展了教育与生产劳动、科学研究相结合的实践工作。内容有社会实践，强化本科生实践教学环节，开展合作教育，3-1-1 教育模式探索，工程类型硕士研究生培养；举办培训班、讲座、函授等继续工程教育。其中，强化本科生实践教学环节、3-1-1模式探索和工程型硕士研究生的培养特别引人注目，分述如下：

1. 强化实践教学环节

西工大已在16个合作厂所建立本专科生稳定的校外实习基地。每年在实习基地实习的学生数占总实习人数的60%以上。学校与西飞公司等合作单位共同制定了本科生实践性教学方案，四年共32～34周。

西飞公司拨出有200个床位的楼房供学生来厂实习使用。住宿费低廉，每人每天1元。学生在职工食堂用餐。厂方安排工程师、高工指导学生，每年接待5～6所学校的20多个专业、1000多名学生实习，已持续10多年。实习基地、宿舍楼有专人管理，车间都有教育干部形成管理网络，并配备有能针对学生进行理论和实践指导的教师。

每年，学校和工厂一起开会，研究实习情况，制订下一年的计划，并且对已进行的实习和组织管理考核、打分。学校对企业打分，企业对学校打分，上报中国航空工业总公司。实习计划由总公司教育局以红头文件下发。

2. 西飞公司成立西工大青年教师来厂挂职锻炼基地，提高工程意识和实践能力

教师到技术员岗位挂职，一个岗位三个月。工厂以调令形式下到各单位，该单位要把挂职教师当作自己的职工管理，按人员编制，安排指导师傅和教师，有工作服、劳保，吃饭和工厂职工一样。厂方在招待所专门安排3个房间，一次可住12人，对西工大教师来挂职者免费。

3. 3-1-1教育模式

西飞公司厂址不在西安市区，而是在离西安百公里之遥的阎良地区，比较偏僻，毕业生不愿前去。为了满足人才的需要，工厂利用3-1-1模式，在第三学年结束时派人去学校向学生作宣传，动员学生毕业后去西飞公司工作，优先选择家住阎良附近的学生，签订协议，人事预分配，工厂发正式调令，学生成为工厂职工去工厂实践一年。工厂给学生发工资、劳保，安排适当岗位，学校制订这一年内的课程学习计划。第五年，学生回校继续学习专业课程和完成毕业设计。这种方式调动了学校、企业、学生本人三方面的积极性，学生的理论水平和实践能力大有提高，并且还解决了学生就学的经济困难，实践效果良好。现已有近60名学生通过这一模式，毕业后在西飞公司就职。这种学生来厂后能较快地适应工作，对工厂有感情，稳得住，用得上，受到厂方的好评。

4. 工程型研究生的培养

1958年以来，国家分配给西飞公司的研究生只有10名。生产发展需要大

量高级人才。但是，一方面应届毕业生分不过来，而且分来后也稳不住、用不上；另一方面，企业有一大批具有丰富实践经验的技术骨干，他们是企业的主人，对企业有贡献、有感情，只要进行深造，就能承担更重要的任务，对企业、对个人都有好处。实行工程型硕士研究生的培养，使路子变宽了。不脱离岗位的在职学习模式，更受到基层单位的欢迎。现已培养 133 名硕士，这些人符合工作需要且稳定，能较好地发挥作用，比应届毕业生强。

（五）启示和建议

（1）产学研合作教育是高等工程院校培养合格人才的必要条件。

把教育规律放到全社会背景下来看，作为行使社会教育职能的学校，要培养为社会主义现代化建设服务的德智体全面发展的人才，社会其他受益部门有没有义务和以什么方式协助学校去做好这项工作？

师范高校要安排师范生在学期间到学校去做教学实习，医科高校要让学生去医院作临床实习。毫无疑义，接受实习生的学校和医院都尽了应负的教育职责。虽然，去实习的学生将来并不都分配在实习单位工作，但实习单位并不是很功利的。甚至，有的学校还为此成立了附属中小学、附属医院，专供实习之用。

高等工程学校的任务是培养德智体全面发展的工程技术人才。面对 21 世纪的大工程观，工程技术发展越来越快，越来越复杂，在学科的高度综合与高度分化的条件下，要使学生能掌握一定深度和宽度的知识和技能，能够使用正确的科学原理和工程法则去认识、解释和解决问题，能够在快速、多变的技术环境中取得竞争的有利地位，工厂、企业和研究部门有没有承担工程教育的义务？

高校可以在学术上给予培养，但在校内无法给学生以工程训练。在校学生的各类实习只有也必须去生产部门才能实现。在学校搞计算机模拟仿真是不能代替现场实习的。因此，产学研合作教育是我国高等工程教育取得成功的关键所在。工厂、企业、科研部门有义务协助高校做好培养跨世纪人才的工作。

（2）产学研合作教育的主动方是企业。企业是学校培养人才的市场，市场有了需求才能启动合作。学校必须争取有利条件，在被动中找主动，要提高自己，有雄厚的实力和正确的服务观与指导思想。

（3）产学研合作教育的结合点是"人才"，能够合作的关键也是人才，即学校的师资队伍。要取得合作成功，必须是互利互惠的，双方都得利。

西飞公司已将人才对生产发展的重要性从理论变成实际的有目标、有方向、有学科专业和规格要求的行动,而不是空洞的口号。并且,他们已从近期的回报中尝到了甜头,将合作变成前瞻的长远打算,生产得到了发展,又推动了对人才培养的投入。

高等工程学校都需要有生产单位的合作来培养合格人才。但生产部门受本单位的利益驱使,并不都愿意在合作教育上花力气、投入钱财。因此,互利互惠的原则必须遵守,但还要有政府行为——由政府规范、促进。

(4)产学研合作教育的合作内容、深广度可以不同,方式方法可以多种多样,不必强求一律,原则是能够提高人才的培养质量就行。例如,3-1-1的方式是有效的,但并不是都能推广的,只能是成熟一批就解决一批,有多少学生能采取这种模式就面向多少学生,不必求全,不是非得成建制地下去。

(5)在科技合作上,企业埋怨学校要价太高,学校又埋怨企业把容易的、有利的留给自己,把难啃的骨头让学校搞,并且条件苛刻,学校难以接受。在挂职锻炼上,学校的青年教师由于自身的教学、科研任务太重而无法下去。企业希望学校能够送教下厂,但学校教师近年来的工作担子越来越重,难下去。西飞公司要求"在工厂内办西工大二级学院——西飞工学院"培养本科生,但学校只同意在学校内建院。这些都是在产学研合作逐渐深化下,随着客观条件的不断变化而出现的各种矛盾,需要有关部门做专门研究,加以引导,妥善解决。国家有关部门应成立政策研究部门来研究这类问题。

附录 4-2 与清华大学校企合作委员会 座谈研讨有关情况[①]

"工程教育改革与发展战略研究"第四专题组时铭显、席巧娟、沈本善和清华大学教育研究所江丕权、安洪溪、王晓阳六人与清华大学校企合作委员会有关人员吴荫芳、吴绪模、张海戈三位同志就校企合作的有关问题进行了座谈讨论,通过座谈,专题组成员对清华大学在推进校企合作方面的想法以及具体做法有了一个轮廓性的概念,了解了清华大学校企合作委员会成立的宗旨和目前的工作情况,为"进一步推进高校和产业界的密切合作"这一专题的研究工作提供了很多有价值的资料,为使其他专题组同志也能了解有关情况,特将座谈中收集到的资料整理如下。

---

① 附录 4-2 由席巧娟执笔整理。

　　清华大学校企合作委员会（以下简称"委员会"）于 1995 年 7 月成立，校长王大中担任委员会主任，副校长关志成担任常务副主任，还有另外两位副校长和学校各职能部处负责人以及各系负责人组成委员会。委员会下设办公室（处级单位），作为学校与企业合作并为企业提供服务的营利性组织，在学校整个科技成果转化体系中，在与国内外企业的合作交流中，起"桥梁、纽带、窗口"的作用，促进学校在科研开发、人才培养和技术咨询等方面与企业进行多种形式的合作，同时通过与国内外企业界的联系，促进学校的学科建设和教育改革，并争取社会各界对学校办学的支持。

　　校长专门聘请一批资深教授（一般都在 50 岁以上，从一线退出，可以抽出身来多到企业去）作为专职联络员，还有一批兼职联络员（和企业有较密切联系）。自 1995 年以来，校领导带领着这些专、兼职联络员走访了遍及全国各地的近百家企业，除为企业提供发展战略咨询外，更多的是进一步了解企业的现状，给学校带回了大批企业急需解决的技改项目和人才需求信息，为学校的科学研究及人才培养如何主动地适合市场需求注入了新的活力。同时，这种主动到企业去的做法也扩大了清华大学的影响，加深了企业对学校的了解，为逐步扩大合作领域奠定了基础。

　　自委员会成立以来，得到国内外企业界积极响应，目前已形成紧密联系的国内大企业有 67 家，如宝钢、吉化、东风汽车、华东电力、亚都、海尔等，另外还有几十家联系较为密切的乡镇企业以及国外 IBM、摩托罗拉、NEC、日立、松下、西门子等知名企业。企业作为成员单位，每年向清华大学交服务费 2 万～5 万元（也有免费的），据校企合作办公室过去一年多的统计，60 多家成员单位已交回 3 000 多万元。学校利用这些钱，为派出到企业去的人员提供差旅费，并经常性地为企业提供有关资料，帮助企业研究发展方向，进行项目策划，接待企业到校咨询或联系项目的人员等。

　　清华大学将校企合作，建立起学校长期服务于企业和社会的体系作为一项长期的发展战略。1995 年 5 月，由委员会承办，在清华大学举办了"发展中国家产学研结合"国际研讨会，大家一致认为，我们国家企业的科研力量薄弱，科研人员和国家投入的研究经费多集中在科研院所和高等学校，随着社会主义市场经济的建立和发展，科研资源逐渐流向企业，特别是大中型企业，我国的工业企业将逐步成为技术开发的主体。因此，企业需要科研机构与大学的支持，而高等学校也只有面向企业，才能成为推动科技进步的技术源泉。所以说，建立校企合作的领导机构和管理机构是清华大学面向国民经济建设的主战场，落实"科教兴国"的战略方针，充分发挥高校的科学技术成果转化优势的重要举措。

清华大学在积极承担国家项目的同时，大力加强横向的应用科学研究，每年取得约 200 项科技成果。学校设立了"清华大学科技成果转化效益显著奖"，奖励年效益超过 100 万元（单项效益，要财务部门出具证明）的项目，仅 1995 年清华大学获该奖的就有 24 个，从而使清华大学横向经费收入由原来占科研经费的 25％上升到 40％。据介绍，1996 年已有 700 多项横向合同。为了与企业进行长期、稳定、广泛而有效的合作，学校鼓励各系所与国内外重点企业、企业集团或公司等建立联合研究所或研究中心，共同开展高新技术研究与开发。例如，化工系与燕山石化公司合作成立了联合研究所，对开展石油化工领域大型精馏设备国产化及提高效益起到了很好的作用。另外，学校正与有关地区（如北京、河北、广东、山东、江苏）的一些大中型企业建立联合科研基金或创业基金，作到互为基地，为学校的发展和企业的科技进步注入新的活力。在继续教育方面，除为企业举办各类培训班、进修班和高级研修班外，还在积极探索培养在职不离岗的工程硕士等高层次人才。此外，学校目前正在积极筹备采用先进的视频技术开办远程教育，这将是清华大学推出的面向企业，为企业培养高层次人才的又一举措。

在座谈中，清华大学的同志谈到校企合作中政府行为的作用，大家认为如何选好合作伙伴，怎样提供一个宽松的环境，如何促进学校中的优势更好地发挥，都应有政府参与。例如清华大学和北京玻璃仪器厂的合作项目，就是由北京市经济委员会出面并拨款，学校和企业各占 50％股份，该项目据说是目前北京市最满意的一项合作项目。清华大学和北京市合作的项目还有很多，比起其他省市来，和北京市的合作项目是最多的，但项均资金都比较低。学校方面认为，不能过多地和乡镇企业合作，因为乡镇企业的项目水平一般都不会太高；从教师方面讲，也存在着人员稳定和不稳定的矛盾，因为在企业搞开发和研究是很辛苦的，实行起来难度很大，如何处理好去大企业和乡镇企业的关系，处理好基础研究和科技开发的关系，处理好论文和工艺实践的关系等，都需要行政管理部门出面适当调整政策，把校企合作引导到理想的轨道上来，更好地发挥学校的整体优势。

另外，座谈中大家也都有一个共同的感觉，就是学校为企业解决问题是企业欢迎的，如要人、要技术、搞合作，企业都有很高的积极性，但安排本科生的教学实习困难还比较大。

附录 4-3　燕山石化总公司调研资料汇总[①]

中国工程院沈廉、宋德雄及"工程教育改革与发展战略研究"第四专题组成员时铭显、席巧娟、沈本善、常顺英一行六人到燕山石化总公司（简称燕化）进行调研，主要想搜集高校与企业合作方面的有关情况和资料，并进一步了解国有大型企业对工程技术人才的需求，听取企业部门对工程技术人才培养、使用及管理方面的情况介绍及他们对高等工程教育改革方面的意见和建议。公司副总经理陈生华同志、规划处施处长和教育处的朱处长、科长、教师等有关人员热情地接待了我们，介绍了燕化的情况并谈了许多很有价值的见解。遗憾的是本次调研没能得到任何文字材料。现将访问座谈中收集到的情况根据笔记整理如下。

（一）基本情况

燕山石化总公司是中国石油天然气总公司所属的国家特大型企业，目前正在进行股份制改造试点。公司现有工程技术人员 1.1 万人，大多是 1949 年后毕业的，专业类型有石油、化工、机械、动力等，近几年进了一些学经济和管理的大学生。

燕化自 1976 年 30 万吨乙烯工程投产以来，效益一直不错。1988—1992 年利税都是石化系统第一名，1992 年以后由于原油涨价（原油价格自 1988 年开始提价，先小步，直至现在涨了近 10 倍，由每吨 100 多元涨到每吨 1000 多元，已和国际价格接轨）企业利润下降，1993 年由 1992 年的 18 亿元下降到 12 亿元，1994 年降到 11 亿元。1992 年经上级批准，开始将乙烯生产由 30 万吨向 45 万吨改造，用了 28 个月的时间，现已改造完成。于 1994 年 4 月投产，1995 年产量达 47 万吨，当年利税达 26 亿元（比 1994 年的 11 亿元大幅增长，当然其中包含价格因素）。企业由实践中尝到了依靠技术进步、挖潜增效的甜头，现在正进行炼油企业的改造。"九五"期间还要大力发展丁烯橡胶，扩大乙烯生产能力，提高产品质量。如搞加氢裂化，减少辛烷值，增加原油储备能力，解决裂解原料问题，提高柴油的安定性、降低凝固点等。燕化走高科技企业的道路，依靠科学技术提高企业效益。

---

① 附录 4-3 由席巧娟执笔整理。

（二）企业的人才需求、职工教育和工程技术人员的管理、使用与培养

1. 接收毕业生

燕化每年接收毕业生曾多达 500 余人，现每年约 300～400 人，公司还要求逐渐减少计划，他们认为今后几年大约只能接收 200 人左右。因而由过去出钱"买"人到现在的"挑"人，新来的大学生一般先在班组工作一年。公司要求对每个新分来的大学生都应有实习培训计划，但各车间管的不一样。大多数学生对这一段工作的认识还是不错的。

公司现有研究生学历人员不足 100 人，直接从学校来的不多。研究生目前大多在研究单位工作。

企业现在急需一些技术专家，如催化裂化方面和石油化工装备方面的人才，但认为这类人才不可能从学校直接培养出来。

2. 工程技术人才的培养和提高

燕化采取岗前培训和继续教育两条途径提高队伍的整体技术水平：①不招学徒工，公司设有七所技校，从初中毕业生中招收学生，培训 2～3 年，补充到技术工种的工作岗位上去；②设立教培中心，有中专和职工大学两种，均从在职职工中招生，有学历教育也有岗位培训。下一步，由于职工队伍成分的变化，不再搞学历教育，逐渐转向在职职工培训（20 世纪 70 年代进厂当工人的一批高中毕业生，通过自学考试或成人高考大都拿到了大专以上学历）。

对工程技术人员的培养采取如下途径：

（1）办硕士研究生班。选送在职大学本科毕业生到中国石油大学（石油化工）和中国人民大学（营销管理）学习。

（2）双学士学位。现在正在中国人民大学办一个 30 人左右的班，选送熟悉生产过程、已有大学本科学历的人再进修财务管理本科课程。

（3）选送人员到燕山石化总公司管理干部学院学习培养。

（4）组织一部分技术人员和高校一起搞课题。

（5）内部办外语、计算机等培训班（燕化教培中心的计算机考试站是国家认可的），将培训与职称评定相结合。

在技术和管理后备干部的培训方面，燕化有人才库，由公司统一组织落实，通过送院校培养和出国培养的途径提高，专业方向上过去偏重主业，现在是根据工作需要，缺什么就培训什么。随着经济发展，公司缺乏搞资产运营和资金运营的高层次人才，所以目前大量培养财会和工商管理方面的人才。

3. 对高校培养的学生评价

企业认为新毕业的大学生不如老大学生安心，主要是对企业的感情不深。

这几年，燕化也有一些社会上热门专业的大学生跳槽，他们大多是来了两三年，对企业情况熟一些了，凭着大企业的牌子和业务熟悉程度，甩手就走了。

参加座谈会的同志认为，对新领域的东西和新形势下应该掌握的基本技能（如计算机应用能力），晚毕业的学生要比早毕业的学生强，说明学校加强了这方面的能力培养，但总的说来，实际动手能力还是差。

另外，大家还特别提到了大学毕业生的敬业精神和与人合作的能力。在燕化有一个学动力的博士后，来了一年多，一直不好安排，无人愿意要，主要是因为其与人合作的能力差，摆不正自己的位置。

规划处处长谈到：大学生的认识实习、生产实习都应该改革，到企业中来实习和做论文必须结合企业的生产实际找课题。企业对工程技术人员的要求是应能提出问题，对生产实际中遇到的技术问题，应能找出其"瓶颈"所在。作为科技效益型企业，今后增加效益应有 60% 以上依靠技术进步，找出"瓶颈"，找出解决问题的关键所在非常重要。不见得他自己都能解决，但判断能力、捕捉信息的能力和寻找解决问题的思路的能力却是必须具备的。

大学毕业生在车间生产第一线锻炼一两年很有必要，有很多问题在课本上是学不到的，所以除抓好入厂教育，对指导学生实习的车间提出具体要求外，大学生本人必须珍惜实践锻炼的机会。

（三）关于校企合作

1. 思想认识

企业主要讲经济效益，不可能拿太多的钱支持基础研究，若能解决企业的实际问题，企业是欢迎的。

若完全抛开企业经济效益和企业的实际需要去搞产学研结合是行不通的。要让企业拿钱做和自己直接利益无关的事，企业不太容易接受。

产学研结合怎样才能走得更快，还是应通过科研合作。现在企业找学校一般都是找项目，学校找企业多是为推广科技成果，所以产学研结合在高层次上好办些。

2. 具体做法

（1）通过合作搞项目，进行产学研结合。如根据燕化的需要，清华大学将斜孔多溢流塔板用于改造燕化的设备（精馏分离、橡胶厂等不买外国的专利，而用自己的技术）；燕化出 50% 的费用，支持清华大学渗透膜分离技术的中试等。参加这类项目的有教师、研究生和企业的技术骨干，高年级本科生的毕业论文也可结合这类项目做，可解决学生毕业实习和论文的经费困难。

（2）由企业出钱、出课题，提供博士后研究经费（目前一般给 2 万元）。

（3）学校协助企业搞好继续教育。

（四）在企业继续教育方面收集到的有关情况

燕化设有教育处，负责管理全公司人员的继续教育和技校、职工大学等，最近北京市教育委员会进行了教育立法检查，得到的数据是公司每年用于继续教育的经费占职工工资总额的 8％以上（国家要求不低于工资总额的 1.5％）。

继续教育是学校和企业合作的一个重要方面，但不如科研合作容易搞。对企业来讲这个问题是重点也是难点。燕化曾和浙江大学、南京大学合作，请学校教师讲课，送人去高校进修或燕化自己出教师讲课。学校方面开的课，理论性较强，但结合实际方面讲得少。

在职进修和脱产学习（读研究生）各有利弊，在职学习时间上不好保证，难以保证质量，脱产学习则存在供需矛盾。

企业请高校老师讲课（如工程硕士考试的考前辅导班），有些教师的课时费要价太高。

第五章

全球性科技竞争与继续工程教育发展

继续工程教育是大学后终身性的工程教育，其基本任务是对受过高等教育的人员进行新理论、新知识、新技术、新方法的补充、更新、拓宽和提高，开发工程技术人员的创新能力。继续工程教育应是高等工程教育的重要组成部分，它是将大学毕业生培养成合格工程师，提高广大工程技术人员的素质，以适应科学技术日新月异发展的有效途径；是提高国家、企业、个人的适应能力和竞争力，促进经济和社会发展的重要手段。继续工程教育在高等工程教育中的重要地位，已被国内外的实践所证实。为了适应我国经济建设高速发展和国际竞争的需要，必须加速提高广大工程技术人员的素质，加强对在职工程技术人员的继续工程教育，因而，必须采取切实措施，建立符合我国国情的继续工程教育制度和体系。

一、继续工程教育在我国高等工程教育中的地位和作用

近十几年来，继续工程教育所处的环境发生了很大变化，继续工程教育的地位和作用更加重要，也许可以说继续工程教育在高等工程教育中的地位至少应当和高等工程学历教育同等重要，应当以"终身教育"或"终身学习"的观念来构建高等工程教育新的架构，而其中继续工程教育的地位应更加重要，主要原因如下。

（一）参与全球性科技和经济的竞争必须发展继续教育

21 世纪来临之际，人类社会正发生着时代巨变。其中一个重要的因素是

工程界中新技术革命的时代已经开始了，信息技术的惊人发展和"信息高速公路"的兴建，将对电子通信、制造业、金融、贸易、交通系统、文化教育、娱乐等行业产生巨大推动作用；生物技术必将对医药、农业等领域产生革命性变化；材料技术将为超导应用、人造器官移植、微电子机器人等发展开辟广阔道路；其他如新能源、热核技术、空间科学、海洋工程、纳米技术等的研究和开发，还有资源和环境问题的研究将对全球科技进步、经济发展和社会文明带来巨大影响。技术进步的步伐明显加快，随之带来了席卷全球的科技和经济竞争，同时使工业生产技术知识的半衰期缩短。据有人预测，在大多数工业技术领域，一般工业生产技术知识的半衰期缩短到 10 年左右，而整个电子和信息技术知识的半衰期接近 5 年。这就迫切要求在职的专业技术人员补充新的知识，适应技术发展和竞争的要求，因此，发展继续教育对于在职技术人员补充新理论、新技术、新方法和新信息已是当务之急。

（二）我国经济领域中实现两个具有全局意义的根本性转变，必须发展继续教育

在我国经济领域中，一系列重大变革正在发生，主要是实行两个具有全局意义的根本性转变：一是经济体制从传统的计划经济体制向社会主义市场经济体制转变；二是经济增长方式从粗放型向集约型转变。国有企业改革作为建立新体制的中心环节，正在探索建立现代企业制度的路子，这就使企业在决策、经营、运行、管理等方面出现了许多不熟悉的新课题；转变经济增长方式，必须推进科技进步，提高产品的技术（知识）含量，这就要求企业提高技术和产品的开发能力，也要提高对国外先进科技在消化、吸收基础上的创新能力。改革开放以来，我国花了大量资金，引进了许多先进技术，新建了一些新技术产业，如不深入消化、吸收并不断创新，不久的将来，这些技术就会变成落后的东西。20 世纪 50 年代引进的"156 项目"已给了我们深刻的启示。因此，提高企业管理队伍和技术队伍的素质成为一个突出问题。另外，随着改革的深入，产业结构也将发生巨大变化，大量劳动密集型企业向知识密集型转化，一部分工程技术人员将从事新的工作；有的企业迫切要求采用现代化管理技术，纷纷准备建立管理信息系统（MIS），有的准备建立计算机集成制造系统（CIMS），这都对继续工程教育提出了迫切需求。

（三）实现我国各类干部新老交替离不开继续教育

由于受到"文化大革命"的影响，20 世纪 90 年代高层次的科技队伍和管理队伍年龄老化、青黄不接，在世纪之交完成学术带头人、技术骨干和领导干

部队伍的新老交替，已成为各行各业、各地方各单位普遍存在、十分突出的问题，因此各有关单位及部门纷纷制订计划以完成各类高层次人才新老交替的"人才培训工程"。从现在起到 21 世纪初，为解决各类干部新老交替的继续教育成为一项特殊的重要的历史任务。

（四）落实科教兴国战略，提高人才素质必须发展继续教育

1. 继续教育是培养合格工程师的必要措施

我们不可能要求大学学历教育培养合格的工程师，大学毕业生只是工程师的"毛坯"。高等工科学历教育的任务，主要是为学生在德、智、体诸方面打下良好的基础，即在一定的工程技术领域内有较坚实的理论基础、一定的专业知识、较强的分析问题和解决问题的能力、较好的文化素养、较强的适应能力。随着大学本科专业口径的拓宽，我们不可能要求专业知识和实际技能在四年本科学习阶段被学生完全获得，而主要应通过继续工程教育获得。一个大学毕业生，可能到生产第一线工作，可能到技术开发部门工作，可能做技术管理或营销工作，也可能到政府机关、事业单位承担其他工作。大学生从走上工作岗位，到能开创性地胜任工作，必然要有一个熟悉环境、熟悉业务的过程。因此，上岗阶段的继续教育是必不可少的。这个阶段的继续教育应当有具体的专业技术知识和实际技能的培训要求，从而完成从学生到工作人员、从理论到实际、从一般到特殊之间的转变和结合过程。毕业生从上岗工作到成长为称职的工程师，除主要通过实际工作积累经验之外，还应规定必要的进修课程和培训时间，明确不同岗位对理论知识、业务能力、工作经历、协作能力的要求，其中也应包括接受继续教育的要求。继续教育应当成为顺利实现从学生到工作人员、从工作人员到合格工程师两个转变的一项重要措施。

2. 继续教育是使工程技术人员和技术管理人员适应环境变化和保持技术领先水平的必要途径

21 世纪的来临要求"终身教育"或"终身学习"体制的建立和完善。我们面临着世界范围内综合国力剧烈竞争的挑战，面临着发达国家在经济和科技上占优势的压力。迎接挑战和减少压力的根本出路在于加速发展科技和教育，提高民族素质，争取在面向 21 世纪的教育竞争中处于战略主动地位。我们应建立一套机制和创造必要的社会条件，使广大工程技术人员和技术管理人员能通过继续教育在不断变化的环境和技术快速发展的进程中提高适应能力和创新能力。

（五）继续工程教育是规模很大、类型复杂的高层次教育事业，是我国高等工程教育的重要组成部分

　　我国拥有庞大的专业技术人员队伍，据"中国教育年鉴"提供的资料，我国 1949 年以前（1928—1949 年）培养了 18.5 万大学生，其中工科 3.2 万人；1949 年以后（1949—1995 年）普通高校已培养了 1 000 多万大学毕业生，其中工科约 350 万人（历年分布情况见附表 5-1 和附图 5-1），同期还培养了中等专业技术学校毕业生约 540 万人，他们都应该是进行大学以上层次继续教育的对象（历年分布情况见附表 5-2 和附图 5-2）。为了粗略估算继续工程教育的工作量，可以假设其中 20% 已转到工程技术领域以外的岗位工作（未计其他专业毕业生转到工程技术领域工作）；1960 年以前毕业的可不参加培训，由此可以得出，目前应接受大学层次及大学后继续工程教育的人数约为 870 万。另外，根据国家统计局 1995 年年底公布的数字，我国各类专业技术人员总数为 2 785 万人，按照人事部 1995 年 11 月颁布的《全国专业技术人员继续教育暂行规定》，高级、中级专业技术人员每年脱产接受继续教育的时间不少于 40 学时，初级不少于 32 学时，折合成全时脱产学习的人数约 130 万人，占 1995 年年底普通高校在校学生数（290 万）的 44.8%。况且继续教育与普通教育相比，人员分散，情况复杂，难度更大。而在岗的（特别是高层次的）专业技术人员，学习了新理论、新技术、新方法，会很快将其反映到改进产品质量和提高生产率方面，他们对我国工业生产所起的积极作用会比刚毕业的大学生更为显著。

　　总之，面临 21 世纪产业改组浪潮席卷全球，新产品、新技术、新知识日新月异，工程教育体制必须改革以适应新的时代要求，以"终身教育"或"终身学习"的观念来构建新的高等工程教育制度已成为世界性的课题。其中，发展继续教育，使在职专业技术人员的业务素质通过培训或学习提高到能在竞争中处于优势地位，对国家、企业和专业技术人员都是至关重要的。因此，发展继续教育，建立有效的继续教育制度，创造开展继续教育的社会条件，形成继续工程教育体系，应作为落实"科教兴国"战略的一项重要措施。

二、国外继续教育的现状和发展趋势

　　世界上发达国家开展继续工程教育的历史已经比较长，他们的一些成功经验和做法值得我们借鉴或参考。

（一）普遍重视继续教育

发达国家的政府、企业和高等学校为了在激烈的国际经济和科技竞争中争取优势地位，无不想尽一切办法争夺人才和智力的优势。培养人才依靠教育，使教育不断适应发展变化着的国际竞争的需要，始终是发达国家普遍关注的一个具有战略意义的重要国策。各国政府已经把包括继续工程教育在内的教育作为一项发展战略来考虑，1993 年 5 月 20 日美国总统克林顿在致美国工程教育协会成立 100 周年纪念会的信中声称：美国要迅速把握住全球对工程和技术的挑战，进一步加强美国在全世界科技、教育和人才方面的领先地位。随即美国政府新建了一个美国国家教育技术委员会。1997 年 2 月 4 日，克林顿连任美国总统后在众议院发表国情演说时指出：教育是美国今后 4 年排第一的任务，他提出了一个十项行动计划，其中提到要在全美普及大专教育，并为每个成年人提供终身学习的机会。1995 年 4 月，美国国家研究院工程教育委员会公布了花费 4 年时间完成的为适应 21 世纪美国需要的《工程教育适应性体制设计报告》，大声呼吁继续教育应当成为新的工程教育体制中的一个重点，联邦政府、企业、大学和社会团体都有义不容辞的责任。日本、韩国、新加坡等自然资源贫乏的国家，更是把人力资源的开发和人才培训作为第一战略。国外继续教育活动的重点是企业，为了保持自己在瞬息万变的社会中的适应能力和竞争能力，企业把人力资源开发和培训作为重要保证；个人参加继续教育活动是为了避免落后，确保职务升迁、职业变更的需求，使自己在社会中更有竞争力。受市场经济竞争的驱动，继续工程教育在发达国家正日益受到政府和社会各界的重视。

（二）重视依法治教

发达国家通过制定和执行各种法律、法规来保障教育（包括继续教育）的发展。例如教育经费问题，有的国家政府规定，企业的职工培训费用和对教育事业的资助可计入成本，免于征税。政府或各专业团体对各类专业技术人员的任职资格、培训的标准和时间有明确要求，对企业和企业主规定培训义务和责任，有的国家还规定了带薪的培训假制度。各大公司和企业内部对上岗培训、晋升培训、换岗培训的课程和时间均有明确要求，并有专门的管理部门负责执行。

（三）重视对继续教育的经费投入

发达国家的继续教育经费主要来源于企业。1996 年 9 月 12 日，美国企业联盟主席罗伯特·琼斯宣布："1995 年美国企业用于继续教育和培训的费用为522 亿美元，培训了 4 960 万雇员，人均培训费约 1 052 美元，在竞争激烈的环境中，今后几年内，这些数字还将大大增加。"日本有的企业用于继续教育的经费约占销售额的 0.38%～1%，如新日铁公司企业教育支出约占销售额的1.2%。德国企业教育支出一般占销售额的 1%～2%，如西门子公司教育经费约占销售额的 1.5%。法国的企业，法律规定其培训费用占投资总额的 1%～2%，在高技术产业部门实际上达到 5%～6%。专业技术人员的继续工程教育除企业投资外，政府也给以支持，如 1984 年美国联邦政府国家科学基金会资助成立了一所专门为在职人员提供继续教育服务的国家技术大学；美国麻省理工学院得到政府和企业资助 1 亿美元，实行一项开展远程教学的发展计划。日本为中小企业的职业培训和研修活动成立了"中小企业大学校"和 60 多所新技术研修部，所需经费由政府资助 3/4，其余由企业和进修人员分担。发达国家某些高新技术大企业已将继续教育贯穿于研究与开发的全过程，这些企业把继续教育投入纳入研发投入之中。继续工程教育已成为企业教育的一个组成部分。

（四）建立了比较健全的培训机构

美国、日本等大企业内部都设有规模较大、水平较高的教育中心（如摩托罗拉、微软公司的培训机构就叫摩托罗拉大学、微软大学），根据对专业技术人员的培训要求，或者专业技术人员的上级或本人的要求，提供培训服务。专业技术人员和管理人员得到批准后可以到教育中心脱产学习，也可以通过远程教育手段在本单位业余学习。美国的大企业、事业单位还与大学合作，利用大学的教育资源培训在职专业技术人员，中小企业联合会主要依靠大学进行继续教育。美国的大学适应社会需要，也十分重视在职专业技术人员的继续工程教育，例如斯坦福大学工学院下属的职业发展中心，为在职技术人员开设研究生层次的继续教育课程已有 25 年历史。该中心采用微波通信、卫星通信、电视会议系统等进行远程教育，在全国设有 200 多个办学站，注册学生每年超过5 000 人。美国国家技术大学成立 11 年以来，发展非常迅速，到 1995 年已有47 所著名大学提供课程，利用卫星通信进行远程教学，有 14 个上行卫星地面站，在全美设有 980 个办学站，注册硕士学位的学员达 4 616 人，读非学位短期课程的人数每年超过 10 万。美国的许多大学和培训机构都为在职人员开展继续教育服务。

（五）已形成强化培养与使用配套的管理体制和运行机制

世界各国在对人才的培养和使用上政策各不相同，英、美等国大多数人在整个职业生涯中会有几次职业变更，而日本企业几乎是终身雇佣制，继续教育与终身雇佣制融为一体，有整套的管理办法，主要有以下几点：①通过法规对关键技术岗位的任职资格（包括文化程度、专业知识、技能水平、职业道德等）提出明确要求，凡达不到要求者，必须参加培训；②建立严格的培训考核制度，包括任职资格考核、业绩考核、参加培训的考核等，对满足要求胜任工作者进行续聘、晋升，对不能胜任者送去培训或解聘；③选拔优秀者重点培训，培训合格后担任新职务。

（六）广泛采用了现代化教学手段

开展远程教育，为在职人员接受继续教育提供方便。随着信息技术的发展，目前在美国，大学和企业之间继续教育的网络已初具规模，利用卫星通信、微波传输、电视会议系统、光纤、局域高速网、互联网络开发继续工程教育的技术和课程正在加速进行。类似前面提到的斯坦福大学职业发展中心、国家技术大学等形成教育网络的远程教育机构已有十几个。去年年底，斯坦福大学完成了异步远程教育试验研究项目，1 小时的课件（包括图像、语音、教材、板书、数据）经数字压缩，约用了 1 分钟传输到接收点，如用互联网络（Internet）传播，约用 15～25 分钟。1995 年 9 月 1 日，麻省理工学院（MIT）成立了高级教育服务中心（CAES，center for advanced educational services），宣称其目的是利用各种现代信息技术手段和麻省理工学院（MIT）的教育资源为全球服务。1996 年 9 月，麻省理工学院（MIT）和大众广播服务公司（PBS）、威廉姆斯公司合作开展远程教学和"虚拟大学"的研究和实际教学工作。据 1997 年 2 月 6 日新闻报道，美国有 98 所学院和大学签订了协议，作为互联网络Ⅱ（InternetⅡ）的创始成员，争取在 6 个月之内能够初步开通。这是一个高速信息网，参加者保证为项目启动投入 5 000 万美元，美国克林顿总统同意请求国会在 1998 年财政年度拨款 1 亿美元给以支持。虽然互联网络Ⅱ（InternetⅡ）的经理要求参加的成员在最近三年每年投入 50 万美元，但是一些学校为了使校园基础设施现代化将耗费更多的资金，大多数人认为总投资将高得多。

欧洲和美国利用高速信息网络和多媒体技术开展交互式的远程教学，使在职人员克服空间和时间的障碍进行学习，从而达到按需学习的目的，这是目前教学技术发展的大趋势。

随着技术革命的到来，人们普遍认识到保持竞争优势的出路在于学习快于竞争的要求，这既使继续工程教育承担了更为繁重的任务，又为实现远程按需学习提供了广阔的前景。

三、我国继续教育的现状和问题

我国开展继续工程教育的历史较短，1979 年我国派代表参加了第一次世界继续工程教育大会，引进了继续工程教育的概念，迄今仅 18 年。18 年来，我国继续工程教育有了一定的发展，一小部分条件较好的大企业、重点高等学校和社会团体为适应我国经济建设和改革开放的需要，积极开展继续教育，为提高科技干部队伍的素质作出了贡献。继续教育也受到了党和政府的重视，1993 年中共中央和国务院印发的《中国教育改革和发展纲要》强调成人教育要以继续教育和岗位培训为重点。1995 年 3 月颁布的《中华人民共和国教育法》第一次从法律上规定，所有专业技术人员有接受继续教育的权利和义务，继续教育的作用和地位开始受到社会重视。1984 年 11 月，中国继续工程教育协会成立。1995 年 11 月，人事部印发《全国专业技术人员继续教育暂行规定》，对专业技术人员接受继续教育提出了要求。天津、北京、广东等省市人民代表大会（以下简称"人大"）通过了继续教育的地方性法规，一些部委也对专业技术人员的继续教育作出了规定，这些都将对继续教育的发展起推动作用。但是，继续教育事业在我国是发展历史很短的一种教育形式，还处于起步阶段，与我国经济建设、社会发展和专业技术人员提高素质的要求还有很大差距，与发达国家继续教育的发展状况相比较也存在很大的差距。

（一）教育观念比较陈旧，对继续教育的重要性认识不足。企业应是继续教育的主体，但是大多数企业的继续教育没有到位

我国继续教育事业从总体上看是十分薄弱的。不仅绝大多数中小企业、乡镇企业的专业技术干部很少有接受继续教育的机会，而且大中型企业的多数专业技术干部，尤其是关键岗位上的技术骨干知识老化的情况比较严重，也同样缺少在本专业领域和相关专业领域内更新、拓宽知识和技能的继续教育的机会。根据国家教委 1997 年 9 月公布的数字，1996 年国有、集体企事业单位接受继续教育的人数为 213.11 万人，仅占专业技术人员总数（2 802 万人）的 7.6%；中央要求经济增长应转移到依靠科技进步和提高劳动者素质的轨道上来，目前继续教育的状况很不适应这一要求，从全球经济和科技激烈竞争的角

度看，我们现有的大部分科技队伍的适应能力、创新能力与发达国家相比有较大差距，只有积极有效地发展继续教育，不断缩小我国专业技术队伍和世界先进水平的差距，才有可能使我们在竞争中占有一席之地。而目前大多数企业和企业主管部门对高等学历教育期望值过高，对继续教育的重要性及应负的责任缺乏足够的认识，缺乏开展继续教育应有的积极性；有的虽然有所认识，但也缺乏有力的措施。而有些缺乏远见的企业领导，从短期效益出发，甚至撤并继续教育工作机构、挤占继续教育基地、压缩继续教育经费，严重影响了继续教育的开展。

（二）大多数高等学校尚未把继续教育当成应承担的一项重要教学任务，缺乏开展继续教育的有力措施

地方高等学校应面向地方，以面向地方企业开展继续教育为己任，行业部门的高等学校应把面向本行业的专业技术人员开展继续教育作为重要的教育任务，重点大学也应把继续教育作为一项重要的教育任务。但是目前大多数高等学校很少研究和采取切实有力的措施来开展继续教育，少数高校开展了一些继续教育，但在条件保障方面还很不落实，尚未将其列入学校总体事业规划。成人高等学校应以在职人员的继续教育和岗位培训为重点，但是目前也在集中力量做成人高等学历教育，因此继续教育缺乏高等学校的有力支撑，企业和高等学校在继续教育的合作方面虽有一些开展，但是尚未建立畅通的渠道。

（三）继续教育的投入严重不足

这是长期以来困扰继续教育活动的主要问题之一。根据国家目前的规定，职工教育经费可提取工资总额的 1.5%，按 1995 年国有企业职工的年平均工资 5 625 元计算，职工人均每年教育培训费用仅 84 元，即使按规定足额提取，数量也少得可怜。一些大型技改项目的投资中缺乏培训费用的预算。同时，继续教育所必需的其他支撑条件短缺的问题也相当突出。从高等学校的事业经费、教职工编制和其他物质条件等方面来看，多数高校未将继续教育纳入学校的事业规划和计划。在整个工程教育体系中，由于投入严重不足，继续教育工作难以开展。

（四）继续教育的教学手段比较落后

继续教育的教学方式仍以面授为主，多媒体技术和远程教学手段在继续教育中还较少应用，大多数不能离开工作岗位的技术骨干很难参加学习。这方面与发达国家在职人员的学习已广泛采用远程教学方式相比，有巨大差距。

（五）缺乏有力的领导，法规和管理体制不健全，缺乏良好的运行机制，使
**　　继续教育难以健康地发展**

1995 年 11 月人事部颁发了《全国专业技术人员继续教育暂行规定》（以下简称《暂行规定》），但它还不是一个需要强制性执行的法规，靠这个《暂行规定》尚不足以有力地推动继续教育的发展。大多数地方政府和行业主管部门还没有明确有力的规定，对继续教育办学机构的管理还很不明确。政府教育主管部门对继续教育仅仅处在提倡阶段，缺乏有力的措施。目前多数地方、部门、企业和高校的继续教育还基本上处于无序状态，缺乏对继续教育的教和学两方面的有力领导和管理，保证继续教育健康发展的激励机制、保障机制和约束机制急待建立。

四、关于发展继续工程教育的建议

为落实科教兴国战略，使继续工程教育事业在我国得到较快发展，以适应经济建设、社会发展和技术干部及管理干部提高素质的需要，根据我国现状，提出如下建议。

（一）大力加强对继续工程教育重要性的宣传，引起各级领导和社会各界的
**　　重视**

经济的增长要落实到主要依靠科技进步和提高劳动者素质的轨道上来，提高劳动者素质，特别是提高专业技术人员的素质要依靠继续教育，将科学技术转化为生产力也要靠继续教育和岗位培训。面对建立社会主义市场经济的需要，面对产业改组、体制改革、技术改造的需要，我们有必要全方位提高对继续工程教育的认识，增加扶持力度。继续教育工作本身也要改革、提高和发展，要注重实效、找准位置、把握机遇，更主动地为经济建设中心服务。

（二）切实加强领导，大力推进法规建设，配套政策要形成体系

为确保继续工程教育持续、稳定、健康发展，首先要切实加强对继续教育的领导。继续教育是高等教育事业的重要组成部分，其涉及范围之广和人数之多，绝不亚于高等学历教育，因此，建议由教育部主管这项工作。同时，继续教育也是人力资源开发中的一项重要工作，与工程技术人员的使用、管理、待遇等有密切关系，人事部应有相应机构配合。继续教育应适应经济改革和发展的需要，国家经贸委也应参与此项工作的领导。

要着力抓好基础性规范化工作，以继续教育的法规建设为中心，推进各项制度建设，逐步形成配套政策。十几年来，一些地方（如天津、北京、广东）的人大已有继续教育立法，十几个主管部委制定了行政性法规，对继续教育工作起到了明显推动作用。已有的法规应在实施中充实完善，尚没有形成法规的地方和部门应积极筹划，争取早日有所规范，在此基础上，有关部门应积极筹备全国性法规或法律的制定。继续教育工作涉及人事和财务开支等政策问题，要使法规和政策形成配套体系。

（三）加大投入，确保继续教育工作正常开展

对继续教育的投入应包括财力、人力和物力三方面，而经费的投入是主要物质基础。对继续教育的经费投入应以企业为主，政府拨款和个人分担为辅。

企业继续教育和岗位培训的经费属于人力资源开发费用，应视为一种生产性投入。对技术密集型企业，继续教育的投入应作为研发的一部分，可按企业技术密集程度制定不同的标准，把培训费用摊入成本。生产项目和大型技改项目的投资应有一定比例的培训费用。继续教育主管部门对企事业单位开展继续教育活动应有经费支持，将其列入财政预算，还应有鼓励政策，并且应该研究继续教育有偿服务的办法，区别不同情况，确定企事业单位和专业技术人员个人承担继续教育费用的办法，提高继续教育办学单位的自我发展能力。

（四）高等学校作为国家继续教育的重要力量，应把大学后的继续教育和岗位培训作为学校培养高层次人才体系的重要组成部分纳入事业发展规划

学校要发挥优势，面向社会、面向行业或面向地方和企业，在积极发展继续教育的过程中形成重点，办出特色。要研究高等学校和企业沟通及合作的渠道，研究"政企学"三结合的模式，在政策上给以支持。

（五）积极探索建立适应社会主义市场经济的继续教育管理体制和运行机制

继续教育的管理体制主要涉及政府主管部门、企事业用人单位、办学实体和专业技术人员个人，既涉及人事体制的改革，又涉及高等教育体制的改革。政府主管部门要加强对继续教育的统一领导，主要是通过建立法律法规和规划为继续教育开拓物质条件和社会环境。继续教育要作为人事制度改革的一项内容，要从人力资源开发的角度，逐步建立关键专业技术岗位的资格证书、培训考核制度，要把工程技术人员参加继续教育的优劣作为晋升的条件之一。政府

主管部门应逐步下放企事业单位的用人权；企事业单位和办学机构在法律法规的许可范围内，应具有独立灵活、按需开展继续教育活动的充分自主权。企事业单位和办学机构应从培养人才、用好人才、充分发挥专业技术人员的才智等方面来推动继续教育的健康发展；专业技术人员为了适应环境和工作的要求，接受继续教育既是权利，也是义务，通过接受继续教育，个人和单位将取得协调发展。我们应研究建立运行机制调动政府、用人单位、办学单位、专业技术人员个人等各方面的积极性，使继续教育既有规范遵循，又能健康有序地发展。

（六）积极采用现代教育技术

采用现代化的信息技术和开展远程继续教育，既可解决供学矛盾，又可充分利用教育资源，是办学效益比较高的一种教育手段。发达国家的远程教育已经开展了二三十年，他们正在投入更大的人力、物力开发远程教育的技术和课程。建议国家计划委员会（以下简称"国家计委"）支持高校（或政府、高校、企业三结合），在"九五"期间设立一项"现代教育技术实验工程"；建议国家科学技术部（以下简称"科技部"）设立现代教育技术研究项目，在经费上给以一定支持。

（七）为促进继续教育的发展，有关部门应当采取的行动

1. 政府

继续教育属于高等教育的组成部分，涉及面广，人员众多，建议由教育部统一领导（成立继续教育司），负责制订全国的继续教育规划，并对各行业部门和地方政府的继续教育工作进行领导。人事部配合教育部参加对全国继续教育工作的领导，颁布继续教育的法规性文件；参与全国人大筹备继续教育的立法工作；明确各级政府、企事业单位和高等学校开展继续教育的责任、义务和权利；明确专业技术人员接受继续教育的权利和义务；制订规划和计划并组织实施。国家经贸委应根据国民经济发展要求参加继续教育的组织领导工作。

建议人事部会同有关行业主管部门逐步建立工程师和其他专业技术人员的岗位资格证书制度，其中应明确对接受继续教育的要求，配合教育部落实继续教育规划。

建议国家计委在"九五"期间设立一项"现代教育技术实验工程"，利用卫星通信和多媒体技术开展远程继续教育。

建议国家科技部设立现代教育技术研究项目，在经费上给以支持。

2. 企业

企业是组织开展继续工程教育的基层单位，是继续工程教育的主体。企业应建立全员培训制度，包括岗前培训、岗位培训、晋升培训、转岗培训、高级专家学术休假制度。

大型企业应建立继续工程教育的培训机构，组织继续教育的实施，并进行规范化管理。各大型企业要利用大学资源，与大学广泛合作进行继续教育。企业要加大对继续教育的投入，继续教育经费是人力资源开发费用，应视为一种生产性投入，根据行业技术密集程度，制定职工培训经费标准，并将其纳入成本。生产项目和大型技改项目的投资应包括教育培训费用，将其列入投资计划。对引进的国外技术项目，应将消化吸收工作纳入研发计划。

企业要为工程师的继续教育提供必要的物质条件，并有激励机制。

3. 高等学校

高等学校的教师是继续教育的主要提供者，高等学校要面向社会、面向企业提供继续教育服务。

普通高等学校应把面向本地、本行业的继续教育任务纳入事业发展规划和年度工作计划，积极提高为在职人员提供继续教育的教学工作量。

应鼓励高等学校和大中小企业、行业主管部门合作建立培训中心，用于为工程技术人员进修或培训。建议一部分行业主管部门所属的高等学校转变职能，以在职科技人员的继续教育为主要任务。

高等学校对继续教育应增加财力、人力和物质条件的投入。

高等学校应组织力量编写继续教育的教材和开发多媒体课件。

4. 专业团体

专业团体应考虑在技术性会议上开展一些有关继续教育的交流和研讨，加强对继续教育的宣传，并对本行业各层次专业技术人员继续教育的科目和内容提供咨询意见。

有条件的专业团体应组织专家进行继续教育的教学活动。

总之，发展继续教育是落实科教兴国战略，是把经济增长方式转变到主要依靠科技进步和提高劳动者素质上来的一项十分重要的措施。继续教育的现状与形势要求存在很大差距，迫切需要加强宣传，提高认识；需要进一步加强领导，调整和落实组织；需要增加投入，保证继续教育的顺利发展和提高；要逐渐建立起适合我国国情的一套继续教育制度和体系，从而使我国工程技术和技术管理队伍的素质不断提高到适应全球经济和科技竞争的需要，以迎接 21 世纪的挑战和机遇。

主要参考文献

[1]《中国教育年鉴》编辑部.中国教育年鉴1996.北京：人民教育出版社，1997.

[2] 美国国家研究院（NRC）工程教育委员会（BEED）.工程教育适应性体制设计报告.张岩峰，译.北京：清华大学出版社，1996.

[3] 马祖耀.斯坦福大学工学院远程教育概况.现代教育技术，1997（1）.

附录 我国高等教育历年毕业生统计情况

附表 5-1 历年毕业生统计表

年份	毕业生数量			年份	毕业生数量		
	高校	工科	中专		高校	工科	中专
1949	21 353	4 752	6 327	1966	140 670	61 523	23 545
1950	17 607	4 711	5 517	1967	124 836	46 071	44 425
1951	18 712	4 416	4 619	1968	150 194	59 834	60 675
1952	32 002	10 213	9 498	1969	150 119	66 365	53 827
1953	48 091	14 565	17 025	1970	102 672	60 307	3 126
1954	47 069	15 596	23 377	1971	5 945	1 173	6 820
1955	54 466	18 614	40 768	1973	30 057	5 316	11 109
1956	53 214	22 047	44 983	1974	43 282	11 104	21 984
1957	56 180	17 162	50 753	1975	118 955	48 240	39 606
1958	72 424	17 499	50 711	1976	149 154	51 448	62 341
1959	69 839	14 714	80 528	1977	194 426	73 526	56 562
1960	136 139	37 430	81 743	1978	164 581	56 512	31 294
1961	151 283	52 714	106 515	1979	85 085	21 362	24 175
1962	177 255	58 573	72 361	1980	146 635	44 164	57 769
1963	198 754	76 359	49 092	1981	139 640	12 199	138 283
1964	204 499	80 917	53 011	1982	574 120	172 236	200 000
1965	185 521	80 294	40 750	1983	371 350	111 405	200 000

续表

年份	毕业生数量			年份	毕业生数量		
	高校	工科	中专		高校	工科	中专
1984	258 487	77 546	200 000	1990	613 600	195 841	414 300
1985	316 000	97 672	261 000	1991	614 000	206 268	449 600
1986	393 000	119 213	321 000	1992	604 000	207 007	
1987	532 000	156 065	388 832	1993	570 715	192 216	168 687
1988	553 000	173 585	392 000	1994	637 000	229 000	173 209
1989	576 242	186 582	365 000	1995	805 400	295 839	204 977

注：（1）上表数据摘自 1949—1981 年及以后各年的《中国教育年鉴》和《中国教育事业统计年鉴》。表中工科毕业生数指高校工科本专科毕业生数，中专毕业生数指中专工科毕业生数。1972 年毕业生数量及 1992 年中专毕业生数缺失。

（2）上表中 1982、1983、1984 年高校毕业生数是以各年工科毕业生占 30% 推算的；1982、1983、1984 年中专工科毕业生数是取 1981 年和 1985 年的平均数；1992 年中专工科毕业生数是取 1991 年和 1993 年的平均数。

附表 5 - 2   各时期毕业生统计表

时期 ＼ 毕业生数量	高校本专科毕业生人数	高校工科本专科毕业生人数	中专工科毕业生人数
1928—1949 年	185 000	32 000	
1949—1960 年	627 096	181 719	415 849
1961—1966 年	1 057 982	410 380	345 274
1967—1970 年	402 985	232 577	162 053
1971—1981 年	1 077 760	325 044	449 943
1982—1995 年	7 418 914	2 350 683	4 047 748

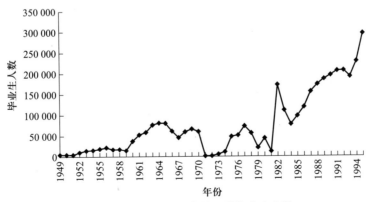

附图 5 - 1   历年普通高校工科毕业生人数

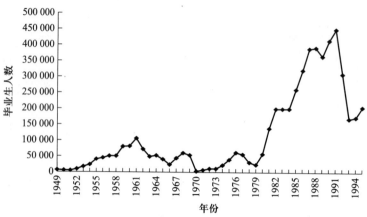

附图 5-2 历年中等专科学校工科毕业生人数

第六章

总结性报告[①]

一、工程教育改革是时代的需要

(一) 我国的工程教育与国外工程教育的简况

本报告中，工程教育是指为了教育培养各层次、各类型的工程师所开展的各种专业教育的总括，而不仅仅是指院校工程教育。

1. 我国工程教育的历史回顾

高等工程教育在我国已有百年历史，粗略地可以划分为三个发展阶段，即：

- 1895—1949 年，清末至中华人民共和国成立前夕
- 1949—1976 年，中华人民共和国成立直到"文化大革命"结束
- 1977 年至今，"文化大革命"后，尤其是十一届三中全会以来

(1) 1895—1949 年。

这是我国的高等工程教育从无到有的萌芽时期。由于处于半封建半殖民地时期，当时中国的工业尤其是制造业十分薄弱，根据已有的资源（煤及其他矿产）及土木、交通等情况，首先设置了土木、矿冶等专业，后期又建立了少量的机械、电、化工等专业为制造业服务。早期师资依靠外国人，从 20 世纪 20

---

① 执笔人：沈廉、江丕权、冯厚植、毛祖桓、谢冰玉等。

年代开始，中国有了自己的教授任教。教材全部采用外版图书并主要用英语授课，教学设备全部进口。可以说我们基本照抄美国等国家一些著名大学的体制、计划及内容。由于经济发展受外患内乱的影响，工业发展长期处于停滞阶段，因此学校规模较小，一般每所工科学校只有几百人；教学上的优点是比较重视工程类课程，但因工业极为薄弱，学生缺乏实际训练。

（2）1949—1976 年。

1949—1952 年是过渡时期，自 1952 年起，我国的高等教育进行院系调整，教育事业得到了较快的发展，开始了全盘"学苏"的时代。其特点为：按工程师需要的模式培养，本科学制多数为 5 年，注重实践环节，毕业生较前一时期更能适应实际工作的需要；教材从开始全部采用苏联的译本转为逐渐自主编写；专业划分过细，专业设置偏重重工业及国防工业，忽视了经济的全面发展和人民生活的实际需要；在院系调整后，理工科分家，成立了大量的部门所属的专科性学院，削弱了工科院校基础课的教学。

在"文化大革命"中，整个高等教育遭受了严重的破坏，处于停顿状态。1972—1976 年虽然局部恢复了招生，但在极"左"思潮与实用主义的影响下，教学上以所谓"任务带学科"，使得教学体系，尤其是基础课教学被严重削弱。

（3）1976 年至今。

1977 年恢复了高考，我国的高等教育得到了新生与发展，工科是发展的重点，20 世纪 80 年代招生人数以每年 10％左右的速度增长，进入 90 年代速度稍有下降，但仍保持在 7％～8％。本科学制基本上为 4 年制，高度重视基础课的教学，学生使用计算机的能力得到加强，外语能力有所提高。学校比较重视教学改革，新设立了一些高新技术专业，近年来注意吸收新的教育思想，调整课程结构，加强能力培养。

20 世纪 70 年代开始，我国就从西方引入了继续教育的思想。但由于"文化大革命"，再加上长期的封闭，广大专业技术人员知识老化，迫切需要进行知识更新。因此，继续教育在我国也得到了初步的发展。收效较明显的是外语及计算机的普及，但作为继续教育的主要目标——专业发展和专业知识更新的收效不很显著。

2. 我国工程教育的现状

总体情况如下。

（1）我国工程教育得到了快速的发展，根据联合国教科文组织 1995 年统计年鉴公布的 20 世纪 90 年代初的数据，各主要国家工程类在校学生人数（包括大专、本科及研究生）为：中国 115 万，美国 80 万，印度 21 万，日本 49 万，法国 12 万，德国 39 万，英国 15 万，我国已居世界第一位。

（2）专业基本齐全，各层次需要的人才都可以立足于国内培养。从数量上看，基本上能够满足当前国内经济与社会发展的需要。

当前存在的主要问题如下。

（1）相对于院校工程教育，继续教育尚处于发展的初期。两者在发展上的较大差距，使得我国工程技术人才（工程师）成长与知识更新较慢，这直接影响了我国经济与产业的发展及其在国际市场上的竞争能力。

（2）院校工程教育面临的一个重要问题是：尽管近20年来，我国的教育与经济都取得了巨大的发展，但是在教育与经济、学校与企业之间的结合上，近年来不是越来越密切，而是越来越脱离。我们提倡"高等教育要面向国民经济建设，国民经济建设要依靠高等教育"。目前在"面向"与"依靠"上，学校与企业双方都做得不足，尤其是"依靠"。企业在发展生产中依靠我国自己的科学技术不够，而是较多地依靠引进外国的技术，包括外国的产品、生产设备与生产线。尽管企业有自己的工程技术队伍，而且这支队伍还在不断地发展与壮大，但在新产品的研究、开发和设计中主要不是依靠这支队伍。这对我国工程技术人才的成长、工程教育的发展乃至立足国内独立自主地发展工业生产都产生了不利的影响。

（3）院校工程教育本身存在的问题进一步可以归纳为以下几点。

① 目前的体制过于死板、模式单一，形成了"千军万马过独木桥"的局面，各类人才的培养都是纵向串联的提高，而不注重横向并联的扩展。

② 专业面仍然过于狭窄，亟待进一步拓宽。

③ 学生缺乏现代工程师所必须具备的经济、管理、法律、人文及环境等方面的知识，不能适应市场经济的要求。在教学内容与教学方法上，对学生独立工作能力、综合能力、自学能力和创新能力的培养远远不够。课程与教材内容比较陈旧，跟不上科学与技术的飞速发展。

④ 学校的工程训练和跨学科的课程设计已被大大地削弱，使得学生的分析与综合能力以及解决实际问题的能力有所下降。

⑤ 学生的思想道德素质亟待提高，主要反映在爱国、敬业与献身精神，刻苦钻研、崇尚实践，集体主义、团队精神等方面都比较薄弱。这方面的要求仍是贯彻德、智、体全面发展的方针。

⑥ 适应国际化的能力尚不能满足时代的需要。

经济的国际化和全球化要求大学培养的学生要有更高的外（英）语水平，对于国外的经济、科技与产业情况有更多的了解，目前院校毕业生在这方面还存在较大的差距。

3. 国外工程教育改革概况

发达国家的高等工程教育可以以美、英、德、法四国作为代表，俄罗斯基本上采用德国模式，日本在第二次世界大战后基本上采用美国模式。

以下按工程教育发展的先后次序简要地介绍四国工程教育的状况与近期改革的情况。

（1）英国。工业革命以后，英国最早培养了民用工程师。学生在 13 年中小学教育的基础上，在大学学习 3 年（近年有的学校已改为 4 年），取得学位后参加生产工作或在工程事务所随有经验的工程师学习。再经过多年实际工作的锻炼，并具有接受继续教育的经历，且通过工程师学会组织的考试，最后获得工程师学会的正式会员资格，即成为注册工程师，才能在社会上独立进行业务活动。

优点：重视实践，学校的教师均有实际的工程经验。缺点与问题：由于学制为 3 年，基础课程水平较欧洲大陆学校稍差。另外，英国与许多西方发达国家一样，普遍面临的一个问题是：在社会上，工程已不像以前那样吸引人，优秀的中学生不太愿意学工程。

（2）法国。法国的高等工程教育是由专门的工程学院发展起来的，综合大学最近几十年才设置了工科专业。优点：重思维能力的培养，注意培养尖子学生。缺点：专业分得较细，面向工业生产稍差一些，新专业的建立不够及时；工程教育体系过于独特，在欧洲一体化条件下，必须做相应的调整。

（3）德国。优点：比较注重理论联系实际，全国各院校在水平上较齐整。缺点：工程类学生数量偏高（占到总人数的 20%，大大高于其他西方国家）；学习内容要求过高，修业年限较长（一般 5～6 年，学生毕业后为文凭工程师，相当于工学硕士），因此毕业生的年龄较大；不能及时建立新专业以适应高技术的发展。

（4）美国。基本特点是通才教育，强调打好知识基础。学生本科毕业后，要经过较长时间的实际工作及继续教育才能成为工程师。从 20 世纪 80 年代末开始，以 MIT 为代表的高校对工程教育进行了一次系统的回顾。他们认为在第二次世界大战后美国的工程教育在基础的深度上尚好，但在培养工程师需要的知识广度与实践能力上不足；学制（4 年）过短，已不能满足现代工程的需要。因而，他们提出了一整套的改革措施，其基本特点为：强调大工程教育观。这是指现代工程师要面对的不仅仅是工程技术问题，还要包括更大范围的社会背景，比如企业、市场、政策与环境保护等问题，因此高等工程教育要拓宽知识面。MIT 工学院各系已先后由 4 年制改为 5 年制，学生毕业后获工程硕士学位。同时，高等工程教育强调回归工程，加强对学生的工程训练，增加有关工程及其背景的课程内容，培养学生动手操作的能力。此外，在教育体制、课程体系及培养模式上，更加突出综合性、多样性、灵活性及适应性，以适应当今社会对于工程师更宽、更灵活的要求。

(二) 我们所处的时代特征及工程教育改革的必要性与紧迫性

随着 21 世纪的到来，我们面临的时代特征可以归纳为以下几点。

(1) 科学技术正以惊人的速度发展；科技转化为生产力的速度大大加快；新的知识不断产生，新理论、新方法、新技术层出不穷；原有的知识逐渐过时，原有的学科不断发展与演化；各学科之间交叉与融合，产生出新的学科；新的交叉学科迅速产业化，带来新的经济增长点。

(2) 经济日趋国际化、全球化，使得各国对市场的竞争更加剧烈；经济发展更加密切地依靠科技，以知识为基础的经济将成为 21 世纪的主导；经济规模越来越大，而且日益国际化与全球化，国内大公司逐渐发展为跨国的集团公司，其产品与服务深入全球的每一个角落，使得国际与国内市场逐渐一体化。每一个国家、企业都将直接面临国际最强大对手的竞争，如果其产品的质量、性能或价格达不到国际市场的水准，就没有参加竞争的能力、甚至失去生存的机会。

(3) 资源环境受到严重的挑战。由于经济的发展，资源被大量消耗，全球的资源日趋紧张；环境条件更为恶化，人类赖以生存的空间变得越来越狭小。这些情况对于人口众多、资源相对短缺的中国来说更加显得突出。

这些因素都将对我国工程教育产生深刻的影响。

一方面，我国从改革开放以来，经济（尤其是工业）发展的速度十分迅速，提前实现了小康的发展目标；另一方面，党的十五大报告中明确指出，我国仍处于并将长期处于社会主义初级阶段，就生产力发展水平来说，还远远落后于发达国家。这些情况是考虑我国工程教育改革与发展的出发点。在 21 世纪之初，我国将实现从第二步战略目标向第三步战略目标迈进，在进入 20 世纪 90 年代以来，党中央前后提出、并在十五大报告中得到进一步确认的两个根本性转变及两大战略是：经济体制从传统的计划经济向社会主义市场经济转变，经济增长方式由"粗放型"向"集约型"转变，以及"科教兴国"与"可持续发展"的战略。这些方针是我们提出工程教育改革建议的基本指导思想。

邓小平同志"科技是第一生产力"的英明论断，指明了现代经济的发展主要依靠科学与技术，而工程技术的作用更加直接、更为重要。因为绝大多数的科技成果需要经过工程技术来转化为产品，并形成生产规模，实现产业化。目前我国在工程技术上与先进国家比较，差距很大。我国虽有"两弹一星""三峡工程"，但工程技术总体水平仍然不高，而且发展极不平衡。我国基础工业相对薄弱，工艺落后，产品质量不高；许多关键的产品或技术主要依靠引进，缺乏自主的技术创新能力；由中国制造并拥有知识产权的产品凤毛麟角，在国际市场上占有率也很低；近代世界上能影响人类生产生活的重大发明创造极少源于中国；在某些高新技术产业方面，我国与发达国家之间的差距正在扩大。凡此种种，使得作为世界第一人口大国的中国仍然处于纯技术进口国的低水平上，从较先进的支柱产业直到影响人们日常生活的农业、轻工业，长期依靠引进国外技术与装备。长此下去，必将产生受制于人的令人担忧的局面。造成这种状况的原因之一是我国工程技术队伍的总体水平还不够高，远远不能适应时代发展的需要，突出表现在：吸收科技成果转化为生产力的能力很弱、创新意识与自主开发能力更弱，对于大多数产业来说，还谈不上有走向世界的竞争能力。人才的问题根源于教育，因此这也反映出我国工程教育存在的差距与不足。考虑到教育的滞后性，若不抓紧时机、大力改革，必将贻误我国经济发展的大好时机。一步跟不上、步步会落后，这不能不引起我们极大的忧虑。

在即将进入 21 世纪之际，西方发达国家都十分重视工程教育的改革，改革目标是要培养有较强国际竞争力的一流工程技术人才。各国以此作为扩大国际市场的一项战略措施，这种动向与措施，是很值得我们深思与借鉴的。

鉴于当今时代的这些特点和我国的现状，遵照邓小平同志"教育要面向现代化、面向世界、面向未来"的指导思想，按照工程技术人才成长的规律，我国工程教育改革的总思路必须是：树立终身教育的新观念，以"面向工程、稳定规模、调整结构、提高质量"为方向，加快改革院校工程教育，大力发展继续工程教育，切实改善工程技术人才的使用与管理，创造有利于尽快培养出一流工程人才的环境与条件，逐步形成符合时代需要、能促进我国经济持续高速发展的现代工程教育体系。

这个工程教育体系应是院校教育和继续教育的系统整合。学校教育是未来发展的基础，继续教育是从现在直到未来促进发展的保证，而工程技术人才合理的管理与使用，则是人才技能发展的导向和人才潜能充分发挥的保障。因此，现代工程教育是把院校教育、继续教育及人才的科学管理与使用有机地结合在一起的完整体系。

我们必须以战略高度的视野，以国家兴衰的责任感，来对待工程教育改革的问题；以邓小平同志"教育要面向现代化、面向世界、面向未来"作为指导思想，以有利于提高现实生产力，有利于增加综合国力，有利于改善人民生活水平，作为我们改革措施的衡量标准；立足现在，放眼未来，努力推动工程教育改革的进程。

二、院校工程教育

（一）基本情况

"文化大革命"以后尤其改革开放以来，我国的高等教育事业得到恢复和迅速发展。恢复高考后，高校招生人数逐年增多，其中工科招生人数在相当长一个时期都以平均每年 10% 的速度增长。1996 年，我国高校招生人数已达36.7 万，各工程门类学生人数分布参阅图 6－1 及表 6－1。

我国本科学制参考美国体系，大多数从 5 年减少为 4 年，但学苏联体制造成的专业划分过细的弊病基本上没有改变。20 世纪 80 年代后期，我国对专业做过一次调整，1997 年再次修订专业目录，在现有基础上，高校的专业数减少一半。这样，工科专业将减至 60～70 种，与西方各国大致相当。

这个时期的大学毕业生，总的来说其基础课学得比较扎实，外语水平（以英语为主）比"文化大革命"前有较大的提高。这个时期培养的大批人才已成为大多数工厂、企业、研究所与高等学校的业务骨干，发挥着越来越大的作用。但是，外流的优秀人才也达到了相当大的比例。

另一个突出成就是建立并发展了我国研究生学位制度，研究生招生人数增加较快。现在，硕士研究生已达每年 5 万多名（其中工科占 45%，即每年约 2万多人，已大致为美国工科硕士研究生的一半）。我国现行的研究生制度，较多地参照了美国的体制，培养的方向主要是从事科学研究（R&D、更主要的是 R）的人才，但随着毕业人数的增多，硕士研究生就业去向已从研究院所、学校及政府机构发展到技术含量高的大型国有企业与外企。博士研究生招生人数现在每年为 9 000 人左右（其中工科占 40% 左右，近 4 000 人，与美国 20 世纪 80 年代相近），其毕业后的去向仍然主要是研究机构、学校与政府机构，但从事非技术性工作的比例不小，约占 40%。

目前，我国已经初步建立起了比较完整的院校工程教育体系，而且在规模上能够基本满足目前我国经济发展、社会进步及科学技术方面的需求。现在从各国普遍设立的工程技术的门类来看，我国都有相应的院校、系科与之对应。每年工程类院校的招生与毕业人数，我国均已超过俄罗斯与美国，位居世界首位。我国正规工程教育培养出来的毕业生，大多数能顺利就业，而且他们从事的工作与其学历和所学专业大致是相符的（即并非临时性的工作）。重点院校的毕业生仍然"抢手"，许多单位为得到一个重点院校的短线专业（比如计算机专业）的毕业生仍很困难。

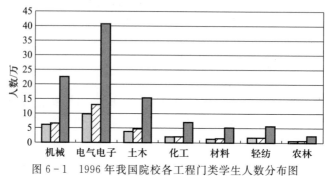

图 6-1 1996 年我国院校各工程门类学生人数分布图

表 6-1 1996 年我国院校各工程门类学生人数数据表

专业类别	毕业生人数	招生人数	在校生人数	专业类别	毕业生人数	招生人数	在校生人数
地矿	9 859	5 940	27 731	轻工粮食食品	10 673	11 414	36 061
材料	12 948	14 849	51 780	农业工程	4 895	5 204	17 445
机械	60 940	65 490	225 331	林业工程	1 684	1 675	6 022
仪器仪表	7 485	7 351	26 386	纺织	7 087	6 124	20 620
热能核能	6 555	7 040	24 265	交通运输	7 373	8 607	28 904
电工	33 348	38 373	126 637	航空航天	1 051	1 471	5 045
电子信息	64 793	91 813	280 641	兵器	157	421	1 446
土建	37 948	47 009	153 707	公安技术	653	889	2 767
水利	4 468	4 384	15 545	工程力学	621	888	3 215
测绘	2 120	1 753	6 676	管理工程	17 314	21 973	70 849
环境	2 740	3 660	11 932				
化工与制药	20 293	20 596	69 549	总计	315 005	366 816①	1 212 554
				本科生		223 058	
				专科生		143 758	

注：高校总数 1 032 所，理工科高校 280 所（其中本科 201 所，专科 79 所），工学专业点数 8 138 个。

成人脱产班招生数 29 368 人（其中本科 500 人，专科 28 868 人）。

成人函授夜大招生数 95 827 人（其中本科 14 266 人，专科 81 561 人）。

---

① 按表中所列专业类别招生人数计算，总和应为 366 924。因该表引自 1996 年教育统计年鉴，各专业类别招生人数无法一一核对，故保留原数据不做改动。

一个值得注意的情况是，近几年大学生（尤其是大专生）的就业已经出现一定困难。我国正处在一个以经济体制改革为引领，各项事业的体制都在变革的复杂时代，跨世纪时期科学技术的发展速度更快，产业的结构调整也正在进行中。现在，我国企业的状态是好坏参半，优秀的企业将会通过优胜劣汰来重组与兼并运行不良的企业。现阶段，减员增效已成为我国经济与产业人事政策的基点。这项政策对于我们高等学校的工科毕业生就业，将产生不可低估的影响。我国的经济与产业除去正常的新老交替外，究竟需要多少工科大学（包括大专）毕业生作为新的人力补充资源，这必须冷静地分析与预测。人才的增加是一个积分过程，现已连续、并逐年递增地积累了近 20 年，未来工科大学生的就业问题不容轻视。

要准确地提出并预测我国未来工程技术人才的实际需要是困难的，因为影响需求的因素众多，它们包括：生产规模（常用 GNP 或 GDP 来衡量）、职工与工程技术人员人数、国家工业化及产业技术水平、人口以及其他因素等。本咨询组在经过了社会调查与资料分析，对比了若干国家的经济、产业与科技的状况后，认为对工程技术人才的需求，不同于医生、中小学教师等与人口基数密切相关的人才，它和一国的经济技术发展水平密切相关，从我国经济技术发展的现实来看，我国院校工程教育的规模已经很大，总体数量的发展已能够基本适应国内经济与科技发展的需要。

此外，我国工科招生人数在招生总人数中所占的比例在世界各国一直是最高的（我国为 35％以上，美国为 8％左右）。随着经济与社会的发展，学习非技术专业（比如师范、文、理、经济、医药等）的学生的比例应逐渐加大，我国工程类学生人数的比例也应有所下降。

根据我国 21 世纪经济与社会发展的需要，大学每年招生人数还会有所增加，但新增的人数应主要在各类非技术的专业门类中。少数新兴工程专业的招生人数仍可增加，但传统专业的要相应减少。研究生招生人数可以适度增加，且需要增加的主要是更加面向工程实际的工程硕士的招生人数。但也要注意到，近年来我国工科类研究生招生人数增加很快，本科生与研究生的比例数虽然仍低于美国，但已与日本及西欧部分国家相当，这与我国目前所处的发展阶段与工业实际水平相比也是相对超前的。

（二）存在的主要问题

我国高等工程教育目前存在的问题主要如下。

（1）学校的工程教育主要是为了培养未来的工程师，这个目标不够明确，工程特色不够突出，教学基本上按照学科体系来组织，与经济、产业的实际需要结合得不够紧密。

（2）体制死板、不能互相转轨，转校、转学、转专业都很难。灵活性不足，缺乏各自的特色，学生自己选择的机会太少。

（3）现有的专业划分过细，使得学生的知识面过窄。专业结构的调整未跟上科学技术的发展，也未与我国产业结构的调整相匹配，跨门类的交叉、综合性的专业设立很慢，也难于培养出跨学科跨专业的人才。

（4）工程教育中，学生的实际工程训练太少，教学主要侧重于科学基础课及技术基础课，而且内容比较陈旧，对于工程师所必须具备的经济、管理、市场、质量、安全、法律、环境以及人文方面的内容仍然不足。

（5）在教学方面，教师调动学生学习的主动性十分不够。课堂教学占的比重过大，且上课的方式基本上是灌输式，缺少启发式教学与课堂交流，现代教育技术的应用很少。

（6）我国现行的研究生制度主要是培养科研人才，没有把培养工程师及高级工程管理人员作为目标之一来安排教学内容，没有在工程技术方面（比如，先进的设计理论及设计方法，组织中试或工业试验的方法，工程及企业的管理学、组织行为、人事管理、工程与社会等）使研究生得到更多的培养与锻炼。博士生也是读书多，创造少，解决实际问题的能力不够强。

其他方面还有一些问题，比如：教师，尤其是年轻教师缺乏工程实践经验；院校工程教育及继续工程教育分工不明确，相互衔接不好；目前学校与产业合作的机制尚未很好地建立起来；各类学校办学目标不够明确，层次不清，盲目攀比，等等。我们将在以下的改革建议中分别提出这些问题的解决办法。

这些问题造成的结果是，我国工科院校毕业的学生在解决实际问题的能力、设计能力、创新能力、综合能力、自学能力、交流与合作能力和表达能力上，与工业发达国家的毕业生存在较大的差距，不适应当前时代发展的需要。

（三）对改革我国院校工程教育的若干建议

在今后 20 年内，要下力气提高我国高等工业院校中的工程教育的质量，我们提出如下具体的建议。

1. 办学模式要多样化，要给学校更多的自主权

由于我国仍处于社会主义初级阶段，经济体制与生产方式都在转变之中，而且发展水平极不平衡，从落后的传统技术直到水平与国际前沿相近的高新技术并存，加上东西部地区间的差别，这就决定了我国对于人才的需求必然是多样与多层次的。这要求我国的工程教育的体制、模式也要灵活、多样，在培养

人才方面应有所侧重，诸如研究与开发、工程设计、生产技术、企业管理与市场营销等。对现有的学校应分出不同的层次，要鼓励在各自层次上办出特色、办出声誉，不要盲目地攀比、追求升级，教育部要制定有利于分出层次办学的新政策，并加以引导和检查。

在研究生教育方面，高校既要继续办好目前以研究为主要方向的工学硕士教育，更要重视以解决工程技术疑难问题为主的工程硕士教育，并逐步加大工程硕士的比重。后者又可以分为两种培养方式，既可以采用企业定向、半脱产地培养，也可以在现在的全日制研究生中选择具有较强工程意识的学生着重培养，前者在总量上要占到适当的比重。

在本科学制方面，目前的 4 年制要完成现代社会对未来工程师所必须具备的基本知识、能力与素质的培养是有困难的。但考虑到我国的具体国情，把目前重点院校（以培养研究型与设计型工程师为主的院校）都改成 5 年制也不现实。因此，我们建议暂时可不做大的变动，已经实行 5 年制的少数学校仍可执行。个别学校或专业如条件许可改为 5 年制也应鼓励，少数条件更好的学校也可以在原来 4 年制的基础上，试行 4＋2 的本科硕士贯通学制，或试行 6 年一贯制。

建立课程或学分认可制度，使不同的专业、学校和类别教育之间的学生有转轨和学制贯通的可能性，以发挥学生学习的主动性。也应允许少数成绩优异的大专生转入本科学习，不要"一槌定终生"。

加强对教育质量的控制，实行适度的淘汰制，改变目前"严进宽出"的状态。

2. 发挥学生学习的主动性，调动学生学习的积极性

教学是教与学的结合过程，它们是对立的统一。但哪个是主要方面呢？应该说学是主要的方面。我国的教育传统一向将教看成是主要方面，教师对学生进行"填鸭式"的教育。因此，学生总是在"照猫画虎"，缺乏创新的意识。

要提高教育的质量，迎接 21 世纪的挑战，必须打破这个旧的束缚创新的教育观点，让学生成为学习的主人。今后的教育改革应该让学生由被动学习，转变为主动学习。要做到这一点，需要在多方面进行改革。

（1）在选择学校和专业方面，给学生以更大的自由度。打破每个专业按大约 30 人一个班招生，使招生人数有较大的弹性。学校可在大学二年级时招转校生，本校学生入学一年后在符合一定条件下可以转专业。这样可以大大调动学生学习的积极性。

（2）改革教学计划、拓宽专业并使之具有多样性。

教学计划是对学生学习时的指导性计划，应在学生学习过程中给他们多种

选择的可能。一个班的同学在毕业时，每个人学习的课程只是基本相同，但不一定完全相同。

应使专业模块化。某一工程专业在前 1/2～2/3 的时间里所学课程应基本相同，但少量的选修课可不尽相同。学校的公共基础课可由若干位教授讲授，学生可以任选一人的课。高年级学生根据自己的志愿和倾向可以在教师的指导下从多个模块中任选两个，以形成自己今后发展的方向。以机械工程专业为例，该专业可以分动力机械、机床、制造、企业管理、技术科学（如流体力学、固体力学、热物理）、精密仪表、自动控制等若干个模块。这样，一个机械工程专业可以培养出设计型、制造型、管理型、研究与开发型等多种类型的机械工程师，但他们的基础和技术基础又都相同，他们在整个机械工程领域得到全面的培养。在作业中，也要有若干个题目供学生选择，改变目前全班学生多年都做同一个设计题目的模式。

这样培养出来的学生必然是多种多样的，比较能满足我国不同产业和地区的需要。

3. 切实加强工程实践训练

要培养出有创造性、高质量的学生，首先要切实办好学校内部的实习工厂，充实必需的实习教师及仪器设备。其次，为了加强工程设计训练以提高学生的综合设计能力与工程意识，政府有关部门应通过不同途径，采取有力措施，引导与组织产学合作，改善与加强学校的校外实践基地，这将是目前院校亟待解决的难题。我们建议有关部门与地方政府要选择一批好的企业，集中投入一批资金，建立一批生产实习基地。要使工程实习取得更好效果，必须有学校与企业两方面的配合。因此，建立更加紧密的产学合作关系，明确各自的责权利，这对于在学校教育中加强工程实践训练是十分重要的。在建立这些关系时，政府的作用是非常关键的。政府要采取有力的政策措施，比如给予企业一定的税收优惠政策，以鼓励企业支持学校改善实践环节。当然，产学合作并不仅仅是学生工程实践的问题，而应在科研、生产、教育诸方面全面合作，使工厂与学校都能从合作中获益，这样就比较容易把这种关系持续下去。

产学合作教育已试点多年，有了不少好经验。建议教育部认真总结，大力支持，并采取有力措施与政策，逐步推广这些好经验。例如，在本科阶段采用"3+1+1"的合作教育体制，即学生在完成 3 年学习后到企业工作 1 年，然后再回校学习 1 年并毕业。这样做可以使学生在对口的企业获得较长期的工程实践锻炼，德、智、体方面的质量都有明显的提高建议对这样的合作教育体制加以提倡，并逐步扩大试验的规模与范围。这样做既有利于企业选择毕业生任职，也有利于学生毕业选择工作岗位。

4. 抓紧教学内容与方法的改革

现代工程要求工程师掌握的知识与具备的能力更加广泛，不仅仅是科学基础与专业知识，还应包括与工程相关的经济、管理、法律、社会、环境等多方面的内涵。因此必须把这些内容有计划地融合到课程体系中去，调整现有的"限于专业"的课程体系，可用加宽专业、试设模块化课程体系的新办法来解决内容增多和学制不变的矛盾，同时要进一步加强设计教育、创新教育和工程训练。

建议加强工程训练和拓宽知识结构，这些都需要占用课时，相应的科学理论基础的深度也就必然要适当降低，否则前两点要求都是空的。况且，本科生的基础课程是否真需要现在的深度，这个问题值得探讨。

政治、社会、人文等方面的教学内容也应有所调整，应与学生今后将从事的工程技术工作有很密切的关系，还应设置有关工程师的职业道德等方面的课程。

建议在一些有条件的工科大学试行开设一门"工程（学）导论"课程，全面介绍工程技术（可侧重相应的某个专业）的概念、涵盖、发展与成就，工程技术的方法论，工程师的职责、能力以及成长过程。这门课程可以提高工科学生对工程的理解和爱好，使其在今后的学习中目标更加明确、方法更加正确。

要在教学中大胆采用由于信息技术发展带来的、在教育应用上产生的各种新技术、新方法、新工具。

5. 提高我国工程教育质量的最关键的措施是建设一支高水平的教师队伍

对于工程教育存在的更为突出的问题是，长期以来我国工程教育中多数教师，尤其是青年教师（包括博士、硕士）缺乏工程实践。这些教师在基础理论上有较好的修养，在科学研究上多数也有较好的基础，有的还取得了比较突出的成果，但是在产品开发、工程设计、解决生产中的实际问题上缺乏锻炼。因此，他们在教学上只能局限于理论研究，对于工程实践的丰富内容较少涉及。

高校目前承担不少科研项目，但多数是基础研究或应用基础研究。通过这些研究，可以提高教师的理论水平及科研能力，对于提高教学质量有好处。同时，一些研究生与高年级学生也可以通过参与这些科研项目，在研究方法上受到锻炼。但也存在负面影响：一是现行政策和环境使一些优秀的教师无法把主要精力放在教学上，直接影响教学的质量；二是教师在培养学生时不自觉地过于偏重理论研究，轻视工程实践等教学环节。

如何使这个问题得到改善？建议采取如下 3 个措施：①高校应在社会上公开招聘教授和副教授，要通过严格的竞选办法，聘请有几年实践经验的人才到学校任教。这个办法符合市场经济竞争原则，而且在国际上这是行之有效的提高工科教授水平的办法，在我国一些科研单位（科学院）已在试行。建议可先在少数院校试点，再总结经验，逐步推广。实行这个办法，可以避免本校毕业生"近缘结亲"现象的继续发展。②通过产学合作派出一部分青年教师到企业挂职锻炼一段时间（半年或一年），参加工厂的产品开发、设计以及技改项目，向厂里有实践经验的工程师学习；同时，学校也可为企业的继续教育承担些任务。③通过聘请一些兼职教师，请企业里水平较高的工程师到学校任兼职教师。安排他们短期到校来讲授一些工程色彩强的课程，指导学生的实践教学环节；或请他们到学校来开一些讲座，给青年教师及学生讲国内工程技术的前沿及企业的发展战略，使学生对工厂增加一些感性的、客观的了解。同时，也可以把企业的技术问题拿到学校来研究。就我国现有的条件，这种合作在一个行业内并在同一城市比较容易实施，但随着交通条件的改善，今后在邻近的城市之间互相聘请也是可能的。目前大学聘请的兼职教师多数是"有名无实"，仅为了提高学校或某个院系的声誉，而没有太多的实际效果。今后应逐步做到兼职教师承担实际任务，这种兼职的方式可能是今后解决教师缺乏工程经验的最可行的办法。上级主管部门应把企业有多少工程技术人员到学校就职，作为衡量企业技术水平的一个方面。应该明确目标，比如到21世纪初，至少有1/3的高校专业教师具有一定的工程实践背景。

最近摆在许多大学面前的另一个突出的问题是青年教师不安心于担任教师的工作，一些优秀的毕业生不愿意留校任教，教师流失的问题越来越严重。一些人即便留校，也愿意从事科研，不安心于教学。原因主要是学校教师的待遇过低，当然也有其他一些原因。有许多学校已出现有些课程找不到合适的教师任教的情况。对于这个问题，政府要采取有力的措施，制定相应的政策，改善教师的工作条件，提高其待遇，充分发挥教师的作用，稳定一支骨干队伍，制止教师队伍人数继续下滑的趋势。同时应从国外吸引一批人才回国，适当延长具有真才实学的老教师的退休年龄，来解决这个问题。

三、继续工程教育

继续工程教育主要是指大学后非学历的工程技术教育，它是对已受过高等教育的工程技术人员进行新理论、新知识、新技术、新方法的补充、更新、拓宽和提高的终身教育，是迅速提高我国工程技术人员和管理人员素质的重要途径，是提高个人、企业乃至整个国家的适应能力与竞争能力，促进经济和社会发展必不可少的前提和手段。目前，虽然有一些单位和部门在继续工程教育方面做了不少的工作，但我国尚未建立起继续工程教育的体系。

(一) 继续教育的重大意义

20 世纪 70 年代末我国的继续教育才从西方引入。尽管 20 年来继续教育工作者们取得了大量的成绩（尤其在英语与计算机的普及上），为我国改革开放、走向世界作出了贡献。但是与发达国家相比，继续教育存在的差距比院校教育更大。对于我们这样一个经济还相对落后、资源与经费也相对短缺的国家，要想在不太长的时期内发展成为一个中等发达国家，继续教育的作用尤其重要。在某种意义上，它比院校教育的作用更为直接、见效更快，对近期经济的发展有直接推动作用。从现在到 21 世纪初，是我国现代化建设开始由第二个阶段向第三个阶段发展的关键时期。将在这一时期起到关键作用的人才主要是那些现在已在工作岗位上的大学毕业生，而现在仍在校学习的学生毕业后还需 5～10 年才能真正发挥作用。由于我国院校工程教育存在的工程实践不足、知识陈旧与结构单一等缺陷，毕业生在知识、能力及素质上都有许多需要进一步充实与提高的地方。如果能在他们成为工程师前后，对他们不断进行针对性强的继续教育，使他们能更快地走上技术的关键岗位，能够成为在科研、开发、设计、生产、管理与市场营销方面的骨干，对于我国新时期的经济持续发展、产业（产品）不断升级、国际竞争能力增强都将十分有利。因此，各级政府、各类企业如能对于继续教育（尤其是继续工程教育）予以更大的关注，并投入一定的经费，将收到极大的回报。

由于我国具有世界上最大的工程技术队伍，如每人每年接受 2～3 周的继续工程教育，其规模就十分可观，不会小于学校教育。因此，对继续工程教育不可等闲视之，其在各级政府部门要有相应的地位，并被予以高度重视。

(二) 从终身教育来看继续工程教育的两个关键阶段

总的指导思想是：一个人才（工程师），要使其把全部的潜能都发挥出来，更好地为社会服务，我们就要从他整个人生来安排学习或教育，而不是通过一两次教育就能完成的。院校工程教育不是工程教育的全部，而只是工程教育的重要阶段。我们可以粗略地把终身教育划分为院校前教育（主要是文化与知识，也包括一些技术文化教育的内容）、院校教育与继续教育三大阶段。继续教育对于工程师来说主要是继续工程教育，它又可以划分为两个阶段，在每个阶段，教育的目标侧重各有所不同。

1. 工程师职前（或学院后）教育

由于工程院校的培养目标只能是工程师的"毛坯"，即其毕业生仅具备工程师应掌握的知识、能力的基础，而不是一个合格的工程师。培养合格工程师的任务不可能由高等学校单独来完成，而必须由学校与企业（或其他用人单位）接力式地完成。再稍为仔细地分析，在工程师应具备的知识与能力中，自然科学与技术科学知识的传授应主要由学校教育完成；专业知识的传授在学校则只是开一个头，必须在工作后继续补充；工程经验则主要通过实际工作，不断总结并接受有经验者的指导而取得；有关经济、管理、社会、环境等方面的知识也必须在工作中逐渐积累与充实。因此工程师职前阶段的教育对于工程师一生的成长来说十分重要，而且是所有工程技术人员都应接受的。这一阶段的教育主要应由企业来组织，时间一般为3~4年，即使一名研究生毕业后也不可能立即成为一名合格的工程师，也还需要接受这一阶段的教育，只是时间可以稍短一些。图6-2所示为机械工程师所需要的知识能力及其不断获取的过程。

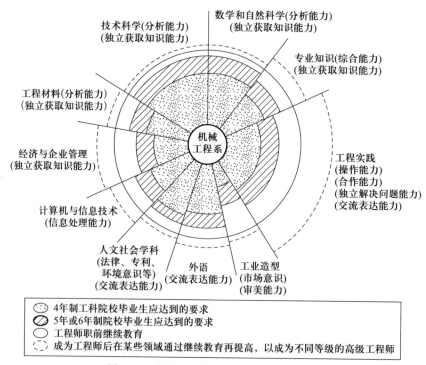

图6-2　机械工程师所需知识能力示意图

我国现有的企业人事制度，对于新分配的大学生有短期的企业教育，主要进行有关企业和将从事的技术工作等方面的教育，这对于刚刚走上工作岗位的年轻人是十分必要的。之后企业会安排一年左右的实习期，但不少企业流于形式，即使那些做得较好的企业，与我们建议的工程师职前教育相比，其时间与内容都要少得多。这一时期的教育，应由企业的人事部门与实习生所在的业务部门联合起来统筹安排，在安排入厂教育并将实习生分配到具体工作岗位后，企业还要根据实习生今后从事工作的性质（设计、开发、生产运行、管理与市场营销等）来安排不同的教育内容及课程，要有计划、统一安排、由专人负责，不能放任自流。

目前国际上的一些大公司对于每一位职工，从他一进入企业开始，就为他制订了严密的继续教育计划，从事管理、运行与营销的职工必须要轮岗，这值得我国企业学习。继续教育的课程与院校教育的课程有较大区别，内容更加实用、更加精炼，课堂上交流的机会也更多，学习时间一般是 3～5 天、甚至 1～2 天，也可以是 1～2 周，继续教育多为短期脱产学习。

应该认识到这一阶段的教育对象年纪较轻，工作经验不足，不太成熟，在业务上如完全放任其自学，效果就会差得多，他们常常是凭兴趣学习或干脆放弃学习。这使得一部分能够成长为更高层次的人才被耽误了。在接受这一阶段有目的、有计划的培训后，这个工程师的毛坯即有资格成为一名合格的工程师。

继续教育应该把工程师职前教育放到首位来抓，而且要与院校教育紧密衔接，针对性也要更强。抓好这一段，对工程师今后一生的发展十分重要。

2. 工程师职后的继续教育

一个人成为工程师以后，只是说明他已基本胜任某一方面的工程工作。但是科学技术在不断发展，新技术不断产生，当代生产技术知识的半衰期一般为 10 年（某些前沿的领域如信息等只有 3～5 年），即 10 年以后，原来掌握的知识就基本上不适用了。因此，工程师要不断地进行知识更新才能胜任新工作的挑战。另外，随着阅历的增加，工程师承担的责任会愈来愈重，工作中涉及的范围也愈来愈宽，部分工程师将变成高级工程师，将带领一批人工作，这要求他们具有更深更广的知识、更强的能力（尤其是组织能力）与技术。这是工程师需要长期接受继续教育（包括自学）的原因。

由于社会的进步和科技的发展，产业发生了兴衰的演变；也可能由于自己的兴趣发生变化，一个工程师可能转去做完全不同的工作，这就是"转岗"。为了适应这种转变，工程师需要通过继续教育，获取适应新的技术领域的较系统的知识与能力。我国目前正处在产业结构调整与重组的时期，这种为转岗服务的继续教育尤为重要。

这一阶段的继续教育，将一直延续到工程师退休。

（三）基本情况与存在的主要问题

我国的继续教育由于开展的时间还不长，在认识观念与具体措施上与国外存在一定的差距，基本上尚未建立起全国继续教育的体系。虽然从 20 世纪 80 年代以来，许多单位都抓了继续教育，有关的主管部门也正在抓继续教育法规的建设、跨世纪工程技术人才的培养计划、高级研讨班等方面的具体工作，并取得了一定的成绩。但是我国继续工程教育还处于起步阶段，与经济建设、社会发展和工程技术人员提高自身素质的要求还有很大的差距，多数工程技术人员知识老化的情况比较严重，缺少在专业技术领域上补充、增新、拓宽和提高的机会。

现将存在的问题概括为以下几个方面。

（1）我们在继续工程教育的认识高度上仍然不足，未能把它作为与院校教育同等重要的环节来对待，没有认识到在克服我国经济与产业面临的困难与挑战上，继续工程教育的作用比院校工程教育更加直接奏效。

（2）我国继续工程教育的领导体制不完善，法规制度和管理体制不健全，职责不明确。没有一个全国性的中长期的发展规划，人事部与教育部在抓继续教育上的协调与配合不够，使得继续教育与院校教育相互脱节。少数继续教育的机构受到经济利益驱动，办成成人学历教育，偏离了原来的方向。

（3）多数产业（企业）没有建立规范化的继续工程教育制度，企业没有成为继续教育的主体。已有的职工教育机构大部分在补学历教育，没有把继续教育与企业的技术进步密切地结合起来，使之成为推动技术进步的动力与产业进行技术开发的重要保证。企业没有把继续教育与工程师的职称评定挂钩，使其成为必要的条件。

（4）继续工程教育的经费不落实，依靠规定的工资总额的 1.5%（指各种职工教育都在内的总量，继续工程教育还只是其中一项）是远远不够的。许多效益不好的企业，连 1.5% 也无法保证。

（5）继续工程教育的教学手段比较落后，仍以课堂面授为主，远程教学、多媒体等现代教学技术手段还很少应用，使得大多数离不开工作岗位的技术骨干很难参加学习。

（四）建议采取的改革措施

（1）力争尽早对继续教育立法。

（2）加强对继续工程教育的宣传力度，使各级领导干部、全体职工都切实认识到继续教育的重要性，把它作为培养高质量的工程技术人才与管理人才、推动经济与社会发展的重要途径与措施。

（3）建立明确的继续教育领导体制。继续教育作为教育的一个组成部分，与其他几种形式的教育有着不少共性。因此，我们建议设立一个由教育部牵头跨部门的继续教育指导委员会，人事部、经贸委都参加。人事部主要从人事管理工作的角度提出要求，起到保障的作用，而继续教育规划、管理与指导则应以教育部为主。为了动员、鼓励广大产业与企业重视继续教育，经贸委也应参与。这样做比较有利于继续教育的发展，有利于它与院校教育的协调与贯通，也有利于取得经费支持。

（4）大中型企业应成为继续工程教育的主体，其职工培训机构应成为继续教育的基地。在具体开展继续工程教育时，企业应与高等学校密切配合，侧重于知识与原理的培训课程可以聘请大学教师来承担，实践性、工程性强的课程应由企业自己的工程师来承担。企业要培养一批既能胜任技术工作又善于传授技术的工程师。美国的 ABET（工程技术资格评定委员会）把"教育工程师"也作为工程师的一种类型，它说明了这方面工作的重要性。实际上，企业的总工程师及其他优秀的工程师也有义务培养新一代工程师，这是企业在技术上不断发展的保证。在建立现代企业制度中，我们应把继续教育作为一项基本要求列入评价指标。

（5）为了加强产业部门在继续工程教育方面的力量，配合目前正在开展的院校结构调整，我们建议把目前产业部门所属的一部分院校转变成为主要承担继续教育任务的学校。学校归属体制不变，但工作性质与对象发生较大的变化。学校要办出特色，有计划、分批地对全行业的工程技术人员进行培训，在一定时期内，把产业技术水平提高到新的档次，为产业部门的经济发展作出更大的贡献。产业部门的行业中心与行业基地也要为继续工程教育作出贡献，为行业培训各类工程师。

（6）高等院校的继续（成人）教育学院要承担周边地区中小企业的继续教育的任务，中小企业不可能也不必都要自建继续教育机构，这会造成新的浪费。中小企业与就近的院校可以就企业技术人员的继续教育密切合作。重点院校的研究生院及有关院系，应承担继续工程教育较高层次的教育培训任务（比如工程师职后的继续教育），为企业培养各类高级技术人才。在培养过程中，双方要注意优势互补，使之成为产学合作的重要内容。

（7）加大对于继续工程教育的投入，继续教育的经费主要应由用人单位承担，属于人力资源开发费用，应作为生产性投入计入成本。继续教育作为教育的一个重要组成部分，国家（或地方）在教育经费里也应划出一定比例作为继续教育的投入，用作指导、研究、示范及公共设施的建设等。

（8）加强对继续工程教育的经验总结与理论研究。继续工程教育本身是一个新课题，在我国尚缺乏实践经验，它与院校教育既有不少相同之处，又有一定差异，应对其基本理论与方法进行深入研究。我国院校教育（高等教育）已有较强的研究体系及较多的研究成果，对于指导高等教育起到较大的作用，值得开展继续教育工作时借鉴。应该建立一个面向全国的，能提供咨询、指导与示范作用的，具有一定权威的中心。

四、工程师的使用与管理

（一）基本状况与存在的问题

我国已有了一支规模不小的工程师队伍。1996年全国国有企业与单位的工程技术人员总数为580万，其中工程师为210万人（中级150万人，高级59万人）。美国的工程师数，根据美国工程院（NAE）的报告，20世纪80年代后期为150万人。因此，从数量上看，我国的工程技术队伍在世界上已是最大的之一。而且这支队伍的人数每年仍以较快的速度增加，每年从工科大专院校毕业进入工作岗位的人员（其中绝大多数将成为工程技术人员）约为30万人，扣除退休人员，每年净增约20万人。而我国工业企业单位职工总数为1.9亿人，美国为1.3亿人，因此从工程师与职工人数之比来看，我国与美国接近，但从生产规模及生产力水平来看，我国的工程师人数就显得太多了。

合理地使用与管理工程技术人员，一方面能使他们发挥更大的作用、创造出更多的成果；另一方面，也可使他们的技术水平与创造财富的能力不断得到提高与增强。这也是人才成长十分重要的因素，可以为涌现杰出工程师创造良好的环境。

在工程师的使用与管理上，目前还存在不少问题，归纳如下。

（1）工程师的岗位与职责不清。首先，作为一个工程技术人员，要达到什么标准才能成为工程师，他们在企业中应起什么作用、从事什么工作。对此尽管已有一些规定，但实际上并不十分明确。国际上对于工程师的定义有比较准确的规定，强调了工程师从事的工作是智力性及多样性的，而不是例行公事或技艺性的。而且在工程中不同性质的工作也有较明确的分类，它们可分为：研究与开发、设计、生产、运行、质检、市场营销、维护、管理、咨询、教育等。这是一个很宽的"谱段"，不同的工作要求工程师所必须具备的知识及能力也是不同的；而且从事同一种性质工作的工程师需求比例在不同产业（部门）及企业中也是不同的。对于这方面的基本理论与实际情况，许多做人事工作的同志并不十分了解，也没有认真地研究，因此在工程师的使用上也存在较大的盲目性。

（2）用人的主体不甚明确，层层不到位。真正用人的部门（工程技术或生产部门）没有选人与用人权。而人事部门的工作方式，多年来受计划经济体制的影响很深，把人事工作较多地当成政治工作的一部分，没有突出它的经济与技术成分，也没有把人事管理作为管理科学的一个分支来看。这种状态近年已有所改善，但仍需要一个过程。目前少数企业仍在搞"官本位"，只认"×长"。如果一个工程师不担任什么"长"，即使是高级工程师，其工资、住房等待遇也提不起来。这样的政策只能引导优秀的工程师去担任行政领导职务，脱离工程技术第一线。这对于提高企业自身的开发能力，提高产品的质量与档次都是十分有害的。

（3）存在"人浮于事、高才低用"，表现为本来技术员就能做的事要让工程师来做。造成的原因一方面是在相当多的企业中工程技术人员数量过多、专业过分集中、缺少配套，另一方面是工资水平低、级差小。因此有的企业在进人时希望要学历高的，但真正分到企业又没有这么多合适的技术工作可做。此外，目前许多具有相应职称的工程师不能独当一面，不能承担起工程中的多个环节的任务。

长期以来，我国的研究开发工作大多集中在研究院所，因此企业自身的研究与开发的力量不够强；加上近年来产品开发中依靠引进技术的比重偏大，即使自行开发也主要是仿制。因此，企业的工程师在研发与设计方面不能得到较多的锻炼机会，这使得我国在开发和设计能力上与国外的差距拉大。另外，部分产品以内销为主的企业，长期不重视产品质量的提高及新产品的开发，因此在生产岗位上的工程技术人员很少能有施展自己能力的机会，人才成长较慢。

（4）我国的工程师无论技术水平或业务能力与国外同等级的工程师相比存在较大的差距。一方面，这是我国工程教育的差距的反映；另一方面，企业没有规范的继续教育制度，对人员的培养不够重视，部分企业的领导认为培养人是学校的事，因此对企业内的工程技术人员存在"只使用不培养"的倾向，结果使工程师缺少总结提高与吸收新知识的机会，这是一种十分落后的意识。日本企业之所以在技术上能领先于世界，主要的一条经验就是建立了严格的从经理到工程师、技术员不同层次的培训制度。我国也必须把培训制度与人事制度结合起来，企业的主要领导者必须关心人员的培训。

（5）目前企业在职称评定上也存在较大的问题。一方面是标准不够明确，真正能反映工程技术人员业绩的条款少。另一方面，评定工作由行政单位主持也不易客观，评审者在坚持标准时由于受到越来越大的压力而不够严格。为避免矛盾，有的单位的标准基本上是"文凭＋年限"，熬年头、论资排辈现象比较严重，严重阻碍了年轻人才的脱颖而出。在职称上不能严格控制标准具有极大的负面效应，客观上是在鼓励"懒汉"，同时也使得我国的职称贬值，影响工程师的社会与国际声望（此种情况在其他职称系列也类似）。

（6）工资待遇过低，级差过小。这不利于工程技术人员在工作中充分发挥主观能动性，也不利于鼓励他们进一步在专业上钻研，提高自己的能力，还造成优秀人才的外流。工程师提职的标准掌握不严，也与现行工资制度的级差过小有关。企业认为多提一个工程师也增加不了多少工资，所以有些人即使条件差一些也就放行了。现在的低工资，不能鼓励工程师作出更大的贡献，创造更多的财富。

（二）几点改革的建议

（1）明确工程师的职责与权力。企业的总工程师是全企业工程技术的最高负责人，要真正掌握领导全企业的研究、开发、设计、生产、质量检验等技术工作的大权，而且对于企业的工程技术人员的选拔、使用与培训要有发言权。这样做，除了有利于企业技术水平的提高外，对于提高工程技术在企业各项工作中的重要性与工程技术人员的地位都有好处。还要明确工程师的岗位，定岗定编，控制工程师的总数，工程师要做工程师该做的工作，否则就不要设工程师岗位，这样才能做到使工程师真正有职有权。

（2）提高工程师的社会形象和地位。在社会上，工程师应该取得与科学家、教授同等的地位，目前三者之间还存在一定的差距。这一方面有社会舆论导向的作用，另一方面与相应的政策也有关。比如在职称系列中，与教授、研究员同等级的正高级工程师的职称一直没有确立，建议国务院尽快研究解决这个问题。工程师人数多，在我国建设与发展中的作用十分重要，要真正发挥科技是第一生产力的作用，许多工作要依靠工程师完成，确定正高级工程师的职称对于鼓励全国工程技术人员将起到很大的作用。

（3）提高工程师的工资待遇。现行的工资制度是造成以上问题的重要原因之一。目前的低起点工资与低工资级差不利于鼓励工程技术人员的成长，也是造成人才外流（包括流向三资企业）的主要原因。当前企业的情况很不一致，有的企业效益很差，要提高工程技术人员的工资有困难，但至少应该继续加大工程技术人员与一般职工工资之间的差距。对于一些生产率高、效益好的企业，应该允许企业有改革工资制度的自主权。这样有利于人才的稳定及鼓励工程技术人员钻研技术、作出更大贡献，不然培养一个、流失一个（包括到国外），对企业与国家都不利。

（4）建立更为严格的工程师任职评审制度。评审标准应更加明确、更能反映实际业绩，并包含工程技术人员接受继续工程教育的记录，主持评审工作应由目前以行政领导为主改变为以行业协会为主。逐步推广工程师的注册制度，它对于提高工程师的水平有益。应结合国情，制定一套可行的方法，有计划地推广工程师注册制度。对于一些涉及国计民生的重要岗位（职业）的工程师要首先实行注册制度。这样也有利于国际互认，使得我国的工程技术进一步走出国门，开拓国际市场，推动我国经济的发展。

（5）企业的主要领导者（厂长、经理或总工）必须抓好工程技术人员的培训，要形成培训制度，并与用人制度结合起来，订出规划，按步骤进行。尤其要重视对于工程技术人员中的优秀（拔尖）人才的培养，这些人才是决定企业兴亡成败的宝贵财富。在培养中，既要给人才系统的、按部就班的教育，又要让其在关键性的岗位上接受解决实际困难问题的锻炼，这两者应该相辅相成。许多部门与地方已制订了跨世纪人才的培养计划，但要注重实际，不要流于形式，尤其不能拔苗助长。破格提拔可以，但不要采用指定"接班人"的做法。对于这些培养计划，教育部门要积极配合与参与，这也是产学合作的一个重要内容。

（6）提高工程师的外语水平，以利于他们直接参与国际交流。我国目前相当部分工程师的外语水平不高，这与今后经济国际化的发展趋势很不适应。必须在较短的时间内把工程师的外语（首先是英语）水平提高到能熟练阅读和进行一般会话的水平，在要求上应与研究、教学人员等同。

最重要的是，经济和产业的发展应主要依靠本国的科技、本国的人才，尽管这已超出了工程教育的范畴，但的确是最重要的一点。

五、影响我国工程教育的社会环境问题

我国是一个具有悠久历史的文明古国，是四大发明的故乡，中华民族历来就重视教育与科技。只是在近200年，由于封建制度和意识造成的长期闭关锁国及帝国主义的侵略，使我国的教育与科技远远地落后于西方发达国家。中华人民共和国成立后，经过50多年的发展，我国的教育与科技都取得了很大的发展和进步。党和政府对于工程技术一直比较重视，工程技术人员在我国社会中也取得了比较高的地位。最近据中国人民大学的一项调查表明，工程师排在科学家和大学教授之后，仍然是具有较大吸引力的职业，这是工程教育能快速发展的根本原因。

但是在长期计划经济体制的束缚下，以及在其转变为市场经济体制初期出现的一些急功近利的短期行为影响下，重视教育的思想与观念有所削弱，这加大了我国与先进国家对工程教育重要性认识上的差距。其中比较突出的表现是：一些非教育部门对教育的关心程度下降。许多用人单位认为教育只是学校的事情，学校应为企业或研究院所提供成熟的人才，而对于自身在教育与人才培养上所应负的责任和义务，以及人才进入本单位后应该如何继续对其进行教育与培养考虑得远远不够。良好的、十分有利于工程教育发展的社会环境尚未形成，这个社会环境的内涵十分广泛：大的方面包括政治、经济、社会、家庭与生态环境；机构上包括领导部门、企业、研究院所、学术机构、大众传媒（广播、电视、出版等）及公共服务机构等。它们相互之间的作用所表现的形态则为社会意识、政策与具体的措施、条件等，其关系大致可用图6-3表示。

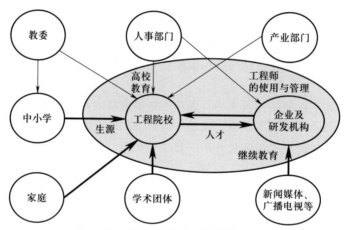

图6-3　工程教育社会环境结构示意图

要使我国的工程教育得到根本的改善，仅学校有积极性是不够的，必须要得到全社会的关心与支持。本报告将就几个主要的影响大的环境问题谈一些建议。

（一）院校前教育的问题与改革我国高考招生制度

从1977年恢复高考制度，至今已经20余年。它确保了国内一大批优秀的生源进入高等学校，成绩是不可否认的。但高考制度发展至今，其弊病已经显得十分突出，而且要真正改革也十分困难。我国的高考招生制度已使得高中甚至初中的教育完全变成了应试教育，保守地估计，高中生近一半的时间（即三年中的第三年加上前两年的寒暑假）与精力都用来做各种各样的试题以应付考试。通过做题提高学生解决问题的能力本来是学习的一种方法，但现在几乎变成了唯一的方法，挤占了不少传授知识的时间，影响了能力的培养，严重地妨碍了中学生的德智体全面发展。解题的能力并不能真正反映解决实际问题的能力，这两者间尚存在很大的差异。而且由于片面追求高分、高升学率，以前中学时代就已经融入的萌芽性工程教育（比如航模、无线电等）或课外科技活动现在已经很少见了。高中文理分科的做法也使得一些学习理工的学生的文化修养大大下降，有的学生连基本的交流与沟通的能力都不能很好地掌握，学生动手实践的能力也在下降。这种情况愈演愈烈，已成为一种应试教育的怪圈。中学教育存在的这些问题对高等教育，尤其是工程教育产生了严重的影响。由于目前学工的生源在入学之前就应具有的那种喜欢动手做事的习惯与能力已基本不复存在，加上人文、社会学科基础知识的削弱，从而加重了院校教育阶段的负担。这个问题已经影响了一代人的素质，如果不能得到解决，还将影响下一代。目前提出的加强素质教育就是要采取有力措施，解决这个问题。要解决这个问题，首先要改革考试制度，主要是考试科目的设置；其次，要改变用升学率来评价中学教育水平的办法。只有当中学教育得到改善，进入大学的生源具有更全面的素质与基础时，学校教育质量的提高才会相对容易一些。

（二）工程教育更广泛的社会环境问题

在 1995 年召开的全国科技大会上，"科教兴国"的战略被提出。从那时起，一个重视科技与教育的大环境正在逐步形成。一方面工程教育的改革与发展必须充分地利用大环境并促成这种环境的形成；另一方面由于现代工程与经济、产业、政治、文化、生态环境各方面的密切关联，使得工程教育必然具有一个更为广泛的社会环境。下面分几个方面来论述我们的基本观点。

1. 工程技术在国民意识中的地位近年来不断有所提高

中国工程院的建立本身就是这种地位提高的标志。作为一种职业，相当多优秀的中学毕业生报考工程专业，希望将来成为工程师。但是，重科学、轻技术、轻工程的观念仍然十分严重，近期已做的许多社会调查结果表明，工程师的社会地位不如科学家。

应该进一步提高工程技术在各种职业中的地位，要使得国民对于工程师的工作有进一步地了解与认识，大力宣传优秀的工程师在现代化建设中的作用与贡献。

2. 国民对学校教育及继续教育的关心和参与意识也十分重要

目前国民在参与上还是不够的，人们传统的认识仍是把教育当成学校的事，而未认识到，为了培养一个优秀的工程技术人才，家庭、社会、企业（机构）都起着重要的作用，都应负起自己那一份责任。因此，要形成一个全民族、全社会都关心教育、关心人才成长的环境。如计算机、外语教育要从娃娃抓起，这样做正确的文化观就较容易养成。对于科学与工程的崇敬与认识，也需要从孩提时起就潜移默化地培养，这就是"技术文化教育"。中小学对于技术文化教育的重视程度在中华人民共和国成立后有所提高，但近年来又有些降低。一方面这与政府对于教育的投入不足以及目前的应试教育有关，另一方面也由于中小学教师本身的技术与文化素质不够。教育部正在努力增加小学教师"大专化"及中学教师"本科化"的比例是十分必要的，至少在城市与沿海文化发达地区要率先做到这一点。技术文化教育要充分利用已有的社会科技文化设施，各种博物馆、展览会要为学生提供条件，增加他们对于科学、技术、工程的认识与热爱。

要转变把教育看成纯消费的观念，研究衡量教育的量化指标体系，尽快把教育列入国民经济的统计中来。

3. 通过继续提倡产学合作办学的形式，来增加产业（部门与企业）对于大学教育的参与程度

企业与学校之间有一个相互服务与依靠的关系，它涉及科研、开发及人才输送与培养等诸多方面。要鼓励教师与学生更多地深入到企业、深入到生产实践中去，企业应把接受大学生的生产实习作为自己应尽的责任。学校教育要打开大门，不要搞成封闭式的学院，学生应更多地在学习过程中接触与了解社会。这对于他们今后的成长，尤其是把学到的知识转化为实际能力十分有利。在学校周围，形成一些与学校文化背景相似的地带（科技园区或开发区）也是有益的。当然，这也会带来一些负面影响，诸如学校教育的正常秩序可能会受到一些干扰，但是只要处理得当，就可以把负面影响减到最小。在国外，大学生在学习期间就已有一定的工作经历是相当普遍的，而且对于今后的学习是有利的，但在我国这一点很难做到。随着就业方式的转变，目前这种学习与就业绝对分隔成两个阶段的状态可能被改变。另外，学校目前正在建立校董会、产校联合会，吸收了不少政府、企业领导与社会名流参加，其作用不应仅仅是为了募集经费，而应在工程教育领域发挥更大的作用。产业的参与使得用户能直接地参与制定学校的办校方针及重大决策，这对于办好学校要比单纯经济上的支持意义大得多。注意不要流于形式，要不断地为这种形式注入新的内容，保持其活力，这对于学校今后的发展十分有利。产学在研究、开发方面的合作，

对于学校提高教学质量，培养优秀人才有利，同时对于企业摆脱目前过分依赖引进、依赖外国技术的状态无疑也是一服良药。

4. 目前，工程教育与技术教育在我国尚未形成具有不同特点的两大系列

存在轻视技术与工艺的问题，这也是造成我国工业产品质量差、缺乏竞争力的主要原因之一。为此，建议逐步地把工程和技术分为两个系列。技术系列应有独立的职称体系和院校体系（包括本科、大专、中专等），要重视发展各类职业技术教育。在教育方面，应按不同系列的特点确定教育目标，组织教学。这将有利于不同类型、层次的学校办出各自特色；有利于不同领域的专业人才有各自的奋斗目标，按各自的技术体系和业务特点不断进取。全社会要提倡"行行出状元"，要努力改变目前"千军万马过独木桥"的畸形的应试教育。

美国与其他一些发达国家早已把工程教育与技术教育加以区分，这对于促进产业与经济发展有利。在我国产业的现状中，技能型的人才十分缺乏，而我国的职业技术教育（以大专层次为主）也存在较大的问题。在这一层次的教育结构中，由正规专科学校培养的人才所占比重不到一半，其余的为成人教育机构及本科院校培养的技术类大专生，这两类学校培养的人一个共同的弱点是技术不够。成人教育由于受条件的限制，学生只是上了一些大专的课程，取得了一些知识，却很少有实际动手的机会。尽管从理论上来说，接受成人教育的生源入学前应该已经具备一定的实践与技术的基础，但是在我国实际情况并不如此。随着城市中独生子女人数的增加，大专的生源中具有动手解决实际问题特长的学生比例越来越少。因此，增长这方面的才干也要以在学校期间培养为主。本科院校培养的大专生基本上是 4 年制的"压缩饼干"，结果是理论基础既不扎实，动手能力又不强，处于"两不像"的状态，不受用人单位欢迎。由于成人教育学校或本科院校都不具备培养技术型人才的条件，因此建议减少这两类学校招收专科生所占的比重，而要着重办好那些指导思想明确、办学条件好的正规技术型专科院校。根据目前许多产业部门普遍存在的缺乏技能型人才，正规的技术型本科与专科学校还应得到加强，可以适度地增加一些招生名额；除个别刚刚从大专升格为本科的院校外，应严格控制本科院校继续招收大专生。

5. 我国的教育经费长期不足，与目前教育达到的规模是不相称的

我国教育经费在财政收入中所占的比例为 12% 左右，与世界上发达国家比例大致相当，但它在 GNP（或 GDP）中所占的比例在世界各国中一直处于较低的水准。进入 20 世纪 90 年代以来，由于财政收入在 GNP（或 GDP）中所占的比例不断下滑，教育经费的比例也随着滑到了谷底——教育经费占 GNP 的比例不到 3%，比其他许多发展中国家还低。我国的教育（包括工程教

育）面临的许多困难和问题也都与经费紧张有关，因此增加投入是搞好工程教育的重要的前提条件。

为了缓解这个问题，我们建议采取如下措施：

（1）在中央财政中，进一步加大教育经费的拨款比例目前还有一定的困难。但是至少要通过宏观调控使得它在 GNP 中所占的比例不再下降，而且应该随着政府财政收入状况的改善逐步有所提高。同时要努力加大教育经费在地方财政中的比例，这一点要有明确的规定。地方财政与中央财政不同，其他负担较轻（比如没有国防开支等），因此潜力较大。但要注意，地方增加的投入应主要用于改善办学条件，而不是盲目扩大办学规模。

（2）加大企业对于教育的投入，一方面是加大对企业内部职工的继续教育的投入；另一方面对于院校教育，企业也应在经费上尽一定的责任，尤其是效益好的企业。企业要更多地依靠学校，不仅是在培养人才方面，而且也要依靠学校的科技生产力，要在重大产品的开发和对引进技术的消化吸收上，多吸收高校参加。通过科研、开发的合作，有力地支持学校，使其增加经费收入，改善办学条件，这一方面有利于培养出更多优秀的人才，另一方面又可以产生更多的能转化为生产力的科研成果，形成对企业更有力的支持。对于那些投入办教育（包括继续教育和院校教育）的企业，国家应制定相应的税收政策，给予优惠。要鼓励社会投资办学和资助学生。我国目前已有不少港台人士出资办学，但内地的不多，这方面还是有不少潜力，问题是要有好的政策与措施，充分调动内地投资教育的积极性。

（3）学校的科研与开发收入，应有一定比例返回用于教学。因为学校从事科研方面的能力来源于教学，因此，理所当然应该有这种回归或补贴。目前有一些重点院校的科研开发收入已经相当可观，应该有相应的规定来保证做到这点。

（4）把已有的教育经费用好。目前一方面教育经费不足，但另一方面许多高校公共设施的利用率又不高（比发达国家的利用率要低得多），而且分散重复地建设与添置，造成很大的浪费。目前教育部已在抓的联合办学，以及各种形式的共建、调整、合作、合并，对于优化结构、提高资源与设备的利用率十分有利，应该继续抓下去。我国高校在大城市常常比较集中，通过走读、夜校等多种办学形式，可提高学校的效率。今后对于一些大型教育设施，比如实习基地、外语培训基地、体育场馆等完全可以几所学校联合在一起办，这样可以节省大量资金，将其用于能真正改善教学条件的地方去。

附录　工程教育改革与发展咨询项目组成员名单

组　长

朱高峰　中国工程院院士、常务副院长

张　维　中国工程院院士，中国科学院院士，清华大学教授

顾　问

张光斗　中国工程院院士，中国科学院院士，清华大学教授

路甬祥　中国工程院院士，中国科学院院士、院长

韦　钰　中国工程院院士，教育部副部长

成　员

张福泽　中国工程院院士，解放军空军某研究所高级工程师

陈先霖　中国工程院院士，北京科技大学教授

李三立　中国工程院院士，清华大学教授

时铭显　中国工程院院士，石油大学（北京）教授

张寿荣　中国工程院院士，武汉钢铁集团公司高级工程师

韩德馨　中国工程院院士，中国矿业大学（北京）教授

周　镜　中国工程院院士，铁道科学研究院研究员

柯　俊　中国科学院院士，北京科技大学教授

江丕权　清华大学教育研究所教授

冯厚植　北京航空航天大学高教所教授

王孙禺　清华大学教育研究所所长、教授

席巧娟　北京理工大学高教所副所长、教授

马祖耀　清华大学继续教育学院教授

林柏生　继续工程教育杂志主编

李纪安　北京航空航天大学教授

毛祖桓　北京科技大学高教所博士、教授

厉以贤　北京师范大学教育系教授

沈本善　原中国石油天然气总公司教育所所长、教授

武士雄　原邮电部教育司司长、教授

李吉士　原中科院学部联合办公室教授

王沛民　浙江大学高教所教授

沈　廉　中国工程院咨询合作部教授

龚树恒　清华大学继续教育学院副教授
常顺英　北京理工大学高教所副教授
王秀平　北京化工大学教育研究室副教授
佟景才　铁道部教育研究所所长、教授
张彦通　北京航空航天大学教务处教授、博士
参加本咨询项目工作的还有：王越、左铁镛、李正名院士，陈孝戴、王致和、王瑞庆、张庆龙、刘志鹏、李志宏、张明毫、李郁文、魏新、张兴、王建、谢秉智、霍雅玲、陈丹、谢冰玉、宋德雄、刘卫卫、左海峰等专家及工作人员

第六部分

教育和人才相关论文

谈工程教育^①

　　首先，我对高等工程教育研究会（现已更名为中国高等教育学会工程教育专业委员会）换届、确定新的领导机构表示祝贺。对于教育，我是"圈外人"，了解情况有限，但"圈外人"有两个好处：一是看问题的角度不大一样，在"圈内人"看来，"圈外人"的看法也许有些可取之处；二是有些话比较好说，"圈内人"不便说的，站在"圈外"就没有那么多顾忌了。

　　这些年来，跟我们教育界的同志在一起，我学到了很多好东西，也受到很多教育。今天上午启迪同志讲的那些话，许多同志反映，多年来没有从教育部的领导那儿听到。1998年我们工程院的第一个课题研究结束，当时政府正在换届，陈至立同志刚从上海来就任教育部长，我和张维同志专门去找她汇报我们做的第一个教育咨询项目的结果。我们讲完之后，她当时表示完全同意。在上届政府期间，我们的教育战线发生了非常大的变化，有些情况为始料所未及。现在回过头来看，我还是坚持我们当时的那些观点——当然，客观情况已经变了，与当时不完全一样。今天听到新一届教育部的领导关于工程教育的那番话，我觉得很受鼓舞。

　　下面就工程教育的一些问题谈谈我的一些意见，其中有些意见我在不同的地方谈过，但我认为还是应该再谈谈。

---

①　本文根据作者2004年在中国高等教育学会工程教育专业委员会三届一次理事会议上的讲话修订后成稿。

一、形势和任务

先简单谈一下形势。进入 21 世纪以后，我国开始了一个新的发展阶段。政府制定的许多政策都与制造业有关。前几年中国工程院也在讨论，中国制造业要不要发展和怎么发展。当时有一个课题，已做完了。现在是在中长期科技规划里有一个制造科技专题，徐匡迪院长负责，我参与了工作。另一个就是国家发展和改革委员会 2006—2010 年的"十一五"计划里，专门有一个关于装备制造业的课题。党的十六大提出要全面建设小康社会，实现新的翻两番。最近又提出了新的科学发展观问题。关于怎么发展，有人要淡化 GDP 的指标，有人坚持要有 GDP 的指标，各种说法都有。胡锦涛同志说，科学的发展观首先是要发展。怎么样发展？经济建设应当成为中心。GDP 的指标有它的缺点，但它还是我们最基本的指标，是衡量我们发展情况的最重要的指标。那么发展靠什么？第一产业、第二产业、第三产业都要发展，其中起主导作用的是第二产业。

我国的第二产业，经过这么多年的发展，现在已超过国民经济的 50%。第一产业占到 15%，第三产业占到 30% 多，约 1/3 左右。不管怎么说，第二产业一直以每年超过 8% 的平均速度在增长。第二产业包括工业与建筑业，其中工业占 80% 以上，建筑业不到 20%。在工业里面，也有几个组成部分，一个是采掘业，一个是制造业，再一个就是水电煤气业。在整个 GDP 的增长中，工业占主要地位，其中，制造业又是最主要的，制造业在整个国民经济中占 GDP 的 1/3。所以说，制造业是主导产业。

前几年制造业有所停滞，这几年有了一些增长，在 GDP 中的比重在提高。但制造业的进一步增长不能单纯依靠实物量的增长，主要应靠价值量的增长。现在有人说，我们已经是制造大国了，是世界工厂了，是世界制造中心了。我不同意这种观点。曾经有人说，中国可以不要搞制造业，可以不要工业化，直接进入信息社会就可以了。持这种观点的人包括美国的某些未来学家——这些人在美国的知名度不高，远远没有在中国这么吃香——他们就鼓吹中国不要搞工业化。但是我们认为，中国必须搞工业化，工业化这个历史阶段不能逾越。工业化的核心是什么？就是制造业，制造业必须发展。现在又走到了另一个极端，认为我们已经是世界工厂，是世界制造中心了。这个说法不符合实际。中国制造业的工业增加值，大概只有美国的 1/4 左右，只有日本的一半，比德国还低。在这种情况下，怎么能说中国是世界的制造中心呢？我们也不要老说什么"制造大国"甚至"制造强国"了。说大，大在什么地方？大在我们的实物量。比如说，温州有一个个体的或者叫作私营的生产袜子的工厂，年产80亿双袜子，全球每人1双还有余，实物量很大。我们的很多东西实物量都很大，我们的钢产量已经远远地超过美国了，我们的水泥、电视机、电话都是世界第一。但我们去年成绩的取得，差不多消耗了全世界30%的煤和钢铁，40%以上的水泥，而我们的GDP却只有全世界的4%。去年我们增长最快的主要是钢铁、汽车和建材，这么发展下去，我们是不可持续的。关键是GDP每增长1%，能源消耗了多少？前几年是平均1：（0.7～0.8），去年我看到的数字是1：1.3。这样大量地消耗能源，是不可持续的。所以，我们的GDP的增长不能再单纯地靠实物量的增长。比如生产80亿双袜子，翻两番是不是要增长到320亿双？我们的环境、我们的能源、我们的资源消耗都不能承受。这样下去，在世界市场上和我们竞争的将不是美国，不是西欧，而是墨西哥等发展中国家！因为实物量的竞争是低水平的竞争，是没有前途、不可持续的竞争。所以关键是要靠价值量的增长。1双袜子，是卖1块钱，还是能卖10块钱？就是说，要提高我们的单位产品的价值，这个观念，应当成为我们发展制造业的方向。

为什么我们产品的价格低？一是我们的劳动力成本低；二是没有自己的技术、自己的品牌；三是虽然我们有些高档产品，但核心技术是人家的，我们只不过是加工，是给人家打工。现在我们的外贸产品有一半是来料加工。因此，要提高价值量，而价值量的增长主要靠技术进步，就是要通过技术进步来提高产品的价值量。在对外合作的项目中，我们要掌握附加值高的环节，而不是单纯给人家打工。而依靠技术进步，根本上是靠人才。

现在我们的产业技术主要来自国外，就是说，中华人民共和国成立50多年来的产业技术来源主要是国外。早期是从苏联来，从社会主义阵营来；改革开放后是从西方来，主要是从美国来。产业结构的主体是引进的，这没关系。日本就是引进的，韩国也是引进的，什么四小龙、几小龙都是引进的。关键是引进之后你做不做消化吸收，要不要把引进技术变成自己的。我们在这方面做得相当差。分析今后20年，我们技术的主体恐怕还是要继续引进，关键是要对引进的技术进行消化吸收。引进、消化、吸收、改造、提高、创新，这个思路是很好的。由于我们的体制的关系，我们长期以来经济与技术是两张皮，企业与研究所、高等学校是两张皮，引进的东西没办法吸收。如果我们把引进的技术消化吸收了，加以一定的改进提高，这本身就是创新。当然我们要逐步加入我们自己创新的东西，这是没有问题的；但是不能把创新单纯理解为原始性创新，什么事情都要从原创做起。大家可以想想，我们中国的原始性创新到底有多少，很有限。我们的飞船上天——这件事我们都很高兴和骄傲——但这是原始性创新吗？我们是第三个飞船上天的国家，与第一、第二个国家相比，我们有多少原始性创新？

下面谈谈高等工程教育的任务。

第一，关于通与专的问题。高等工程教育世界上有两大体系，一个是欧洲大陆体系，一个是英美体系。这两大体系的形成，有它的道理。过去我们学苏联，苏联继承的是俄罗斯，而俄罗斯的彼得大帝则是向德国学习，所以我们的高等工程教育就是这么从欧洲大陆体系过来的。改革开放以来，我们又转向美国的体系。美国提倡的是通才教育，或者叫作通识教育。

什么叫通才？一个人什么都通，不可能。清朝以前，只要背得出四书五经，就够了，就算得上通才了。现在要样样都通，这根本不可能。通才和专才是相对的概念。有人说美国培养的人都是通才，什么都能干。确实，美国有些人学的是一行，做的是另一行；政界的许多官员是学法律出身的，而不是学政治出身的。真正学政治学出来成为政治家的好像没有，学法律的去做技术的也有。但是不能说他们的培养目标就是通才，培养的人什么都能干。通与专是一对相对的概念，无非是专业宽一点，还是窄一点。为什么美国的专业相对宽一点，而其他国家的专业相对窄一点呢？最主要的是因为美国站在最前沿，相对美国而言，其他国家就是后进国家。美国对很多问题看不明白，不知道怎么发展——到了前沿许多情况就很难说了，学科交叉怎么搞？前面看不清，所以专业要宽一点。但对其他国家来说，路已经摆在那儿，前面怎么走很清楚，跟进就可以了，不必像美国那样宽，已有的技术，拿过来就能用，不必把专业弄得太宽，什么都搞原创。创新与创新人才培养都要考虑成本。中国是什么情况，大家都很清楚。我们现在把什么失误都归咎于苏联，恐怕也不太公平。我们过去向苏联学习，但我们也有很多自己的"创造"，我们的专业就比人家分得细得多。当然有些毛病要改，但是不是要走到另外一个极端？现在我们接触到通识教育了，我们的高等教育就要搞通识教育了，这是不是有点走极端？

第二，科学与工程的问题。我们国家现在需要科学家，也需要工程师。但大量需要的是什么？是工程师。科学家的数量和工程师的数量不可比。这里又涉及生产结构问题。我刚才讲了，我们的经济发展是搞产业，把产业水平提高。因此，科学教育也需要，工程教育也需要，但大量需要的是工程教育。最重要的是，工程教育要突出工程特色。现在我们工程教育科学化的问题相当严重。原因很多，包括客观的和主观的。从客观原因看，就是我们工程教育的客观条件有很多不如人意的地方。你要实验室，要开展实践教学，但学校没有资源、没有环境。学校也有工程研究所，但教的主要还是工学，并不是工程学。

从学生的知识结构本身也可以看出我们教育体制有问题。

第三，数量和层次问题。教育本身是有层次的，不能一味追求数量。不同层次的人有不同的需要，社会对人的需求也是多样的、有层次的。我们都学习过中央人才工作会议文件，我记得最清楚的一句话就是：人人皆可成才。不知道大家注意没有，这句话我记住了。人人皆可成才，不是说人人都是天才，而是说不同层次的人当中都有人才。所以，对人才培养的任务，或者说培养目标，我们应该有清楚的认识。

二、人才要求

对人才的要求分成好几个方面。现在提倡素质教育，高等教育也在谈素质教育，大家也做了很多研究，但是不是研究清楚了，还不好说。但我想，一般来说，包括这三个方面：知识、能力、品德。无非就是这三个方面，不要把什么都说成是素质。

第一，知识。

首先是学科分类问题。学科分类可能会越来越细，但对于工程人员来讲，他们的知识不能完全按照学科分类，不能太细了。在分类越来越细的情况下需要综合。我觉得很奇怪，我们强调学习工科以外的东西，但对于接受工程教育的学生，绝大多数学校都没有开工程学或工程学概论这门课。为什么提到这个问题？因为在我们的中学教学里没有工程学的概念，中学里学的都是科学体系，包括化学、物理、数学等。对于学科学的人来讲，中学与大学衔接得很好，没有什么问题。对于普教而言，让学生掌握科学的基本常识是必要的，有利于人的基本素质培养。但有关的科学知识并没有作为工程问题来讲。学生进入大学以后，工程学方面的常识仍然是一片空白。工程学作为一门知识体系以及它的一些基本思维方法，与自然科学是有区别的。但我们只有工程学的专业课，而没有工程学的基础课。这需要各个高等学校都来探讨。

其次是理论和实践问题。工程不能光讲理论没有实践，但现在的问题是在工程教育中实践环节越来越少。其中有客观原因，也有主观原因。有人认为问题出在师资上，似乎有了好教师就行了。但实际上，对工科学校来讲，光有教师，没有设备，没有实验需要的仪器之类，肯定不行。这里也有一个经费问题，我们的经费似乎都是按照学校等级来分的。有些专科学校实践性更强，需要分得的经费理应更多，但它的等级（或者叫作层次）决定了这不可能。而这些问题目前没有研究。

其三是关于显性知识和隐性知识问题。经济合作与发展组织（OECD，以下简称经合组织）在 *The Knowledge-based Economy* 报告里面最早系统提出知识经济的概念。而知识里面就包含显性知识和隐性知识两种类型。隐性知识是不能用文字形式表达出来的知识，对于我们搞工程的人来讲是更为重要的知识。现在提倡所谓知识创新，却又将知识创新搞成科学创新，而科学创新从概念上就是有很大争议的。好像科学知识的创新才是创新，那么技术是不是一种知识？技术当然是知识，所以我反复强调这一点。隐性知识首先是指动手能力。你对技术知识的掌握能不能具体到某些基本的操作，对于搞工程的人非常重要。当然，不是说所有的工程师在工作岗位上都非搞基本操作不可，但如果连最基本的操作体验都没有，你是很难学到隐性知识、适应工程师的工作的。

第二，能力。

首先是培养解决问题的能力。所谓解决问题的能力，在很大程度上就是综合能力。什么叫解决问题？关键是把你学到的知识加以综合运用。其次是培养思维能力。知识包罗万象，若要综合运用，就需要思维能力。现在不少学生的思维能力很差，思维逻辑混乱。我们目前没有逻辑课，我们的中学就没有逻辑课。苏联中学有逻辑课，苏联当时也是马克思主义国家，他们开逻辑课，讲形式逻辑。我们讲辩证逻辑，就把形式逻辑砍掉了，认为形式逻辑是资本主义的东西，这是不对的。三段论，大前提，小前提，这都是科学，是思维的基本方法。我们把形式逻辑否定以后去讲辩证逻辑，最后就变成了诡辩。辩证逻辑是逻辑的高级形式，但形式逻辑是最基本的。当然，人的思维里面不能只有逻辑，还应有大量的实践经验。如何分析问题、如何进行操作，需要大量的思维体验。我们整个的教育，从基础教育开始，不是要学生去思维，而是要学生去背诵，这是很有害的。再次，我们还应当培养沟通能力。现在的大学生，在机关里连个通知都写不清楚的比比皆是，说明沟通能力的欠缺也是一个很大的问题。有的人口头沟通能力就更差了，说不清楚问题。最后，还有学习能力的培养问题。一个人在学校学习的时间毕竟很短，毕业以后能不能终身学习，这就是有没有学习能力的问题。

第三，品德。

如果把知识、能力、品德三者加以比较，我个人觉得品德问题更重要。知识无非是新一点、旧一点，学得多一点、少一点，深一点、浅一点的问题。但品德究竟是个什么样的问题，却不知道。品德教育到底是什么，也不清楚。现在的教育把品德问题变成知识的传授，这是绝对不行的。品德变成一门课，课上给人讲点知识，这就叫品德教育？

品德包括伦理道德、社会公德、职业道德等。对于工程教育来说，伦理道德和社会公德问题主要是环境问题。这个环境包括家庭环境、社会环境和学校环境。当然，家庭环境和社会环境如何，学校无能为力，需要全社会共同努力。但从另一角度来看，学校自身的环境也并不好。对于我们工程教育来讲，工程师的职业道德是什么？它的规范、标准是什么？要弄清楚。比如，工程师设计的桥塌了谁负责？中国的桥塌得多了，有没有听说谁因此做过自我批评、承担责任？没有听说。发生了问题就互相扯皮，推卸责任。针对这类问题，我觉得品德教育应该做大的调整。品德教育是个养成教育，要从孩子开始做起。对学校来讲，对教师来讲，关键在言传身教。比如说，为保持课堂秩序，不许学生上课打手机，但如果教师上课时自己口袋里的手机响了，你的品德教育、纪律教育还有什么作用？有一次李政道作报告，曾讲到他在美国上学的时候，他的导师费米（著名物理学家）就和他约定，每个礼拜一定要有半天时间交谈。谈什么呢？社会，人生观，世界观，海阔天空，什么都谈，除了专业以外。这就是影响，这就是潜移默化。我们现在的导师做到这些没有？我看没有。很多人和学生就是开学见一面，答辩的时候见一面。品德教育的问题，我觉得教育界应该加强研究，其他方面欠缺都还来得及弥补，能力知识不够可以再学，但是品德出问题那就满盘皆输。

三、发展与改革

最后一个大问题就是关于发展与改革的问题。

第一，什么叫发展。增长不等于发展，发展也不等于增长，或者说，不是简单的增长。一般来说，增长只是发展的一个方面，有时候不增长也是发展。令人欣慰的是，中央的科学发展观里都是这么强调的。现在我们的学校办大了，学生多了，学校好像是发展了。有的人认为学校越大越好。反过来看看美国的那些著名学校，比如 MIT（更不要说加州理工学院了），与我们那些大学校的学生规模比起来，只不过是小兄弟。就像经济问题一样，简单的数量增长并不等于发展，发展还是要看质量。你培养出来的人怎么样？我们要看"产品"的价值量。现在不都在讲人力资本和智力投资吗？你培养的人力资本到底值多少钱？培养出来的人价值高不高，能发挥多大作用？这是一个很大的问题。所以不要认为增长了就是发展了。发展观一定要转变，要树立科学的发展观。

第二，关于改革。我也提一句，变动不等于改革。中华人民共和国成立以后，我们的教育经过四次大的变动：第一次就是 1952 年的院校合并；第二次是1958年的教育改革，学生和教师上山下乡不上课；第三次是"文化大革命"，很多学校都停办了；第四次，就是我们这几年大家都亲身经历的变动。这些是变动还是改革？很多问题都需要解释清楚。1958年那次应该说有积极的一面，但总体上讲恐怕还是不对的，"文化大革命"那次完全是错误的，这一点应该很清楚了。对于前后两次怎么评价？据我所知，还没有看到正式的评价。我想说的是，变动经常会有，但不是任何变动都叫改革。什么叫改革？改革不是客观上发生的变化，而是我们主观上有意识地去做，并且做的结果是有建设性的、是有利于提高效率和质量的，这才叫改革。今天把这变了，明天把那变了，这叫改革吗？我还想谈谈改革与稳定的关系。稳定很重要，因为我们的优势和长处不可随意放弃。现在我们都在谈品牌问题，企业都希望能创立品牌。其实，我们本来有很多老字号品牌，但最后都放弃了。在教育领域中我们经常在改校名，所以很难在国际上做出品牌，校名是很重要、很关键的资源，几十年形成起来的都放弃了。所以，究竟什么是改革，我们要认真思考，形成有价值的新观念。

第三，关于定位问题。每所学校属于什么类型，应该有个定位。定好位以后，在这个类型里面，努力做到最好。我们到美国加州州立大学去访问，到了之后，人家首先向我们声明："我们不是加州大学，我们是加州州立大学，我们是实用性很强的学校，和加州大学不一样，他们是研究型大学。"可是我们中国的这类大学就羞于说自己是实用型大学，即使它现在是实用型大学，校领导也会说他们的努力方向是要跳出这类大学，到那类（研究型）大学去。没有定位，所有学校都变成清华北大，那行吗？社会是多元化的、多样性的，对人才的需求也是多样化的。人人皆可成才，每个人都应当在自己的专业领域努力做到优秀。首先是合格，然后是优秀，最后是出类拔萃。合格是最基本的，如果不合格，就要把他调到另一个领域去。这个问题又与我们的体制有很大关系。教育机构行政化的问题不解决，后果很严重。什么"专科是副局级，本科是正局级，搞得好的话还可以升到副部级"——我们一天到晚讲政企分开，讲所谓改革，可是到现在还在搞这种名堂！定位问题处理不好，是因为涉及学校及其领导人的具体利益，是利益驱动，就是说，决策行为不是源于学术动力，而是源于利益动力。我再举个有关软件学院的例子。软件很重要，所以提出来要办软件学院。我曾接触过几个软件学院的人，问他怎么定位呀，他不知道。说句不好听的话，如果软件学院办得成功，那就说明以前的计算机学院办得很失败。为什么非要从计算机学院分出软件学院来？软件人才缺乏是事实，但我们最主要的出路应该是让软件产业化。有个教授说软件要搞个性化，但我认为，我国软件当前的最大问题不是个性化，而是产业化。所以，准确定位并据以制定战略目标，是很重要的。

第四，我想讲讲改革的内容问题。改革的内容，主要是关于学制和结构的，不是讲大学的结构，而是讲课程结构和人才结构，这几个方面是互相联系的。作为工科学校，学生的课程结构应该合理安排：理科占多少，文科占多少，都要有个比例。每个科目的安排都应服从整体优化的需要，因为时间是个常数，课时不可能大量增加，这门课的课时多了，那门课的课时就少了。研究课程结构，首先要研究内容，内容确定了，就要研究方法，即怎么去教。这些问题都要引起注意，限于时间就不展开谈了。

第五，关于教育产业化的问题。这个问题好像比较清楚了，教育属于第三产业，但完全产业化肯定不合适。在此，我要强调的是学校的人才培养、招生计划。所谓计划，基本上是人的主观认识，关键是这个主观认识是否符合客观实际，符合的程度怎么样。我们的教育计划、招生计划确定这一年、下一年需要招多少学生，是怎么定出来的？有什么依据？基本上是没有客观事实依据，而是凭主观决定的。招生计划没有针对什么需求。三年里面大学人数增加了一倍，但需求不可能三年增加一倍，因而产生了就业难问题。有人说学校没有足够多的好教师，可以让优秀教师讲大课，还可以通过卫星等渠道传输到全国去。这个说法听起来很诱人，但远程教育、教育信息化绝对代替不了面对面的教育。随着教育的发展，教育的服务会越来越好、越来越充分，水平会越来越高。中国现在的第二产业已经达到 GDP 的 50% 多，第三产业只有 1/3。而美国现在第三产业已经达到 GDP 的 70% 多，第二产业只有 20% 多一点。我们现在一提到劳动密集型产业就认为是低档次的，但教育也是劳动密集型产业，而且劳动密集程度越来越高，班级规模会越来越小。社会生活水平提高了，生产物质产品不需要那么多时间了。人们去干什么？娱乐、受教育。如果我们的温饱问题都解决了，房子有了，汽车也有了，对教育的要求就跟现在不一样了。有了足够多的教师，师生关系就可以通过见面来改善了。除了讲课以外，师生之间存在更好的互动关系。如果面对面都解决不了互动性问题，靠远程教育解决那就更是不可能。

我们要在 2050 年达到中等发达国家水平，从长远角度看，要吸取国外的成功经验。当然也要有自己的东西，自己创新的比重也要越来越高。全世界没有哪个国家能说自己的东西是最主要的，因为已经全球化了。所以我们要抢占高地，扎实工作，解决工程教育的实际问题，把我们的国家建设好。

关于中国工程教育的改革与发展问题[①]

文中的一些基本观点在以前发表过的文章中已有论述，是老生常谈了，但由于问题没有解决，尽管是老生常谈，也还要不断地谈。联系到近几年形势的发展变化，做了一些新的展开，愿与关心高等工程教育的同志们共同探讨。

我没有从事过教育工作，也没有主管过教育工作，所以是"圈外人"。但我接受过教育，所以感受还是有的。1996年中国工程院成立教育委员会，当时我是中国工程院副院长，要我兼教育委员会的主任，说是"圈外人"也有好处，可能会有一些不同角度的思考，我也就勉为其难了。这样接触教育就多一点了，与张维、张光斗、柯俊先生他们共事，学到了不少东西，感受也多了。

这里就谈谈我对中国工程教育改革与发展问题的想法，主要还是讲一些"圈内人"不便讲的话。

一、我国工程教育改革与发展的背景

目前，我国的大环境对工程教育的改革与发展是比较有利的，或者说，中国发展工程教育的背景比较有利。

第一，我国正在进行大规模的工业化。关于中国要不要搞工业化，改革开放以来，各界是有争论的。"文化大革命"以前，我们提的是四个现代化，第一个就是工业现代化；改革开放以后，对工业化的认识有分歧。特别是20世

---

① 本文是作者2004年11月19日在深圳职业技术学院召开的工程技术教育与产学研合作模式研讨会上的讲话，姜嘉乐同志根据作者讲话录音整理成文，若干地方根据原意有所发挥，发表前经作者修改订正，在此对姜嘉乐同志表示衷心感谢。

纪80年代，有些美国的"未来学家"跑到中国来，宣传他们的理论。国内有些同志也跟着讲，什么"可以超越工业化阶段"啦，"可以直接进入信息社会"啦，"可以进入后工业社会"啦，等等。这种论调尽管没有写进文件里，但事实上，还是对我们的工作产生了影响，而且这种影响到现在为止还不能说完全消除了。所以，我们的认识必须明确：我们正处在农业社会向工业社会转变的过程中，工业化这个历史阶段不可逾越，我们必须切实搞好工业化。对此，党中央是明确的，并明确写进了历次党代会的文件中。我们讨论中国的高等工程教育，必须放到这样的背景下来考虑。大家知道，我国的高等工程教育在整个高等教育体系中所占的比重较大。在高校扩招以前，工科生在高校中大概占40％以上，扩招以后仍然占到1/3。国外工程教育在整个高等教育体系中所占的比重要小得多。20世纪70年代，美国大学的理工科学生占全部大学生人数的比例约为10％，现在据说只占到5％，日本大概也不超过10％。中外工程教育的比重之所以差距较大，是因为背景不同。美国、日本等发达国家早就过了工业化这一阶段，而我们中国正在经历工业化的历史阶段，对高等学校培养的工程师的数量有较多要求。这样说，并不意味着工科学生多多益善，招生规模越大越好，而是说，确定工程教育的目标和规模应以工业化和现代市场的需求为前提，应建立在市场预测的基础之上。

第二，是体制变化。我国正在由计划经济向市场经济过渡。在计划经济体制下，工科的教育内容比较单纯，强调的是工程技术教育。计划经济的特点是以产定销，生产的产品由国家包销，培养的人才由国家统一分配。而现在实行的是市场经济，其特点是以销定产，有没有销路，成为工厂生产产品、学校培养人才的首要考虑。从工程教育的角度看，人才培养就不能只有技术教育，还必须使学生有其他方面的知识和能力，比如经济、法律等。就是说，我们培养的工程师，在知识和能力方面，必须适应市场需求及其发展变化。

第三，是树立科学发展观。党的十六大明确要求我们树立科学发展观，一切要以人为本。这个问题的提出，不自今日始。我们搞改革开放，经济高速发展，取得的成绩有目共睹，但也存在着隐忧。历经20年，在付出相当代价之后，我们才意识到树立科学发展观的重要性，意识到以人为本、可持续发展的重要性。实际上，早在20年前就已经提出这个问题了，当时提出，我们不能像资本主义国家那样发展，不能走过度开发资源以维持发展速度的老路。但当时对此还缺乏实际的体会，经过20多年的高速发展，特别是工业的大规模发展以后，我们已深刻地认识到，我们的环境，我们的资源，包括水资源、矿物资源和生物资源，已不足以支撑我们现在这种方式的增长。去年我们的经济发展很快，取得很大成绩，按汇率计算，GDP的总值占全世界的4％。但我们为此消耗了多少呢？消耗了全世界 30％的煤、30％的钢铁、40％的水泥。这么大的消耗量，才达到 4％的 GDP，长此以往，国家肯定承受不了。现在我们在全世界到处采购资源，包括从一些发达国家。我们向俄罗斯买资源、买木材和石油，向中东、非洲、拉美一些国家买石油，向澳大利亚买铁矿石，向智利等国买铜，在全世界所有能买资源的地方买资源。如果我们的 GDP 发展到占世界的 10％或 20％，要获得足够的资源根本就没有可能，这样下去，怎么能持续？因此，我们的工程教育必须贯彻可持续发展观。什么叫作可持续发展，国际上有标准，就是不要让下一代人过不下去。寅吃卯粮，竭泽而渔，对国家的长远发展来说，是极端危险的。

第四，技术进步。技术进步，或者说新技术革命，对现代经济的影响非常之大。大家知道，现在技术进步非常之快，要求我们从原来的粗放型经济向集约型经济发展。这是可持续发展的需要，因为继续发展粗放型经济已不可能，必须发展集约型经济，走新型工业化的发展道路。如果不这样做，经济发展就会跟不上技术进步的步伐。新技术，特别是以信息技术为代表的新技术，为今天的集约型经济提供了可能性，为我国经济的集约化、为我国产业结构的整体优化、为企业的技术变革和全面发展注入了巨大的活力。凡此种种，都应当在我们的工程教育中充分地体现出来，大学工科的研究开发和教育教学，都应当参与技术进步的进程，反映和吸收技术进步的成果。

第五，是教育体系的变化。无论国际国内，教育体系都在不断发生变化。以麻省理工学院（MIT）为例。在 20 世纪，MIT 经历了两次巨大变化。第一次是在第二次世界大战以后，特别是苏联卫星发射成功以后，美国方面感觉到自己在科学方面不行，提出要发展科学，当年 MIT 的校长就提出来，要搞科学，要以科学为主导。但是经过一段时间以后，到了 20 世纪 80 年代，MIT又发表了一份有名的报告 *Made in America*（《美国制造》），提出要回归工程。这是因为经过第二次世界大战后二三十年的努力，日本得到了飞速发展，已经从一个资源短缺的小国发展成为一个经济强国，特别是在制造业方面取得了领先的地位。本来很多原创性的东西都是美国的，但是日本学过去以后，加以吸收、改造、创新，变成产品，大量日本产品打入美国，占领了美国的市场。当时日本非常狂啊，甚至有日本人扬言要把美国买下来。这种情况对美国人的民族自尊心造成了极大的刺激，美国的政界、产业界和工程教育界通过对美日双方的情况进行全面的比较分析，认为有必要重振美国的制造业，夺回工业产品的市场优势。大家知道，MIT 是美国高等工程教育的旗帜之一，由 MIT 提出"回归工程"的口号，反映了美国高教界对这一趋势的共识。

全世界的高等教育有两大体系：英美体系和德国体系，后者也叫欧洲大陆体系。英美的体系是以科学教育为主导的，强调的是学生的自主选择、自由发展。比如，拥有十多个诺贝尔奖获得者的朗讯公司，有些人就是学法律出身的，但大学毕业以后却可以搞技术研究。德国体系则不一样，德国强调实践，强调工种，培养出来的学生一个萝卜一个坑，学什么出去干什么，因此十分重视工程实践教学。这两种体系的形成都有其历史根源。美国社会大，变数太多，科技发展又处在世界前列，因此大学所培养的人不可能在校就确定自己的职业方向，将来怎么样是不可预测的，需要大量新的思维、新的判断，学生的知识面当然也要宽一点，以备将来择业有较大的选择余地。另外，美国企业有强大的培训体系，支持大学生就业后的实践训练。企业只需大体上了解学生以前什么学得较好即可，究竟如何，到了企业以后再比较。美国人不像中国人那样讲究学历文凭，美国大学也很少把校名改得耀眼炫目。比如，我们老是说向麻省理工学习，实际上，把 MIT 译成麻省理工学院就反映了我们这种重理轻工、名必求其大的心理，MIT，Massachusettes Institute of Technology，正确的译法是"麻省技术学院"，中国人觉得"技术"不好听，就把"技术"改成"理工"，按照我们现在这种竞相攀比升级的势头，似乎应该把"学院"也改成"大学"才是，但人家上百年不改校名，照样是享誉世界的著名学府。其实，美国的一些大公司也开办了自己的大学，比如摩托罗拉公司就办了摩托罗拉大学（Motorola University），没有谁会认为摩托罗拉这所"大学"比 MIT 那所"学院"更了不起。所以，学习 MIT，真正应该学的，是人家矢志不渝的工程特色，是人家求真务实的办学精神。当然，这是题外话了。而德国由于是后起国家，19 世纪后半期兴起，要追赶英、美等国家，一方面前面有榜样，跟着走就行，因此特别强调实干精神；另一方面要强调速度，毕业生要出来就能干活，就好用。

现在美、欧两种教育体系有相互靠拢的趋势：美国大学在"回归工程"，欧洲大学则在适度地拓宽专业。之所以出现这种情况，既反映了各国高等教育根据本国现实所做的调整，也是高等教育国际化的大势所趋。我国的教育体系现在国际化程度还不够，也要逐步走向国际化。但无论怎么国际化，都要以关注中国国情为起点，以解决中国问题、满足中国需求为归依。

二、我国社会对高等工科人才培养的需求

当今社会是需求决定供给，所以我要讲一下需求问题。中国高等工程教育面临的需求，包括数量和质量两个方面。

数量方面又包括两个问题：总量和结构。

先说总量问题。这几年来，我们总的引导方向就是总量扩张，这是指高等教育。我不讲基础教育，基础教育是普及教育，据说随着出生率的下降，基础教育的总量在缩小，那是另外的话题。高等教育存在的问题在于，在确定我们的招生总量时，有没有以对市场需求的科学预测作为基础。我们老是在讲毛入学率，毛入学率已成为我们的主要奋斗目标。现在毛入学率已接近20%，问题是，这么多年轻人进大学，毕业以后干什么。关于我们的高等教育是通识教育还是专业教育，高等教育的目的是泛义的提高民族素质还是培养市场经济所需要的人才，讨论了许多年，仍然不能算是讨论得很清楚。我的看法是，提高民族素质是包括高等教育和基础教育在内的整个教育的共同任务，但在不同的教育阶段，还是应当有本阶段特有的具体任务。我认为，高等教育最直接、最主要的任务就是培养当前社会所需要的多方面人才。社会发展也是分阶段的。我们现在仍处在社会主义初级阶段。按照世界银行的分类，全世界的国家可分为三类：高收入国家、中等收入国家和低收入国家。其中，中等收入国家又可分为高中等收入国家和低中等收入国家。我国现在处于从低收入国家跨入低中等收入国家这么一个阶段，我们的资源十分有限，因此，在这个阶段，我们的高等教育仍应当是培养社会急需的人才。既然如此，那就要明确，我们到底需要什么样的人才。这里需要解决一个高等学校培养的各类人才的比例问题。可以说，从事基础教育的教师、从事医务工作的医师和护士，应该与人口成比例，比例大一点、小一点，只要我们的国力能够承受，都行；但是，工科教育不可能与人口成比例，而应当与工业需要成比例。我们有60%以上的人口在农村，在多数劳动力还在从事农业的情况下，说工科的教育应当与全国人口成比例，这不合逻辑。应当根据工业的需要来确定工科人才的数量。我们的工科毕业生占全体毕业生的比例是33%～34%，美国是5%～6%，我们培养的工程师的数量远远超过美国。但是，我们的工科毕业生远远没有美国工科毕业生那样好的工作条件，因此，我们的毕业生贬值就在所难免。过去常有报道说，香港的菲佣都是大学生，现在听说国外也有人要到中国来找大学生当保姆。如果我们在义务教育还有大量欠账的情况下，用国家的稀缺资源去为外国人培养高级保姆，是不是有点荒谬？这些情况说明，工科大学招生的总量必须合理控制，必须建立在市场预测的基础之上，整个高等教育亦然。工科大学生的招生总量必须建立在对工业需求进行科学预测和正确分析的基础之上，不能简单地提出一个总的招生数字就完了，不能不加分析地说，美国毛入学多少人，所以我们也得努力去做到。

再说结构问题。人才需求的结构问题又可分为纵向结构和横向结构问题。

纵向结构也叫层次结构。层次结构是客观存在的，任何社会都有层次结构。美国社会难道就没有层次结构了？那为什么大学毛入学率只有 50％，而不是 100％？还有近一半人因为种种原因不上大学，包括本人不愿意上。而这些人照样在社会上有工作做，有饭吃。照理说，人各有志，不能勉强，但我们有些小孩被家长硬逼着上大学，结果心理上就弄出毛病来了。中国的问题在于，小而至于个人，大而至于学校，都想上最高层次，结果就弄得没有层次。一个没有层次的高等教育，怎么去满足社会多层次的需求？横向结构也叫专业结构。关于大的专业结构，比如专业的宽窄应当如何确定，刚才讲到教育体系变化问题时已经讲过了；至于小的专业结构问题，比如学科建设、具体的研究领域等，近十年来也有很大变化，限于篇幅，这里就不多讲了。

需求的另一个重要方面是质量问题。质量问题基本上还是三个方面：知识、能力、道德。就是说，我们培养的人才只有在这三个方面都满足了社会需求，才是达到标准的，否则就是次品，甚至是劣质品。研究教育的同志分析得更细一点，比如知识与能力是什么关系，等等，对此暂不展开讨论，基本上还是三个方面。

先讲知识。知识分三大类：第一是自然科学，数理化、天地生，也就是所谓通用基础；第二是技术科学，比如机械、电气、土木等，是工程教育的学科专业基础；第三是人文社会科学。对于工程技术人才的培养来说，教学内容的体系怎么构成、比例如何把握、结构怎样安排，都是需要研究的问题。改革开放以后，工程教育的知识内涵发生了一些变化，那就是，人文社会科学已经成为工程师知识结构的重要组成部分。当年搞设计非常简单，工程师只要设计产品就够了，从研究机构做出来的东西叫作"三品"——礼品、展品、样品；现在就不行了，要面对市场，要把"三品"变成商品，否则，卖不出去，那还有什么意义？国外的开发机构都有一个成本方面的指标。成本是产品市场化的前提，技术再好，如果成本太高也不会被接受。不光产品的生产要讲成本，产品的开发设计也要讲成本。一些设计者常说我的这个产品要突出什么什么新意，问题在于为这个新意要花多少钱，是现在就花，还是明年花、后年花，还是10 年、20 年每年都得花，从经济学的角度看，这些都是大有讲究的。我们现在的贷款利率是 5％～6％。如果你借 1 万元，现在就花与明年再花就会相差 5％～6％，现在的 1 万元相当于明年的 10 500 或 10 600 元，因此能晚花的钱尽量晚花，这笔账你算过没有？经济科学的知识你够不够？如果不够你怎么去做生意？法律知识也是必不可少的。一些人成天在那里为技术专利打官司，不懂法，行吗？比如，张某和刘某是两个完全不同的人，开了两家完全不同的公司，你发明的专利是转让给张某有利还是转让给刘某有利，是申请专利有利还是作为企业的技术秘密有利，这些知识如果没有，怎么搞经济？所以，工程工作中要考虑成本、考虑市场、考虑环境；工程师也要懂得经济，有环保意识和法律观念。在这种情况下，我们的工程教育当然要把人文社科知识纳入教学范围。至于知识越来越多，怎么安排，怎么组织，那是另外的问题。

再讲能力。在现代社会，第一，要学会采集和处理信息。前面所讲的那些知识，表现出来就是信息。教师所传递的信息，学生听进去没有，能不能记住，脑子里是否形成了印象，能否划出重点来？同样一堂课，有的人一听就能融会贯通，有的人却百听不得其解，这就有一个能力问题。更何况大学生除了听课以外还要自己做学问，一个大学毕业生，如果没有采集和处理信息的能力，没有自己看书、查阅资料的能力，那就是一个素质上有严重缺陷的人。第二，要学会吸收新知识。在校学习的知识是有限的，走出校门以后，能不能吸收新知识，或者说，能不能与时俱进，自我更新知识，这是一种很重要的能力。第三，要学会分析和解决实际问题。工科教育特别强调这种能力，分析是动脑，解决实际问题还包括动手，大量的工作需要动手。第四，作为一个工程师，还需要组织和管理能力。在现代工程中，工程师已经不是单兵作战，还需要对相关人员和相关事务进行组织和管理，这就需要学校组织学生加入社会团体，安排学生参加社会活动，接受锻炼。第五，要学会协调、表达和沟通。现在许多学生，特别是学工科的，协调、表达和沟通能力相当差。解决这个问题，要从小抓起。如今学英语已经成了时髦，但是，一个人如果连母语都学不好，能学好外语吗？再者，表达的准确流畅与思维的清晰缜密息息相关。这就涉及思维能力的培养。思维是有规律的，现在很多文章在谈论什么发散思维、收敛思维，很少提到思维的逻辑规律，我们现在学校本科不开设逻辑课，研究生也只有选修课（苏联在中学就设有逻辑课）。我们一度还批判过形式逻辑，说那是资本主义、修正主义的东西，说我们只讲辩证逻辑。问题在于，辩证逻辑是逻辑思维的高级形态，而形式逻辑则是逻辑思维的基本形态。没有形式逻辑，辩证逻辑就会偏离概念推理的正常轨道，就会变成诡辩。形式逻辑告诉我们，任何结论都要有前提，而且要通过推理过程才能得出。这个三段论中讲大前提、小前提是有道理的，虽然有局限性，但也有其科学性——写论文应有出处，作结论应有前提，否则，表达和沟通就会令人不知所云。培养表达和沟通能力，既是培养外在的语言能力，也是培养内在的逻辑思维能力，这一点应当引起我们足够的重视。

最后，谈谈品德问题。品德问题主要谈两个方面，一是基本品德，基本品德包括公共道德和社会道德。比如不随地吐痰、爱护公共卫生等，都属于公共道德；而诚信问题则属于社会道德。大家知道，西方价值观的基础是个人主义，而我们的价值观的基础则应当是集体主义，但是，我们的公共道德教育却做得不如人家，令人深思。社会道德教育也存在类似的问题，一些大学生诚信缺乏，考试弄虚作假，连文凭都可以弄虚作假。而学校对学生的就业情况也弄虚作假，以应付主管部门的考核指标。这种情况若不加以遏止，任其蔓延，那是非常危险的。过去我们以先进分子的道德标准去要求全体国民，事实已证明这样做行不通；但是，放弃这种做法之后，如何对全民提出现实可行的道德要求，如何对大学生进行基本品德教育，似乎仍在摸索之中。品德的另一个方面是职业道德。包括工程师在内的各类从业人员都要有职业道德，这应当成为大学道德教育的基本内容之一。比如责任感，比如献身精神，都是重要的职业道德。我们的许多大工程都是百年大计，干得好是造福人类，干得不好是贻害社会，没有责任感和献身精神是万万不行的。比如三峡工程，从孙中山提出兴建，一百多年来，经过好几代人的努力，才得以完成。如果工程的历代参与者们没有献身精神，没有甘于寂寞的精神，动辄提出要评奖金、上职称，怎么可能完成这样伟大的工程？当然，职业道德还包括有毅力、有团队精神、有良好的合作精神，这些精神在工程教育中都是应当加以强调的。爱因斯坦在评价居里夫人的成就时说过，第一流人物在历史过程中的意义，在其道德品质方面也许比单纯才智方面的影响更大。居里夫人是非常高尚的人物，她发现了镭，这是非常重大的科学发现，但她甘于清贫，没有为自己牟取专利，而是把这一发现无私地奉献给全人类。联合国教科文组织在一份报告中说，教育在培养人才的过程中，要使受教育者学会认知、学会做事、学会共同生活、学会做人。我想，这段话可以作为上面所说的内容的一个概括。每个工程技术人员都应当回答以下几个问题：第一，你会不会做；第二，你该不该做，做了以后对人类有好处还是有坏处。因此，学做人比学做事更重要，这样说并不过分。

三、我国工程教育的历史沿革与现状

现在讲一讲我国工程教育的历史沿革与现状。

先谈历史沿革。我国的现代高等教育分三个阶段。最早是从北洋大学算起，到辛亥革命以前，这里姑且不谈。第一阶段是辛亥革命后到中华人民共和国成立前，第二阶段是中华人民共和国成立后到"文化大革命"，第三阶段是改革开放到现在。"文化大革命"期间中断了一段时间，也姑且不谈。中华人民共和国成立前我们的高等教育基本上是学美国，当然也受其他各国的影响。中华人民共和国成立以后我们全面学苏联，而苏联继承的是旧俄国的传统，旧俄国学的则是德国体系。改革开放后觉得苏联的体系不行，又回过头去学美国。实际上，我们学苏联也学得并不到位，现在有些人把我们自己的许多问题都归咎于学苏联，我觉得并不公平。这倒不是说苏联的做法样样都无可指责，而是说，应当实事求是，具体问题具体分析，哪些是来自别人的消极影响，哪些是因为学而不得其法，哪些本来就是我们自己的问题。现在我们学美国也有很大的盲目性。美国的高等教育有其优势，也有其不足。我们知道，美国的高等教育也在发展变化，如果他们只有优势，那就用不着发展了。但我们有些人往往不去正视和研究我们自己面临的问题，习惯于将别人某一时期、某一范围内的成功做法视为普遍有效、永恒不变的规律，从前学苏联如此，现在学美国也如此，实际上，我们对美国的情况存在很多误解。学习他国经验本来不是坏事，但这种学习如果是建立在误解乃至盲目照搬的基础上，那就可能会产生许多遗患无穷的弊端。

再谈谈现状，也就是谈谈近期的变化。近期的变化有这么几个：并校，扩招，并校还包括升格以及管理体制的改变。一所学校突然增加了那么多学生，怎么管理？质量怎么保证？这些都是新问题。2004 年 9 月在清华大学召开的国际工程教育大会，河北有所学校的校长在会上介绍情况，说他们计划内的学生只有 1 000 多人，结果招了 5 000 多人，是地方政府要求招的，另外，多招的这批学生都是要多交钱的，所以学校也愿意。招生规模扩大了，教师、教室、实验设备够不够？按质量要求，与学生人数是否成比例？这些问题都必须解决。

当然，应当看到，高等教育取得的成绩是巨大的。中华人民共和国成立 50 多年来，高等教育为社会主义建设输送了大批合格人才，活跃在经济建设、文化建设的各个领域，我们综合国力的迅猛增长，我们国家在世界上取得今天这样的地位，对此，大学育人功不可没。我们许多国家领导人和部委、地方领导人都有工程师的学历和工作背景，这一点使来访的很多外国人羡慕不已，认为工程师在中国地位很高。不管怎么说，我们的高等工程教育还是培养了不少人才，他们已经成为国家的顶梁柱，成为几十年来国家大规模工业化的骨干力量，这是应当肯定的。

四、我国工程教育改革亟待解决的问题

我们存在的问题，有旧问题，也有新问题。旧问题首先是数量和结构问题，前面已详细论及，这里就不多讲了，着重讲讲新问题。

第一是培养质量问题，也就是刚才提到的三个方面。

一是知识陈旧。我们的专业和课程跟不上科学技术发展的节奏，总体上比较陈旧，有的课程内容几十年不变。当然，通用基础中的有些课程不可能老是改变，比如数学课，就应保持相对的稳定，不宜变动得过于频繁。但是，我们的专业课和专业基础课必须注意吸收科技发展的最新成果，否则，就会在世界科技竞争中处于不利地位，对于工科专业来说尤其如此，及时更新工科的专业和课程内容，将直接关系到能否培养出站在世界科技竞争和市场竞争前沿的大批高级工程师，绝不可掉以轻心。

二是能力缺乏。关于这一点，前面已经谈了不少，这里特别想谈一下实践能力的培养问题，这是我国高等教育，特别是工科教育长期存在的问题，这个问题"文化大革命"以前就存在。我们的工科学生参加实践、进行实习的机会比苏联的同类学校要少得多。改革开放以后，实践能力培养面临更加严重的挑战：一方面，一些高校受美国教育体系的影响，重理轻工，忽视学生实践能力的培养；另一方面，由于我国的市场机制还不成熟，社会、企业受短期利益的驱动，不欢迎学生到单位实习。这种局面必须改变。

三是道德空泛。我们的"两课"看起来很受重视，有正规的教材，课时也不少，但内容缺乏针对性，效果很难说。我们往往把品德课变成了知识传授课，但我认为，品德教育基本上是一种养成教育，品德是很难通过单纯讲课来形成的。李政道当初到美国学习的时候，他的导师费米教授和他有个约定，每周两人应有半天时间在一起交谈，不谈正在研究的学术问题，除此以外，海阔天空，什么都谈，谈政治、谈社会、谈人生，教授通过表达自己对各种问题的见解，对学生的人生观、价值观产生直接的影响，这才是真正的教书育人！就师生面对面的交流沟通而言，我们的差距太大了。有的导师带博士生，就见两次面，入学时见一次面，答辩时见一次面，怎么教育？师生比那么大，导师想交流也顾不过来。据说清华不错，规定一个导师只带一个博士生，这就为师生经常面谈留下了较大的余地。不过，这样的条件我看全国恐怕只此一家。我们的道德品质教育应当有什么样的氛围，我们的导师在学识才干方面、在立身行事方面，能不能成为学生的榜样，学校应当为学生建立什么样的道德规范，凡此种种，都是学生道德养成的必要条件。海尔在中国企业中大概是排在最前列的了，当年张瑞敏到海尔后在管理上做的第一条规定是不许随地大小便，说明许多事情都要从良好习惯的养成做起。古人说，"勿以善小而不为，勿以恶小而为之"，就是强调道德的养成。道德与法律不同，法律是强制性的，道德必须发自内心（所以习惯于说假话的人品质肯定好不到哪儿去）。在这个意义上，道德养成教育也对心理健康提出了要求，为此，我们应当切实开展大学生心理辅导，研究心理教育的内容和方法。

第二是教育资源问题。扩招以后，学校的规模扩大，学生的数量增多，相形之下，资源显得严重不足。所谓资源，既包括物质资源，也包括人力资源。从物质资源看，现在普遍存在校舍不足、教室不足、实验设施不足的问题。对于工科教育来说，不能正常开展实验是很严重的问题。一些学校学生做实验时，独立操作的机会很少，往往是几个人一组，人太多时，由教师演示演示就算过关了。这样下去，终非了局。有人建议搞计算机模拟实验，特别是搞信息的对此持赞成态度。我认为，学工的人，适度借助模拟手段当然是必要的，但实验本身已经是对现实一定程度上的模仿或抽象，再样样都用计算机模拟肯定不行，因为真刀真枪的动手操作才是形成工程经验的最重要的前提。人力资源不足，主要是指教师不足。现在有一种误导，认为已经是信息时代，教师不足，可以上大课，比如网络教育、电视教育，都是一人上课，全国听讲。但是，上大课永远代替不了师生面对面的交流，不仅道德养成需要有导师人格的感召，而且学生正确思维的形成、实践经验的积累，都需要教师当面指点。所以，上大课远不是完备的教育。当年国家计划委员会（现国家发展和改革委员会）同意要扩招的主要理由是推迟就业，但是，用不完备的教育培养出来的学生是难以保证质量的，也是不可能真正缓解就业压力的。我们应当积极寻求多样化、综合化、社会化的解决途径，不能用过度扩招本科生、研究生的办法，把就业问题一味地推迟下去。

第三是趋同化问题。我们的高等教育存在很严重的趋同化，竞相攀比、竞相升格，结果是千校一面。趋同化的原因很复杂，我认为最主要的原因是争夺资源。我们的资源本来就有限，水涨船高，教育的规模发展越快，对资源的需求就越大。这是总的情况。但有些专科学校对此产生了误解，认为只有升格为本科才能争得更多的资源。实际上，由于专科的培养目标是技术应用型人才，对实验条件要求更高，因而应当比本科占有更多的资源。当然，一些地方领导分配资源不是根据学校的需要，而是根据学校名气的大小或办学层次的高低而定；在有些地方，甚至把官阶与学校的办学层次挂钩，这些也是升格成风的重要原因和动力之一。现在，大专要升本科，本科要搞综合性大学、研究型大学，研究型大学要争"211"，这样，总体上钱就不够，人手就不够，就要节约成本，就不得不减少实践，就不得不上大课，而我们为此付出的代价就是学生的整体质量下降。

说到大学的名气，高教界还流行着一种偏见，似乎有名气的大学只能是综合型大学，尤其是其中的研究型大学，而这些学校的工科专业应当像理科专业一样，培养科学家而不是工程师。其实，事情很清楚，对于工程教育来说，无论是单科性的工科院校，还是研究型大学的工科专业，其培养目标都应当是工程师，或者说，以培养工程师为主。也许少数工学博士将来要从事工程科学研究，成为工程科学家，但绝大多数工科学生都应当成为各种层次、各种类型的工程师，这是毫无疑问的。实际上，理科教育也不可能把大多数学生都培养成科学家，真正成为科学家的是极少数，最大量培养的还是中学教师，这是社会的需要，也是大家心照不宣的事实。问题在于，如果上述偏见成为主导性的倾向，就可能对工程教育的培养目标、培养模式、培养质量产生消极影响。

工程教育和科学教育是两种不同的教育，两者有一定的联系，但也有本质的区别。钱学森的老师冯·卡门有句名言：科学家研究已有的世界，工程师创造未来的世界。科学家从事研究发现，工程师进行创造发明。科学家的动力来自兴趣，工程师的动力则是功利。市场是否需要，能不能赚钱，是工程师设计开发产品的首要考虑，不讲功利是不可想象的。科学家要研究包括人体在内的自然规律，采用的主要方法是分析，所以在科学研究中，物质总是越分越小。工程师采用的主要方法则是综合，没有机械知识，没有电学知识，没有材料知识，没有把这些知识加以综合运用的能力，能从事工艺设计、进行产品开发吗？能做出一架飞机、一辆汽车吗？科学家的成果主要表现为科学论文，工程师的成果则是有经济价值的产品。正因为科学家和工程师有这么多重要的区别，因此，培养工程师和培养科学家也需要两种不同的教育体系。而问题恰恰在于，我们的整个教育体系是按照科学教育体系构建的。首先，我们的基础教育就是按科学教育的体系构建的，我们在中学讲数理化，进大学后如果学的是理科，就能实现平滑过渡；反之，如果学的是工科，那就有一个很陡的阶梯，需要有一个很大的转变。遗憾的是，迄今为止，这个转变我们完成得并不好。我曾建议开一门工程概论课，就是想弥合中学理科教育和大学工科教育之间的鸿沟，但至今未能实现。当然，更具根本性的措施，是在基础教育阶段就普及工程和工程教育的常识。

第四是教育主体问题。关于在教育和教学中教师和学生谁是主体，这个问题讨论了许多年，至今尚无定论。我想，这个问题也许可以分时段解决。在教育层次较低的阶段，教师起主导作用；教育层次提高以后，学生自主学习就应成为教育和教学的主要形式了。层次的高低是一个相对的概念，所以，高等教育对学生自主性的要求高于基础教育；而在高等教育中，高年级对学生自主性的要求高于低年级，研究生阶段的要求高于本科阶段，如此类推。《学记》中说，"禁于未发之谓豫，当其可之谓时，不陵节而施之谓孙"，就是强调学生心智发展的阶段性，在今天，这种心智发展的阶段性是以学生学习自主性的获得程度为标志的。有经验的教师往往能见微知著，准确把握学生学习能力的微妙变化，以此决定自己介入其学习的深度、广度和力度。

第五是教育体制问题。体制问题，一是涉及各种利益，二是与思维方式有关。前面已有详细讨论，这里就不多说了。

第六是评价体系问题。前几年中国工程院到美国去考察，发现人家的评估观念、评估目标、评估方式都已经改变。过去美国大学评的是教——教学大纲如何，课程体系如何，等等；现在评的则是学——已经教了什么，学生学了什么，学到手没有，毕业后所在单位对他的工作能力有什么反映，等等。而我们则把注意力放在硬件评估上：操场怎么样，体育馆有没有，跑道是 300 米还是400 米。说 400 米能培养好学生，而 300 米就不能，这令人难以置信。我不是说教学设施不重要，而是说教学目标、教学过程、教学结果更重要。国外大学的教学评估，历来重过程而不是重条件，现在发展了，由重教转向重学，仍然不以硬件为重点。在把学生的培养质量作为最重要的评价指标这一点上，国外的经验的确值得我们学习。此外，评估体系是追求自身体系的完整性，还是追求与实际需要的相符相合？我认为，还是以注重实效为宜。

第七是信息化问题。对于高等教育来说，信息化包括两层意思：一是把信息技术作为进行教育的工具；二是在教育内容中引入信息技术的有关知识。这两种情况都是把信息化作为手段，而不是作为目的，不是为信息化而信息化。前几年我们去美国的凤凰城大学考察他们的网上大学。原以为既然名为网上大学，网络设施一定很先进、很庞大，结果发现他们根本没有自己的网络。他们说：现在公共网络很发达，用公共网络开展网络教育就足够了，为什么一定要有自己的网络？网络大学的宗旨是办教育，而不是办网络。我们有些学校的做法与此相反，花了许多钱建网络，建好了请人评估验收，然后争取得一个什么奖，这就是把信息化当作目的了。而美国的网上大学则是充分利用社会上的网络资源，追求的是人才培养的质量和规模。我认为，这种不尚虚荣、不浪费资源、人才培养至上的观念和做法值得我们借鉴。

第八是工程教育的出路问题。上面讲的许多问题，归根结底，都与工程教育的出路问题有关。我想，最主要的出路还是让教育融入社会，尤其是工程教育，更要与社会紧密地结合。如果说扩招前一定程度上还可以关起门来办学，那么，扩招后仍不融入社会将是无法生存的。这是因为：

其一，需求由社会决定。在扩招之后，在高等教育规模如此之大的背景下，如果学校仍然自行其是，对社会需求不予理睬，那怎么办教育？毕业生将从事什么工作？他们能否充分就业？现在国外有些人到我们这里来高价招保姆、招护士，难道这就是我们高等教育的目标？众所周知，我们总的教育投资比例并不高，但是，对高等教育的投资占整个教育投资的比例在全世界却是最高的。与此形成鲜明对照的是，"义务教育不义务"的问题已经引起了社会和两会的关注。要真正改变教育资源分配不公、义务教育名实不副、大学毕业生就业困难的局面，"以销定产"，按社会需求决定高等教育的规模和办学模式是唯一可行的选择。

其二，资源由社会提供。高等教育的经费多年来一直是国家划拨，这实际上是社会以上交国家利润的形式间接向高等教育提供资源。在市场经济条件下，高等教育如何更多、更好、更紧密地与社会结合，争取更多的由社会直接提供的资源，从根本上讲，这取决于高等教育的人才培养质量，取决于高等教育满足社会需求的深度和广度。中国工程院在美国的一些地区考察，发现大学与企业的结合是做得很好的。美国大学的办学经费中除政府拨款外，很多是来自学费、大财团赞助和校友的捐款；他们的筹款和财务管理机制也比较成熟，但从根本上讲，美国大学的充足资源和雄厚财力乃是其办学质量充分满足社会需求的结果。

其三，工作要社会支持。高校工作中主要是实验和实践环节需要社会支持。我们的科学实验、工程实践，学校自己当然可以做一部分，但不可能完全由学校包办。尤其是工程实践，更不可能在校内完成。所以，教育和教学工作，尤其是实践教学，需要大力争取社会的支持。当然，这种支持应当是相互的，在我国一些经济较发达的地区，产生了不少校企双赢的产学合作模式，这方面的探索应予鼓励。

其四，结果要社会承认。一所学校办得好不好，培养的学生质量如何，应当由社会来检验。现在大学排名被炒作得挺厉害，但究竟是否名实相副，要看社会是否承认。当然，事情有它的复杂性，由于信息不对称，某些排名也许暂时会对社会，尤其是对学生家长产生影响。但是，如果你的毕业生名不副实，如果这种情况越出了社会期待的限度，那么，排名的效果就会滑向它的反面。换言之，社会检验有它的周期，一所大学的毕业生能否适应社会的需要，在工作几年的周期内会表现出来，社会对毕业生质量的检验也将是对大学排名榜的检验。所以，一所大学要真正办出质量，首先要弄清需要，既弄清社会的需要，也弄清学校的需要。就是说，弄清社会有多少需要，学校在现有条件下通过努力能满足其中哪些需要，以及学校在此过程中能满足自身发展的哪些需要。由此可引出第二点——合理定位。现存很多学校定位不清楚，都要成为一流大学。都成为一流大学，就没有一流大学了。总得先弄清楚什么叫一流大学、中国有几所大学能成为一流大学才行吧。有的学校甚至还指定了成为一流的年限。这些人不明白，是否一流，是个社会公认的问题。不会有谁来向世界宣布，不会有谁来给你挂匾、发证书，说你从某年某月某日起就成为一流大学了。问题的关键在于，你要弄清楚你这所学校的性质，进行科学合理的定位。比如，你是工科学校或工程专业，那么，你的最大特色就是工科，你最主要的培养目标就是工程师。有人说，研究型大学的工科专业应以培养工程科学家为主。这些人应当问一问自己：我们国家的近期或中期发展究竟需要多少工程科学家？我们的经济规模能否支撑这么多工程科学家的研究开支？第三点是要进行课程改革。现在工程教育的课程体系值得研究。大学时间有限，不可能把学生一辈子都关在学校里学习。现在知识越来越多，必须根据专业教育的需要有所取舍。目前最需要改革的有三个方面。一是开设工程学概论课。搞工程的没有工程学的概念，这说不过去。二是建议开设工程数学课。我们现在讲的普通数学，其中许多内容与工程实践无关，与学生今后的工作无关。教得太多，超过了需要，超出了负荷，效果会适得其反，这在经济学中叫作报酬递减规律。高等数学的学习，只要便于工程应用、便于知识更新就够了。三是注重实践教学，强化工程训练。这一点不言而喻，在此不再多讲。

最后简单讲一下职业技术教育问题。职业技术教育是高等工程教育的重要组成部分，过去我们对这一块重视不够，今后要给予足够的重视。首先，我对职业教育这个提法有点不同意见。基础教育姑且存而不论，试问高等教育的哪一个层次、哪一个科类不是以就业为目的？现在有个词很时髦，叫作"通识教育"，直译是"自由教育"或"一般教育"。我最近才看到，英文是 liberal education 或者 general education。据说，liberal education 强调人的自由发展，以满足人的兴趣为目的，而不带任何功利动机。按照这种说法，看来只有老年大学才合乎其标准。不管怎么说，职业技术学校明确提出以就业为目的，我认为很好，是定位准确的表现，不要妄自菲薄，不要认为以就业为目的就是低人一等。第二，职业技术学校强调实践能力的培养，这是正确的。但是，这种培养是有理论指导的培养，而不是旧时代师徒相授式的培养。我们职业技术教育所培养的人才主要是技师，但这种技师是大规模工业化背景下的技师，是有理论基础的、实践动手能力很强的技师。我们既要强调实践能力，又要强调理论基础，强调理论对实践的指导，这样，我们的技师、工程师才会有发展后劲，才能适应日新月异的科技进步和市场变化。第三，要与企业、与社会紧密地结合。一所学校能与企业实现这样的结合，就是成功者，就是同行中的佼佼者，因为只有你帮人家解决了问题，人家才愿意跟你合作。一所职业技术学校，最大的优势不是写论文，而是解决工程技术实际问题，就是说，既要直接参与企业的技术创新，更要培养能解决企业问题的应用型技术人才。这类人才不是经理，不是教授，也不是搞设计开发的工程师，英文称之为 technician，中文怎么翻译？技术员？技术专家？有待斟酌。众所周知，工艺技术不过关，成了我国工业发展的一个瓶颈。从卫星上天到电梯升降，质量是否达标，运行是否正常，在很大程度上已不取决于理论正确或设计成功，而取决于工艺技术是否过硬。如果我们的职业技术教育能培养大批有高度敬业精神、有足够专业理论知识、有精湛工艺技能、为各行各业所需的高级工艺技术人才，那么，对于我国的工业产品在国际市场竞争中立于不败之地，对于我国形成先进的、独立自主的、富有创新活力的工业技术体系，都是无量功德。

论高等工程教育发展的方向[①]

21世纪前期，我国的总目标是要全面建设小康社会，经济要在不断提高效益的前提下保持较快的速度发展；社会各方面将在可持续的基础上更注重协调发展；对人才将有更高的要求。相应地对教育而言，具体到高等工程教育，必须适应这种变化要求，在发展中改革，在改革中发展。本文想从背景、需求和模式等若干方面展开对高等工程教育的阐述，并对发展方向提出一些建议。

首先要明确一点，发展并不等同于增长，更不仅仅表现为速度。一般来说，发展中应包含增长，但两者不是同义词。发展的内涵比增长要宽得多，如结构的合理化、效益的提高、各个层次上的协调及可持续的程度等，均不是简单的增长所能包含的。并且，在多数时候，增长是发展；而有的时候，暂时或局部的减缩也是发展，或至少是为发展准备条件、改善环境。但是，至今有相当大一部分人，包括一些领导干部，并未把这个区别弄得很清楚。

一、背　　景

背景主要是三个方面。

一是国家目标，即全面建设小康社会，其中核心内容是工业化和现代化。发达国家当年的现代化就是工业化，今天我国现代化的主要内涵仍然是工业化。工业化是我国经济社会发展中绕不过去的历史阶段，这对我们工程教育来说有特殊的意义。

---

①　本文2003年5月发表于《高等工程教育研究》。

二是中国已加入世贸组织，已全面参与经济全球化的过程。这个参与是自觉的，是我国申请谈判了多年才做到的。因为参与和不参与相比、自觉参与和被迫参与相比，利大于弊。对于我们教育来说，无论在教育内容还是在教育方式、管理体制等方面，都要适应经济全球化的需要。

三是 20 世纪后期开始的新技术革命，其内容包括信息、生物、纳米、航天、新能源和新材料等。其中，具有代表性的、对经济社会起到全面性影响的是信息技术。信息技术对社会各个方面都有很强的渗透作用，相应地，工程教育的培养对象应具有专业技术和信息技术综合集成的素养，同时，在教育方法、手段中，应用信息技术也是一个重要的方面。

二、需　求

按照市场经济的原理，需求是第一位的，任何事业的建立和发展不考虑需求是没有根据的。需求应从数量和质量两个方面来分析。

首先从数量方面来看。数量不仅仅是指总量，并且包括结构。从总量来说，现在政府提出的主要目标是人口中大学生所占比例。目前全国高校毛入学率已达到 15％左右，按国际一般理解，已从精英教育阶段开始进入大众教育阶段。中国工程院在 1996 年完成的咨询课题中提出，不能笼统地讲占人口比例多少，而要针对不同类型的人具体分析。义务教育的教师、医务人员等是应该讲人口比例的，但对工程教育而言，不能只讲占人口比例，尤其对我们这样农村、农业人口占多数的国家，工程教育至少应该讲占工业人口比例，更合理地应该讲与经济规模的比例。如果从单位国民生产总值与大学生人数的比例或工程技术人员人数的比例来看，我们则远远超过美国。这还是扩招前的情况。大规模扩招后学生至今尚未就业，目前还不好说，但这种突发式、脉冲式的增长必然会引起比例失调，这是不需要太多知识就能明白的。

结构问题包括横向和纵向两个方面。横向可分为科学教育（理科）、工程教育（工科）和人文教育（文科）等分支。前面已涉及这个问题，细分的话，还有各种专业。目前关于专业不适应需求的反映较多，所以倾向性的做法是拓宽专业，增强适应性，但专业太宽了对具体工作也不一定适应，尤其是在中国，灌输性的教育方式短期内很难改变。所以专业的宽度是个不易掌握好的问题。从纵向来看，人才需求是有层次的，人才培养的不同层次是适应于需求的不同层次的。但目前出现普遍的盲目拔高的现象，这个问题也很突出，包括政府导向、舆论导向等方面都有较大问题。

　　质量问题国际上公认应包括知识、能力和道德（品格）三个方面。我国也不例外，但我国传统上侧重于知识的情况并无多大改变。对知识来说，主要的问题是知识面窄，在工程教育中缺乏自然科学和技术以外的知识；局部知识陈旧；追求理论体系的完整性，对实用性注意不够；尤其是实际动手能力和沟通能力普遍欠缺，计算机技术普及后，似乎书面和口头沟通能力没有增强反而更差了，扩招以后实际动手的机会更少了。道德问题主要是没有到位，强调课时，强调形式，把道德变成知识的传授，事倍功半，因为两者性质不同，有时连"半"都没有。

　　需求的根本问题是市场化。全国的市场经济还在建设过程中，距成熟的市场经济还有很长距离，对教育来说还谈不上真正的市场机制。教育的问题有其特殊性。一是市场包含两个层次：教育市场，人才市场。前者是人们愿意花多少钱来换取教育服务，后者是受了教育以后能找到什么样的工作，能有多少回报。应该说前者是依附于后者的。但是我国到现在为止还没有人才市场，原来的计划分配制度已被打乱，但市场还没有建立，不少地方临时性的集市式的供需见面变成了闹剧。二是由于教育的长期性及其产品形成的滞后性，再加上对需求层次的混淆，使得人才需求预测极其困难。因此，我国从来没有根据人才真实的需求来确定招生人数，招生人数的确定一直是各级领导拍脑袋来定的。目前是在人才市场没有建立的情况下对教育市场从政策和舆论两方面不断炒作，一段时间内形成火爆的局面。教育服务的定价各行其是，无规则可言，投入产出无法计算，更谈不上考核。

　　这里潜伏的另一个问题就是国家资源分配问题。目前，我国教育经费占国民生产总值的比重还偏低，当然近年来已在不断提高，并且还需进一步提高。但在资源有限的前提下，在教育内部，高等教育与基础教育之间的分配、城乡教育之间的分配、高等教育之间本科以上以及专科职教之间的分配等都存在不少问题。每年的人大、政协两会上均提出此问题，并相当尖锐。同时，在高等教育内部分配到每个学生的经费很低，因此对培养学生的质量影响很大。换句话说，就这么多钱，是培养一个合格的学生，还是培养几个不合格的学生，这本身就是个政策选择问题。由于学生合格标准的弹性很大，这个选择是很复杂的，并且主要决定于领导人的主观意志。历史上由于"大跃进"对国民经济的破坏，我们总结过深刻的教训，但对教育中经历过的各种挫折除了"文化大革命"中停办教育外，我们从来没有认真总结过教训。

三、模　　式

模式问题应该说明工程教育的特征。下面从几个区别来说明。

第一是科学教育和工程教育。科学教育与工程教育是不同的，科学教育的内容是传授系统的科学知识，培养逻辑性很强的科学思维，激发自由探索精神，其目的是培养科学家；而工程教育着眼于理论与实践的结合，培养解决现实工程问题的能力，要求从技术、经济、社会各个方面来综合考虑问题，其目的是培养工程师。但我国的工程教育并未形成独立的模式，实际上是从模仿科学教育而来，重理轻工，除了学苏联过程中的一段时间外，轻视实际、脱离实际的倾向一直存在。很多工科院校，并不以培养工程师为自己的目的，只有科学硕士、科学博士的学位就是一个最明显的表现。尽管近年来有了一些工程硕士，但数量很少，且只限于在职。可见，这与工程和科学对人才需求之比完全颠倒了。另外在广义工科教育中，也要区别工程教育和技术教育，后者更倾向于解决实际问题和具体动手能力。技术教育在我国一直并未形成体系，导致我国缺乏高素质劳动力，严重制约着我国的产业发展。

第二是通才教育和专业教育。这个问题是相对的，除了基础教育以外，高等教育不可能是纯粹意义上的通才教育（而基础教育还不到成才的阶段，所以也谈不上通才）。因此实际上是专业的宽度不同而已，而专业的宽度应根据不同国家的不同发展阶段而异。近代科学技术发展越早的国家，越是站在世界前沿的国家，其专业应该越宽；而后进国家由于要在较短时间内赶上先进国家，要求其人才使用的高效率，教育和使用应尽可能对口，因此专业可以相对窄一些。另外，后进国家的产业基本上是先进国家已有的或曾有过的，产业本身比较成形，变化的幅度也比较小，因此专业面相对窄一些，副作用也不大。这个问题需要适度掌握，一般在高等教育中以不提通才教育为好。但我国现在一方面在中学分科，另一方面在大学拓宽专业，出现严重违反逻辑常识的现象。

第三是素质教育和职业教育。应该说，任何一种教育都是从一个或多个方面提高受教育者的素质的。这里所说的素质教育，是指其目的在于提高受教育者的各个方面的素质，使其成为一个一般意义上的合格的或高素质的社会成员，而与其能否从事何种职业无关。职业教育的目的是使受教育者具有从事某种职业的基本条件或基本素质（这里不是指一般素质，而是专业素质），使其能合格地从事该职业。现阶段，我国和相当多国家的高等教育还是直接与职业相关的，应该属于职业教育。但多年来我国对职业教育采取低视甚至排斥的态度，把职业教育限制在专科及以下。这样，一方面使这些职业教育的教育者和被教育者产生自卑感，严重影响其积极性，妨碍其办好教育；另一方面又从表面上使本科及以上的教育丧失了其应有的目的，使其混同于自古而来的"学而优则仕"，即做官的方向（这里的官是真正意义上的官，而不是现代意义上的公务员，因为公务员也是一种职业，也需要职业教育，如当前的各种行政学院和 MPA 等）。

第四是精英教育和大众教育。目前国际上公认高等教育发展的三个阶段，即精英教育、大众教育和普及教育。其算法是毛入学率。大家也公认，还没有一个国家已做到普及教育，但发达国家已经早就做到大众教育了。我认为，这三者之间并不矛盾！并且实际上是共存的。比如美国，目前毛入学率约在 60% 左右，至于能否再提高还很难说，因为有一些人不具备上大学的基本条件，包括一些人就是不愿意上大学。当然这是另一个问题。就是在 60% 中，大量的人上的是社区学院；一部分上的是一般大学，包括相当多的州立大学，即所谓纯教学型大学；真正上所谓一流大学或研究型大学的只是很少一部分，这部分人仍然是精英。所以大众教育并不排斥精英教育，而是包含了精英教育。而我们现在在向大众教育的发展中却要把大众教育变成精英教育，大家都向北大、清华（国内的一流大学）等学校看齐，这是不现实的，也是不必要的，甚至是有害的。

四、方　　向

工程教育的发展方向应该是建立起独立的工程教育体系，它包括以下几个方面。

首先要明确目标，确立地位。目标就是要培养工程师，由于学制的限制，本科只能做到培养未来的工程师。随着职业工程师认证制度的建立和推广，这个目标应该越来越明确。在 21 世纪的前几十年内，我们的主要任务仍是要发展和完成工业化，因此需要大批合格的工程师，这是其他各类人才所不能替代的。当然，在市场经济中，工程师也可分为研发、设计、生产运转、营销及管理等各种类型，但工程师作为总体是工业化中的骨干人力资源，从目前我国已形成的情况来看，关键不在数量，而在结构和质量。

其次要研究需求，构建市场。这是个很艰巨的任务，但既然我们的目标是建立市场经济体制，那就必须在国家层面上，由政府支持建立起真正的人才市场，通过市场把供给和需求两方面紧密地结合起来。有了市场，才能使人才预测摆脱纯主观的臆测，而逐步建立在科学的基础之上。对于教育系统本身来说，决不能满足于脱离人才市场的教育市场的短期红火，而要紧密关注产业和技术的发展情况，重视人才市场的发展情况，踏踏实实地对人才需求做调查研究，尽可能地做到不要离实际情况太远。

再次，在工程教育内部，要重新审视教学体系，摆脱盲目追随科学教育的习惯势力，真正突出"工程"二字，办出工程教育的特点。当前最重要的是要贯彻理论联系实际的原则，从单纯强调理论的系统性转变为强调其在实际中的应用性；在思维方式上，从科学的以分析为主转变到工程的以综合为主，突出解决实际工程问题的能力，尽可能提供实践的机会；强调本专业和信息技术的结合；信息技术用于教育方法，既要充分发挥其作用，又要明确信息技术不能代替一切。远程教育不能代替面对面教育，虚拟不能代替现实，仿真不能代替实体，尤其从教书育人、从道德教育的角度来看，教师与学生必须有经常的直接的联系、接触。

最后必须明确，工程教育是个开放系统，必须要建立广泛的外部联系。要明确：教育中固然院校是主体，但培养人才是全社会的责任，社会、企业同样具有责任。院校要与企业、社会建立广泛的联系，一方面要争取企业提供各种实践的机会，包括对学生和教师，另一方面也要从各种反馈中汲取营养。同时要与社会的各个方面加强沟通，取得共同理解。要大力加强国际间的联系，既应互相学习、加强交流，更要多汲取国外好的经验和做法，特别要注意到各国都在不断回顾反思，不断改进。因此，学习国外经验要有动态的观点，注意其本质所在，而不仅仅看其形式。有条件的单位，应建立双方合作的关系，如互派学生，合作办学等。总之，经济全球化必然带来教育国际化。

中国工程教育的现状和展望[①]

在当今全球化、信息化的时代背景下，工程科技的发展水平体现着一国的核心竞争力。目前"提高自主创新能力，建设创新型国家"已列为我国"国家发展战略的核心"。这一战略性目标的实现将是提高综合国力的关键。

近年来，中国工程院积极参与了我国工程教育的改革，开展了大量调查和研究，与国内外工程科技界、工程教育界的同行们共同探讨工程教育的现状和发展。

一、近年来我国工程教育取得的成绩

自 1978 年我国改革开放以来，我国的高等工程教育有了快速发展，取得了很大成绩。具体表现为：

1. 教育规模快速扩张

我国正处于工业化时期，对工程科技人才有旺盛的需求。自 1999 年开始，我国高校按照政府的改革要求进行了大规模扩大招生。2000 年到 2013 年间，我国普通高校本专科在校生人数和招生人数有了极大提高。2013 年我国普通高校本科在校生人数为 1 494.4 万人，其中工学为 495.3 万人，占 33.15%。2013 年我国普通本科分学科学生数和普通专科分学科学生数如表 1 和表 2 所示。

---

① 本文 2011 年 11 月发表于《高等工程教育研究》。

表 1   2013 年普通本科分学科学生数

	毕业生数	招生数	在校生数
总计	3 199 716	3 814 331	14 944 353
工学	1 058 768	1 274 915	4 953 334
工学比例%	33.09	33.42	33.15

数据来源：教育部 2013 年教育统计数据。

表 2   2013 年普通专科分学科学生数

		毕业生数	招生数	在校生数
	总计	3 208 865	3 147 762	9 642 267
工科类	交通运输大类	127 177	153 172	436 213
	生化与药品大类	81 411	70 212	226 845
	资源开发与测绘大类	43 511	50 023	148 207
	材料与能源大类	45 115	41 412	131 878
	土建大类	271 421	365 236	1 050 469
	水利大类	10 955	13 908	40 420
	制造大类	430 682	405 538	1 261 946
	电子信息大类	370 232	297 772	931 847
	环保、气象与安全大类	14 649	14 560	45 583
	轻纺食品大类	62 363	51 904	166 629
	合计	1 457 516	1 463 737	4 440 037
工科比例%		45.42	46.50	46.05

数据来源：教育部 2013 年教育统计数据。

工科在大学中占有最大比重，在扩招前工科学生约占学生总数的 40%。1999 年以来，由于大规模扩招，比重一度有所下降。2000 年到 2013 年之间，普通高校本专科工科在校生人数占大学生总数的比例始终在 1/3 至 2/5 之间徘徊，仍占高等教育中的最大比重。与世界各国比较，我国的工科在校生无论绝对数还是比重都是第一位。

2013 年，我国工科研究生毕业生 17.2 万人，招生 21.2 万人，在校生 63.1 万人，分别占全国毕业研究生总数、研究生招生总数和在校研究生总数的 34.2%、35.5% 和 36.1%。也是各占 1/3 以上（见表3）。

表3　2013年普通高校分学科研究生数

	毕业生数			招生数			在校生数		
	合计	博士	硕士	合计	博士	硕士	合计	博士	硕士
总计	502 426	49 405	453 021	596 368	65 785	530 583	1 749 864	281 959	1 467 905
工学	171 966	17 162	154 804	211 562	25 044	186 518	630 803	116 804	513 999
工学比例/%	34.22	34.74	34.17	35.48	38.07	35.15	36.05	41.43	35.02

数据来源：教育部2013年教育统计数据。

2013年，我国开设本科院校1 145所（含独立学院303所），其中工科专业的本科高校1 077所（包括独立学院），占全国本科高等学校总数的94%以上；[①] 工科本科专业布点数15 000余个，占全国高校本科专业布点总数的1/3左右。从规模上讲，我国工程教育位居世界第一，我国已经名副其实地成为世界工程教育大国。

扩大招生使我国更多青年有机会接受高等教育，对提高全民素质起到了重要作用，其中相当一部分青年人接受了高等工程教育，为我国工业化进程所需的人力资源奠定了基础。

至2013年，全国各类高等教育在学总规模达到3 460万人，高等教育毛入学率达到34.5%。[②] 由于我国经济刚迈入中低发展国家门槛，人口基数庞大，又多年有效地实施了计划生育政策，新增人口在逐步减少，因此扩招的速度在慢下来，近年大体上年增5%左右，估计工科生源今后也会逐年递减。

2.教育结构发生积极变化

首先是对职业教育的重新重视。中华人民共和国成立后，在积极发展高等教育的同时，政府一直重视职业教育发展，以培养大量第一线具有专门技能的专业技术人员。但20世纪90年代，由于种种原因，职业教育一度被削弱，社会上普遍轻视职业教育，家长普遍要求子女接受普通高等教育，即使是对于爱好技能型操作的孩子也不支持其接受职业教育而要求其接受普通教育。原有职业学校纷纷升格，不能升格者不少被撤并，与产业部门和企业的联系被人为切断。这种情况到了近期有了重大转变，在各方面的呼吁下，政府重新重视了职业教育，2002年和2005年国务院先后两次召开全国职业教育工作会议，在各种教育计划、规划中都列入职业教育，其中高等职业教育，包括工科职业教育

① 根据教育部2013年教育统计数据和《2013年中国工程教育质量报告》整理得出。

② 数据来源于教育部2013年教育统计数据。

也有了恢复和发展。以 2013 年为例，当年全国高校新招本专科 683.8 万学生中，高等职业院校招生 255 万人，[①] 占 37.29％，其中工科类学生占 50％以上。

其次，学位教育也有积极的变化。以应用实践为基础的专业硕士学位得到了肯定，并得到很快的发展。其中工程硕士占了最大比重。2013 年全国共招收硕士研究生 59.6 万人，其中专业学位研究生招生录取人数是 22.4 万人，[②] 占 37.58％，工程硕士占专业学位硕士研究生的绝大多数。目前，我国已开始工程博士研究生的学位教育试点。

3. 教育投入大幅提高

随着教育规模的扩大，教育投入也相应提高。据统计，2013 年全国国内生产总值为 568 845.2 亿元，国家财政性教育经费占国内生产总值比例为 4.30％，比上年的 4.28％增加了 0.02 个百分点。[③] 对高等教育（包括高等工程教育在内）投入的提高幅度也在相应提高。各高校校园建设明显改善，教学设备显著增加，很多学校占地数千亩，大楼面积增加数万平方米。从校园外观来看，一点不比发达国家的一些名校差。各种教学设施和科研实验设备尽管在数量上仍嫌不足，但在质量上却日臻优化，不少设备堪称国际一流，大大强化了办好教育的物质基础。

4. 教育质量有所提高

随着科学技术发展和经济建设进展，我国高校逐渐开设了一些新兴的交叉学科专业，如分子生物学、功能材料、资源循环、物联网工程、生物医学工程等专业；新专业中也包括很多工程类专业，除了环境科学和工程，信息、新材料、新能源和节能、航空航天、海洋工程等之外，还有纳米技术与工程、能源化学工程、水声工程、智能电网工程等专业。其中有的专业原来只在少数学校有，现在很多院校都开设了。有些传统专业也开拓了新的内容，例如煤炭的清洁利用、极端制造、过程自动控制、信息化等，为国家培养了大量急需人才。

教学本身也在不断改进提高，随着市场经济发展的需要，工科专业更加注重通识教育。传统的工程专业逐渐按照一级学科大类招生，重视培养学生的基础知识，拓宽学生的专业适应性。同时，在工科教学中增加了社会科学和人文学科的内容，如经济学、法学、伦理学等，理论和实践结合的方式也在探讨和改进中，不少学校在校企结合方面取得了新进展。

[①] 数据来源于教育部 2013 年教育统计数据。

[②] 同上

[③] 数据来源于《关于 2013 年全国教育经费执行情况统计公告》.（教财〔2014〕4 号）。

5. 教育教学改革在积极开展

在国家开展大规模工程建设的背景下，教育主管部门和部分学校，特别是在经济发展水平较高地区的一些学校，已经意识到传统的教学模式不能适应产业升级、发展方式转型的需要，必须进行改革。新的教学模式强调需求决定和学生主体的价值导向，强调全面工程训练，强调实践主导下的课程体系的整体改革。

在国家层面，《国家中长期教育改革和发展规划纲要（2010—2020 年）》提出了一项重大教育教学改革计划——卓越工程师教育培养计划（简称"卓越计划"），已经于 2010 年 6 月正式启动。"卓越计划"是我国高等工程教育主动服务新时期国家发展战略的重要举措，以"行业指导、校企合作、分类实施、形式多样"为原则，重点开展五项任务：创立高校与行业企业联合培养人才的新机制，创新工程教育的人才培养模式，建设高水平工程教育教师队伍，扩大工程教育的对外开放，制定卓越工程师教育培养计划人才培养标准。项目实施以来，已经有近 200 所高校、约 3 万名学生参与进来，这些学校与各行业的企业共建了近千个校级工程实践教育中心，6 000 余家企业的上万名企业兼职教师参与到工程人才的培养过程中。在各级政府、参与高校、各类企业和社会各界的共同努力和支持下，"卓越计划"已经迈出了令人鼓舞的步伐，对我国高等教育改革的影响和推动作用正在不断显现。

各学校也开展了一系列卓有成效的改革，最引人注目的是 CDIO（构思conceive、设计 design、实施 implement、运行 operate）和 PBL（基于问题式学习 problem based learning/基于项目式学习 project based learning）的教学模式改革。这两个概念虽然是从国外引进的，但在本土化的过程中也有许多创新。如在汕头大学等学校的探索中，根据中国的实际，在 CDIO 的实践中融入了职业道德教育的元素，使 CDIO 的内涵更加全面。PBL 也在一些学校开始实践，成为我国众多新教学模式中富有成效的一类。应当指出，所有这些改革都得到了各级政府主管部门的关注、支持和引导。

6. 工程教育认证体系得以建立和完善

近年来我国高等工程教育发展迅速，社会对高等工程教育质量也提出了更高的要求。同时，随着经济全球化的发展，高等工程教育的国际化趋势也越来越清晰。在这个过程中，建立具有国际实质等效性的工程教育质量监控和保障体系已成为教育界、工程界的广泛共识。从 2006 年开始，我国逐步建立和完善与国际认证制度具有实质等效性的高等工程教育认证体系，并积极申请加入有关国际互认协议。我国工程教育认证采用了国际通用的以成果为导向的理念和标准，强调"教育产出"（outcomes，即学生学到什么），重点关注毕业学生的沟通能力、合作能力、专业知识技能、终身学习的能力及健全的世界观和责任感等，对培养计划的制订，乃至整个工程教育体系的改革都有深刻的影响。截至 2013 年年底，我国已经对 370 多个专业点进行了认证。这是提高我国工程人才培养质量的重要保证，也是我国高等工程教育参与国际竞争的重要基础，同时，也为将来与工程师制度的衔接奠定了良好的基础。

7. 国际合作在不断推进

我国许多高校与国外学校建立了联系，合作方式多种多样，从不定期到定期互访、交流经验、互换学生和访问学者，到合作办学、互认学历，到共同授予学位。

合作办学的方式也各有特色，如上海交通大学与美国密西根大学合办的交大密西根学院，英国诺丁汉大学与宁波市合办的宁波诺丁汉大学，法国雷恩高等商学院与北京邮电大学合办的工商管理博士班，等等。不少学校组织部分学生利用暑假到国外对口学校进行第三学期学习，等等。

与此同时，我国高校也扩大了招收外国留学生的规模，目前在校留学生人数已超过 12 万人，"十一五"期间增加了 50% 以上。其中发达国家来华留学生大多是汉语言、文史类专业，工科专业的留学生主要来自发展中国家。

我国高等工程教育研究会等机构也与国外相应机构建立了联系渠道，开展互访、举办研讨会等活动。近年来，清华大学工程教育研究中心与国际工程教育学会联盟（IFEES）等国际组织合作，连续几年共同举办清华大学国际工程教育学术工作坊（Tsinghua-IIDEA workshops），在国内外产生良好影响。

二、我国工程教育中存在的问题和不足

在肯定成绩的同时，也要看到，我国工程教育还存在许多问题和不足：

1. 供需之间存在矛盾

近年来在人才供需上出现了一个奇怪的现象，即一方面相当比例的高校毕业生面临就业困难，一次就业率在下降，而较长时间的就业率未见数据；但另一方面，很多企业却招不到需要的人。直接原因就是学校培养的人与企业（市场）需要的人不对口。至于深层的原因，就有多种分析了，概括起来说有总量和结构两个方面。

从总量上看，尽管近年来我国 GDP 年增长率在 10% 左右，但就业人数的增长率却远远低于此数，只有 1% 左右，如果排除农业就业人数的减少，则第二、第三产业就业者的年平均增长率为 4.5% 左右，与 GDP 之间的差距反映了综合劳动生产率的提高。另一方面，随着高校大扩招时期招入的学生逐渐毕业，年毕业生数量却是百分之几十的增长，显然与需求之间难以相互适应。即使考虑到由于企业技术进步，新兴技术含量高的产业的加速发展，对于高层次人才需求的增长比例较大幅度地超过劳动者总量的增长，但也不可能增长得这么快。再考虑到我国企业的大多数还处在全球产业链的低端，转变经济发展方式还需假以时日，这种不匹配、不适应就有其必然性了。

从结构上看，包括层次结构和专业结构都有不适应的地方。在层次结构上，如前面已提到的职业教育，尽管已有很大进展，但相关的社会舆论导向问题仍然没有解决。同时，实际发展中也还存在学校层次决定学校和校长行政级别等问题。在专业结构上，很多新兴专业、交叉专业仍嫌不足。近年来由于经济发展的需要和引进新技术，一些传统产业有所复苏，如采掘业、传统制造业等，但前些年在一些高校中此类专业已经萎缩，因此也出现人才不足。

此外，由于教学本身存在的问题，毕业生的质量达不到用人单位的要求，也是导致供需矛盾的一个重要原因。在科技迅速发展的今天，高校如果不能充分聆听当今企业对人才的需求，不能主动接收来自世界各地的有关科技发展和人才流动的信息，就很难担负起向社会输送合格人才的使命。尤其是扩招后高校教育质量问题，必须引起足够的重视。

2. 学校发展目标与模式趋同化

由于对院校实行行政化分档次管理，高校被分为高职院校、一般高校和"211"院校，后来在"211"院校之上又命名了若干"985"院校。另一种分类叫作研究型、教学研究型、教学型。再一种分类叫一流大学和非一流大学，一流又可分为国际一流、国内一流或省内一流，等等。本来主要是培养人才类型上的差别，变成了层次差别。而且层次又和学校及领导人的行政级别挂钩，和学校得到的经费及其他支持紧密联系，因此，越是上层的学校得到的资源越多，发展得越快，马太效应极明显；而越是分层，分在较低层次的就越不甘心，总想往上提升。在这样的背景下，大家都想办成一流大学、研究型大学，导致学校发展目标和模式趋同。在不断攀比的过程中，培养社会需要的多样化人才的目标模糊了，培养人才是学校中心任务的目标模糊了。

另外，一些高等工科院校在办学定位上往往过于追求理论意义上的科学化，而忽略了学校自身的办学理念与特色。在学校各项评定指标中，一味地强调科学研究、学术论文的发表，忽视了工程实践教学的特性与研究、忽略了工程实践教学内容的时代性与系统性。不少学校的主要精力放在科研上，放在争取更多的科研项目和经费上，而培养目标缩减为单一的科学研究人才，教学摆不到学校的中心位置，管教学的领导深感苦恼、教师开展教学改革的热情不高，成为较普遍的现象。

3. 教学中缺乏实践环节

根据用人单位的反映，工科毕业生，无论是从重点院校还是普通院校毕业，普遍存在着动手能力差、专业面窄等问题。由于学生规模大，实践环节的要求与现实实践条件之间存在很大反差。从内部看，学生在校的实验条件原本就严重不足，现在实验分组越来越大，真正让学生自己动手的机会越来越少，有的实验甚至只是老师演示、学生观摩。从外部看，学校与企业联系薄弱，学生到企业去实践的机会很少，接触生产装置和设备的机会也在减少。学校方面缺乏相关经费，对学生实习纪律等方面的教育也不够，怕学生到企业去捅娄子；而企业也怕麻烦，不愿接受学生去实习。从大环境来看，大企业为数有限，确实接纳不了这么多实习学生，并且随着技术进步，很多操作都已自动化，学生去了要为他们专门设计实习环境，也需要相当的投入；至于广大中小企业大都仍处于产业链的低端，只能安排一些部件组装等简单操作，也难以让学生进行真正的实践学习。在这种情况下，不少学校让学生自己去找实习单位，学生找不到就随便找个地方开个证明信到学校交差。过去工科学生必需有的设计环节大多被取消，课程设计没有了，毕业设计被毕业论文所取代，而缺乏实践的论文则靠东拼西凑甚至抄袭来完成。此外，学校中大多数教师本身都没有在企业工作过，没有实践经验，又普遍缺乏从企业来的兼职教师，因此也难以指导学生的工程实践活动。

实践教育的问题对工程教育和整个高等教育都是很重要的。实践问题包括教师的实践经验、学生的实践机会等。如果从更高的角度来讲，从认知论的角度来讲，实践是认识的出发点和归宿，如果没有实践环节，工程教育是达不到目的的。[1]

4. 教学体系不适应工程特点

教学体系长期按基础课、专业基础课、专业课的老三段来划分和安排，缺乏适应现代工程特点的变化。基础课甚至相当部分专业基础课是按照科学教育的理念组织的，主要考虑学科体系的完整性，并不按照工程的需要加以重组。专业课也主要是讲技术、讲分析，以还原论为基础，缺乏工程的系统思维、综合思维。在学科上划分过窄，课程设置单一，教学内容陈旧，教学方法呆板，在学科交叉、设计理念、理论与实践的结合、方案论证选择等方面，缺乏严密的组织，教学改革不够深入，这阻碍了高校在一个良性的轨道上快速而有效地

---

① 朱高峰. 高等工程教育研究的战略意义［J］. 清华大学教育研究，2009（2）：2-3.

发展。

一些国外引入的新理念尚未充分普及，大多数学校还谈不上创造性的应用，课程体系改革和课程内容更新重组也大体上处于起步阶段。

5. 创新与创业教育重视不足

在 IT、互联网、通信、生物、纳米技术等新兴领域，每五年的技术变革都有可能改写过去几十年甚至上百年的发展历程。在这些领域里，企业往往希望高校走在前面。高校应该领先开放，跟上产业发展的步伐，更应该在科研领域成为引导技术发展方向的先驱者。在入世的背景下，伴随着外资的大量注入，我国正逐步成为"世界制造中心"，但这远远不够，高校应该成为创新和创业的教育基地。近几年的就业市场上，工科类专业的毕业生就业率相对于其他专业一直位于人才市场的需求量前列，[①] 然而高就业率并不能掩盖我国高等工程教育的深层危机——教育质量问题，就目前的情况看，院校工程教育中对于学生创新能力培养重视不足和对于学生创业精神的激发不足，已经成为制约我国工科学生进一步发展的重要因素之一。据统计，近年来国内大学毕业生自主创业的比例仅为 1% 左右。虽然工科毕业生自主创业的比例相对较高，但仍然凸显出高校创业教育的薄弱，以及学生主动创新、开拓的精神的缺乏。我国经济发展方式的转变和产业结构的转型，以及加快推进创新型国家的建设，都要求高等工程教育要进一步解放思想，加快探索创新型工程科技人才培养的途径；也迫切要求工科院校不断探索创新创业教育新模式，通过切实有效的方法培养工科大学生的创业意识和创新创业能力。

6. 学生综合能力素质薄弱

除了实践能力差以外，学生普遍缺乏综合的思维能力和人际沟通能力。由于应试教育对中小学的长期影响，学生普遍缺乏独立自主提出问题的能力，而无论中学或大学都很少开设逻辑课和沟通课，用人单位普遍反映大学生这方面能力弱。

此外，社会上、学术界的学术不端等不良行为和风气对学生产生消极影响，使一些学生缺乏独立人格和追求真理的精神，不遵守做人做事讲诚信的行为规范，甚至考试作弊、论文抄袭，凡此种种，都令人忧虑。

---

① 麦可思《中国大学毕业生就业报告（2010）》的研究表明，工科门类的本专科生就业率全国最高。其余门类依次是管理学、医学、农学、经济学等。《2012 广东省普通高校毕业生就业工作白皮书（本专科）》的数据也说明工科就业率最高。

三、我国工程教育的发展前景展望

我国政府已经发布了《国家中长期教育改革和发展规划纲要（2010—2020年）》（以下简称《纲要》），对2020年前的我国教育事业做了全面规划，尽管其中对工程教育直接着墨不多，但实际上《纲要》的各个部分大多影响到工程教育。《纲要》明确提出"提高质量是高等教育发展的核心任务"，意味着大规模数量扩张阶段已告结束，今后要转到提高质量上来，这当然涵盖了工程教育的发展方向。其他如职业教育、基础教育，建设现代学校制度，考试招生制度改革，办学体制和管理体制改革等段落都与工程教育直接有关。根据国家现代化建设进程和《纲要》的内容，展望我国工程教育发展前景，可以预期：

1. 学校竞争将加剧，工程人才的供需矛盾将缓解

随着人口结构的变化，近年来参加高考的总人数开始下降，这意味着学校之间的竞争将加剧，促使各学校在提高质量办出特色上下真功夫，部分质量较差又无特色的学校将面临被淘汰的局面，而多数学校会不断进步。随着经济发展和招生增长率的下降，供需总量上的矛盾将逐步缓解——虽然会有一个较长过程。

2. 学校办出特色有赖于改革工程师制度和行政化的办学体制

竞争的局面将促使各学校更多地研究社会对人才的需要，逐步认识到需求的多样性，并根据各自的长处准确定位，办出自己的特色，并及时调整专业设置，满足社会的需要。这同时需要社会各方面的大力协同，其中的关键有二：一是工程师职业资格的导向作用，目前我国还没有完整的职业和执业工程师制度，因此工程教育缺乏社会导向，此事已酝酿多年，有望在不久的将来出台政策，并将对工程教育起到重要导向作用；二是体制上学校分类与行政级别和资源投入挂钩的做法必须改变，以消融学校趋同化的动力。《纲要》中已明确"克服行政化倾向，取消实际存在的行政级别和行政化管理模式"，关键在如何落实。

3. 产业转型将有利于解决产学结合培养人才问题

产学结合、校企合作是解决实践教育缺失的根本途径。一方面需要推动立法，让企业明确在培养人才方面的社会责任；另一方面学校要精心组织学生去企业参加实践活动，务求在学生真正学有成效的同时，使企业也能从中受益，达到双赢。同时要看到，广大中小企业在整个国家转变发展方式的过程中会逐步转型，市场压力会促使他们产生对工程人才和工程创新的需求。只有广大中

小企业发展方式转变了，国家才有持续发展的希望，教育中的问题也才能得到相应的解决。在产学结合中也要同时解决教师缺乏实践经验的问题。目前有些学校，尤其是办学条件较好的学校想以建立校内实践基地完全代替学生到企业去接受实践教育，这方面的动向值得注意。

4. 教师将成为教学改革的主力

课程体系的改革是个长期的过程。在指导思想清晰的前提下，改革的主力是教师，可能的阻力也来自教师。要讲清道理，动员广大教师转变观念、积极探索，汲取国内外的成功经验，结合本校、本专业的实际情况开展改革。对CDIO、PBL 等理念要深入、全面地理解其精神，根据实际情况加以消化吸纳，并不断创造新的做法。当前，教育部确定在部分高校开展卓越工程师培养计划，只要认真踏实去做，坚持数年，必有成效。对教师业绩的考核、职务的晋升应充分体现其教育教学改革内容和成效。

5. 学生全面素质的提高要从各个方面努力

高校应协调安排各类课程，使学生获得必要的各类知识，并训练学生的各种能力。要从人才全面成长的角度，改造德育课程，把德育贯穿到学生在校各个方面的活动中去。在帮助学生树立正确的世界观、人生观、价值观的同时，使学生养成独立的人格、良好的品质。应逐步开设一些长期缺失的课程，如工程伦理、逻辑思维、人际沟通等，并推广到所有学校；要组织好第二课堂、科技竞赛等课外活动和其他有益的社会活动，让学生有机会接触社会。关键是教师们要发挥示范楷模作用。当然，问题的根本解决，在于中小学如何改变已经形成多年的应试教育体系，需要全社会从上到下，从政府、学校、家长到学生本人转变观念，真正形成"人人皆可成才""各个行业社会都需要"的认知，同时要打破已经形成的各种既得利益链。虽然做到这些绝非短期之功，但学生在高校学习有其规定的期限，不能等中小学都改好了再来，高校必须从现实出发，尽可能创造条件，让在校学生得到更全面的素质教育。从工程教育的角度看，在中小学教学内容中除科学知识外如何适当增加一些基本的工程知识，需要认真加以研究。

随着现代化进程的向前推进，我国工程教育的质量正在逐步提高。以上所述各点，有的是相对较短期的任务，有的是长期努力的方向；有的是中国特有的问题，有的也是各国工程教育中的共同问题。我们要不断提高质量，培养出一代又一代的适应国家发展需要的工程科技人才。

中国工程教育问题探源

——朱高峰院士访谈录[①]

姜嘉乐 张海英

受访人物简介：朱高峰，中国工程院院士，通信技术与管理专家。原籍浙江宁波，1935 年 5 月 27 日出生于上海市。1951 年就学于清华大学物理系，1953 年被选送到苏联学习，1958 年毕业于列宁格勒电信工程学院，获工程师文凭。历任邮电部邮电科学研究院工程师、邮电部第六研究所总工程师。1982 年起任邮电部副部长、主任级高级工程师。1994 年当选为中国工程院院士并任副院长。朱高峰院士长期从事电信系统的科研工作。20 世纪 60 年代至 70 年代，主持通信载波技术的总体设计与研制工作，设计并研制了我国第一套中同轴电缆 1800 路载波通信系统，该项目是我国载波通信系统的重要组成部分，1978 年获全国科学大会奖。特别是由他负责总体设计的中同轴电缆 4380 路载波通信系统，填补了国内空白，打破了国际上对我国通信技术的封锁。20 世纪 80 年代他倡议并组织建设全国长途自动电话网，提出网络运行可靠性总体设想，推动了通信网络技术理论的发展。20 世纪 90 年代他组织制定了我国长途网络规划，在"八五"期间我国 22 条光缆主干线建设中发挥了主导作用，为我国邮电事业的发展做出了突出贡献。近些年来，朱院士在密切关注世界信息技术发展趋势的同时，对我国产业结构、技术创新和工程教育等诸多领域的问题进行了广泛深入的探索，有关的讲话和论文在工程界和高教界产生了重要影响。

采访者简介：姜嘉乐，《高等工程教育研究》副主编；张海英，北京航空航天大学高教研究所副教授、博士。

---

① 本文 2005 年 11 月发表于《高等工程教育研究》。

问：朱院士，您好。近几年来，随着高校扩招的进行，高等教育的质量问题受到普遍关注。高等工程教育作为高等教育的重要组成部分，面对全新的社会环境如何保证质量、如何找准自身的定位和前进方向，这是高等工程教育改革必须面对、不容回避的问题。长期以来，您一直关注我国高等工程教育的改革与发展，并从战略高度提出了许多独到见解。今天，我们想代表《高等工程教育研究》的广大读者，就他们特别关心的一些问题，请您释疑解惑。

答：关注我国工程教育问题的人为数不少，我很高兴成为其中的一员。能否把意思表达清楚，我尽力而为吧。

一、工科院校的人才培养目标问题

问：从今年开始，工程教育的专业认证与注册工程师的资格认证提上了教育部和其他相关中央部委的议事日程，许多工作实际上是由中国工程院牵头的。此事的重要性无须证明，困难在于操作层面。请问在我国这项工作是应继续由政府主持，还是逐步移交民间中介机构来操作？有人认为，工程专业认证和注册工程师资格认证应当形成有法可依的常规性的运作机制，您对此有何看法？

答：部分领域的认证工作早已在进行，但全面的认证工作在我国刚开始研究，具体做法尚待摸索。从国际惯例看，这项工作一般由政府授权，非政府组织实施。无论如何，注册工程师资格认证与学校的工程专业认证都与工程教育密切相关，这是肯定的。专业认证是为了确保工程教育的质量，而注册工程师获得认证的基本条件之一则是受过合格的工程专业教育并获得相应的学历背景。所以，工程教育改革是做好这两项认证工作的关键。所谓工程教育，指的是工程技术人员所应接受的全面素质教育，包括道德养成、能力训练、理论知识传授和实践水平提高。在我国，这几个方面之间都存在一定的矛盾，或者说，我们的工程教育中还存在很多问题和缺陷。我认为，解决这些问题，最好的方法是由人才需求方，即由企业就人才的层次、规格、能力和特点提出明确要求，为学校的教育改革导向。但在我国，这些问题都是由政府出面来解决的，所以政府的导向作用举足轻重。在目前条件下，只有政府有这个能力，我们主要还是得靠政府，在政府的直接领导下进行教育改革和各项有关制度的改革，包括实施工程专业认证和工程师资格认证。

问：您的意思是说，我们现在还不能完全按国际惯例行事？

答：首先，按照国际惯例行事，需要一个过程；其次，任何国际惯例都有一个与本国国情结合的问题，实际上，各发达国家的做法也不尽相同。当然，我国各界对需要建立注册工程师制度原则上已经形成共识。为了尽快获得国际社会认可，顺利参与国际事务，我们有必要逐步建立权威性的非政府认证机构。现在注册工程师制度的建设已进入实质阶段，但注册本身有个资格问题，谁能够注册，谁不能注册，要有一定之规。比如，是否在已通过鉴定的工程专业接受过完整的训练并取得相关证书就是一个必要条件，这就涉及工程教育问题，我们必须认识到，工程教育的改革势在必行，其关键是明确培养目标。目前很多工科院校都不承认工程师应当是他们的主要培养目标，这就引起了混乱。

问：现在我国的高校大都致力于成为综合性大学或研究型大学，把培养科学家作为主要目标，对培养工程师明显重视不够。当然，有些学校也提出既要培养科学家，又要培养工程师，但这样说多半只是一种姿态，一旦涉及两类人才的比例和主次这类实质性问题，人们就三缄其口了。所以，目标问题并没有真正得到解决。

答：有一些根本问题的确需要理顺。人文科学这里姑且不谈。在自然科学范畴中包含两个系统：一个是科学系统，一个是工程技术系统。从教育角度来看，后者又分为工程教育体系和由职业技术教育承担的技术教育体系。这里有必要搞清楚职业教育与普通教育的区别。有人说，职业教育是以就业为导向的教育。我认为，这种说法不合逻辑。难道其他的专业教育就不是以就业为导向？现在的大学教育又有哪个不是以就业为导向？不管怎么说，培养工程师与技师的工程教育和职业技术教育都应属于工程技术系统，或者说工程系统；培养科学家、研究者、基础科学教师的教育则属于基础科学系统，或者说科学系统。这样划分到底是否合适，还可以研究。

我国目前对工程师的需要是大量的。在整个自然科学范畴的知识分子队伍里，工程师应占大多数，科学家应占少数。问题是，面对这样的实际需要，我们在培养工程师方面投入的力量明显不足。高等学校往往把培养科学家作为自己的目标，不屑于在培养工程师上花大力气。我认为，高等学校不应以培养科学家为主要任务。事实上，即使是在科学系统中，相关的高校培养出来的也应该大量的都是中小学教师。现在由于出生率下降，中小学学生的数量锐减，中小学教师似乎有些过剩。但实际上，合格的教师仍然不够，教师的整体素质仍不能让人满意。所以，今后应有大批的本科毕业生，主要是理科和文科的，去担任中小学教师。从需求数量来看，中小学教育对教师的需要远远大于社会对科学家的需要。这关系到全民素质的提高，关系到民族前途。高校竞相把主要培养目标定位在科学家上是不对的。

问：各国的发展史上似乎也没有批量培养科学家的先例。

答：说到底，还是一个社会需求问题。每个国家都需要科学家，但不可能需要大量的科学家。我们知道，科学家是不能直接创造价值的。一个社会有了剩余价值，才能养得起一部分人去做科学家。奴隶社会也有科学家，像阿基米德这些人，说明当时已富足到了一定的程度。如果一个社会人人都吃不饱，要培养科学家是不可能的。只有当一个社会的生产力达到了相当的发展水平，才有可能培养科学家。但无论如何，在任何国家、任何社会，科学家总是少数。学校教育以培养科学家为主要目标是不切实际的。我认为，学习自然科学的大学生，其职业前景大都应当是教师，主要是中小学教师，比如学物理的，将来可以做物理教师；学习化学的，将来可以做化学教师。当然，若有人说，物理教师、化学教师就是物理学家、化学家，我也并不反对。这只是个称谓问题，无关宏旨。关键是对绝大多数大学生来说，将来从事纯粹的科学研究不应当、也不可能成为主要的职业选择。学校教育要充分考虑学生毕业后能否在社会上找到自己的位置。

问：这就涉及对工程师这个概念的理解问题。现在有一种解释比较流行，即工程师包括四种类型：工程科学家（或称研究型工程师）、设计开发工程师、制造工艺工程师和营销管理工程师。这样分类是否确切？今后学校是否可以照此分类培养？

答：这里当然有个与工程链相互对应的问题。工程师作为个体不可能、也没必要工程链上的任何工作都做。工程链上不同环节的工作要由不同的工程师去做。但是，不论哪个环节上的工程师都应有一个相对完整的基本工程训练。比如，如果一个搞研发的工程师，经济学的常识一点也没有，连什么叫生产成本都不知道，怎么搞研发？

过去的工程师是缺乏基本训练的，因为计划经济时的目标就是赶超，是不计代价的。对工程师的要求是，国家需要一个什么产品，你只要做出来就行，如果赶上了、超过了外国，就是成就，至于为此花了多少钱，那是不必考虑的。过去我们没有认识到：在科学研究中发现了没有被别人发现的东西，的确是成就；但在工程中仅仅做到这些是远远不够的，从市场经济的角度看甚至是没有意义的。譬如，人家做了一台 DVD，你也做出了一台，质量还比他好，但是成本比人家高 10 倍，这么做有价值吗？任何价值都没有！根本问题就在于，我们不考虑产品成本。所以，作为一名工程师，需要有基本的经济学常识，所谓基本的工程知识和工程训练，应当包括这方面的内容，但这并不意味着学了经济学就一定要去搞营销。

问：现代工程师是一个内涵丰富、外延宽广的概念。实际上，的确有一些人既从事一线的教育教学工作，又承担学校的领导管理职责，同时还搞研发，甚至办企业。您是否认为现在工程师的概念与过去的工程师相比已经大有区别？这些区别是本质性的吗？

答：这里所谓"过去的工程师"是指计划经济条件下的工程师。现在对工程师的要求与计划经济体制对工程师的要求肯定是有区别的。实际上，不仅信息时代的工程师跟以前工业时代的工程师有区别，而且同是市场经济，同在信息时代，也有许多个性化的要求，但这些并不是工程师的本质区别。你刚才提到工程师分类培养，究竟应如何划分，分得多细？这一方面跟整个学习期间学校的安排有关——能安排多少课，安排到什么程度。如果各方面都能做得很好，那当然值得赞赏；如果做不到这么多，突出某一方面也可以。另一方面，分类指导跟专业也有关系，有的专业可能某一方面需要的更多，有的则另一方面需要的更多。比如，地质工程师主要是做勘探，这项工作并不强调营销，社会对此类工程师的总需求量也不大，在专业设置上就应突出这个特点。做产品的工程师则是另一回事，社会对他们有大得多的数量需求。比如家电生产是大批量的，肯定需要生产工程师、营销工程师，甚至售后服务方面的工程师。而造船工程的工程量很大，就需要很多人；但一个船厂一年又能造出、卖出几艘船呢？因此营销工程师就不需要很多。由此可见，根据实际需要，学校教育应有所侧重。

二、社会需求与人才培养问题

问：您在强调社会需求这一点上，往往道前人之所未道，而且表达得非常完整和合乎逻辑。能否将您对工程教育的看法理解为：需求决定与科学发展的统一？

答：许多观点也不是我个人的独到之见，中央文件早就说得很清楚了。这几天我正在看 20 年前的《中共中央关于教育体制改革的决定》（以下简称"决定"），觉得非常好，根本用不着翻来覆去地讨论，认真照办就行了。遗憾的是，我们常常并没有照此执行，甚至是背道而驰。所以，很多事情能想到、说到，未必就能做到。比如，关于高等教育的发展规模，"决定"中指出："总规模达到与我国经济实力相当的水平"。这话说得多好！但在以后的高等教育改革中却没有人再提这句话，更没有认真执行。现在成天讲的是人口增长对高等教育的要求，只追求高教规模与人口数量之间的比例，不讲高教规模与经济发展水平之间的比例。我对"总规模达到与我国经济实力相当的水平"这句话的理解是：我们要从需求和可能性两个方面去考虑教育问题。一方面从经济水平上升的需要去考虑，一方面从经济水平上升的可能性去考虑。当然，义务教育另当别论，在现代社会，不论经济发展水平高低，义务教育都必须确保。义务教育与经济水平之间的关系主要体现在教育年限上，有的国家 9 年，有的 12 年，有的 6 年，有的可能还达不到 6 年，视经济条件的支持程度而定。高等教育与此不同，必须考虑经济发展和技术发展的水平与需要。换句话说，高等教育如何发展应取决于社会经济的发展水平与需要。就我国目前的经济发展水平而言，需要大量的专门技术人才，需要大量的工程师。但在现实中，人们对工程师的认可程度远远不如对科学家、对教授的认可程度。所以学校不愿意把工程师作为培养目标，担心在社会上失去吸引力。前不久，一所办得很好的高专刚从专科升为本科，就不愿提以工程师为培养目标，据说是为了提高自身的社会地位。这就是一个例证。

"决定"还指出，我们的社会当中根深蒂固地存在着鄙薄职业技术教育的观念和现象。与那时相比，20 年后的今天可谓有过之而无不及。作为一名工程师，我对这种现象感到非常悲哀！我想，这不单是职业教育本身的问题，而且也是我们的政策和舆论导向造成的结果。更深层的原因也许在于我们的思想缺乏科学内涵，主观主义在作祟。"大跃进"就是主观主义的产物。"人有多大胆，地有多大产"不就是典型的主观主义吗？我一直觉得邓小平同志在改革开放之初首先抓思想路线是完全正确的，可惜时间太短，没有真正改变这种现象，以至于现在又有人讲现代化可以首先在某些区域实现。我不赞成这种关于现代化的提法，它仍然是主观主义，是违背可持续发展观的。从根本上讲，制造这些舆论都是无视条件想拔高，不顾现实谋超越，与中国共产党的"实事求是""一切从实际出发""理论联系实际"的基本思想路线完全是背道而驰的。

经济搞得不对头，马上就会出问题。经济"大跃进"搞了一年，很快就造成了恶果。教育则不同，教育路线导致的结果具有滞后性，往往是十年以后、甚至几十年以后才能看到。因此，管教育的人应该比管经济的人更高明、更有远见才行。

三、工程教育的实际运作问题

问：高等教育必须直接或间接地满足社会需要，在这方面，工程教育较之其他类型的高等教育更具直接性，它的运作过程也更贴近实际。然而，工程教育的实际运作仍然面临许多困惑，比如行业办学问题、工科学生的工程实践问题等。请您就这两方面的问题谈谈看法。

答：首先谈谈行业办学的问题。20 年前，《中共中央关于教育体制改革的决定》就明确提倡各单位和部门自办、联办或与教育部门合办职业技术学校。这说明当时对办学模式的设想是切合实际的，但后来这些设想却没有坚持下去。办学权交出后，企业对教育的关心越来越淡漠。对于普通教育，企业可以不办。过去很多企业办义务教育，这一块的确应该交出去。但职业技术教育这一块本来就与职业密切相关，怎么能跟相关行业脱钩呢？以邮电部门为例，原来各省都设有中专学校，而且都办得很好，现在却一下子全都被取消了。在改革过程中，许多行政部门可以变来变去，但企业仍然存在，行业仍然存在，既然如此，为什么不允许行业办学呢？坦率地讲，这仍然是主观主义在作祟——听到一些说法，不做科学的分析论证，主观认定后就付诸操作，贻误教育也就在所难免了。这样说并不是求全责备，凡事百分之百正确是不可能的。但为了保证国家的发展和民族的振兴，一定要尽量避免大的失误。这就要求有一个合理的机制，一个能够广泛听取意见的机制，比如决策前的咨询机制。

再谈谈工程实践问题。工程实践对于工程人才培养的极端重要性是无须证明的。我认为，保证高校工程实践得到落实的责任在全社会。如果说教育部门也有责任的话，那就在于要向社会呼吁，向政府反映。有消息说，安徽省政府发布文件，规定所有企业都有义务为学校提供实践的机会。由此得到的报偿是，政府可以让这样做的企业冲抵相应的税额。这是一个好办法，可谓开风气之先。遗憾的是，很多地方的教育部门不去积极向政府、向社会反映这方面的需求，政府、企业、学校之间信息不通畅、不对称，这样，合作机制就难以建立了。

问：也有人认为，企业之所以不愿参与工程教育事业，主要原因在于不能给企业带来直接的利益。

答：这当然是事实。所以应从两个方面来认识。首先，企业要转变观念，不要认为教育仅仅是学校的事，而要把参与工程教育作为企业责无旁贷的义务。企业需要高层次专门人才，而专门人才的成长过程离不开工程实践这个环节。这个环节有没有，做得好不好，直接关系到人才质量的优劣，归根结底，关系到企业的发展前途。因此企业应该为学校、也为自己积极向学生提供工程实践的机会。其次，学校必须把握企业追求效益和利润的特点，认真研究一下在组织工程实践的过程中，怎样才能为企业创造价值。我想，以往学校对这个问题研究得不够，很大程度上是由于教师队伍的能力所限。现在大多数工科教师没有在企业工作的背景，不懂得怎样做才能创造价值，他们所组织的工程实践往往变成了观摩。我不是讲观摩不需要，但要是把工程实践变成了纯粹的观摩，企业当然不会欢迎。作为一名工科教师，不仅要把书本上的知识教给学生，还要具有组织学生参与实践、总结实践经验、在实践中创造价值的能力。理论指导下的实践跟盲目的实践完全是两回事，对这一点我们的教师缺乏认识，我们的教育界也缺乏认识。的确，现在很多学校已经意识到给学生提供实践条件的重要性，也下了很大的功夫，比如加强校内实验室的建设等。但这种重视主要体现在买设备、建房子这类"硬件"方面，而在加强工程实践的理论认识、围绕培养目标完善制度和方法等"软件"方面还做得很不够，特别是产学研结合的教育体制还没有真正建立起来。

问：您曾经深入研究过工程链的问题。学生工程训练是否与工程链上的每个环节都存在对应关系？

答：一般来讲，这种对应关系主要集中在生产制造环节。不可能在实践训练时叫你去搞营销，个人去联系营销，当然有可能，但学校有组织地到企业搞营销，企业是不会同意的。企业也不会让学生直接去搞开发。

问：在制造这个环节的实践训练也存在问题，往往不过是参观而已。即使能真正参与到制造过程中，也只占很小的一部分，难以对工程形成全面的了解。您曾经说，工程训练不能完全靠计算机模拟，一定要有实际操作。但问题在于，如果没有模拟，学生就不可能获得完整的工程经验。请问怎样解决这个矛盾？

答：我并不否定模拟的必要性，只是说不能完全靠模拟。不言而喻，任何工厂都不可能完全敞开供人观摩，不仅人力、物力、财力和实习时间不允许，还因为存在产权和技术保密问题，所以适度模拟还是必要的。关键在于，不应当把实际操作与计算机模拟对立起来。实际操作使学生获得真实的工程经验，模拟则使这些经验得以延伸和拓展，形成相对完整的工程意识。但应当强调的是，实际操作是第一位的，没有实际操作，模拟就会丧失真实经验的基础，变成无所凭依的空中楼阁。通常情况是，在对企业的生产流程有了一般性的了解以后，学生即可在某些环节上进行相对深入的工程实践。若想给企业创造价值，现实的生产过程中也有大量的实际工作可做。无论如何，工程训练必须以实带虚、以深求广，切忌走马观花、浅尝辄止。

问：为了解决工程训练难的问题，许多学校都建立了校内实践教学基地。多数是把金工车间提升为工业中心，但也有另辟蹊径的。比如，有些学校仿效香港科技大学的做法，建立了设施先进完善，专业覆盖宽广，训练过程完整，集教学、培训、生产、管理、营销等多种功能于一体的工业中心。您认为这种做法是否具有普及的可能性？

答：就目前而言，这还只是一些个案。如果由国家出面予以普及，那当然最好。但是，这样做的起点费太高，不是所有学校都能支付得起，即使得到了有力的外援，也只是解决了工程训练的条件问题，而没有彻底解决前面所说的认识问题。关于工程实践，现在有两种认识。一种认为，关键还是要跟社会结合；另一种则认为，如果无法结合，那就不妨由学校自行解决。比如，天津工程师范学院就搞了一个很大的生产基地，跟外边的社会没有关系。这么做当然有一定的道理和好处，但没有真正解决学校的社会化问题。社会在发展，技术也总是在发展，学生在校内基地学到的生产技术，到企业后也许已经落后，那时该怎么办？如果校办企业真的可以取代社会上的企业，校内基地真的能完全解决工程训练问题，那么，为什么还要到处去寻找校外基地？清华、北大有那么多校办企业，都能办成实践基地吗？所以，现在企校结合很困难，工程实践问题以学校为主来解决倒也不失为应急之计，但完全靠学校来做，在社会化方面有其片面性，在科学技术发展迅速、企业需求不断变化的今天尤其如此。

四、产学结合问题

问：我们许多学校都在建设产学合作机制。实践训练在很大程度上取决于产学合作的成果。一般来说，产学合作搞得好，实践教学问题就解决得比较好。您认为怎样才能构建起良性运作的产学结合机制？

答：政府首先要立法，要制定政策。政府不能搞拉郎配，要通过法律和政策去促成校企双方的结合。对当事者而言，学校应首先采取主动。举个例子，我考察了三所职业技术学院，一所是宁波职业技术学院，一所是深圳职业技术学院，还有一所是天津工程师范学院。三校在与企业合作方面都做得很好。比如，宁波职院的学生还没有毕业，就有企业前来招聘。

这所学院就建在开发区里面，与区内企业建立了非常密切的关系，学生就在这些企业里接受实践训练。在此过程中，企业发现哪个学生合适，就提出预聘，学生则自行决定是否应聘。这就是所谓双向选择。本科院校为什么就做不到与企业建立如此紧密的结合？的确值得认真思考。尤其是工科院校，本应与企业有天然的联系。这种联系没有维持好，责任到底在哪儿？应该好好研究。

问：《高等工程教育研究》不久前登了一篇企业家的文章，分析了校企合作研发的动机，认为两者的主要动机都是获得资金；企业对培养人才兴趣不大，对大学的研发能力评价不高，主要是借大学之名来提高企业声望，以吸引更多的投资。您如何看待这个问题？

答：产学结合与产学研结合是两回事，出发点不一样。学校从教育的角度出发，需要的是"产学"结合；企业从效益的角度出发，需要的是"产学研"结合。学校到企业去搞研发，这种动机占一定比例，但不是主流，不是学校与企业合作的出发点。我们国家设有研究院所这一体制。由于历史原因，产业部门的研究院所在满足工业发展实际需要方面往往比学校做得更好、更强，这是事实。同样，由于历史原因，中国的多数企业不做研发，只做生产，主要任务是在生产方面。但从发展来看，企业应是技术创新的主体，对于合作搞研发项目，具有主动权和决定权，学校应把握这一点，在谋求与企业合作时，要根据企业需要制订培养计划，在人才培养与企业的技术开发之间保持适度的平衡。实践训练作为人才培养的重要环节，一定要适应企业的发展需要；学校在研发项目方面与企业合作，则要认真分析企业的情况，弄清相关的背景。

总之，产学结合与产学研结合不是一回事。前者的目的在于培养学生的实践能力，但应当弄清楚：学生在企业的实践主要是参与生产过程，不应将实践过程等同于研究开发。中国的企业往往以引进设备和技术为主，很少自主搞研发；大学生，首先是本科生，到企业去搞研发，目前还不可能成为主流。所以，学生把参与研发作为到企业去的前提，这是不现实的。其实，就学校而言，也不是都在那里搞研发，以研为主是另外一个层次的问题，属于研究型大学这个范畴。

无论如何，学校应通过与企业合作来提高教育的水平。这项工作说起来容易，做起来困难。所以学校要积极研究、主动出击，不能消极观望、守株待兔。

问： 在产学研合作方面，美国做得比较有特色。美国的一些大企业往往养一大批人专门从事技术开发，甚至还有不少人在企业从事基础研究。企业支持他们到世界各地讲学，或者到大学去担任兼职教授。您认为美国企业能这样做的原因何在？哪些经验值得我们借鉴？

答： 这是因为我们所处的发展水平与美国不一样。美国处在工业发展的最前沿，它的很多大企业都明确认识到自己必须承担研发的任务，而不能坐等学校去搞研发，然后自己来生产。例如，贝尔实验室就是一个私营企业的研究机构，出过十多位诺贝尔奖获得者，半导体、移动电话等都是那里发明的。这类企业所处的前沿位置决定了它养得起一批专门搞研究的人。而我们大多数的企业还远远达不到这种水平。当然，现在个别企业已经比较强了。比如，体制改革后，石化研究院归属于石化公司，由于公司在财力、物力上具有支持这种研究机构的需求的能力，所以研究搞得很好。但我们的大多数企业还不具备自主从事基础研究和开发研究的能力。很多企业甚至连独立进行产品设计都成问题。尽管如此，有一点还是应该明确：企业是技术创新的主体。这样说并不意味着什么都要企业自己做。企业采用的技术完全可以是外来的，包括从国外引进的，或者通过与国内研究所和大学合作得到的。只有一条不能放弃——企业要有技术创新的主导权。现在大家都在研究为什么产学结合得不好，问题就出在企业没有主导权。过去，在计划经济体制下的所谓三结合，主导权在政府，企业是没有主导权的。所以那算不上是产学研结合，而是官、产、学结合，结合的目的在于研究，而不在于教育。其中的"学"代表的是学问、是研究，而不是代表学校和教育；"产"当然是代表生产。无论"学"还是"产"，统统归政府主导。长期以来，人们习惯了这种机制，企业也没有提出对主导权的要求。但是当市场经济逐渐成为社会的主导经济体制时，技术创新的主导权问题就提上了议事日程。企业同研究所合作，如果没有主导权，就会感到很被动。科学家和教授与企业对话，可以利用自己的专业背景大占上风，结果是想搞什么就搞什么，研究出来的东西对企业有没有用，往往不予考虑。所以，企业必须成为主体。企业在技术创新中的主体地位主要体现在两个方面：一是出钱；二是有主导权——研发什么东西由企业来决定，怎样研发、技术方面的问题怎么解决，那是研究单位或学校的事。要不要开展某项研发，由企业来决定，研发的成果形成产品，成本要由企业控制。从现实需要看，企业不做主体已不可能。如果企业没钱搞研究，那当然什么都谈不上。至于大家联手向政府要钱，那是另一回事。

问：无论是产学合作还是产学研合作，企业都应是技术创新的主体，记得您曾经在《高等工程教育研究》杂志上发表过一篇研究技术创新的文章，对作为经济学概念的创新以及转化为工程教育概念的创新进行了深入分析。您认为目前我们应当从什么角度理解创新？

答：目前要注意的是自主创新问题。中央政府一直强调要自主创新。自主创新应该包括三个方面：原始性创新、集成性创新和引进消化吸收再创新（也叫二次创新）。不要理解为只有原创才是创新。其实，何谓原创，世界上到底有多少原创，常常是很难讲清楚的。我们搞引进，再对引进的技术和产品进行消化吸收、优化改造，就是在人家已有的基础上加以创新了，所谓"站在巨人的肩膀上"，就是这个意思。我们不能否定引进的经验，一切都从源头搞起。我们引进、吸收人家的先进经验，当然不是原样照搬，其中有许多窍门，这就或多或少掺入了创新的因素。引进是企业发展的重要组成部分，引进工作同样需要一大批有创新精神的工程技术人才。现在的大学工科毕业生，大量的还是要到企业去做引进、消化、吸收、改进的工作。不能把引进与创新人才培养对立起来。正因为企业引进了先进技术，我们教育出来的这些工程师才大有用武之地。

　　问：说到"用"字，似乎也有个多样性问题。有些高专升格为本科以后，应用型、技术型的人才培养模式并没有发生大的变化；还有些高职院校，希望办学年限长一些，至少是不要限得太死，认为将职业技术教育一律定为两年，有"一刀切"之嫌。对此您怎么看？

　　答：把什么是职业技术教育弄明白了，这个问题自然就解决了。有人说，职业技术教育是以就业为导向的教育，此话不错。但认为若是旨在就业，两年就够了，若不就业就学四年，这就说不通。四年毕业就不就业了吗？至于有些学校想通过升为本科或延长学制来改变生源质量，则要具体分析。其实，有些学校生源差是另有原因——地方政府给学校很多钱和大片土地，条件是要求学校解决当地学生的上学问题，所以不让招外地学生。这是目光短浅的表现，当然不利于学校的长远发展。

　　现在人们对学校的办学方向、培养目标、教育体制等问题的认识，还存在着很多混乱。我们的政府在制定教育发展规划时，应从战略高度明确中国的高等工程教育要坚持走两条道路：一条是工程型的道路，一条就是职业技术型的道路。两条道路是平行线，中间有交叉。两者之间没有高低之分，并为学生的未来发展留有多次选择的余地。我们要在制度上解决好两条道路平行发展和有机结合的问题。有关招生、学制等相关制度可以更灵活、更有弹性，尽量避免刻板和"一刀切"，教育质量可以通过评估机制来保证。

五、教材、师资和课程设置问题

　　问：目前在工科课程和教材建设中还存在着许多问题。比如，工程概论、工程数学、工程物理这些课程怎样设置，工科课程体系是否需要综合改革，各种课程之间关系的有机性如何体现等。您曾多次建议开设工程概论课。但很多教师认为，开设工程概论，往往要求教师个人通晓各个工程领域的专业内容，的确难度较大。您认为这个障碍应如何克服？

　　答：教材建设主要是解决两个问题：一是工程基础课教材，一是专业技术课教材。基础课包括工程数学、工程物理等，放到基础科学那套体系中去讲是不行的，因为工科课程量大面广，没那么多时间用于基础科学。所以，要根据工程的需要安排基础课，对数理课程要从内容上有所取舍，结构上有所优化，模式上有所改革，使之符合工科的特点。基础课还应包括工程概论。设置这一课程的目的：第一，在于让学生对工程的全貌有一个了解；第二，我国的中学课程是按照科学体系来设置的，学生进了工科院校以后，转到工程上来，需要有个转变，可以通过学习工程概论来进入工程领域。如果到了大学以后，从观念、教材到教学方法都是传统的数理化，那还怎么让人去搞工程呢？在工程领域做到全面融会贯通当然有困难，但工程的观念和方法有其共性，把这些共性通过一门概论课教给学生，不仅是必要的，也是可行的。如果我们的教师教不了这门课，那正说明我们的工程教育在这方面存在缺陷，应当在进行教材建设的同时进行相关的师资建设。关于专业技术课，我认为不应完全依照技术体系来设置，不应只讲技术层面的问题，而要始终体现工程的价值观和方法论。这是专业技术课中真正应当解决的问题。至于工程技术方面的内容，应当视需要而定，可多可少、可宽可窄，但主要的一些工程技术知识都要涵盖，这些东西也不见得就那么难学。关键是工程的价值观、方法论。没有这样的内容，还叫什么工程教育？我们的教材需要改革，以前有些东西不是不要了，可以拿来作背景性的知识，作为参考也好啊。

问：您多次提到开设关于工程数学和工程物理课的问题，我们也就此征求了一些教师的意见。工科教师大都觉得这样很好。但是有一个现实问题，就是要求授课教师既懂工程，又懂数学，而很多数学教师并不懂工程。工程物理的情况也与此类似。

答：还是可以让教数学的教师来教，但要把内容重新组合一下，以适合工程的需要。谈到具体实例，他们当然有些欠缺。但原理不会有什么问题，拿相应的原理去解决工程实际问题，两者就结合了。教工程数学的教师应主动去进行这种结合。至于工程数学教材，现在已经有很多，国外教材翻译过来的也不少，所以选择余地还是很大的。

问：您曾经就通识教育问题发表过很精到的见解，认为中国和美国国情不同，社会需求不同，经济和科技的发展阶段也不同，我们不能简单照搬美国宽口径教育的做法。但是，专业口径的宽窄涉及学生发展后劲和就业后是否用非所学的问题。您认为应当如何把握专业口径的宽窄度？

答：我想这个问题要从两个方面去认识。一方面，从宏观上看，全社会的教育资源跟社会需要之间是否对口？如果对口，这个问题就不存在。而对口的前提之一是对专业教育要有基于市场预测和科学分析的宏观指导。现在我们学的是美国，所以就没人去研究专业与社会需求对口的问题，一切交给市场去解决。国家在宏观上不去研究，产业部门也取消了，没有人对专业教育提供任何指导，这给社会资源造成了很大的浪费。德国的工程教育水平很高，但并没有照搬美国的做法，为什么？两国所处的阶段不一样。我们现在还处在低于当年德国的阶段，却采用美国的做法，对专业口径不加限制，学生就业完全靠市场调节，这给资源造成多大的浪费啊。另一方面，从微观上看，对口问题的解决也取决于每所学校与企业结合得怎样，专业教育能否与生产结合，结合得好，就不存在对口问题。具有讽刺意味的是，似乎办学层次越高，这个问题反而越突出。为什么人家高职院校能够对口，本科就做不到？是不是本科就高人一等，可以无视社会需求了？成了"一流大学"，岂不是更高人一等了？所以，这是学校自己的问题。

问：一般来说，工科教师都应有从事工程技术工作的背景，并具有很强的工程技能。而这正是我国工科教师的弱项。现在有些工科院校已在设法解决这一问题，如从企业聘请兼职教师、在政策上允许教师办企业等，您对此有何看法？

答：这涉及人事制度改革问题。人事制度问题不解决，什么都解决不了。现在并没有形成正规的兼职制度。企业是否允许它的工作人员到外边去兼职，并未形成有法律依据的规定。某个时期似乎人人都可以去，但一有风吹草动，又马上可以找出一个规定来，说你不能这么做。在这方面一直没有形成一个宽松而有序的环境。学校方面同样存在人事制度问题。教师可以被派到企业去工作一段时间，但这段时间是否算成果、是否计入工作量却没有明确规定，这样，就可能对教师今后的晋升产生不利影响。教师活动究竟应该放宽到什么程度，迄今还没有解决。前一段，允许教师自己去创业。现在一看这样不行，又通过人事制度去阻止。所以，对人的管理没有法律或不照法律办事，人事制度的有关规定又随时可变，这是不行的。现在的人事制度往往是正当的事情管住了，不正当的事情却管不住。我认为，应该作出法律性的明确规定，大学本科教师必须要有若干年的工程实践经验，没有的要限期补课；另外，企业必须按规模接受一定数量的教师去挂职和一定数量的学生去实习。

问：您一直强调工程师的职业道德乃至一般公民道德的形成是一个养成教育问题，而不是一个知识传授问题。这关键在于如何具体体现在课程教学上。您认为能否在德育课中纳入职业道德教育的内容？道德教育经常面临义理辨析问题，特别是工程活动，经常会处于两难的境地，需要在彼此冲突的利益各方之间进行道德选择。一个工程师既要忠实于企业，又要忠实于社会。但在某项具体工程中两者的利益可能不一致，就需要他做一个选择。如果两课没有余裕容纳这方面的内容，是否有必要单独开一门"工程伦理学"？

答：这方面学校也没有什么自主权。至于工程伦理学是否单独设课，可以再考虑。至少这方面的概念应该让学生知道。如果无法设置课程，放到别的课里也可以，至于它到底需要多少课时，占多大比重，学校可以专门去研究。不管怎么说，对于工程师职业道德的养成，工科院校负有责任，所以工程伦理学的概念应该让学生知道。如果课时很多，专门为此开一门课也可以；如果课时不太多，放到别的课里也行。

问：工程师提供的产品是为人服务的，所以需要有足够的人文背景。一般认为，工程师的人文背景有广义和狭义之分，从广义上讲，哲学、文学、艺术等关系到工程师的胸襟、视野和精神境界，都属于必须具备的人文背景。至于狭义的人文背景，主要是与技术层面相关的应用文科知识，比如科技法、技术美学、管理学、经济学，还有科技写作等。但是，怎样确定广义文科和狭义文科在工科课程体系中的比例，这个问题还没有解决。

答：人文学科的知识肯定要结合工科来学，不能为学文科而学文科。要按照工程的要求把人文知识加以重新组合，而且要由搞工科的人自己来做。这项工作首先涉及工科的课程设计，学校可以把相关的工程与人文知识加以整合。比如经济学，覆盖范围很广，与工程直接相关的有技术经济分析、成本核算、市场学等。要根据工程和工程教育的需要加以选择、进行有机组合。这项工作涉及的领域非常广泛，单靠某一专业的教师是无法完成的，需要组织各有关专业的优秀教师共同研究，要由既有深厚的人文素养，又有精湛的工程专业知识，并擅长对工程教育进行哲学思考的专家从整体上把关。

我相信，只要我们的工科院校确立了以培养工程师为主的正确目标，从体制上解决了产学结合、教育与需求对口、学生工程训练、教师工程背景增强及工科课程体系改革等一系列问题，并在工程专业认证和注册工程师认证方面实现了与国际接轨，中国的工程教育就一定能跻身世界工程教育的前列，就一定能培养出大批既有人文精神又有工程创新能力、活跃于现代化工业建设各个领域、能满足国家经济社会可持续发展需要的新型工程师。

中国的工程教育

——成绩、问题和对策[①]

现在来讨论中国的工程教育，与 10 年前甚至 5 年前相比，情况有了很大的变化，主要有两点：首先，是中国的经济到了必须转型的关键时期。改革开放近 30 年来，中国经济有了很大发展，增长率居世界第一，规模也已进入前列，但是主要依靠大量投入，包括资金、材料和能源、劳动力的投入，属于粗放型增长。由于缺乏自己的技术，相当一部分产品属于来料加工，附加值很低。虽然中央早就提出要转变发展方式（原来称"转变增长方式"），但由于具体措施跟不上，加之粗放型增长也还有空间，因此转变并没有实现。到现在，经济规模已很大，实物量堪称巨大，这在国内外引起了很大矛盾，资源、环境、市场难以支撑，已经到了非转变不可的时候了。中央于 2006 年初召开了全国科学技术大会，明确提出了依靠自主创新、转变发展方式的方针和建立创新型国家的目标。这对工程技术人才的培养提出了更高的要求，也提供了新的机遇。其次，是近七八年来高等教育界本身以扩招并校为标志的巨大变化。入学人数成数倍增长，学校规模急剧扩大，原来的大批工科院校基本上都已改为综合性大学。上述变化给工程教育带来了极大影响，在肯定成绩的同时，也要看到由此引起的一系列问题。

[①] 本文根据作者 2007 年 6 月在中国工程院与香港理工大学共同举办的面向 21 世纪的创新型工程人才培养论坛上的讲话整理而成。

一、成　　绩

这些年来，我国高等教育发生了巨大的变化，取得了很大成绩，概括起来有以下几个方面。

1. 规模扩大

据统计数据，1998 年全国高校在校学生为 340.87 万人，其中工科 135.46 万人；当年招生 108.36 万人，其中工科 41.24 万人。到 2005 年在校生为 2 300 万人，其中工科 533 万人；当年招生 504.46 万人，其中工科 179.67 万人。7 年间全国在校生增长 5.7 倍，其中工科在校生增长 2.9 倍；年招生数增长 3.7 倍，其中工科增长 3.4 倍。

2. 高教普及

在高等教育普及方面，毛入学率由 1998 年的 9.8％提高到 2006 年的 22％，已超过香港（据了解香港为 19％多），高等教育已经从精英型教育转变为大众化教育。教育投入也有很大增长，1998 年国家高教经费为 598 亿元，到 2005 年增长为 2 657 亿元，7 年内增长 3.4 倍。

3. 设施改善

教育设施的改善的确引人瞩目。首先是占地面积大大增加，很多城市都建设了大学城，有的还不止一处。过去占地千亩以上的大多是农业类学校（因为实验农场需要较大地域），而现在很多学校动辄两三千亩、三四千亩。其次是建筑面积大大增加，不少建筑相当宏伟，校园建设都很漂亮，比发达国家的许多学校（包括名校）都有过之而无不及。再次，在教学科研装备上也有了很大改善。

4. 学科建设取得进展

一些名校在学科建设上下了很大功夫，学科大类齐全，水平也有不同程度的提高，新的交叉学科得到重视。其他学校也普遍重视学科建设，逐步走上轨道。

5. 国际交流合作增加

国内名校采取多种方式与外国高校进行交流，包括参加、进而主办国际研讨会，互派学者访问、进修和讲学，合作办学，有的还建立了双证制。很多一般学校也都采取派出去、请进来等方式，与国外、境外高校交流。

二、问题和不足

我国高等教育在取得成绩的同时，也暴露了一系列问题，其中有的是老问题，但在新的形势下加剧了，也产生了一些新的问题，可概括如下。

1. 科学导向，模式单一

在理工科高等教育中，基本上是科学导向，模式单一，工程教育的工科特色不明显。这个问题存在已久，但近期的变化导致大量工科院校都变成综合大学，对工科的重视程度相对下降。学生规模的剧增又使工科必需的实践环节更为削弱，具有工程实践经验的教师也严重缺乏。另外，由于基本上已经没有专门的工科院校，除了一些原来没有工科的院校并校后新建了一些工学院外，在传统上工科较强的学校中却没有设置工学院，工科专业分散在很多不同的学院中，因此没有能集中代表工程教育的组织，也缺乏有组织地研究工程教育的力量。

2. 竞相升格，层次模糊

现在高校升格是一个普遍趋势。中职升大专，大专升本科，有了本科要有硕士点，有了硕士点又要有博士点、建研究生院，学院都要改为大学，下面再设若干学院，然后成为某个计划中划定的重点大学，已经是重点学校的要成为研究型大学、国内一流大学，再向国际一流大学迈进。志向固然很好，但严重脱离实际，既脱离学校的实际，也脱离社会对人才需求的实际。

3. 实践缺乏，能力缺失

这个问题也是存在已久，而规模急速扩大后实践的机会就更少了，再加上人为地切断了工科院校与产业已经存在几十年的紧密联系，使产业、企业原来提供的实践机会（不管是自愿的还是靠行政命令）不复存在。另外，由于科学导向，对工程教育所必不可少的实践环节的认识也模糊了，有的以模拟、虚拟化、演示观摩来代替，使学生解决实际问题的能力严重缺失。

4. 经费不足

尽管投入有较大提高，但1998年到2005年学生数增加了5.7倍，而经费仅增加了3.4倍，因此，生均经费非但没有增加，甚至有所减少。而且，增加的经费中相当大一部分用于基本建设，实际用于教学的费用比例也下降了。有些学校规模扩大后大兴土木，大量贷款，背上了沉重的债务，使利息支出占了办学费用中的很大部分，这样一来，用于教学的经费就更少了。

　　5. 收费提高，困难学生增加

　　近年来学费大幅度提高已是有目共睹的现实，尤其是中西部地区一些地方高校，由于当地财政困难，不能给学校以更多经费支持，因此学校主要靠向学生收费来维持，为了生存，还要不断扩大招生，不断提高学费标准。

　　另外，由于学生规模大了，新增学生中出身于困难家庭的数量大大增加，其所占比例也在提高。即使一般家庭，孩子的学费支出也占了很大比重，远远超过发达国家。最近国家奖学金和助学金政策出台将有助于缓解这一矛盾，但难以从根本上解决问题。

　　6. 就业供需矛盾突出

　　改革开放以来，我国经济平均年增长在9%以上，近几年来超过10%。若以10%计算，7.2年可以增加一倍，而招生规模8年中增加4倍，远远超过经济增长幅度，宏观上比例失调是明显的。原来确定扩招的文件中有一条理由是推迟就业，其效果现在就体现出来了。有的学校为了再推迟就业，大量扩招研究生，其后果如何也不难预料。

　　我国2006年新增就业1 184万人，计划2007年不低于900万人，预计今后也难有大幅度增加。过去高校每年毕业只有几十万人，占就业人口比重很小，就业相对容易得多；现在一年毕业多达几百万人（如2006年即为377万人）给社会带来巨大的就业压力。按大专生2008—2009年毕业、本科生2010年毕业计算，2006年招收的546.05万人届时将占到新就业人口中一半以上，全社会的就业困难高校毕业生要承担其半，问题之严重可想而知。而由于教育结构上的弊病、学生意向上的差异，就业问题甚至更为严重。

　　以上所议，只是就教育本身而言。从社会角度看，各种技能型人才大量缺乏，应用型人才也多有不对口之处，这对我国的经济、社会发展，发展方式的转变，产品质量和价值的提高，已经产生了很大的负面影响。所以，人才结构的调整，也是一个亟待解决的问题。

三、原　　因

　　以上问题的产生有多方面的原因，教育系统内外都有，这里将主要原因归纳如下。

　　1. 对人才规律和社会需求认识不清，导向偏差

　　我国现在处于工业化中期，在国民经济中，制造业占有最大比重，同时，重要的国情之一是农村人口仍占大多数。在这种情况下，人才结构只能是宝塔

型的，需要大批在一线工作的劳动者。社会的进步并不在于减少一线劳动者，使之都变成科学家、工程师，而是要提高广大劳动者的水平，包括一线劳动者和中高层人员的水平。但近些年来，政策和舆论造成了一种氛围，似乎年轻人只有上大学才有出路，没有上大学就是失败者、被淘汰者；考上大学，只有进本科、甚至一流大学才是好样的，进专科层次、普通学校就是次品。这一方面对学校和学生造成很大压力，从小学、中学甚至学前开始就始终处于这种压力下，压制了儿童和青少年全面素质的成长，还造成很多心理问题。另外，由于与社会的真实需求相悖，难免学非所用或高才低用，造成了社会资源的极大浪费。举一个极端的例子，对高考的重视有时甚至会造成全社会的闹剧场面，高考期间工程停工、车辆管制、出动大批警察维持秩序等，更有甚者，媒体狂热炒作所谓的高考状元。状元是上千年封建科举制度产生的顶层人物，正常情况下每三年全国才产生一个，整个中国历史上也就是几百个，当了状元就封官，一般任中层以上官员，而现在这些刚进入大学门槛的青年，只是因为入学考试得了分数第一，并且是某个地区、某个分科的第一，就被称为"状元"，大肆渲染，大加吹捧。这股风气虽屡遭反对却愈演愈烈，可见舆论导向到了什么程度，对"状元"本人的成长会有什么不良影响！富有讽刺意味的是，这类炒作"状元"的"高招"对强化教育的应试导向倒是颇有作用。这些人不懂得，教育大众化是一回事，"千军万马过独木桥"是另一回事，而"大众化"本身就意味着高等教育应当为一线人才培养作出贡献。即使在最发达的美国也并不是每个人都要上大学，就是上了大学也有一半是在社区学院里学习，毕业后还是作为一线劳动者进入社会。

2. 对科学、技术、工程的区别认识不清

限于篇幅，这里不能展开讨论。但必须说明，科学、技术、工程是不同的概念，各有其内涵和外延。概括地说，科学是探索事物（包括人类自身）及其发展的规律，技术是改变事物现有状况、创造新事物的方法和手段，工程则是应用科学理论和技术手段创造新事物的活动。三者既有联系，又互相独立，不能混淆。论及三者关系，也有不少模糊看法，譬如，有人强调科学对技术的基础先导作用，却看不到技术对科学的支撑作用、引导作用。有人强调工程是科学的应用，而没有看到实践中很多工程是在还没有科学理论的情况下，通过实践探索而做出来的，然后人们才去研究，找出科学依据来。因此，科学、技术和工程之间无所谓高低、上下之分。但在实践中，人们往往认为科学的地位高于技术和工程，科学家高于技术专家和工程师，这种错误认识导致了工科教育中的科学导向，驱使人人都要当科学家，这样，就大大削弱了工程师和技术专家的培养力度，造成人才队伍结构不合理。实际上，一个社会的经济基础能够支撑的科学研究是有限度的，不可能培养和容纳那么多科学家，如果人人都不当经济发展急需的工程师、技术专家而都去当科学家，恐怕大家都得饿肚子，更谈不上发展科学了。

3. 技术教育体系不清，目标不明

从国外经验来看，不少国家将工科教育分为工程教育和技术教育两大系列，对这个问题我国并没有认真研究。虽然从学历层次上来讲，一般认为本科及以上为工程教育，大专及以下为技术教育，但对于技术教育的培养目标是什么并不清楚。现在的分类概念把人才分为研究型、应用型、技能型，其中研究型是科学家，应用型在工科领域中是工程师，其他还有医师、农艺师、会计师、技师等各种"师"，而技能型为技师和技术工人。这种认识是否正确值得研究，如技术员不清楚属于哪类。而国外技术教育培养目标分为 technician 和 technologist 两种。如果把前者等同于技术员，则后者还没有对应的概念，只能翻译为技术专家。关键在于对工程教育和技术教育两者各自的特点、内涵、所培养人才的种类划分和需求情况等要进行认真深入的研究，一般来说，技术教育相对于工程教育，实际操作的内容比重要大些，技术人员基本上处于执行层面，但再进一步细加区分就不太清楚了。

由于上述原因，大学专科并不真正清楚其培养目标和培养对象，因此其教学内容只能是本科工程教育的压缩型，专科都要升本科就是很自然的出路了。与大专处在同一层次的高职是专科中的主要成分，目前学校数量已经和本科相等，更需要研究清楚，以确定其定位了。

4. 产学结合困难重重

工程教育的基本特点之一是实践教育，而实践需要条件，因此各国的工程教育中与产业结合都占了相当重要的地位。我国"文化大革命"前产学结合还是做得相当不错的，"文化大革命"后由于大量引进国外技术，企业对与学校和科研单位结合兴趣不大。由于市场经济概念逐渐深入人心，企业认为人才可以从市场上获取，没有必要与学校建立密切关系，因此产学结合逐渐陷入困境，当然，行业院校与所属的产业还保留了一定程度的联系。但近期大变化中，不少工科院校与产业部门的关系从行政上被切断，产学结合由此遇到了更加严重的困难。

从学校这方面来说，如何设计实践课程，使学生到企业去是帮助企业创造价值，而不是"添乱"，这是个需要严肃对待的问题。现在一些好的职业学校在这方面取得了可观的成绩，值得其他学校包括本科学校借鉴。

更重要的是，产业方面要理解培养人才是全社会的责任，而不单纯是学校的任务。如果缺少产业合作，学生的实践能力欠缺，企业也找不到可用的人

才，这是全社会的损失。从这个角度讲，积极开展产学合作是企业应尽的社会责任。目前恐怕离这种认识尚远。

5. 膨胀过快，各方面不适应

由于学生数倍增长，学校规模扩大过快，各方面都难以适应。首先是教师队伍跟不上，生师比畸高，教师与学生之间很难有机会交流。新毕业生进入教师队伍的比例过高，难以适应高水平教学的要求。其次是教学设施和实践条件跟不上。再次是学校管理层次过多，管理效率下降。

6. K12 教育是应试导向，缺乏全面发展基础

从小学到中学，接受的是长期、全面的应试导向，把学生培养成做题机器、考试机器，知识不全面，缺乏实际动手动脑能力；学习内容按科学分类，缺乏基础工程知识，到了大学学习工科比较费劲；忽视品德教育，思想政治工作流于形式，一直到了大学还要补基础品德课，这实际上是不可能产生预期效果的。

7. 政府投入不足

尽管政府投入增长较快，但是教育经费占 GDP 比重一直低于发达国家和不少发展中国家，也没有达到我国的计划预期指标。当然，其中基础教育的问题更多，义务教育到最近才取消学费，中西部特别是农村很多中小学还很困难，教师待遇甚低，日常教学费用无法保证。中西部地区高校规模也在迅速扩大，但政府财政投入严重不足。

四、对　策

以上种种问题，需要政府、学校和社会共同努力，才能逐步改进，直到彻底解决。就主要方面来看，分别提出以下建议。

对政府的建议是：

（1）确定人才政策，明确人才结构。

中央在相关文件中提出"人人皆可成才"，这是完全正确的，但是如何在工作中落实，缺乏具体政策。目前的各种政策都是面向精英的，如"百千万工程""长江学者"等各种奖励无不如此。但如何鼓励面向大众、人人成才，则缺乏具体政策。

中央政府应根据我国当前阶段经济社会发展的需要，提出明确的人才需求结构，引导广大青年及家长正确认识社会需求和个人前途，鼓励青年学生根据个人特点、兴趣、爱好，选择符合社会需求的发展方向；也要根据人才需求结

构，明确各类学校的结构比例，如中职和高中比例，高职和本科比例，文理工农医等各科比例，专科、本科、硕士、博士的比例等，要提供宏观指导的数字和比例。

各级地方政府也要根据当地实际情况确定本地的人才需求结构和教育结构，结合本地情况提出和落实鼓励人人成才的措施。

（2）提高低层次劳动者收入，缩小差别。

分配政策上不应单纯鼓励每个人都要向顶层发展，而是要鼓励每个人在自己所在层次中做出优异成绩。在发达国家，工薪阶层的差别比我国小得多（当老板者另当别论），缩小工薪差别是构建和谐社会的需要，也是我国社会主义社会工人当家作主的本质要求。从人才培养和教育的角度看，缩小工薪差别也是为了广大劳动群众各得其所、在不同岗位上努力工作的基本措施。

（3）加大教育投入。

政府要转变成为公共政府，而不是基建政府、投资政府；财政要成为公共财政，摆脱盲目追求 GDP 增长的目标。在教育、医疗、文化、社保等公共服务上要大幅度增加投入，至少要达到一般发展中国家的水平。从中国目前的财力来看，这是完全可以做到的，关键是做不做、愿不愿意做。

（4）鼓励产学结合。

要在政策层面上提出鼓励产学结合办教育的措施，首先应要求一定规模以上的企业必须承担产学结合任务，同时在税收抵扣和毕业生招收选择等政策上给予优惠。对高校要有具体指标要求，指导高校做好产学结合工作，使学生通过产学结合既提高自己，也为企业创造价值，取得企业、学校、学生三赢的结果。

（5）改革高考制度。

从现实出发，统一高考在相当长时间内还不可能取消，但仍应有所改变，主要是对不同类型学校和不同类型考生应有所区别。目前按地区给予不同政策和灵活应对的自主权是一种做法，但更重要的是应按类型区别对待。比如目前高职学校和学生规模已和本科相近，但录取时却排在第五批，这就难免使高职学生感到自己沦为弱势群体，背上较重的思想包袱，同时对高职和普通学校的入学要求也应该有区别。建议对本科和高职分别组织统一招考，使一些由于家庭条件、个人爱好而愿意上高职的青年人有一个拼搏的机会。考题应根据高职的特点来出，这样，考生中也会出现高分获得者，虽然开始时报考人数或许较少，但若允许本科落榜者也参加高职考试，加上其他对工艺技术有兴趣、有天赋的报考者，估计有助于逐渐提高高职的生源质量。

对学校的建议是：

（1）办学定位要实事求是。

每个学校都应根据主客观条件，确定自己的定位。客观条件主要指社会需求和社会可能提供的资源，主观条件主要指自身的能力，包括师资队伍的规模和水平、教学设施的条件、历史的积累和获取资源的能力等。主客观条件之间会相互影响，要结合起来考虑。

定位包括三个方面。一是类型，包括是全面综合还是有所侧重或单科发展，是研究性还是实用性等。二是层次，是专科还是本科，设硕士点还是博士点，本硕博之间的比重等。这两个方面要明确定下来，避免经常变化或者不断升格。每个类型和层次的学校都有需要，研究型大学只可能是少数，在美国都是如此，与其勉强挤在供过于求的类型层次中，不如选择适合自己、能最佳发挥的地方。三是在类型和层次确定后，在同类中处于前列、中间还是垫底，这是可以充分发挥主观能动性的地方，每个学校都要争取成为同类中的优秀者，竞争的着力点应放在这里。

影响学校准确定位的有精神和物质，即名和利两方面的因素，而名和利又往往结合在一起。经费分配的弊端往往不是根据实际需要而是按层次、类型来分档。例如职校实践环节较多，需要较多经费，但实际上却因为其层次较低而得到的经费较少。还有一个官本位问题，专科的校长是副厅级，本科的是正厅级，其中少数还是副部级。在现实社会中，这些因素肯定会对校长争取学校升格起到强烈的导向作用。凡此种种，都需要政府认真研究，切实解决。

（2）以培养人才为中心任务。

关于高校的任务，现在有两种提法：一种是三大任务并列，即人才培养、科学研究、服务社会，还有人加上第四项——引领文化；另一种提法是中心任务是培养人才，围绕中心任务有三大领域，即教学、科研和服务，三者都是为中心任务服务的。作者本人赞成后一种。学校的基本任务就是培养人才，如果学校是三大任务并列，那么研究院所也有同样的三大任务——科学研究、人才培养和服务社会，那么学校和科研院所岂不都是一样了吗？中国很长一段时间里的毛病，就是趋同，把不同类型的事物混为一谈。极端的例子就是"文化大革命"中所谓的"五·七道路"，把工、农、文化、军事都混在一起，每个人、每个组织都要承担全面的任务。改革开放后，提出以经济工作为中心，于是每个单位都去赚钱，企业当然要赚钱，但事业单位也要赚钱，研究所也要赚钱，学校也要赚钱，甚至政府各部门都要赚钱，由此造成了大量的问题。鉴于这些教训，现在行事就要三思而行，认清自己的本职，认清每个单位的基本任务，学校就要培养人，研究所就要搞研究，企业就要出产品赚钱，不要追风赶潮，舍本逐末，否则趋同不就，反而干扰了国家中心任务的顺利完成。

　　目前很多高校，尤其是其中的名牌，校领导的主要精力都放在科研上，跑项目、筹巨款，有的学校还把要钱指标层层分解到个人，教授们成天忙于找钱，教学工作置于次要地位。如此办学，能好好培养人吗？许多有识之士对此忧心忡忡，甚至直斥这是不务正业！究其原因，无非是教学经费大体固定，且数额偏少，缺乏吸引力，而科研经费则充满变数，且数额可观，竞争者一旦得手，公私俱享其利。所以各种评比，包括职称晋升等大都与科研挂钩。由此看来，解决这个问题，也要从体制、政策上入手。

　　（3）强化能力训练和品德养成。

　　现在对学生要求的正式提法是知识、能力和素质三个方面都得到发展。我认为这个提法不够准确，因为素质是个总的要求。

　　素质应该包括知识和能力，不能说这里的素质是指知识、能力以外的素质。比较准确的提法应该是知识、能力和品德，也就是原来说的德和才，其中的才包括知识和能力。

　　知识、能力和品德是三个不同的领域，互相间不是相加的关系，一定意义上可以说是相乘的关系。知识和能力是个大小问题，而品德则有正负问题，如果品德是负，那么知识、能力越大，得出的乘积就负得越大，也就是说，品德是有否决权的。三者的培养方式也是不一样的，知识靠传授，能力靠训练，品德靠养成。现在在知识传授中的争议主要是知识结构怎么合理，如何使更新速度更快，新的交叉学科如何引入等，应该说没有根本性的争议。存在争议的是把能力和品德的培育知识化，以为能力和品德也可以通过传授来提高，这是不对的。因此，要转变观念，研究能力和品德提高的方式，大大强化能力训练和品德养成。对工科教育来讲，能力中要强调综合能力，品德中要包含职业道德。

　　（4）强化师资队伍建设。

　　现在相当一部分工科教师缺乏或者没有工程实践经历，这是个很大的问题；从企业请兼职教师又受到种种限制，应在产学结合中作为一个突出问题来解决。要突破体制和方式上的障碍，使教师定期到企业中去挂职锻炼，请企业的高层工程技术人员到学校来兼职。此外，青年教师大都来自专业学科，普遍没有接触过教育学，在上岗之前，这方面应予以补课。

　　（5）组织力量开展工程教育研究。

　　应研究如何把工程教育的力量组织起来，譬如，美国就有一个各校工学院院长会议的形式。能否要求校长、副校长中有一位分管工科教育，把他们组织起来，而他们也可在校内把相关教师组织起来定期研究工程教育的共性问题。对社会上不合理的大学排名等，不要停留在无奈的消极反应上，而应采取措施促其改进。既然是非官方的、自发的评比排名，学校也可联合起来，研究一下分类评比的方法和较为合理的指标体系，并促成相关的社会组织采用。

对社会包括企业的建议是：

（1）加大宣传，提倡人人皆可成才。

要加大舆论宣传，大力提倡人人皆可成才的观念，形成健康的环境氛围。要破除以职业论高低的思想，大力宣传普通劳动者中的优秀人物和先进事迹。

（2）提高公民素养，培育社会公德。

要纠正对社会主义市场经济的片面理解，努力建设诚信为本的道德体系，通过各种方式，从各个方面培养各项公共道德。

（3）明确人才需求，破除浮躁思想。

要研究并使全社会了解企业的人才需求、合理的人才结构和人才使用方式，破除各种不切实际的浮躁思想，逐渐形成社会共识。

（4）培养人才，全社会有责。

要明确培养人才是全社会的任务。企业和社会各方都要对培养人才负责，要为培养人才提供条件、发挥作用。

对加强国际合作的建议是：

（1）认真研究外国的经验。

我国的情况与发达国家有很大的不同，包括经济水平、发展阶段、教育规模都大不相同。据介绍，法国的大学校（grande ecole）160 个学校一年毕业学生总数 1 万多一点，而我国 1 个学校就可能毕业 1 万多人。尽管如此，对国外的经验还是要认真研究。近年来各国都在进行工程教育改革，我们要研究他们改革的背景、目标、措施和结果，分析他们成功和不成功的经验，结合国情，为我所用；还要研究印度等发展中大国的情况，这类国家与我们起点和目标相近，甚至暗中将我们视为竞争对手，他们同样不可轻忽。

（2）拓宽教育合作与交流的渠道。

可以有多种合作方式，如互访、互派学生、合作办学等。目前已有一些成功的做法，可以总结推广。

（3）改革外语教育。

现在我国的外语教育，费时费力甚多，效果总体不佳，TOEFL、GRE 之类的考试也起了相当大的误导作用。对绝大多数学生来讲，外语首先是交流学习的工具，要改变外语教育以出国为主要目标的思路，围绕实际需要来组织教学，力求提高效率，改善效果。

（4）教育输出。

对一些相对后进的发展中国家，也可以考虑输出我们的教育。尤其是在工科领域，帮助他们培养人才、发展经济，既是我们的责任，也是一种很好的锻炼提高方式。

最后要补充两点：

其一，经济是基础。粗放型经济对各种人才的质量都没有太高的要求，因此企业对与学校共同培养人才既无动力也缺乏能力，随着自主创新任务提上议事日程，经济增长模式将得以成功转型，社会对人才的需求在数量和质量上就会自然发生变化。瓜熟则蒂落，水到则渠成，很多事强求是求不来的，只能在现有基础上尽最大努力把工作做好。

其二，教育是有弹性的。教育的对象是人，而人的主观能动性、适应性是非常强的，因此，在苏联体制下培养的大批学生在各个领域都发挥了建设性的作用。"文化大革命"十年造成的人才断层也挺过来了，老三届中也出现了很多优秀人才。学校教育相对较短，毕业后的实际工作岗位将给青年人提供各种不同的机会，也将给予不同的磨炼。"是金子总会发光"。只要有机会，优秀的人才还是会健康成长、崭露头角的。因此我们所讨论的不是一个 yes 或 no 的问题，不是这种方式绝对好、那种方式绝对糟的问题，而是较好或者较差、应尽可能扬长避短的问题，是如何做得更好，使学生在几年学习期间，在知识、能力和品德方面得到更多更好的成长，缩短今后走向成功的距离，在此基础上，提高全社会的效率和效益的问题。也正是因为教育的弹性大，使不少问题长期存在而得不到解决，变为熟视无睹，似乎不解决也无所谓、也过得去，这才是值得我们深思的。

工程教育中的几个理念问题[①]

目前中国有世界上规模最大的工程教育，每年培养最多的工程技术人才，并且伴有最大规模的工业化实践，应当说，我国工程教育取得了令世人瞩目的成就。但与此同时，在肩负走新型工业化道路、建设创新型国家、培养更多国际性卓越工程人才的时代重任时，我们的工程教育如何应对？还有大量的问题需要系统研究，还需要加快前进的步伐。笔者就大家关注的几个理念问题进行了一番梳理，并提出自己的一些看法。

一、工程教育的性质和目标任务：专业教育应强调做人做事的辩证统一

现在，高等教育界对于教育的通识性与专业性问题探讨得比较多，也比较激烈。对于工程教育而言，将其界定为"专业教育"已经基本达成共识，不会有太大分歧。争议的根本问题在于教育是为了教人做人还是教人做事，如果是做人，则要明确做什么样的人。我认为，不应当把这两个方面对立起来，就是说，我们既需要让学生学习怎么做人，但同时也要让他们学习怎么做事。除了象牙塔、陶渊明似的生活，大多数人做人究竟怎么样是要通过做事表现出来的。如果一个人做人非常好，品德非常高尚，与世无争，但是你什么事也不做，或者什么事也不会做，这样的人恐怕不是我们要培养的目标，这也不是我们的教育方向。所以要让教育对象会做人，同时会做事，做人做事要统一起

---

① 本文 2011 年 1 月发表于《高等工程教育研究》。

来：他做人怎样，基本上要通过做事体现出来。一般来说，如果不会做人的话，他也不容易把事做好，甚至会做错事。当然，"术业有专攻"，一个人也不可能什么事情都会做，必然会涉及某一领域，会做这个领域的事，因此必然涉及"专业"的问题。所以，工程教育究其实质还应当是专业教育。但它也并不否定通识教育的理念，并不否定我们要培养学生做人的基本方向。

现在我们一般都承认高等教育具有三项基本职能，包括教学、科研和服务社会。特别是一些重点的高水平大学，都把科研放在了极其重要的位置，由此派生的种种现象不由得让人们又关注起一个问题来：高等学校的首要任务是培养人还是做科研？或者说，中心任务、中心目标到底是什么？我的理解是，科研需要做，但高校的科研有其特殊目标和使命，它最终要为育人服务。归根结底，培养人是高校的核心且根本的任务。我们高校要做科研没有错，但是我国高校的科研与其他国家的科研有一些区别，因为在我国，整个体制都借鉴苏联的模式，有着大量独立设置的科研院所。如科学院，顾名思义要做科学研究，但它也搞实用研究，搞技术研究，搞产业化等，所以真正的基础研究的主力军还应在高校。虽然我们国家各行各业都有自己的科学研究院，但我认为它们主要研究的不是科学，而是技术。问题在于，目前我国学界往往把科学和技术混为一谈，没有进行认真的区分，这也在某种程度上影响了高校的工作。我们的研究内容有多少是科学问题？从目前情况看，大量研究涉及的是技术和工程问题。

另外一个值得关注的是服务社会的问题，我这里主要指的是直接服务于社会，而不是指通过培养人来间接服务于社会。高校可以做直接服务于社会的工作，但是这不是办高等教育的初始目的。也有些专家学者提出要"引领社会"。这个想法很好，但是如果把服务社会放下不管了，怎么引领？靠什么去引领？社会发展有它自己的规律，当然人的意志会起作用，特别是领导的决策。如果想影响社会，进一步要引领社会，首先要对社会有所了解，而高校了解社会的一个主要途径就是服务社会。只有把社会服务好了，才可能在一定程度上起到引领社会的作用。总的来说，高等教育事业的主要任务是培养人，要培养社会所需要的人，服务于社会发展的人。但反过来讲，有些类型的人又不是仅靠高校就能培养出来的，比如说领军人物。我们不能笼统地说因为领军人物受过高等教育，所以就是高校培养出来的，他需要在学校受过一定的教育，更需要毕业以后在自己的工作中跌打滚爬，经过多年的磨炼、砥砺才有可能成为领军人物。我们的教育环节，只是为这种领军人物的产生提供强有力的基础支撑作用。要尽可能让学生在学校学习的四五年时间或更长的时间内，给他们最大限度的空间来学习他们应该得到的东西。这才是我们教育的根本任务。

二、工程教育的素质理念内涵：更应注重能力的训练和品德的养成

素质教育可以说是教育界一个出现频率很高的词汇，也有不少的文件专门强调其重要性。照理说，它应该有着全面而丰富的内涵，是教育之所以成为教育的本质属性，然而，现实中的一些说法和做法却有失偏颇，竟把它作为正常教学之外附加的内容。我认为，这是个理论和实践脱节的问题。还有，社会上主流的说法是知识、能力、素质，但从逻辑上讲，素质应该是涵盖知识和能力的上位概念，换言之，知识和能力也都是素质，三者并不在同一个逻辑平台上。对于素质教育，它应该有着全面而丰富的内涵，最起码应该涵盖知识、能力和品德三个方面。

知识是无穷的，更新速度也在加快，选择什么知识作为人才必须具有的基础就成了问题。因此而有基础与专业之争、政治与业务之争等。对知识教育，大体上都有三方面的要求：理论体系的完整性，实际需要的现实性，科学技术发展的动态性。从教育方式来看，知识主要是靠传授的，自学也是，无非是换了种方式，别人把那些知识点写出来了，然后你自己去接受、领悟，有"悟道"的成分在里边。

能力对于创新来说至为关键。创新要求解决实际问题，做出实用的东西来，就一定要有能力。当然，对能力不能作狭义的理解，局限于动手之类，而应全面地看，落实到工程教育中，至少应该包括四个方面。一是思维能力。这点对我们来讲很欠缺，因为我们不学逻辑，中学没有逻辑学，大学可能选修课有，但是整个课程体系里没有逻辑学的一席之地，甚至在相当长的一段时间里，还把它作为资产阶级的东西加以批判。我们总讲辩证逻辑，不讲形式逻辑，其实形式逻辑本身就是科学，没有形式逻辑，何来辩证逻辑？脱离了形式逻辑的辩证逻辑就是诡辩，对这一点，我们在"文华大革命"期间已经深有体会。我们的思维能力相当欠缺，现在教育过程中唯一的思维能力训练就来自数学，但这是远远不够的。思维是人自身应拥有的"指挥中心"，如果不加以严格的训练，这个中心就会运转不灵、指挥失当。二是技艺能力。这也就是我们通常所说的动手能力，它用于解决人对物的具体操作关系。对这种能力大家都非常认同，讨论得也很充分，这里就不再赘述。三是沟通能力。现在学生的沟通能力非常差，这个恐怕与社会活动偏少有一定的关系，也与我们的学风有关。沟通能力有书面沟通、口头沟通等诸多形式，包括很多表达技巧问题。沟

通能力用于解决人对人的关系问题。现代工程基本上都是团队行动，还要涉及团队之外众多利益相关者的复杂的社会人际关系，没有良好的沟通能力，将寸步难行，对此，我们应当有清醒的认识，在校期间就要对学生进行充分的表达沟通训练。四是学习能力。它用来解决人对知识的关系。在校的几年时间很有限，如果期间不能掌握一定的学习能力的话，等到再去社会上学会更困难。因为科学技术在不断发展，社会也在不断发展，我们必须加强不断学习的能力。能力则靠训练，必须自己去做，自己去练，不能单纯靠念书得到，要提倡动手和动脑相结合。

品德应包括个人修养、基本道德、社会公德和职业道德等方面。现在高校的通用做法是把品德作为一门课程，把它局限在这门课程里面，这是不科学的。品德是长期养成的，切忌把品德作为一门知识来传授。有的内容，如时政可以开知识讲座，但这不是品德教育。在品德的形成过程中，可以有一些基本概念的解释引导，但大量的是靠养成，要靠家庭、学校和社会的熏陶，靠家长、教师和领导人的示范，靠具体实例的感化。因此，它应该贯穿和融入人的整个生活、学习过程中，贯穿素质教育的全时空，在知识和能力课程中也要包含品德的内容。因此，知识、能力、品德三者之间如何结合，还需要从更高层次来进行审视和解决。

三、工程教育的特性：实践性、综合性、经济性和创新性

从小学到中学，我们的课程一直是按照科学体系形成的，数、理、化、天、地、生这么来安排的。到了大学以后，去学理科的觉得很自然，继承性非常好，但要是学工科的话就不一样了。虽然我们工科在一年级的课程还是数理化，但如何让他们领会工程的特点，还有很多的工作要做。工程是个大系统，其自身也有一些明显的特性。

一是实践性。什么叫工程？简言之是人造物，把东西造出来。在这个过程中，工程人员的具体工作可能是去搬一块砖或一块瓦，或者是去设计某样东西，设计出来后再去组织工人把它做出来，所以实践性是工程的明显特性。如果你实践不了，这个工程就无法实现。当然我们有少量的人，如工程科学家，可能会是研究工程里边的一些理论问题的，不直接造物，但我们的绝大部分工程师是要造物的。

二是综合性。尽管我们强调工程教育是专业教育，但在造物的过程中，必

然要把各种不同的专业、不同的学科综合到一起。比如要造一个汽车，汽车的技术基础是机械学还是动力学，抑或流体力学？飞机的基础理论是空气动力学，但是你只用空气动力学能造成飞机吗？肯定造不出来。如果不懂材料，不懂发动机燃烧的过程，不懂电磁学，不懂电子仪器、雷达导航，绝对是造不成飞机的。可见，工程里任何一个东西，都综合了很多要素在里面，必须在一个主体专业的前提下，运用综合的思维、综合的能力，才有可能搞好工程，这跟搞自然科学是不太一样的。

三是经济性。对于工程来讲，没有最佳，只有较佳。一般来说一个方案不够，没有比较，就看不出优势所在，我们可能会制订两三个方案备选，但也不可能无穷尽地去做方案，因为讲经济就得讲代价。社会资源有限，人的资源（时间、精力）也有限，做一件事情值得不值得，这个思维的转变是很大的问题。或许在计划经济时代，我们可以按计划行事，经济观念差一点，不用考虑这些问题。但是到了市场经济时代，特别是现在新型工业化时代，讲求效能，更强调成本代价，强调在此基础上的效益和价值。

四是创新性。工程都是要做新的东西，要创新，这一点不言而喻。关于工程创新，已有许多讨论，我自己也做了一些研究，相关文章大都发表在《高等工程教育研究》上。工程还要有严格性，工程的要求是非常严格的。当然，严格性并非工程所独有，科学研究也要有严格性，但是，工程对严格性的要求是最高的，若不严格要求，出了问题的后果也是最严重的。大工程出问题，往往不是出在原理上，航天飞机也罢，宇宙飞船也好，它们出问题一般不是本身原理的问题，基本是坏在某个零件上。

简要列举以上工程的特点，也是希望我们在教育中要让学生慢慢接受这些理念，让他们能够体会到这些特点，从而对他们今后做工程有所裨益。

四、工程教育的“实践”理念：要靠好的带头人、研究队伍和学术组织来落实

实践问题不仅仅是表面上的方法问题，更深层次的应该是理念问题。我们不仅要搞实践教学，更重要的是加强实践教育。为什么？按照毛泽东同志的实践论来理解，就是从实践到理论到实践。经过实践，总结提升为理论，认识了这些理论以后，再去指导实践，这样就会提高到一个新的层次。这在广义的认识发展中是完全正确的。但是在教育过程中，恰好是截取了一般认识过程的一个特殊片段，形成了一个倒置的顺序：从理论到实践再到理论。高校设一门课

程，教师先教给你一些理论，然后通过实验环节去体会和检验这些理论，这样学生就真正掌握了理论。问题在于，学生学的理论总体而言是已经得到充分证明的，实验的作用主要是去再次验证理论的正确性了。而实际生活是与这样的教育过程有区别的，实际生活是一个人从实践到理论到实践再到理论的无穷的过程，教育只是截取了其中的一段。当然，你抽出实践的单个环节来学习怎么做，这就不是教育而是培训了。所以，我们讲实践教育，必须明确它的理念，就是说，必须从教育的意义上理解实践，实践必须与理论紧密结合，为了理解理论、掌握理论而去实践，当然也要学会实践的技能，而不是简单、表象地增加几个实验环节就行的。包括我们的课程安排、教育改革，都必须和实践理念紧密结合起来。要真正搞清楚实践到底是出于什么目的、干什么用、为什么要这么做，这些都要从教育和教学体系上有个统一的安排、统一的路子。

这就涉及整个教育体系的问题。首先要讲人才问题，如果人才观念不清楚，教育观念是无法弄清楚的。社会就复杂在需要各种不同的人才。工程也复杂在需要有不同类型的工程师，既有设计工程师，也有生产工程师、销售工程师、维修工程师等，不同的岗位需要不同的工程师。工程教育所培养的人才可分为两大类，一个工程类，一个技术类。同样一个层次里面还有关于创新型和常规型人才的探讨，对这两个类型，美国人称之为动态型人才和事务型人才。在工程领域，大量的工作是常规性的，生产线建完了，需要维护它的正常运转，保证产品质量的合格，这都是常规性的工作，需要常规型的人才。当然也有一些人才是创新型的，比如，其工作主要是怎么改进生产线，进一步提高产品质量和效率，等等。现在我们往往重视创新型人才而不重视常规型人才，其实现在大量缺的是常规型人才，这也是我们与欧洲教育的差别所在。可以说，现在中国"创新"是说得最多而又最不清楚的一个概念。我们强调技术创新，但其前提依然是要在实践里面去做，需要有更多实践的机会。都说要培养领军人才，什么叫领军人才？恐怕要先弄清楚其内涵才行。所谓领军人才，就是能够在大量实践中逐渐脱颖而出、逐渐起到领头作用的人才。当然要给他锻炼出头的机会，但这个机会不可能来自学校。认为跨出校门就成了领军人才，这是天方夜谭。再说，领军人才、创新型人才总是少数。我们大量需要的是常规型人才，否则你的生产就无法维持，日常工作不能正常进行。我们往往认为常规性工作是低等的，是低级的，不需要教育学生去做，但这是错误的，事实恰恰相反，能够做好常规性的工作才是创新的基础。所以，我们在提倡创新的时候，更要时时把对实践训练的要求落到实处，因为只有实践是孕育创新的最好基石。

把工程实践落到实处，必须有合理到位的措施。第一，要有好的带头人。

在政府主管部门，在高校，都要有真正重视工程教育改革与发展的领导者。这样，就既能形成好的理念引领发展，又会有真正能付诸实施的举措。第二，要大力组建工程教育的研究队伍。在高校，不少高等教育研究院所都开始重视工程教育改革中的热点、难点问题，也逐渐得到决策部门的重视，这是令人欣喜的现象，问题在于有不少研究者是搞教育出身的，他们在教育领域研究得很好，但对工程本身缺乏了解，缺乏工程实践。只有把学教育的和学工程的两批人结合起来，才能做出更多有效的研究，提出有针对性的举措来。第三，要建立相应的学科和学术组织。现在没有工程教育学这个学科，美国也是刚开始有。所以要建立这个学科，在教育学里边形成分支也好，作为工程学里边的分支也好，应该有工程学这个学科；同时要建立相应的学术组织。这项工作需要政府、学校和社会共同努力。

五、工程教育中的产学研结合：必须唱响 "全社会各主体共担责任" 的主旋律

目前，不少大学毕业生找工作困难，而与此同时，很多企业又找不到所需的人才。大力加强产学合作、校企合作，对高校来说，有助于了解企业的需求，改进人才培养的方式，有助于理论联系实际，帮助教师提高实践才能。对于企业来说，也可以招收到胜任岗位工作、促进技术创新和产品升级换代的有用人才，所以，产学合作是一种双赢的模式。

产学研结合培养人才，目前有很多行之有效的途径和方式，主要有：企业接受学生去实习；师生参加企业的技术发展与革新；企业在大学里建立自己的一些下属组织，如车间、技术开发中心等；学校为企业人员设立培训班；由企业委托高校进行项目研发；企业向学校了解情况，从毕业生中招收所需人才；校企合作共同研究人才培养和使用计划；成立校企联合委员会，共同探讨教育中的问题，以及在企业中需要解决的实际问题；有些企业还可参加学校的董事会，给予高校财务上的支持，参与管理，进行决策，等等。但随着产学结合的逐步深入，也暴露出了一些深层次的问题：企业较普遍地认为培养人才不是自己的责任，将学生实习视为负担而不愿接受；缺乏企业跟高校深层合作的机制，如对知识产权问题存在担忧却没有相应的机制来给予保护；高校规模发展得已很庞大，即使是大型企业也没有能力把相关学生的实习全部包揽下来；校企双方缺乏规范的沟通渠道；国家层面也没有一个主管部门来管校企合作的问题；大量中小企业还没有把与高校合作的问题提上日程。凡此种种，都有待认

真研究。

为了解决以上这些问题，建议：①国家层面，要加强立法，明确培养人才是社会的需要，也是全社会共同的任务，教育系统不可能把教育的任务完全承担下来，教育机构只是起主导作用，其他主体也应共担责任。与此同时，应规定高校必须为企业培养所需的人才；企业必须接受高校学生进行实践活动。政府要制定具体的鼓励政策，对于接收学生实习和实践的企业实行减免税收、可优先到高校选拔优秀人才等。②企业层面，要把培养人才作为自己的责任，和高校一起，研究如何培养人才。行业协会、企业协会要起到很好的沟通、桥梁作用。③学校层面，要更好地把理论和实践紧密结合起来；学生到企业实习和实践，应该利用所学为企业创造效益。而且不能仅仅把目光聚焦在国有大企业那里，毕竟大企业数量有限，解决学生的实习、就业空间不会太大；而应在99％的中小企业中寻找更广的出路。高校为社会培养的工程人才，不是仅仅面向国有大中型企业，而是应该面向全社会的所有企业。

主要参考文献

[1] 朱高峰. 创新与工程教育：初议建立创新型国家对高等工程教育的要求. 高等工程教育研究，2007（1）：1-5.

[2] 朱高峰. 创新人才与工程教育改革. 高等工程教育研究，2007（6）：3-7.

[3] 朱高峰. 自主创新中的若干问题. 高等工程教育研究，2010（6）：1-5.

新世纪中国工程教育的改革与发展[①]

我今天发言的题目是"新世纪中国工程教育的改革与发展",分六个方面。

一、背　　景

我们现在讨论新世纪工程教育的改革和发展,首先要考虑时代背景。这个背景是什么?

我认为主要有以下几个方面。

1. 新技术革命

当前以信息技术为代表的新技术革命正处在一个方兴未艾的时期。尽管最近这一年多来信息产业碰到了很严峻的情况,就是泡沫破灭,但是信息技术本身的发展及其应用的逐渐深入,这个趋势是不会改变的。泡沫的破灭将使信息技术对社会发展各方面所起的作用更实际、更有效。

2. 经济发展

特别是对我们中国来讲,在 10 年以前就提出了要实施两个根本性转变,但到现在为止根本性转变还远远没有完成。从经济体制上来讲,要从计划经济向市场经济转变,这个转变在进行过程中取得了相当大的进展,但是还远远没有完成;从经济增长方式上来讲,要从粗放式的经济向集约式的经济转变,这个转变只是刚起步,还有一个相当长的过程。

3. 教育体系变化

改革开放以来,特别是近几年来,整个教育体系发生了很大的变化。

---

① 本文根据作者在中国工程院教育委员会工程教育论坛上的发言整理而成。

4. 加入世界贸易组织

2001 年我们已经正式加入了世界贸易组织，人才和教育的国际化问题已经摆在我们的面前，成为不可回避的问题。

我想，我们应从上述几个方面来分析时代的背景，并在这样的大背景下来研究工程教育的问题。

二、需　　求

要研究教育系统，首先要看有什么需求。我认为需求有两个方面，一个是数量，一个是质量。这两方面都还有很多值得研究的问题。

1. 关于数量

对人才的数量的需求又可分为两个方面，一个是总量需求，另一个是结构需求。先谈总量需求。数量并不是单纯讲我们需要 100 万、200 万、300 万、1 000 万，等等。最近中共中央组织部、人事部拟订的人才规划中提到，我国现在已经有 5 000 万的各种事业人才，数量已经相当大了。除了总的绝对数量以外，现在谈得很多的是一个比例问题。大家都知道，这几年我们一直在讲，总人口中大学生占的比重是多少，毛入学率是多少，每年入学率要增加多少，等等，都是讲的比例问题。我们当然应该考虑比例问题，但是比例恐怕不能够单纯归结为与人口的比例关系。与人口的比例关系是一个非常重要的指标，也可以说是一个很基本的指标，比如说九年义务教育的入学率，文盲、半文盲的比重等。但对各类教育来说，同时还要考虑到其他各方面的比例问题。前几年，中国工程院做的关于工程教育改革的课题中提出，对工程所需要的人才，要考虑与工业规模和经济规模的比例问题。我们的经济规模多大，我们需要多少人才，这里面应该有一个比例关系。其他方面的教育可能就有其他方面的比例了。各个国家的情况不一样。比如我们国家的工业在整个经济总量、经济结构中占了很大的比重，我们工科学生的比例也是相当大的，远远超过美国——美国工科学生的比例为 10% 左右，我们现在工科学生的比例接近 40%。大家知道，美国的律师数量是全世界第一，据说全世界律师有一半在美国。各个国家社会结构不一样，例如工业在经济中的比重，美国现在不到 20%，我们现在是 40% 以上。因此，除了与总的人口的比例关系外，还要考虑各种门类的比例，以及与社会发展相适应的一些关系。应该全面地考虑这些问题。

再谈结构需求。结构也有两个方面：一个是纵向结构，即所谓的层次结构；另一个是横向结构，或称专业结构。我们社会需要的人到底是划一的、单一的某一类人、某一个层次的人，还是不同层次的人？很明显，我们社会需要不同层次的人。最近已经暴露出一个很严重的情况，就是高级技工严重缺乏，很多地方招技术工人，开出来的条件比大学生甚至比硕士研究生还要高，但是招不到人。不研究结构问题，只用一个统一的、划一的标准去要求我们的年轻人都成为同一类型的人，显然是有问题的。

现在我们大家都在谈软件产业。软件产业现在就缺两头的人，一头是缺能够搞系统设计的人，或软件总体设计的人；另外一头是缺软件工人，即所谓的软件蓝领。我们培养的都是从大学毕业的本科生、研究生，你刚毕业，不可能去搞整个系统设计，从学校的培养系统来讲，也没有软件的系统设计。因为教师本身就没有搞过，你知道怎么培养？顶层的人才要从学校直接培养出来，恐怕是挺难的。顶层的人才没有，而下面的层次我们又不培养。所以纵向结构的问题是一个很大的问题。

横向结构，或者说专业结构，也是一个问题。各种不同门类之间的比例，特别是交叉学科的问题，很值得研究。现在的专业划分，对于新的专业的产生挺难。举一个例子，在改革过程中，曾经把本科专业里的物流专业取消了。但物流这个行业在社会上非常走俏，到处需要人才，原来一些少得可怜的专业人员在社会上非常抢手，有的学校物流专业的教师被这个方面请去做规划、那个方面请去做咨询，等等。我曾经跟主管部门有关同志谈过这个事，想咨询一下。他第一个问题就问我，物流属于什么大类？我也不清楚到底有多少大类；他又问我是文科还是理工科？我说，很难说清楚，恐怕是一个交叉学科，如果工科学校去办，会更多地侧重于工科的内容，如果文科学校去办，可能更侧重于文科的内容。后来，我说正因为说不清楚属于什么大类，因此更需要发展，它是一个交叉学科。而我们现在这种分类的管理办法非常不利于交叉学科的发展。现在美国有的学校开设金融工程专业，听说我国也有地方开设了，金融工程属于什么大类？属于金融还是属于工程？或者说，属于经济还是属于工程？不好讲。

2. 关于质量

第二个需求方面就是质量，教育质量的重要性世界公认。它包括三个方面：知识、能力、道德。说法上可能不一样，用的词也可能不一样，能力这个词在英文中用词也不一样，有的叫 capability、ability，有的叫 skills，各种说法都有，但都是讲能力。道德在英文中叫 ethics，但我们有时翻译成 morality，人家就不明白了。资本主义国家对道德也是非常重视的，当然，跟我们的做法可能不一样。

三、现　状

我们教育的现状到底怎么样？总的来讲，从中华人民共和国成立到现在，工程教育有两次大的变化。

第一次是中华人民共和国成立初期，按照苏联的模式，进行了院系调整。在座的年纪大一点的同志可能都经历过调整，有的年纪比较大的当时是教师，更多的是学生，都经历过调整。当时建立了一系列专科学校，工科比重相当大。这次的模式是从苏联学来的，而苏联的模式基本上是德国的模式，是以培养实用人才为主的一种教育体系。这在我们中华人民共和国成立以后大规模工业化的过程中起到了好的作用，但也带来了很多问题。

第二次是改革开放以来，大家经过反思，认为这个模式本来就不完善，而我们在学习过程中又有很多的发展，有的专业分得比苏联还细。大家觉得专业分得太细，不利于学科之间交叉，不利于人才成长，等等。回顾中华人民共和国成立以前，我们基本上是学美国的模式，觉得现在应该适当地向原来的模式回归，因此就扩大专业的范围，或是合并相关专业；然后是最近几年大规模地并校，建立以综合大学为主体的高等教育格局。近期的重大变化主要有三个方面：一是并校，二是扩招，三是管理体制改变。这个我想在座各位搞教育的都比我清楚，体会比我深得多。管理体制的改变主要是部门所属高校给撤销了，除了个别的部门，大多数部门的院校都已经撤销；同时，实行两级办学，一个是中央教育部，第二就是省市政府，应该说中华人民共和国成立以来，培养了一大批人才，从数量上讲，基本上满足了中华人民共和国成立 50 年以来的需要；从质量上讲，中华人民共和国成立以后，各种经济、社会发展的成就，包括"两弹一星"，是哪些人创造的呢？除了有一些当年从国外回来的科学家作为领军人才，大量的人才还是我们自己培养成长起来的。应该说，我国高等教育达到了一定的质量水平。

四、解　难

在我国高等教育事业中，还存在一些难题，有待我们解决。

1. 数量问题

在数量方面，对现在的总量，有截然不同的看法，分歧很大。一种是主流意见，认为现在总量还不够，主要是以总人口比例为出发点，认为我们比发达国家低得多，应该让每个人特别是让年轻人都能够接受高等教育，因此我们的数量还远远不够，这是主流看法，特别是前几年的看法，现在有些变化，扩招的速度已经降下来了。另一种看法，认为现在我国经济发展水平跟发达国家还有很大的差距，我们的社会资源能不能支撑一个与发达国家匹敌的教育体系？特别是我们的基础教育如此薄弱，按义务教育的要求，我们还有很多农民的子女上不起小学。教育经费中高等教育所占的比重，我国可能是世界上最高的。2002年的两会期间，大家对农业、农村和农民问题，包括农村教育问题，呼吁非常强烈。为什么城市的基础教育是由政府承担，农村的基础教育要由农民自己承担？本来农民的收入大约只有城市人均收入的1/3，在这个情况下，我们老讲要脱贫，要扶助农业，但农村最基础的教育，还要农民自己去负担，这是极大的不公平。这是我们教育资源的分配问题。另外一个是教育资源的来源问题，它当然应该增加，但增加是不是应有一个限度？到底能够增加多大程度、能够满足多大程度？

关于教育资源的分配，它与我们的机构大概有些关系。我下边可能还会提到这个问题。

2. 质量问题

我认为质量在三个方面都存在问题。

第一，知识陈旧。对传统专业也好，对新兴的专业也好，都有问题。传统专业几十年来，当然经过了很多变化，但是很多教材还是更新不够。对新兴专业来讲，更是跟不上。我们教育部门同科学技术的发展有一段距离，跟不上，所以出现知识陈旧的问题。

第二，能力缺乏。在当前的主导思想影响和扩招后的实际情况下，实践环节、实际动手能力的培养，在教学内容中越来越少。切身动手的，所谓hands-on，现在很少了。而做书面上的东西，如设计等，也都是出一些模拟的题目，结合实际越来越少，能够真刀真枪做的越来越少。除了动手能力外，我觉得思维能力的培养也是相当差的。大学里，或者整个教学领域里，基本上没有"方法论"，如思维方法、逻辑等内容，所以学生的思维能力相当差。当然还有自学能力、表达能力、合作能力差，等等。

第三，道德空泛。我们有道德教育，并且在形式上很重视，属于雷打不动。但我们的道德教育内容空泛，它对道德形成，尤其是对一个年轻人的道德形成，是不是真正起到了应有的作用，恐怕差距很大。

3. 学制问题

学制方面的问题比较大。尽管多年来推行学分制，但是到现在为止，还没有真正建立学分制，仍是年限制，尽管有点学分的味道。

转学、转系等基本上不允许。最近清华大学开办的软件学院是从别的学院里把一些学生转过来，但也不是学生自己想怎么样，而是学校有计划地去转一部分人。张维老先生在世的时候，特别强调让学生根据自己的情况，在各条不同的教育线之间打通的问题。各条线之间能不能打通？比如现在一再提到的高等职业教育，学生毕业以后，能不能让他考研究生？现在是不允许。因此，在这条线上，就只能一条路走到底了，这种情况很不利于人才成长。

4. 管理问题

管理上面恐怕效果还是比较差的，或者称管理低效。并校后，大学校长下面有各个学院的领导，层次增加了，校长比过去更忙了，办事也更困难了。

五、探　　讨

下面，我想提出几个问题，有些观点不一定对，请大家一起研究、讨论。

1. 目标

我们工程教育的目标是什么？到底是工程师还是科学家？我们曾经提过，4 年制学校的毕业生，因为在校期间实践的环节很少，要能直接担任工程师的工作恐怕还有困难，所以我们提出要培养工程师的毛坯。但是现在我们各个学校里，整个体系、模式还是科学的模式，因而培养的都是科学学士、硕士。我们有一些工程类硕士，但是数量很少，并且限于在职。作为工程教育来讲，培养的模式到底是什么？当然，工程中需要一部分工程科学家，但比重应该是很小的，绝大部分都应该是工程师，或者说工程师的毛坯，应该是这一类人。大家都知道，工程师和科学家是两种不同职业，有不同的根本任务，科学家是为了探索世界去发现，工程师是为了改造世界去创造。所以这是一个问题，在理念上、在实践中，都有待解决。在我们工程院教育委员会内，大家一致认为这个问题很清楚，但是在整个教育界，这个问题并没有解决。

2. 性质

是工程教育还是科学教育？这跟上面的问题密切相关，包括我们上一代人，甚至再上一代人，总是对科学与工程、技术的看法有高低之分。我举个例子，也可能大家觉得这很可笑，比如说 MIT，我们中国翻译成什么？麻省理工学院。在这里，我们暂且不说学院这个词了，现在都要办大学了，我们很看不起学院。但当年还没有这种情况，所以"学院"还是照原文译过来了，那么"理工"，在英文原文中，哪一个是"理"？哪一个是"工"？它的名词里面既没有"理"，也没有字面上的"工"，人家原意是麻省技术学院，正确翻译过来就应该是麻省技术学院。caltech，我们翻译成加州理工学院，可人家明明是加州技术学院，而且，谁也不否认该学院中有世界著名的科学大师，也有许多世界知名的非常杰出的工程师。可能我们在翻译的时候（这是我们前辈的前辈翻译的），觉得技术学院不太好听吧，就翻成理工学院了。我认为，看来是一个名词的问题，没有什么了不起，但是它反映的这种思想传到今天仍在起作用，因此高校不断地改名，从学院改大学，在名词里边无论如何要把更高级的东西加进去。什么是高级的东西？就是科学。科比技高，理比工高，大概就是这么个概念。所以，怎样能够形成我们自己的以培养工程师为目标的工程教育体系，这个问题很值得研究。

3. 特点

这里有几个关系：第一个是理论与实践的关系，能否正确处理；第二个是探索与应用的关系，科学主要是探索，工程主要是应用，主要用来解决实际问题；第三个是分析与综合的关系，一般来说，科学是用分析的方法去做的，而我们搞工程的人要综合。现代的工程，任何一项有一定规模的工程，都不是单一学科的。你说一架飞机是什么工程？现在我们叫航空工程。但现在一架战斗机上的电子设备的价值已经超过机身本身的价值，你说它是什么呢？它的学科基础是空气动力学，要飞起来当然要研究空气动力；但若除此之外，飞机里边别的什么也没有，能解决问题吗？所以，工程的问题本质上来讲是综合。

4. 主体

教育的主体是谁？是老师还是学生？过去有很多说法，主要的形象还是老师，主体是教师。现在看来，逐渐在变化，向学生为主体变化。学生学得进去或学不进去，到底学了些什么东西，这是结果，是主要的。当然名师出高徒，这是另外一回事了，但是名师教的这一班学生是不是都好，不一定，学生有各种各样的情况。

5. 体制

体制包括两方面，一个是体系，一个是制度。关于体系方面，主要是单一化和多样化的问题。究竟我们大家都要成为同样模式的学校，所有的学校都要跟清华、北大看齐，都要办成北大、清华的模式，还是我们各有各的不同的模式、不同的层次？我们去看了加州州立大学（CSU），我们一去，他们就介绍：我们不是 UC（UC 是美国所谓的研究型大学），我们就是满足实际需要。美国的高等教育有三个层次，一个是 UC，一个是州立大学，还有一个就是 college（即所谓社区学院）。人家讲得很明确，对自己定位很清楚。但我们这里低层次的都要向高层次看齐，大家都要达到一个同样的水平。所以，搞这个"工程"、那个"工程",最后都是要不断扩大规模。一流大学现在到底是怎么个说法,要搞多少个,我也搞不太清楚;"211"现在到底有多少了,也弄不太明白了。关于制度方面,究竟应该是统一的、死板的,还是灵活的,也值得研究。

6. 评价

到底对学校怎么评价、对教育怎么评价,这次我们也有很深的感受。美国对教育的评价,这几年来有了很大的变化。美国新的 2000 年的评价标准,最大的改变就是过去评价教师教了什么,现在评价学生学到了什么。过去评教师,往往是看你课程设了多少,看你怎么样教,硬件条件怎么样,像我们这里就讲操场跑道是 300 米,还是 400 米。我对这就特别反感。300 米跑道就培养不出好学生,400 米跑道就能培养一个好学生?类似这样的问题,都是看硬件怎么样。现在的主要评价是看学生学到了什么。这是评价体系的问题。

7. 本科地位问题

特别是在研究型大学里本科处在什么地位,美国前些年有所忽视,现在有了很大变化,对本科非常重视。针对本科生到底怎样能够更快地成长,在有限的年限里怎样能使他们学到更多的东西,他们采取了很多措施。

8. 道德问题

关于道德,首先要明确,它到底是知识的传授,还是精神的导向。现在我们好像变成一门知识的传授,当然这里边有些基础知识,这没有问题。如果一个人对我们祖国的历史、地理一窍不通,什么也不知道,就像我们最近歌手大赛里边,有人对香港是什么时候回归的问题都说不出来,那你谈什么道德基础当然就无从说起。但是根本问题还是一个精神问题。到底是一个科目、一门课程,还是贯穿渗透在整个学习生活中?如果是一门课,上课时,讲的是道德,出了这个教室,在这门课以外,你爱怎么办就怎么办,这样行吗?去年李政道教授在人大会堂作报告,他讲:当年,费米是他的导师,当时导师有一条规定,每个礼拜,一定要有半天的时间师生两个人交谈,海阔天空,什么都可以谈,任何问题都可以谈,这样的话导师才能真正做到言传身教。导师通过这种方式来影响引导他的学生。而我们在道德教育上,把它归结成一门课程,归结成一些知识的传播。知识传播不是说不需要,但是道德到底是一个什么问题,我觉得这个问题需要弄清楚。现在我们一个导师能带几十个研究生,你能有影响力、能言传身教吗?就是在知识方面,你能真正传授吗?

9. 信息化

信息化到底是目的还是手段?这次我们访问美国也很有体会。我们去看了一个凤凰城大学的网上大学 (Phoenix University Online),他们已经毕业了 10 万人,但是它自己没有建任何设施,它就是用因特网,通过 E-mail 的方式,建立了学生跟导师 24 小时的联系，任何时间学生都可以跟老师联系。我们远程教学也搞信息化，但首先是搞先进的宽带网络。美国不是没有宽带网络，他们的宽带网络发展很快，而凤凰城大学就没有花大力气去建设信息网络。所以我们往往把手段当作目的，网络建了不少，最后教育搞得怎么样，不好说。

10. 产业化

对教育产业化问题分歧很大，但在这里我不想对产业化本身讲什么。要讲产业化就要讲市场，这里有两个层次的市场必须考虑。一是教育服务的市场，现在教育界谈的主要是教育服务市场。讲教育服务市场，就是说有多少人愿意出多少钱到我这里来受什么样的教育，能不能进得来等，都是讲的这个问题。但是，这与第二个层次人才市场有密切的关系。人才市场到底怎么样？我看到报上介绍，2002 年，某个地方进行了人才供需调查，从供给量上讲第一位是计算机专业，从需求方面讲第一位也是计算机，但是它后边一句话，供过于求第一位的也是计算机。这是报纸上刊登的，我不知道它的可靠性怎么样。因此，讲教育服务市场必须密切关注人才市场。因为教育本身有一个相当长的滞后，这两个市场本身是分别运作的，学校招生与毕业生就业是分别操作的，中间还有相当长的时间间隔。5 年、10 年以后，到底怎么样？能否预见？现在教育费用如此昂贵，家长宁可自己吃咸菜，钱省下来一定要孩子上大学，目的是希望他将来找一个好的工作，并不是单纯让他提高素质，将来干什么再说。但是几年之后，他毕业了，他能找到好的工作吗？这两者之间的关系，如果不是统一来考虑，会出现什么结果？今后两三年，对扩招就会有比较明显的反馈。希望不要有太大的问题，但实际情况怎么样，不是以我们的善良愿望为依据的。

六、方　　向

关于教育的发展方向，谈三点看法。

1. 综合化

谈综合化，既涉及内容，又涉及方法。内容方面包括：①自然科学与人文科学的综合；现在我们的工程师跟过去不一样，现在的市场经济需要大量的人文科学知识，当然，作为道德教育的基础也需要人文知识；②科学与技术的紧密结合；③理论与实践的结合；④科技与管理的结合；⑤知识、能力与道德之间的综合。从内容来讲，这几个方面都需要综合考虑，需要紧密结合。

方法方面包括五点：①教与学之间的关系，教与学要紧密结合。有人讲，有了远程教育了，今后我们就可以开大课，几百人几千人，一个人讲课，全国都可以听。这是一种方式，但是不是基本的方式？恐怕还得研究。这个说法主要考虑到我们高水平的教师太少。随着教育事业的发展，恐怕教学班应该是越来越小。比如我刚才讲到的，凤凰城的网上大学，看起来可以上千人一起听课，但实际上，它的一个班只有十来个人，就比一般的班要小。它的教师要在网上联系学生，随时和学生交流，学生之间也可以交流，这样，它的教学班都很小。所以教与学之间有个结合的问题。②本科与研究生教育之间怎么打通、怎么结合的问题。③学校与社会怎么结合的问题。④校园内部与远程怎么结合的问题。凤凰城大学没有设工科，它对工科非常慎重，因为工科需要很多实验的环境，尽管现在有虚拟现实，但是看来还不能够起到替代真正实践的效果。在教育过程中，包括知识、能力与道德的结合，没有面对面的接触，你怎么来做道德教育工作？远程很好，可以起到很大作用，但是能否替代面对面？我想是替代不了的。⑤院校教育与继续教育、终身学习结合的问题。

2. 多样化

教育层次、学科专业、学制都需多样化。

3. 国际化

关于国际化，内容很多，值得重视的有三点。第一，要很好地吸取国外对我们有用的经验，不管来自哪一方面，只要对我们有好处的、有用的，都要吸收，但不能盲目地去学习。第二，可以合作办教育。我们国家在教育方面还是管得比较严格的，现在有的合作教育没有经教育部批准，但是已经办了，也还是比较有成效的，将来应该有所发展。第三，人才流动问题。面对国际化的环境，我们的人才开展国际合作或出国工作能不能适应，这是一个很大的问题。这有外语教学问题。对我们的外语教学，我是不予好评的，花了这么多年，从小学就开始，现在有的从小学一年级就开始学到大学毕业，水平怎么样？有很多对话对不了，看东西也不一定看得很明白，更不要说写作了。我们怎样适应人才在国际上的流动，怎样更好地做好工作，我们的人员怎么能出去工作，等等，这些都有很多问题需要研究。

今天利用这个时间谈一些看法，主要还是提一些问题，希望共同来讨论研究。工程教育是一个非常重要的问题，应该说是关系到我们国家的整体利益的问题。为什么？我们的社会进步，国家富强，要靠我们的经济发展，经济发展靠科学技术，科学技术发展靠人才，人才靠教育。因此教育是决定我们国家根本命运的问题。

中国工程教育发展改革的成效和问题^①

一、背　　景

工程教育面向的主要是第二产业，即工业和建筑业培养所需的人才，因此第二产业，尤其是工业的发展变化构成了工程教育变革的主要背景。

1. 国际工业发展情况

主要发达国家由于实现工业化而成为强国，但在工业化实现以后，进入了后工业化时代（也有的称之为信息化时代），工业在国民经济中的比重开始下降，而第三产业，即服务业的比重持续上升。这些国家可分为两类：一类以英美为代表，即明确地要实现去工业化，工业比重大幅下降；第二类以德日为代表，仍然重视工业发展，工业比重虽也下降，但下降速度较慢。从工业中的主体制造业占国民经济比重来看，在前一类国家已经下降到 10％左右，而后一类国家则仍保持在 20％左右。反映在国家货物贸易量上，前一类是逆差国，而后一类是顺差国。需要指出的一点是，虽然比重下降，但两类国家的工业、制造业仍然都处于发展中，即绝对值都是在不断提高的。如果说它们有所舍弃，也主要是舍弃了低端制造业，而其中高端尤其是高端制造业则仍在不断进步发展，并且总体来说在国际上占据主导地位。

2008 年金融危机以后，发达国家再一次深刻体会到了金融业中存在的系统性风险，尤其是金融脱离了实体经济后自我膨胀带来的虚假繁荣和破灭风

① 本文 2018 年 1 月发表于《高等工程教育研究》。

险，意识到经济的基础还是实体经济，而作为实体经济支柱的工业、制造业更是立国之本。德国等国在危机中的表现相对较好，较为稳健，也充分说明了这一点。因此各国纷纷提出了一些新的战略，如制造业回归、重振制造业等，而德国则提出了"工业4.0战略"，即在原有基础上要把工业再向前推进。各国也都认识到，要把这些年信息技术快速发展的成果与工业、制造业结合、融合起来，提出了数字化、信息物理系统、工业互联网等新的构想。

与此同时，一批发展中国家（地区）也纷纷走上工业化的道路，靠实现工业化来加快发展，提升实力，实现追赶目标，其中比较成功的有韩国、新加坡、我国的香港和台湾地区，后续又有越南、马来西亚、泰国等，近期印度也改变了原来不重视制造业的趋向，提出了印度制造的口号。

2. 国内情况

中国改革开放三十多年来，经济有了飞速的发展，其中起主导作用的是工业、制造业。从2010年开始，中国已成为世界第一制造业大国。在取得巨大成就的同时，也衍生了一系列问题，主要是产业结构还停留在中低端，体现为产品功能性能的中低端和价值链的中低端，呈现出高端短缺。同时，由于各地产业趋同，而出现低端产能普遍过剩的现象，经济面临转型。再加上2008年金融危机以后，国际市场长期不振，因此经济增速逐年下降，由每年增加10%左右逐步下降到6.5%～7%。制造业发展面临困境，与此同时，服务业比重则在逐步上升，已超过GDP的50%并呈现继续上升趋势，但部分服务业中出现脱实向虚倾向，金融业和房地产业自我膨胀趋势加剧，金融对制造业的支持明显不足。

3. 发展战略

中国经济下一步的发展战略，从媒体上发表的文章中看，经济界不少人士提出应以服务业为主体，从占经济的比重来看，这样解读似乎并没有错。但透过现象看本质，这样说是否意味着发展制造业就应处于次要地位了呢？实际情况恐怕不是这样。首先服务业的发展还是要以制造业为基础。服务业包括三大部分：生产服务、消费服务和公共服务。生产性服务业是直接和制造业紧密联系的，或者说是直接为制造业服务的；消费服务要求消费者有钱可以消费，制造业就业者的收入提高是其中很重要的部分；公共服务则是靠国家的税收收入来支撑的，而税收中从制造业所得的直接和间接收入是很重要的部分。其次，服务业所创造的价值是随制造业价值的提高而提升的，从实际劳动生产率来看，制造业提升速度要远远超过服务业，例如学校教育中的师生比就不是提高，而是要降低的问题，餐饮、旅游等的效率也很难有突破性的提高。而这些行业从业人员的收入提高与制造业是大体同步的，因为社会是一个整体，不同行业劳动者的收入虽有差别，但大体上是均衡的，资本投入的收益也要有个大体均衡。最后，制造业产品的价格大体上随着劳动生产率提高而下降，而服务业产出的单价则相对上升。因此离开了制造业这个根基，孤立地说服务业为主体是没有意义的。党中央一再强调要以实体经济为发展经济的基础，这是有根据的。尽管对实体经济的内涵还有不同的见解，但工业、制造业是实体经济的主体则是无疑的，把更好地发展工业、制造业作为经济发展的基石不应有动摇。

4. 制造业的重要性

首先制造业是整个经济的物质基础，各种自然资源要通过制造业才能为人类社会所用，并实现价值，国家的实力、国防力量也都要依靠制造业来实现，这是显而易见的。

我们现在强调创新引领，但创新主要是在制造业领域中产生并实现的。西方发达国家统计，有 80% 左右的创新是在制造业中发生的，这一点也不奇怪，因为社会进步的根本动力来自科学技术的发展，而科学技术主要的应用领域是制造业。从工业化开始，社会进步、生产力的提高就大大加速了，经济增速比原始社会、农业社会有数量级的提高。我国正处在追赶发达国家的关键时期，创新发展正在起着关键的作用，发展高质量的制造业给创新提供了广阔的天地。

制造业是国际贸易的主要依托，据查，2014 年全球货物贸易为 35.32 万亿美元，而服务贸易总量为 9.92 万亿美元，货物贸易占整个国际贸易的 78%，是绝对主体。而货物贸易中除一些原材料、原始农产品外，主要是制造业的产品。我国是国际贸易大国，已处在世界前列。2016 年我国贸易出口中，货物出口为 13.84 万亿元，而服务贸易出口为 2 083 亿美元，折合人民币 1.396 万亿元（按汇率 6.7 计算），可见货物出口占 90.8%，而在货物出口中，制造产品比重已占 90% 以上，但产品档次还不高，单价价值低，因此继续发展制造业尤其是提高产品质量和价值尤为重要。

二、工 程 教 育

现在讲到本文主题，即教育，主要是工程教育。由于在这个领域成就和不足同时存在，所以不把两者分别叙述，而是放在一起说。

近年来，我国工程教育的主要变化就是回归工程。这个口号（目标）是 20 世纪 80 年代美国 MIT 一批教授针对美国工程教育的弊端提出来的。美国在第二次世界大战后感到在科学研究上同欧洲比有较大的差距，为此，美国的大学（包括工科大学）把重心转向科学理论研究，也取得了较好的效果。但是到了 20 世纪七八十年代，由于这种趋向，再加上经济上的去工业化，暴露出了美国工程力量薄弱的一面，尤其是与日本的竞争在不少方面处于劣势，同时，亚洲四小龙也在快速进步，这使美国感到了压力，因此 MIT 提出了"回归工程"的口号。

中国在 1949 年后全面学习苏联模式，成果斐然，尽管存在分科过细、综合大学整体上有所削弱、科学研究进展乏力等问题，但是几十年中还是培养了大批工程技术人才，在各种政治运动冲击下，仍然从无到有撑起了较完整的工业体系和工程教育体系。但在改革开放后，由于"文化大革命"中教育受到极大破坏，百废待兴，教育界面向西方国家又感到琳琅满目，可采撷之处甚多，于是纷纷学习西方（主要是美国）的教育模式（即 MIT 提出"回归工程"之前的模式），后来又由上而下对教育体系进行了大的改造，各种产学结合办学的方式被取消、割裂，专科院校大批合并到综合院校。加之理工科教师长期脱离工业实际，导致工程教育趋向于学术化、理论化。同时，由于企业大量由国外引进技术，国内很多只是做加工，而大批专业研究单位又被改制为企业，因此产业对国内技术来源缺乏需求，进而导致人才供需脱节。这期间虽有一些学者到欧洲德国、瑞士等国家学习访问，了解他们重视工程的特色，但回国后并未形成学派或集体力量。

20 世纪 90 年代，在多位资深学者（中国科学院学部委员）和产业界人士的长期呼吁后，成立了中国工程院。随后由一批工程领域学者兼教育家，如张维、张光斗院士等引领，开展了对中国工程教育的研究，并持续做了一系列咨询研究课题，其间中国工程院成立教育委员会，集中了包括行政机构、教育机构等方面的人士研究我国教育，尤其是工程教育中的情况和问题，结合社会各方面的研究、调研，参考了各国工程教育的情况和变革，提出了一系列咨询意见，为政府、学校实行工程教育改革提供了参考意见。一大批有识之士在各类教育机构进行了不懈努力，使我国的工程教育面貌有了较大的变化。另一方面，由于社会的进步，单纯依靠引进技术已经不能满足进一步发展的需要，中央提出创新驱动后，各地纷纷响应，对工程领域人才的需求快速增长，且拓展了范围。学校则在努力适应这种变化。因此虽然我们没有非常鲜明地提出回归工程的口号，但实际上各种工作是围绕这个目标在做的。经过十多年的努力，我们取得了明显的效果。当然也还存在不足之处，可以从以下几个方面展开。

1. 明确工程与科学、技术的区别和关系

中华人民共和国成立之初，人们对科学和技术是两回事还是清楚的，当时政府中分别有一个科学委员会和一个技术委员会。后来也许是由于精简机构等原因，加之把社会科学整个划入了意识形态范围，因此科学中只剩下了自然科学，进一步就合并成了科学技术，并且简称之为科技。再慢慢科技不再被认为是一个简称，而是一个独立的词，例如高科技等。但高科技究竟指的是什么并不清楚，因为科学并没有高低之分，西方国家之所以把技术区分为高低，也并非因为技术本身，而是由于技术应用于产业而产生的价值有高低之分，所以高技术是由高技术产业衍生来的，而不是相反。从语义学的影响看，英文和其他西方语言中本没有科技这个词，科学和技术都是分开说的，但是在和中国人接触多了以后，他们也习惯了中国的用法，所以在翻译时就将科技翻译成 technology，反之亦然。可见他们对中国人的科技理解的就是技术，因为在实际场合中的使用，技术远比科学多。

中国有漫长的重知轻行、重理论轻实践的历史传统。近代科学技术传入后，人们本能地觉得，科学中理论成分更多一些，技术中实践成分更多一些，所以社会上普遍存在重科学轻技术的倾向，对技术产生所谓"雕虫小技"之类的偏见。流弊所及，连很多搞技术工作的人也愿意把自己工作归类于科学，而不是技术。例如大量专业研究院所基本上都称为科学研究院，而很少称为技术研究院，但其实际工作内容却主要是技术。人们说到研究时就说"科研"，而很少说"技研"。社会上普遍轻视技术、技能工作者，旧时代的工匠、匠人是明显的贬称，是不入流的。虽然这种情况在中华人民共和国成立后发生了根本的改变，但正如前文所说，改革开放后相当长一段时间，重知轻行的积习又有所回潮，工程师和其他技术工作者的社会地位显著下降。当然近些年来有较大变化，但还很不够，由于种种原因，技术工作者还远没有得到普遍的尊重。

简单来说，科学是对客观世界（包括自然界、人类社会和人本身）存在和变化的规律进行探索，其探索的过程就是科学活动，探索得到的结果就构成科学理论。

技术是探索和改变客观世界的方法和手段。方法就是技艺、规范、诀窍等，手段就是工具、信息、装备等（这里的客观世界对社会而言主要指其器物层面，至于制度精神层面则是另一个大问题，不在此处讨论）。

而工程则是运用科学理论和技术手段来改造世界、创造财富的实践活动，工程大量的内容属于造物（包括改变已有物）。

科学的目的是认识世界，其成果体现为"发现"。

技术和工程的目的是改造世界，技术的成果体现为"发明"，而工程的结果则体现为"创新"。由于两者同属于改造世界，在具体实践中关系更密切，因此人们常把两者联系在一起而称为工程技术。

在工程教育回归工程的过程中，三者的关系逐步明确。工程教育界许多人强调工程教育不同于科学教育，要独立发展，建立自己的体系和范式；技术教育虽然从属于广义的工程教育范围，但也要形成自己的特色。当然，由于社会观念、习俗、评价体系和既得利益的束缚，要在实践中完全做到这些还有待时日。

2. 在实际中把握理论与实践的关系

人的知识来源于实践，因此认识过程是实践—理论—实践，这已经被广泛接受。但人们从事工程（造物）过程中，尤其是造新事物过程中，并没有见过或者感受过这个新事物，而是凭着对其他事物了解的积累并根据需求去设想所造之物，然后按照设想去制造（建造）新物。其过程是需求（想象或抽象）—策划（设计、模型等）—实践（制造、建造），实际上是认识指导实践，即根据已有的知识、理论去指导实践活动，这种指导可能是成形的理论，也可能只是在人脑中积累的隐性知识，但如果没有任何知识，单凭一张白纸是不可能造出什么东西来的。

人在实践中积累知识需要漫长的过程，原始人从发现火到发明生火方法，从发现金属到发明制作金属工具都历经了千万年。后代人为了缩短这个过程就采用了教育的手段使人类的知识能较快地代际相传，而教育的过程多年来主要是理论—实践—理论，即先将前人积累的已经由事实证明了的理论传授给受教育者，但受教育者此时只是被动接受，而缺乏自己的体验；然后创造一些运用理论进行实践活动的机会，使受教育者在实践活动中运用所学理论去做并取得实际体验，加深对理论的理解，为自己所掌握，形成后一个理论。这就大大缩短了掌握知识的整个过程，近代教育发展的过程也证明这种做法的有效性。

存在的问题，一是周期过长，4~5年时间实际上只是一个周期，各环节间联系不够紧密；二是实践不真实，简化了很多因素，不是真刀真枪，容易形成花架子；三是教师本身缺乏实践，指导学生效果不好；四是在研究生阶段，很多学生被当成单纯劳动力，进步不够大。

针对这些问题，各国各校都在进行探索。主要措施有：①增加实践环节，缩短周期，但需要研究的问题是缩到多短为好，实践的深度与周期长短之间的关系，各个不同专业的不同情况等，还需要大量探索；②加强校企合作，方式多样，各类学校也不一样，关键在于企业和学校要真正成为利益共同体，措施要真正有利于学生成长。当然政府的支持是必要的，但是企业学校双方有互动需求、形成共识是关键。此外，加强教师培训，尤其是强化其工程实践背景等，当然更是必需的。

在理论实践之间还有一些中间环节，如设计、建模、仿真等，这些在不同场景中都有很好的效果，但从认识论角度对它们加以研究探讨，还需要做很大的努力。

3. 关键在于转变思想方法

学生的能力核心是思维能力，如果学生不会用脑，或者完全靠记忆，不去思考，只当存储器，不当运算器、选择器，那是必然要被替代的。而思维方法的核心是唯物辩证法。

（1）还原和构建。

科学活动的方法主要是还原。所有的事物，一层一层剥下去，到最后是各种粒子，就到了底了。但是工程是造物，要把各式各样的东西堆积起来，并且要有序，要 $1+1>2$，甚至 $1+1=X$，即变成新事物，所以要树立构建的思维，把两件、三件多种物品连接起来。要掌握用什么方法连接，只是一个机械的、物理的连接，还是要有化学反应，只是力的传递还是存在能量的传递、信息的传递，在一起后形成什么新的功能，结构是什么样的，有多少层次等，没有构建的思维是无法搞工程的。

（2）求同和求异。

社会上要大量造物，要保证质量性能，物与物之间要互相联结，因此各个部分都要标准化，很多大工程失败在一个螺丝钉上，就是不遵守操作规律，不按规矩办的结果。因此按规程办、严格要求、一丝不苟是现代工业中最基本的要求，也就是要有求同思维。

但是经济要发展，产品要改进，质量要提高，需求多样化、个性化，因此要创新。而所谓创新，就是要有新的东西、新的性能、新的方法，所谓新，就是和过去不同，搞建筑也是一样，都是火柴盒形建筑，就不再具有新颖性，失去了美感，所以要做和人家不一样的东西，这就要有求异思维。

求同和求异看起来是对立的，但是又是互相关联的，什么也不会做、做不好就整天想标新立异，结果往往是一事无成，所以求同是基础，但如果不会做新东西、没有新想法，也就做一个老实人而已。因此不求同不成器，不求异不成大器。

（3）绝对和相对。

在科学活动中，往往追求绝对性，对就是对，错就是错，真理就要具有普遍性，不能有例外。如果你做出来是一个结果，我同样条件下做是另外一个结果，那就不是科学了。但在工程中就不存在所谓绝对正确，当然会有正确和错误，所谓错误就是按这个方案是做不出来的，比如说建筑受力弄错了，物件成分搞错了，等等。但工程中更多的是另一种场景，即几个方案都可以做出来，但要考虑的因素很多，比如成本、性能、投资、场地、工期、可靠性、可用性、寿命，还有外观等，要综合考虑。而且做方案本身就有成本，所以不可能做很多方案，更不可能无限多。所以工程中只有较优（指做的方案中较优）而没有最优，甚至比较也有角度不同，从一种角度看 A 方案较优，而从另一种角度看 B 方案较优，所以工程往往是妥协、折中的产物，要帮助学生理解和掌握这一点，教育他们在思考工程问题时不要绝对化。

（4）对立和统一。

对立统一是辩证法的核心。任何事物都有两个方面，处在既对立又统一的状态中。如信息系统中集中与分散是两个方面，两者是对立的，但在一个实际系统中又是统一的。最早的计算机局域网就是如此，可以把主机做得强一些，功能完整些，这样终端可以做得很简单；也可以把终端做得强一些，大部分信息处理和存储可以在终端解决，这样主机就可以相应简单。具体采用何种方案要具体分析比较，要考虑整体功能指标和成本，以及使用方便，等等。发展到现在的云计算，由于信息处理能力大大增强，同时信息传输的成本大大降低，所以集中成为主要倾向；但当遇到复杂系统，例如工业生产系统时，数据量很大且很复杂，需要就地处理的比重很大，都集中起来并不合理，因此又出现了边缘计算，并且和云一起组成整体系统。

工程中往往碰到很多类似的问题，需要从整体考虑作出选择。

（5）形式逻辑。

形式逻辑研究、解释事物间的基本关系，虽然从哲学层面，形式逻辑与辩证法不在一个层面上，但实际生活中遇到的大量较简单的问题，属于形式逻辑范围。最常见的例如三段论，即任何事物的成立必须要有两个前提，一个大前提，一个小前提，但由于我们长期教条式理解辩证法，批判形式逻辑为资产阶级的东西，造成了很多人不懂形式逻辑，连最基本的推理也不会，往往没有前提，有时甚至大前提也没有就提出结论，给工作事业带来很多失误，有时还酿成灾难。所以，要让学生掌握形式逻辑的基本知识和方法，学会逻辑思考和逻辑表达。

4. 观念上要建立系统论

任何工程都是一个系统，大工程更是复杂巨大的系统。做工程的人必须要建立系统观念，主要包括两个方面：一是局部与整体，局部服从于整体，整体又要受制于局部，一个局部缺失或者做不好、不合格，就会损及甚至殃及整体；二是架构与功能，做工程构建一个复杂系统，为的是实现功能，但功能要通过架构来形成，架构本身的复杂性、稳定性又制约着功能的实现。如何做到架构简单、明快是工程中的基本问题，而功能同样要尽量简洁，不要堆积很多并不需要、有时又互相矛盾的功能。当然，必要的功能是要周全地考虑的。

工程中的系统还有多个方面。一个是对象系统，即我们要造的物；另一个是制作系统，例如工业中的生产系统，建筑中的设计施工系统；还有一个价值系统，要整合技术、经济、劳动、工期、环境等因素。因此，要让学生懂得，工程系统是复杂的、多维度的。

5. 学科融合

现代工程的学科基础越来越复杂，一方面是社会发展，巨大的、复杂的需求越来越多，比如资源采集环境越来越复杂，交通出行要求越来越高，生活用品要求越来越精细，机械装备精度和效率要求越来越高；二是技术进步产生了很多新的领域；三是我国从计划经济转型为市场经济，在成本效益、法律等方面有大量新的问题，所以工程教育中必然产生大量的学科融合需求。

学科融合大体可包括以下几个方面。

（1）自然与人文。

过去学工科的基本不学人文社会科学，所以大量工程师不懂经济，生产不讲成本，完成产品任务指标就可以了。现在不行了，工程要讲效率、效益，所以要学经济，包括宏观、微观经济，产业、企业经济，一定的金融知识等；还要学法学，首先要看企业生产、建筑工程是否合法，包括企业法、劳动法、营销法、环保法等。还有伦理学，我们一直强调意识形态的纯洁性，但却长期不进行伦理教育，这是一件很奇怪的事情，所以要学工程伦理。可能的话还要学一些社会学知识，例如现在到国外去做工程建设的人就经常会碰到一些社会学的问题。至于管理学，当然是必需的，工程离不开管理，绝大部分工程师在工作中都要碰到管理问题，很多人本身就既是工程师又是管理者，所以要学工程管理。工程管理是人文和技术交叉的学科，工程管理学本身还在成长过程中。

（2）专业与综合。

"文化大革命"以前的问题是专业分得太细，现在大量专业合并，拓宽了知识面，但存在一个宽和深的矛盾，这里同样要有取舍，核心专业课要深入，要弄清所以然。多数课程不一定要讲很多细节，需要时学生可以自己找、自己学。要培养学生准确、高效搜集资料的能力，要会精读也要会粗读，要多开一些概论类的课。

（3）科学与技艺。

这里的技艺就是英文里的 art，由于翻译的原因，中国人对 art 的理解就是"艺术"一义，即绘画、音乐等。但实际上 art 的另外一个意义是技艺，也就是动手做东西的本事。工程教育除了教理论以外，还要有大量的实践。所谓技艺，在这里应该是指实践的方法，即使在实验室做实验，方法也是非常重要的，很多重大发现、发明都是由于方法的进步而取得的。

（4）信息技术。

信息技术发展到今天已经渗透到社会生活各个方面，近期的一些发展，主要体现在流通领域（很多人称为消费领域，我个人认为还是流通领域比较确切）和社交领域。真正在生产领域的应用还处在浅层和局部，真正全面融合还有待时日。问题之一是从事信息技术的人和从事工业技术的人互相之间沟通较差，语言体系有区别，因此培养融合性人才是一个关键。从应用角度来看，工程专业的人学习掌握信息技术是主要方面。

6. 评价

评价包括对整个工程教育的评价、对具体学校的评价和对学生的评价，目前大学主要关心的是对学校的评价。

（1）评价标准。

评价首先要有标准，现在看主要是两方面。一是学术标准，二是育人标准，西方多数是讲学术标准，因为育人标准要分类，而学校分类大体上是固定的，绝大部分学校不会去从事争取改变类别的工作。而学术标准不好分类，所以在一起评，评出来的也基本是所谓研究型大学，只是不同评价组织评出的排名有前后之别而已。

中国的情况有所不同，评价首先按类别分档，虽然名义上还兼顾学术和育人两个方面，但实际上仍与西方一样是学术评价，育人则基本上不予考虑，或者放在很次要的地位。去年公布首批"双一流"名单后议论较多，主要是具体标准没有公布，缺乏透明度。

从本质上看，学校是教育机构，学术活动也应该围绕育人目标来开展，其效果应主要体现在育人上。当然，由于社会的需要，一小部分（只能是少部分）学校在育人之外还要独立开展学术活动，以满足社会发展对科学技术的需求，这是各国普遍存在的现象，可以单独考虑。但中国由于分类不固定而导致各校在分类上竞相攀比，从而使教育失去育人的基本目标，这是值得认真思考、严肃面对的。

从相关排名榜中一些仅有的育人评价看，实际上也只是成才结果评价，而不是育人评价，因为只评价输出端的水平，而不是评价输出与输入之间的差距，这就导致了抢夺优质生源的不良竞争。

（2）评价工作体系。

西方都是社会评估，或称第三方评估，中国是政府评估。这次"双一流"名义上说政府评估的结论主要根据第三方评估，但其客观性和中西方的差异仍值得思索。

（3）评价的目的。

西方评估是给予社会一个引导，在学生入学选择与学费高低之间有个取舍，也供企业和政府部门等与高校合作研发时（包括委托、购买等）参考。但中国则是公共资源直接分配，两者都是利益关系，但在内容和方式上有巨大差别，需要认真研究。

7. 供给与需求

供给与需求之间应该大体上匹配。目前在工程教育中，存在两方面的问题。

其一是规模与结构之间的矛盾。中国已经有了世界上规模最大的教育，包括高等教育，而工科在高等教育中的比例也居世界前列，从规模上看满足需求是没有问题的，甚至会有些富余。但从结构上看，无论是类型和专业就都有问题了，中央对职业教育的重要性已经反复强调，但无论从学生比例上、教学内容上都还存在不少问题。更严重的是一些用人单位盲目要求高学历，社会对职教的歧视观念没有根本变化。专业则出现赶风的现象，供求不平衡的周期一直在延续，问题在于没有人对此进行细致的实事求是的研究。人和物质产品不同，培养的周期长，因此，从确定一个专业，到有学生毕业，其间有若干年之久，需求可能会发生较大变化，从而增加了问题的复杂性。至于继续教育，则一直未能摆脱向学位教育靠拢的诱惑。其二是数量与质量的矛盾。这是个永恒的问题，应该承认，在高等教育从精英到大众化的过程中，学生的平均智力水平有所下降，这是正常的。同时教师的平均水平也有所下降，这也是可以理解的。这种情况下，学校之间难免会为争夺优质生源使用各种手段。近期，为争抢优质教师又再起风波。但这些都无助于平均水平的提高，无助于我国高等教育质量的整体提高。只有真正采取一些整体提高的措施，才是根本解决问题的办法。

三、教 育 整 体

工程教育不是一个孤立的存在物，它的问题，它的改进，它的发展，它的提高，都与教育整体休戚相关。我国教育事业整体已经有了很大进步，同时也存在一些共性的问题，兹举其要者略加分析。

1. 培养目标

前些年在对学校考核中，主要是看投入，首先是看硬件，有多少大楼，生均面积，多少实验室，操场有多大，跑道长 300 米还是 400 米，最好 800 米，等等。后来觉得不够了，又加上软件，课程设置、教材、教师水平、研究水平，等等。近年来学习西方，引进了"OBE"（outcome-based education，基于学习产出的教育模式）的概念，即要看产出，以产出为目标。这样问题就来了，产出怎么去衡量，同样一个学生怎么说好不好？概括说，培养人主要看两个方面，即做人和做事，我们总体上要求德才兼备、全面发展，展开可以说知识、能力、品德全面发展。但是衡量很不容易，一方面需要积累大量的数据，就是看学生毕业多少年后在工作中的表现，至少要跟踪五年吧，一般应要求十年以上才能满足效度的要求。但我去过的高校没见过一个学校有此数据，大多是有几个毕业生是优秀的、有几个人当了官、几个人成了老板、几个当了院士教授等。但这能说明整个毕业生的水平吗？何况这少数个别人是否因为在你这里上了学就有这样的表现？有一次，有人去调研某校少年班，回来告诉我确实有毕业生在事业上很成功，我问他有没有失败的例子，比如因为年龄太小、不适应环境而受到挫折的情况，调查人因为没有了解这方面情况而未能回答。另一方面，是"即时"就业率，我之所以加"即时"二字，因为据报道有的学校对未就业的学生扣押毕业证件，这样的数字有用吗？这个问题不少人提出过，但没有响应，因为这是上级要考核的"即时"数字，事关学校利益，一些人就不敢较真。

展开到做人和做事。做事方面涉及专业设置、教学质量、实践环节等，科学教育、人文社科教育和工程教育实际内容有很大不同，但问题是同样的，前面已经有叙述，这里不多说了。但做人的教育，也就是德育，这些年来很难说优秀。一方面是社会环境复杂，社会道德水平有所下降，诚信缺失、唯利是图、恃强凌弱、腐败横行等现象不可能对学校不发生影响。另一方面德育的内容过于教条，方式过于单一，而且不是贯穿于教育整体中，往往把德育作为单纯的知识传授，简单作为一门社会科学，简单要求保证学时，而不是作为养成教育，按培养人的观念行为来设计、统筹。这使不少学生缺乏正确的三观，缺乏面对各种现象的判断力，缺乏面对成功尤其是挫折失败时的应对能力，不少学生存在心理障碍，这是需要认真研究解决的。

2. 个性化和针对性

中国历史上传统的私塾、家庭教师等教育方式中知识传授多为一对一或一对少数人的教育，传授方式可以认为是个性化的，但内容上则大体相同或类似，特别是在儒学一家独尊之后。在手工业方面的师徒传承方式也是一对一的个性化，即使一个师傅带多个徒弟，传授内容也会因人而异。近年来，在学校教育中，由于学生水平参差不齐，有人提出要实行个性化教育，而在工业制造领域引入信息技术、商业模式产生新的变革后，在消费品领域个性化定制的呼声也在不断提高，也提高了教育个性化呼声的响度。

但是，在学校教育中真正要做到个性化是不现实的。从需求方面看，人与人之间有差异，从生物学角度讲可以说每个人都是独特的，没有完全一样的人，但从基因来看真正差异的比重非常小，而从受教育所需要的智力水平和接受能力看，最好和最差之间可能会有很大差异，但这并不意味着每个人都很独特，因此真正的个性化是没有必要的。而从供给方面来看，我们现在面临的主要还是班级太大，人数太多，根本谈不上一对一的教育方式，例如一个班级有50个学生，有一道题25个人做对了，其他25个人做错了，做对的应该基本上是相同的，也可能有个别人是用了和老师讲的不一样的方法做出来的，而25个错的不可能每个人都错的不一样，可以归纳为几种错法，老师只要把主要的错法讲一讲就大体可以了；如果有采用特别新的方法的学生，并且经常这样表现的，可以多给些题目去做，或者给一些参考资料增加其自学的机会；对特别差、一点也不懂的个别学生可以适当在课下单独补一下，如果能跟上当然很好，如果确实太差，且长期如此，那么留级甚至退学也是应该的，可以让他去准备从事其他方式的劳动。举一个例子，有人在意大利参加一个市内旅游项目，上车后导游首先问谁讲德语，一大半人举手，随后问谁讲法语，一小半人举手，再问谁讲英语，只有一个人举手，于是每到一个景点，导游就用德语、法语讲解两遍，然后在步行过程中，对那个人用英语简单说一下，问题就解决了。所以，对于不同情况要采取有针对性的措施，有时可以分类，但首先要照顾好大多数。

3. 公平和卓越的平衡

公平是社会的基本要求，公共资源的分配有时还要向弱势群体倾斜一些，对中国社会来说，目前的高考尽管备受诟病，但还是公认为各种不理想、不完善的办法中最好的一种。但学生考完试录取进了学校，大家就要有同等学习的条件。学校要追求卓越可以理解，也当然是好事，但卓越如果只体现在为少数人提供机会那就有问题了。尤其是公立学校，如果把资源集中提供给少数人，形成了马太效应，那就违背了公平的原则，是不应该的。对于优秀的学生可以促使他们更好地发挥潜力，但主要应当靠他们自己的努力，利用公共开放资源去提高，如果是教师个人在业余时间愿意给某些人更多帮助，当然也无可厚非，但如果作为学校的组织行为，那就不好了，况且个别天赋特别好的人，往往会有自己的想法和做法，不是靠特殊保护下拔苗助长就能成才的。

4. 投入与产出——宏观与微观

前些年有人提出教育产业化，受到社会上的批评，后有教育行政部门领导出来否定，此后人们也不再提及，但若因此对教育的投入产出关系不再继续研究了，那就是因噎废食、不太恰当了。

教育是社会中的一件大事，教育占用多少社会资源，其产出效果如何应该有个定量的基本判断。目前我们知道的，只是经过多年努力，各级政府投入教育的经费总和连续几年达到了 GDP 的 4％以上，这是公共经费中唯一定了比例的支出项；另一个就是家长们为子女教育普遍疲于奔命和高额的金钱支出。教育是否办得好，归根到底要看投入产出及其关系。教育投入产出包括三个层面：一是全社会，包括政府、社会和家庭个人；二是家庭；三是受教育者本人。三个层面都要考虑，做到大体均衡。

先说个人层面，西方国家算得比较细：一个人高中毕业后，如果上大学，要多花多少钱（西方家庭认为上大学时大体上已经是成人，所需花费应自己负担，所以不少人是贷款上学，工作后归还，或者上学期间打工来维持），工作晚若干年，虽然大学毕业后工作工资会高一些，与立即工作相比少获得多少年的工资，因此从全生命周期（学习—工作周期）来看，哪个选择更有利，他们会加以斟酌。比较的范围很宽：包括先工作几年，随后再上大学的，或上大学时选择两年制社区学院（美国）与本科四年制的，还有本科毕业后是否再攻读学位的，等等。总之，说他们斤斤计较也可以，但是账是算清楚的。因此不少智力水平较差的人认为上大学不划算，不如不上，这也是美国有一半青年愿意上社区学院的主要原因。而中国的学生却从来不算这笔账，因为费用都由家庭支付，除了非常困难的家庭外，本人是没有负担的。

从家庭方面看，中国家庭的教育负担是很沉重的。一是非义务教育的学费，由于这是改革开放以后新加的，与义务教育的性质并不一致；二是学校水平差别太大，家长为了让孩子上好学校而去购买所谓的学区房，这是城市中的普遍现象。一二线城市学区房的价格已经蹿升到一般家庭不可想象和难以承担的程度，不少家庭甚至不惜借贷去买，这当然主要是中产以上阶层的选择；三是各种课外辅导班，还有一些为争取录取时加分的高收费的课外文体班。这些加在一起，给家庭带来了沉重的负担。

从国家层面看，政府支出已经达到了 GDP 的 4％，有时会略有超过，但也不会太多。社会投入数量有限，目前主要还是非营利性的；像慈善事业一样，公益性的民间投入在中国尚未形成规模。至于盈利性的社会投入，开展得较晚，且未完全放开，即使有利润回报也是来自学生的学费。所以关键在家庭支出这一块，究竟有多大量，没有人去研究，更没有相关统计，粗看起来数字不会小，是否达到政府投入相同量级，这是个大问题。可以说，子女教育投入对很多家庭是第一负担，由此产生的不良后果：一是减少了家庭的其他消费，大大削弱了对消费品的需求，对形成消费主导的经济结构不利；二是改变了中产阶层的形态，使中产阶层本应相对富裕的生活变得拮据；三是很多家庭不敢生第二个孩子，影响二胎政策的实施，对社会长远发展不利；四是耗费了家长们大量的时间和精力，他们反而没有精力和时间进行真正的家庭教育。更严重的是，有些钱花了，效果却适得其反，比如，大量补习班实际上是做题班，不仅无益于学生的学业进步，反而大大增加了学生的负担，使之疲惫不堪，影响青少年的健康成长。从社会角度来讲，把崇高的教育事业变成逐利行为（极端情况下甚至沦为少数不法之徒的欺诈行为），这不能不说是我们社会发展的一大漏洞。当然，产生这些问题的原因很多，观念、制度、利益分配等错综复杂，剪不断，理还乱，但问题在于，没有人去综合研究、统筹治理。采取一些头痛医头、脚痛医脚、小打小闹的措施，收效甚微，有时反而愈演愈烈。总之，要对教育的投入产出做全面的分析，以对国家社会整体发展、青少年成长负责任的态度来研究解决。

5. 基础教育和高等教育之间的关系

两个阶段的共同目标是培养青年学会做人和做事，但又有阶段性的区别。基础教育是普及性的，应该是每个人都必须接受的教育（在高中普及后就完整了）。基础教育同样要讲德才兼备，即知识、能力、品德兼备。接受基础教育后就可以成为一个有一定文化的劳动者，具有做人的基本品质和做事的基础能力。而高等教育则是选择性的，个人要选择是否上大学，学校也要选择是否接受；高等教育在做人教育方面，主要是境界的升华，在理念、三观、理论等方面有提高，思想和行动更加一致；在做事方面则是更专业、更深入，实现理论和实践在高层次上的结合。因此两个阶段要明确定位和区分，合理衔接。

现在中小学的应试导向，使得德育薄弱，体育和美育缺失，缺乏健康有益的社会活动，学生体质下降，精神疲惫，不少人心理脆弱，受不了任何挫折，一些基本道德，甚至待人礼仪的养成都要挪到大学去解决，堪称荒唐；单一的智育由于缺乏实践和生活体验，也难以内化，形成良好的品位和方法，这就给未来高层次的学习留下了隐患。而到高等教育阶段，一部分落榜者和考到较低类别学校者灰心丧气，多数人则感到终于可以松口气可以玩一玩了，这种状况非常不利于青年成长。

现在有些中学，尤其是较好的中学，还流行一种做法：引入部分大学课程，赋予学分，以后上大学时可以免修，据说这还是国外的舶来品。如果个别学生确实能力超前，想发挥潜力，多学一些也无可厚非，但如果要求所有学生都这样做，那就混淆了不同阶段，不符合认识发展的规律。而用学分等方式鼓励学生这样去做，是否会弄巧成拙，影响中学本身课程的学习，需要综合研究其中的利弊。

四、几点建议

综上所述，我认为在以下几个主要问题上应组织力量认真开展研究。

1. 人才结构及其成长规律研究

教育部门可能有个错觉，认为我国有人事部，研究人才结构问题应该是他们的事情，近年来中组部对人才问题也非常关心，因此教育部门没有必要研究这个问题。但要看到，人事部是纯行政部门，中组部是党务部门，而教育是行政部门兼事业管理部门，管的事情要具体得多。教育部门是人才供给的源头，而供给与需求是对立统一、紧密联系的，如果不管需求，供给是做不好的。人才领域同样要进行供给侧结构性改革，所以要很好研究人才结构，不但是专业结构，还要包括层次结构、类型结构，以及随着技术、社会发展而引起的人才结构的变化等。

另外，人才与物质产品不一样，人才在使用过程中会不断进步、不断变化，教育部门传统上只提供初始人才，不能包办其整个成长过程，人才成长过程中有多个影响因素，大多不是教育部门能左右的，但学校应该研究人才在成长的各个阶段与学校的培养有什么关联，学校应如何改进学生在校期间的培养工作，以更好地适应人才成长的需要，还要研究人才成长不同阶段如何更新补充新的知识，学校与产业、企业如何合作开展继续教育，等等。

2. 人力资本及其效率研究

西方国家对人力资本都有较多的研究，但我国虽然不时有人提到此事，但未见有真正深入的研究。必须指出，这是社会发展中的一个重要问题，因为经济发展投入无非是自然资源、人力和货币资本三个方面，综合研究就要基于对自然资本、人力资本和货币资本的分析计算。

人力资本有投入和产出两个方面，二者联系起来就是效率。前面已经分别讲了教育的投入和产出，教育当然是人力形成的主要渠道，但教育不是全部，还有社会各方面的投入，如企业等用人单位的投入和个人的投入，教育的产出也不是教育的独立产出而是学生就业后各种因素叠加的产出。

一个国家的资源是客观存在的，虽然资源加工、利用的深度可变，但这种变化需要人来完成，金融资本的操作获利也是靠人来进行的，因此人力是一个关键因素，如何体现就要从人力资本角度来分析。

人力资本可以从国家社会、产业企业、家庭个人不同层面来分析，这当然不是教育部门一家能做到的，但教育部门应起到重要的作用，要和人力的使用部门合作来做。无论如何，人力资本不研究清楚，教育部门的效率和作用是无法从根本上说清的。

3. 全面校企合作研究

由于前一段校企关系人为割裂，造成校企合作的很多困难，经过各方努力，问题逐渐被解决。但目前主要问题是企业量大面广，多数水平较低，对院校提不出显性要求。而多数学校都想面向少数"高大上"的企业，因此校企合作的面窄、效果有限。

中国有成千上万的企业，光是制造业的法人单位就有 300 万个，其中绝大部分是传统产业，它们都面临着升级转型问题，不改变就没有出路，所以无论从技术上还是从经营管理上都亟须智力支持。我国每年高校毕业生人数最多高达 800 万，其中工科生近 300 万，所以宏观上说，一个企业平均可以每年摊到一个学生，关键是双方有没有合作意愿，有没有合作途径，有没有合作内容。

数百万企业中，绝大部分（99％以上）是中小企业，由于起点低，它们甚至提不出问题、看不清方向，更不要说向高校、研究所提出清晰的合作项目。正因为如此，它们才更需要真正的智力支持。我们能不能设想，全国一千多所工科的高校，在当地政府的支持下和行业组织的帮助下，主动与周围中小企业合作，由教师指导、组织学生深入企业生产和管理一线，帮助企业分析形势、判断前景，提出问题，然后合作改进提高。当然，那些头脑清楚、对问题已经有明确分析判断的企业，就可以直接进行合作，有些问题学校解决不了，可以找其他院所合作，共同来研究解决。在此过程中，学校教师及学生除了专业能力、工程经验和职业精神得到锻炼以外，也可以获得应有的报酬，这样将大大促进我国企业的进步提高，也为学生毕业后的出路提供了前景。试问，这样做是否比盲目的创新创业更有现实性和可行性呢？

也许这只是个人的一个梦想，但"I have a dream"这句话唤醒了多少世人去努力拼搏、奋斗终生。中国的中小企业如果不能成功转型，各种强国目标是实现不了的，现代化的教育也是没有根底的。

主要参考文献

［1］国务院发展研究中心．亚太自贸区的昨天、今天和明天［J］．经济发展，2016（48）．

［2］中华人民共和国国家统计局．中国统计年鉴 2017［M］．北京：中国统计出版

社，2017.

　　［3］余寿文．大学的本质功能与中国科技人才的培养［J］．高等工程教育研究，2017
（2）：26-31.

　　［4］朱高峰．论人才产业//面向产业和科教的思考．北京：人民邮电出版社，2005.

　　［5］朱高峰．工程技术和产业发展//论教育和现代化．北京：高等教育出版社，2015.

我国工程教育的改革发展趋势①

一、概　　念

要讲清楚问题，首先要明确概念，弄清讲的对象是什么。

1. 科学、技术与工程

科学是人们探索各种自然现象、社会现象和人体本身的活动。通过这些探索活动可以发现事物的规律或者此前不为人知的新现象。探索活动就是科学活动，或称之为科学研究，探索的结果就是科学发现，包括现象和规律。探索到的规律形成的知识体系就是科学理论。

技术是人们改变客观物体形状、成分和性能的方法和手段，改变的目的是为人所用。方法与手段有相同的含义，也有不同的侧重，一般来说，方法指软性的要素，如技艺、规范、诀窍等，而手段则指硬性的要素，如工具、仪器，乃至装备等。

工程则是人们运用科学理论和技术手段，利用现有资源创造出新的物体并创造出财富的活动。

总的来看，科学属于认识世界的范畴，技术和工程则属于改造世界的范畴。在古代，科学和技术、工程之间并无联系，当时人们对科学所知尚少，技术主要靠经验积累，虽然有的工程很辉煌（例如都江堰等），但是并没有科学理论的支持。只是到了近代，特别是当代科学兴起之后，科学、技术和工程之

---

① 本文 2016 年 9 月发表于《高等工程教育研究》。

间才形成了联系，且联系越来越紧密。当代工程离不开科学、技术的支撑，而科学研究也离不了各种新技术和复杂工程装置的手段。尽管如此，但三者在性质、驱动力、目的、方法和评价标准上仍然有着明显的区别，不能混为一谈。

2. 工程教育——广义和狭义

从狭义上说，工程教育是以工程活动及其规律为内涵的专门教育，目的是培养各种门类的工程专门人才。而从广义上说，工程教育包括各类其他专业教育中所蕴含的有关工程的内容。

在现代高等教育中，工科以外其他科目，如农、医，甚至某些人文学科，也包括一定的工程内容，如西方金融专业已较多开设金融工程学等。工程教育外延的扩大，是因为其中的系统思维和综合思维的精确、严格、严密的要求，以及构建方法等，对很多学科、专业的教育都是非常有用的。

另一方面，现代专门（狭义）工程教育的内涵也越来越丰富，广泛吸收着其他相关学科的内容，例如经济学、法学、伦理学、地理学、美学等。一个现代工程师，如果一点经济知识都没有，是完全无法工作的。而自然科学基础和数学也应根据工程专业的要求编制专门的教材。

3. 工程教育——专业性与通识性

工程教育主要是指高等教育中的各类工程专业教育，培养目标是相应类别的工程师，也有少数人可能成为工程科学家。在职业教育中包含了很多与工程有关的专业，虽然在深度和广度上不如本科和研究生阶段的工程专业，培养出的人大多数也不能达到工程师的水平，但从事的是工程工作，也应属于工程专业教育。除了专业性，工程教育也有其通识性，也就是说，工程是人类文化传承的重要组成部分，其他专业若无工程的支撑就难以存在和发展。例如，即使是看似与工程关系最远的训诂学和音韵学，若无工程的造物——文房四宝，就连最基本的载体都不会有。而现代工程教育更是广泛地渗透到各种层次、各种类型的教育中，如果缺乏工程内容，往往会导致知识的残缺、能力（特别是创造能力）的不足。如我国的基础教育往往注重数学和自然科学的内容而忽视工程的内容，极大地限制了青年人素质的发展。近年来，美国教育界提出要加强STEM（science、technology、engineering、math）的教育，就把技术、工程都放进去了，这是打破专业藩篱、扩大通识内涵、优化学生素质、促进全面发展的教育理念，不仅对基础教育，也对各类专业教育产生了积极影响，实施以来已取得显著成效。

在我国，相当一部分继续教育属于工程教育的范畴，参与者不仅包括从事工程的人员，也包括不直接从事工程但需要了解掌握相关工程知识的人员，在职培训更有大量相应的工程内容。

　　泛而言之，人类生活的一切方面无不关乎工程，因此，工程的基本知识应作为现代文明的常识普及到全社会。在这里，通识性的工程教育可以为专业性的工程教育提供一个健康的社会文化基础。

二、工程教育的重要性

1. 工程的重要性

　　我们要改变国家面貌，建立富强中国，实现现代化，要有相应的物质基础。这些年来，中国开展了大量工程，开发了大量矿藏资源，建设了电力、交通、信息等各种基础设施，建立了大批工厂企业，改变了城市面貌，新建了一大批城镇……这些成就都为中国的进一步发展提供了坚实的基础。

　　我国从积贫积弱到阔步前进，成为世界经济总量第二位的国家，创造和积累了大量的财富，解决了几亿人民的贫困问题，不少家庭开始迈入中产阶层，衣食住行条件大为改善，社会生活的诸多方面发生了翻天覆地的变化，文化娱乐、旅游成为人们日常的行为，凡此种种，无不是依靠大量工程活动来实现的。

　　中国的很多产品数量占据世界第一，大量日用品和机电产品销往世界各个角落，不少中国企业、中国工程人员远赴五大洲从事工程活动，为世界经济的发展提高作出了贡献。

　　我国国防实力迅速提高。现在世界上谁也不敢小看中国，尽管还有歧视敌视者和反华排华者，但若真正想动手还是不得不慑于我们强大的实力，不得不考量妄动的后果。近代史上饱受屈辱的中国人开始扬眉吐气了，这些成就在很大程度上也都是通过各种工程手段获得的。

　　当前我国正面临着产业升级、经济转型，要从以量取胜转到质量并重、以质取胜，要从要素驱动转向创新驱动，要改善生态环境，与自然和谐相处，这些都离不了创新，而创新的主要载体就是工程，所以未来几十年，我国的工程，还要在现有基础上实现更大的进步，迈向更高的水平。

2. 工程需要大量人才

　　为适应需要，我国这些年培养了大量工程人才，我国接受高等教育的学生数量已居世界第一，其中工科生人数的比例接近40%，远远超过其他国家（发达国家大体上在10%左右）。具体说，我国工科专业本专科以上毕业生数每年约为 269 万，而美国约为 25 万人，日本约为 16.3 万人，德国约为 10.6 万人[①]。而我国工业产业总量虽已居世界第一，但从单个人的产出（劳动生产率）来看，我们要低于发达国家，以制造业为例，2012 年我国制造业劳动生产率为 20.2 万元/人年，而美德日等发达国家达到了 10 万～20 万美元/人年[②]。

从另一个方面说，工程人才的结构是一个重要问题。人才结构大体上可以用一个立方体来表示（见图 1）。

图 1　人才结构图

层次上区分比较复杂，既有类型的区别，也有各类型中不同层次的区别。类型上大体可以分为技能型、技术型和管理型，各个类型中，又有不同层次，如技能型中有技工、高级技工、技师等；技术型中有技术员、工程师、高级工程师等；管理型中有工段管理、车间管理、厂级管理，还有一些属职能管理，如产品管理、质量管理、检测管理、销售管理等。技术型和管理型中也有交叉，如管理工程。环节则包括研发、设计、生产、营销、销售、服务等。

中国高教界往往习惯于把三种类型本身当作层次，即技能型是低层次，技术型是中层次，管理型是高层次，这既与中国历史上轻视工艺性劳动的传统有关，也有来自美国的影响。而欧洲国家大多分类型来处理各自的层次。技能型人才同样受到尊重，高级技能人才的社会地位不低，在业内更是受到很高的尊重。

上述立体模型中每个交叉点都是一个具体的人才类别。三个坐标之间有着内在的联系，例如，在不同产业中，高技术产业的研发比重比中低技术产业要大，与此相应，在人才层次上，技术型的更为重要。在复杂机械装备行业中，

---

① 中国数据来源于《中国工程教育发展报告 2014》，高等教育出版社出版，第 174、175、178、179 页，数据截至 2013 年年底。美国、德国、日本数据来自欧洲统计局网站，其中美国为 2013 年数据，德国、日本为 2014 年数据。美、德、日三国数据为工程、制造和建筑专业毕业生数，均不含科学、数学和计算机专业。

② 数据来源于中国工程院制造强国战略研究项目组编写《制造强国战略研究（综合卷）》，电子工业出版社 2016 年出版，第 57 页。

设计和特殊制造工艺的需求更为重要，而大批量生产的消费品中，标准化和一致性的控制更为重要。我国工程人才的现状是，各类人才短缺与过剩并存。由于学校教育的周期长，学生毕业时与入学时相比，社会对人才的需求会有差异，有时还会有较大差异，这是普遍存在的问题，在社会发展进步较快时期会更突出。中国的高等教育由于长期存在单一学术性导向，强制性地以论文作为教师水平和学生质量评价的主要标准，由此导致人才知识和能力结构的不合理，形成较大比例的毕业生难以找到合适工作岗位和用人单位难以找到合适人员并存的局面。当然，学校在专业设置上缺乏需求调查和科学判断，一味贪高求大、攀比跟风的倾向也是一个重要的原因。

从产业环节来看，目前我国产业水平大体上呈橄榄形，中间生产环节人员数量大，前后两端即研发环节和销售服务环节都较小。随着技术水平的提高和自动化的发展，应该逐渐向圆筒形乃至哑铃形发展。当然如前所述各种产业的情况会有所不同。从层次上来看，相当长时间内应是梯形，即下层人数最多，中层次之，上层最少。而随着社会发展进步，梯形的梯度会逐渐减小，即层次之间的差距会逐步缩小。但现在由于对下层人员的社会偏见和政策偏差，导致教育系统培养人出现倒梯形的现象，不符合当前社会的客观发展水平，导致低层工人的数量不足和操守欠缺，从而使产品质量难以保证。至于梯形的顶端，实际上应该是尖塔型，但顶端的那一块，往往不是单纯的教育系统能培养出来的，实际上，学校成绩好的人也不一定能上到顶端，还要看个人的禀赋、整体素质和社会机遇。但由于学校对行业需求缺乏全面深入的研究，行业对自身的需求也缺乏积极准确的表达，因此尖塔就变成梯形了。

3. 工程人才的基本素质

概括地说，人才素质包括三个基本方面：合格的道德品质，合理的知识结构，必要的基础能力。

这三者对各种人才都是基本的、必需的，工程教育应根据工程人才的特点去研究和展现三者的内涵。如工程人才的道德品质，应包括职业道德、工程伦理等。应当指出，道德品质是一个没有上限的领域，我们不能要求每个人都成为模范，或者都达到先进分子的水平。只能要求合格的道德品质，即达到作为一个公民，并且是受过高等教育、从事工程职业的公民所应有的道德水平。知识领域浩瀚无边，一个人终其一生，也只能学到微乎其微的一部分，如何在学校有限时间内学到今后就业做人必需的专业知识和通用知识，形成合理的知识结构，充分利用在校学习时间和学校的条件，提高学习效率，甚为重要。至于社会对人才能力的需求，也是层次丰富、多种多样的。作为个人，当然是越多才多艺越好，但在知识高度综合又高度分化的现代科技背景下，不可能、也没必要做到全知全能。个人能力强弱是个相对的概念，但要强调的是，作为一个受过高等教育的人，一个要成为工程师的人，有些基础能力是必须具备的。这三方面的具体内容将在第三部分展开。

4. 人才成长的起点是教育

在现代社会中，一个自然人要成为人才，必然要经过接受正规教育的阶段（极个别自学成才者除外），但不能由此得出结论，说大学毕业就是人才了，或者说成长进入完成时了。学校只是为个人成才打下基础，最终能否成才，甚至成为优秀人才、杰出人才，还要个人在就业后、在工作中历经磨炼不断成长。但是，个人在校学习获得的基础是非常重要的。基础的积累有其阶段性，一个人从接受 K12 教育，直到 20 多岁大学毕业，从儿童到少年到青年，是一个人一生中最好的阶段，除了学习外，没有别的负担，是长身体、长知识、长智慧的阶段，也是长操守、长修养、长本领的阶段。学校要为人才成长的这个起点提供良好的教育环境，学生要珍惜这个起点，胸怀报国大志，发奋学习，完善自我，成长为国家、社会、行业需要的有用之才。工程教育的起点也应从 K12 教育开始，直到大学毕业，形成具有工程特色的一体化教育体系。

三、工程教育的内涵

1. 专业

首先要说明，工程教育并不等同于工科教育，工程教育的范围要更广一些。从产业划分来看，大的方面分一、二、三产业。第二产业中包括了工业和建筑业，工业中分为采掘业、制造业和水电煤气供应业，还可以细分为几十个产业几百个小行业。从字面来看，工科是与工业对应的，而工程则涵盖更为广大的领域，除了工业外，建筑业、农业、医药卫生、交通通信、社会管理、文化传播等方面都有大量的工程内容。

我国从 1949 年后，进入了工业化时期，尤其是改革开放后，工业化步伐大大加快。但工业化作为一个历史发展阶段，其内涵不只是建立一个工业体系，也不是工业比重大大超过农业比重、占国民经济主导地位那么简单，而是要各产业、社会各方面都要符合工业社会的特征，例如工业文化现在还很欠缺，工业文明还没有真正建立。从产业本身来讲，同属第二产业的建筑业基本上还是手工操作，远没有完成工业化。再如，农业还基本上是小农经济，距离农业现代化还相当遥远。所谓农业现代化，实质上是农业工业化，即用工业的大规模生产、机械化操作、大市场营销的方式来改造农业，对此，我们应从战略的高度做好农业工业化的顶层设计。

所以，在工程教育的专业设置上，要有更开阔的视野和思路，要渗透到相应的产业中去。

2. 知识结构

自近代科学技术革命以来，人类掌握的知识量越来越大，到了现代社会，知识更是日新月异。一个人终其一生，最多也只能掌握很小一部分，所以如何在学校有限的时间内，传授、汲取对人一生中必需、有用的知识，就是一个很大的问题。不仅是科目的选择，而且每个科目内容要合理组织取舍。为此，在大学教学中要处理好以下几个关系：

基础与前沿——现在科学和技术都已形成庞大复杂的体系，其中有些学科门类是起基础作用的，另一些学科门类则处在研究的前沿。即使单门学科也有各自的基础。各种新颖、前沿的知识都是建立在这些基础之上的。不言而喻，在工程实践中解决问题需要大量的前沿知识，科学研究则更是在探索并获得前沿知识，但如果基础没有打好，是不可能应用或探索前沿知识的。人们在工作实践中往往不会经常意识到哪些是基础知识，这只是因为这些知识已经潜移默化，成为潜意识了。

广与深——我们周围往往可以发现两种人，一种是知识面很广，几乎任何题目都可以和人讨论，但真正要深入讨论却又缺乏专业知识的支撑；另一种则是只对某个或有限范围内的问题感兴趣，而对其他事物不但没有兴趣，而且往往缺乏基本常识。这两类人各有其长，但也各有其短。因此在教学内容的选择上，要做到广与深的平衡，帮助学生形成 T 型知识结构（横代表面广，竖代表专深）。

理论与实践——所谓知识，并不限于理论知识，还应包括经验知识。理论学习很重要，实践对于知识的掌握也很重要，有时甚至更为重要。理论知识需要实践来验证，虽然理论已经是前人验证过的知识，但对学习者来说，没有经过亲身实践的验证，是难以真正掌握的。诚然，现代一些大型工程技术，学生在校期间很难亲身实验，不得不采用模拟等辅助手段，但模拟只有与真实的实践相结合才能取得理想的学习效果。知识有显性和隐性两种，形成书面文献的知识是显性知识，只存在于人的头脑中或者呈现于技艺中只可意会不可言传的经验知识，则是更难学到的隐性知识。

自然科学技术知识与社会人文科学知识——工程的知识基础是自然科学和技术，但工程的目的是造物，工程活动是社会性的活动，因此必然要遵循相应的社会规律和规则，如造物要讲成本和价值，因此与经济学有关；造物过程要遵守社会秩序，因此必须懂得法律；造物要遵守职业道德，承担社会责任，就不能缺少伦理；所造之物要让人喜爱，就涉及美学，等等。

3. 能力结构

人要做事就要有一定的能力，包括体能和智能。人的一生能力在不断变化，总体上看是不断上升的，很多能力也只有在工作实践中才能有实质性的提高，当然，到了老年，体能会逐步衰退，智能中记忆力也会衰退，体能和智能结合的技能也会衰退，但由实践系统锻炼出来的智能则会长期保持。

一个毕业生初出校门，踏上社会，当然谈不上有很强的能力，但必须要有一些基本的能力。

首先是思维能力——思维清晰是对一个人的基本要求，我们往往说某人一脑袋糨糊，就是说此人缺乏最基本的思维能力。思维能力涵盖甚广，经常遇到的如逻辑思维（简单说即判断是非）、系统思维（认识或构建事物之间的整体关系）、求同和求异思维（处理自我与他人、主观意念与客观事物之间的关系）、归纳与演绎思维（处理客观事物之间的关系），等等。学校教学中应该有思维能力的内容，如中学几何要求学生证明各种定理，就是严格的逻辑训练。我认为，在基础教育和高等教育中缺乏专门讲授思维规律的课程，不能不说是我国教育中的一大缺陷。

沟通能力——人生活在社会中，时时需要与他人沟通，即便在生活中沟通能力也非常重要，社会中的很多矛盾就是由于沟通差而产生的，现在影视剧中很多家庭伦理剧中由于家庭成员间沟通能力差产生的问题比真正的伦理问题还要多。作为从事工程活动的人员，多是在一个团队内工作，要面向团队中的各种人，包括上下级、承担同一任务的同事、周围不同部门的人员等。作为工程的一方，无论是甲方、乙方或丙方，还要处理好与其他各方的关系，此外很多时候还要面向社会承担社会责任。所以工程人员有大量通过多种方式进行内外部沟通的需要。如果不善于沟通，像俗语中说的闷葫芦、肚内有货但是倒不出来，即使实际工作做得再好，效果也会大打折扣，甚至有时会失去机会。所以沟通是一个人，尤其是一个工程人员必须具备的能力。世界各国评价大学毕业生能力欠缺中较普遍的一个就是沟通能力，而中国比起西方国家来说，学生的沟通能力主要靠参与社会活动来获得，而根本没有进课堂。既没有专门的沟通课，而且从中小学开始课堂教学就缺乏师生间的讨论互动沟通的形式，这是需要从根本上改进的。

学习能力——人的一生中，在校学习时间并不算长，大学毕业后还要工作几十年。蒋南翔当年号召清华学生要为祖国工作 50 年，虽然不是每个人都能做到，但工作 35～40 年多数人还是可以做到的。在科学技术飞速发展的当今时代，知识更新很快，知识半衰期大概只有 5～10 年，有的学科甚至更短，因此学生出了校门后仍然要不断更新知识。另一方面，学校所学到的知识总体上偏于理论，并不完整，学生参加实际工作以后，还需要在实践中验证所学知识，形成完整的知识结构，所以要树立终身学习的观念，在学校期间就要培养自主学习能力，具体说，就是不依靠教师的系统传授和辅导、独立获取知识的能力。现代社会学习的渠道有很多，主要方式有二：一是系统阅读，二是在实践中总结经验。这两方面都要持之以恒，形成习惯。要一天不读一点书就感到难受，当然有机会上培训班、参加研讨会，也是有效的方式。现在网络普及，很多人都已养成上网的习惯，网络能快捷、方便地查找知识源，但容易导致知识碎片化、简单化，要注意防止。中国许多人没有养成读书的习惯，这种趋势仍在加剧，值得严重注意。

操作能力——工程是实践活动，操作能力很重要，但人们往往把操作能力片面理解为能力的全部，这是不对的。操作能力也常常被称为动手能力，但这种理解也是不全面的。手的动作是受脑支配的，所以操作是手脑结合并用的外在表现。有些熟练操作，由于不断重复，形成下意识的动作，似乎大脑并不起作用，但条件环境若稍有变化，脑力的作用就仍然会显示出来，那种认为操作人员，尤其是工人无须动脑的认识是错误的。

至于纯粹的体能，则是另一个问题，这里就不说了。

4. 道德品质

品德教育是我国现代教育中极其重要的一个方面，但从形式到内容都存在很多不同的看法。现在正面讲述的大多从意识形态角度出发，缺乏较全面的展开。

首先是建立正确的三观，即世界观、人生观、价值观，这是立人的根本。当代青年在树立正确三观中确有很大缺陷，用人单位也有各种反映，但其原因是多方面的、非常复杂的，从家庭教育中的片面性到社会各种负面现象的存在，贫富差距、社会地位差异、急富、暴富、不劳而获思想的渗透等，都是原因。学生不是生活在真空中，会受到各种各样的影响，而学校内部的各种差异，如学生家庭情况的差异、学生资质的差异、各专业之间的差异、教师资质的差异，以及全社会要培养领军人才、优秀人才的呼声对广大中等及以下资质学生的沉重压力等，远远胜过思政课的作用。正确三观的形成绝不是单靠上几堂课就能解决的，而是要渗透到学校、学生生活的各个方面，要协同发力，形成好的环境、好的风气，全面影响学生的思想和言行。德育本质上是养成教育，思政课是其中一个方面，而且思政课内容也必须结合实际，改变单纯空洞的说教。

要确立职业道德、工程伦理的基本概念。工程的目的是造福人类，但每个工程都有利弊，工程从项目决策、方案形成到实施运行都是权衡利弊的产物，是在投入与产出、工期与质量、安全及代价、对自然环境和社会的影响等各个方面博弈的结果，不能只片面考虑功绩、显示度、短期效果等。工程师要实事求是、敢于直言、坚持真理、修正错误，对社会负责，不能单纯对业主负责，不能以创造当下价值为唯一目标。每个工程对实施者来说都是一个碑，要经得起历史检验。

要树立诚信观念和执着精神。中国自实行市场经济以来，由于机制不完整、法制不健全，所以诚信缺失现象比较普遍，公民诚信制度也没有建设起来，对不讲诚信、甚至欺诈的行为处置过轻。导致缺乏诚信的现象不但没有得到纠正而且还在扩散，已经从市场行为扩散到社会人际关系和家庭内部，扩散到科学研究和教育领域中。当然，问题的解决要靠建立规则、强化法制，但诚信教育是打基础的工作，端正认识、养成优良品德是除弊之本。作为工程师，还要有执着精神。工程中会有各种不同意见、不同方面的利益冲突，在实施中也会遇到各种可预知或不可预知的困难，因此工程师必须顽强执着，敢于面对困难，敢于坚持真理，不唯资方之命是从。讲诚信与执着是现代工匠精神的重要方面，也是工程伦理教育的核心内容之一。

道德品质教育要融合到整体环境中，政府、社会要给学校创造一个干净健康的精神环境，对各种负面诱惑因素要严加防范，触犯法律的要严厉打击。学校内部要建立和谐、积极向上的风气，要正确处理公平与卓越的关系，让不同类型的学生都有平等的机会，在其原有的基础上提高成长。

知识、能力和品德是一个整体，在我国实践中，后两者更薄弱一些，社会、用人单位反映也较大。一方面，我国的传统历来认为教育就是传授知识，而能力似乎是匠人之事。另一方面，现实中对能力理解也比较片面，对品德则是理论上要求过高，实践中又把面限得过窄，所以首先要从观念认识上解决问题，统一认识，然后见之于行。当然，这并不是说知识就不重要，也不是说知识传授的内容和方式就没有问题。常识告诉我们，如果缺乏基本知识，能力就会无用武之地，品德也会变得空洞。我的看法是，对三者的关系要有全面理解，具体内容前面已述就不再重复了。

四、现代工程与现代工程教育的特点

1. 现代工程的特点

现代工程领域的范围越来越广，出现了一些规模巨大、复杂精细的工程，有的要倾举国之力才能进行，有的甚至要跨国合作。现代工程有以下显著特点：

综合化与专业化并存——现代工程往往是一个专业为主，同时涉及很多其他专业。如汽车就涉及机械、电子、动力，进一步涉及材料、安全、燃料、外形，等等；飞机涉及的方面就更多了。这些方面的内容综合在一起形成一个独立的专业，而综合又是建立在各个相关专业基础之上的，其中任何一种专业的技术掌握得不好，问题解决不彻底，系统设计再好也不行。

巨型化与精细化并存——国家发展了，能力扩大了，很多过去有所设想但没有能力实施的工程，现在可以做了。如三峡工程、南水北调等。另外，随着技术的进步，可以操作的单个组件的尺度越来越小，已经从分子到原子甚至电子规模，大规模集成电路的精细度越来越高，纳米材料、量子技术等都在快速发展中，在微观世界中，物质的性能发生了变化，为人类提供越来越丰富的各种资源。

复杂化与高纯度并存——一方面，很多大型工程之所以被称为大型，并非只是量的扩展和同态组件的堆积，而是越来越复杂，由各种不同类型的构件组成，涉及多个领域，如各种对撞机、大型天文望远镜等。另一方面，对一些材料的纯度要求也越来越高，有的已经到了 10^{-6} 甚至更高，如半导体材料，一些药物的纯度等。

虚拟化与现实应用——由于很多工程规模巨大，用过去放大样的办法已经不现实了，为了事先有个预判断和修正改进的依据，随着计算机和信息技术的发展，工程人员大量采用虚拟化的方法，用计算机模拟仿真出一个对象，以初步判断原设想的正确性，及时发现问题，预先改进，从而减少损失。虚拟化有计算机图像的完全虚拟和用计算机控制制造的实物模拟（包括缩型和用替代材料），但不管虚拟技术如何进步，目的只是为了现实应用。因此，一定要建立虚拟与现实之间的准确对应关系。虚拟现实用途广泛，有的用于各类驾驶员的前期培训，可以节省实际场景培训的费用和时间，有的用于模拟对抗训练，以解决缺乏现实演习的条件和费用问题。至于以娱乐为目的的虚拟现实技术则是另外一回事，在这里，虚拟就是娱乐的现实。

2. 现代工程教育的相应变化

由于时间有限而知识体系在不断膨胀，因此，教学内容必须善加取舍，对课程要选择，对每门课的内容也要精简，要针对工程的需要，组织课程内容。可以开一些选修课，供学习潜力大的学生选择。课程内容不要一味追求学科体系的完整性，主要从工程需求出发，强调学用结合。即使对自然科学基础，如数理化等课，也要有所取舍，最好能专门编写工程数学、工程物理等教材。

在广泛传授知识的基础上，课程教学要紧紧抓住方法的传授和训练，要看到知识是无穷的，不可能通过课堂把所有的知识都讲到，关键是要传授课目中的基本方法、推理过程，让学生能够掌握要点，举一反三，而不是一大堆杂乱无章的知识堆积。

每门课、每个专业，都要办出特色。每门课的深度、广度、侧重都要根据不同专业的需求来组织，每堂课中的教师讲授、学生自学、课堂讨论、实验验证都有合适的比重和互相间的结合，形成一个整体；课程之间的衔接、交叉也都要有所设计。这样的课程就会自有其特色，特色课程的组合就构成特色专业，特色专业的集成就构成特色学校，学校的分类就会比较清晰，就不是千校一面。学生也就不会单纯根据分数而是根据本人兴趣和意愿、根据特色和办学水平来选择学校和专业了。

要激发学生的主动性。学生的资质差别固然会影响到学习效果，但学生学习态度主动与否对学习效果有更大的作用。课余自学固然很重要，但上课时的态度更为重要，如果能主动开动脑筋，对教师讲授内容积极思考、全面理解，尤其是对方法论能自觉掌握，效果会完全不一样。教师也要把课讲得深入浅出、生动有趣，吸引人、启发人，而不是照本宣科、把教学提纲讲完了事，这是优秀教师和教书匠的根本区别。而学生若能课前充分预习，课堂上发挥主观能动性，积极领悟教师所讲的内容，基础好的学生甚至在课堂上就可以开展联想、扩充内容，课后温故知新，主动阅读相应资料，做更深入广泛的学习，学习效果必然事半功倍。经常听到教师抱怨，说学生上课看手机、打瞌睡，作业不认真甚或抄作业，从这个意义上讲，激发学生主动性也是学校道德教育的有机组成部分，所谓教书育人，就是强调专业教育也负有德育的责任。学生养成主动应对环境的习惯，对今后在工作中提高进步好处甚大。

五、工程教育发展改革方向

1. 要明确学校的性质和中心任务

现在普遍的说法是学校有三大任务——教学、研究和服务，但中心是什么就比较模糊，很多学校事实上把研究作为首要任务，这样一来，学校的性质也从教育机构变成研究机构了。这种现象的形成有其客观原因，从政府到社会到教育界本身评价学校和教师的观念和标准主要是研究，包括承担项目、发表论文、取得奖项，关注的都是什么级别的项目、哪类期刊上的论文、什么等级的奖励，本质上是利益驱动。以获奖为例，基本上都是科学技术奖，很少教学奖、育人奖，即使有，也是点缀，科研事关学校的声誉、资源的获得机会、校长的业绩、教师的晋升，事关学校的切身利益，任何学校和个人都不敢掉以轻心。学校分类中最高等级称之为研究型大学，即使是再有育人使命感的校长和教师在研究面前都不得不低头，再加上各种排行榜的畸形导向，不单单是工程教育，整个高等教育都难以走上以育人为中心的道路。目前我国正在推行"双一流"建设，这当然是好事，但令人担心的是，若无以育人为中心的明确导向，任其自然发展，可能会使重研轻教的趋势进一步走向极端。

2. 工程教育要回归工程

改革开放以来，中国的高等教育转向科学教育主导，工科教育也在相当大程度上受其影响。虽然提倡回归工程已有多年，但由于学生长期缺乏工程实践的机会，高校管理体制改革又切断了产业类高校与产业管理部门的联系，所以成效不大。近些年来，各方加强产学合作、强化学生工程实践的呼声加大，一些高校也在极力恢复和扩大与产业部门的联系，局面有所好转。从国际前沿看，以麻省理工学院为代表的回归工程的改革已取得明显成效，其经验值得借鉴。但实事求是地说，在我国，工程教育回归工程的任务尚未完成，与系统性转变的要求距离尚远，实践中各校差别也较大，下一步还是要有全面规划、统筹考虑。

3. 评价标准和评价体系必须改变

借鉴国际经验，是我国工程教育教学改革的特点之一。PBL（以问题为基础的学习）模式、OBE（以学习产出为基础的教学）模式在不少学校得到认可和试行。不少学校的课程体系改革，从学科主导的体系转变为专业主导体系，但大多仍是在部分专业或试点专业中试行，推行中也有来自保守传统的阻力。耐人寻味的是，在一些地方院校，如果领导有认识有决心，推行教改就比较顺利；倒是在高层次学校，改革的阻力反而更大一些。由于旧的评价体系难以被撼动，尽管在专业评估中，标准已有所改变，但在学校及教师的总体评价上，以研究为主导，以论文、奖项为绝对标准的状况并未改变，教学在评价中的比重仍然不高。当然，以产出为基础需要有较长期的数据积累，多数学校并没有进行这方面的工作，所以整体上的转变还需要较长的时间和艰巨的努力。但正因为其长期性，有愿望的学校应尽早展开对毕业学生情况的调查，不要看当期的就业状况（何况目前数字的问题还不少）而要开展长期（至少5～10年）的调查，不要光看出几个名人，而要有普遍的数据。同时要注意相对产出，即学生毕业与入学情况的比较，现在名校的抽水机效应很强，造成各类学校之间起点上的不公平，把好学生培养成高一级的好学生和把较差学生培养成高一级的较好学生，后者是付出了更大的努力的，成绩应该是更显著的，应该给予客观的实事求是的评价。

4. 强化实践，正确处理工程实践与理论学习的关系

一方面，在教学内容重组中，理论与实践环节要有总体系统的安排。人类的认识过程如实践论中所述是实践—认识—实践的螺旋式上升，而过去长期以来在教育中是认识—实践—认识的过程。现在比较普遍的问题是两者交叉周期问题，即在整个在校学习期间，有多个实践阶段，每个周期的过程就相应缩短了，但这样做的效果如何、多长的周期合适、各个专业之间的区别等，都是还在探索的问题。另一种做法是改变流程起点，从实践开始，这在少数学校已有试验，但效果还需观察，总的看从认识论高度来研究的还不多。

另一方面，当然还要继续花大力气为实践创造条件。一是希望在法律上明确社会、企业有为学校提供实践条件的责任，二是学校也要探索如何进一步做好校外实习，在实习中为企业提供帮助、创造价值。特别要做好与广大中小企业之间的合作，帮助面上企业提高水平，是我国当前发展中很关键的任务。在生产自动化、信息化发展加速的时代，如何做好实习需要得到更大的关注。总体上要促进学校与社会、企业之间的双向融合。

5. 关于公平与卓越的关系，要有个基本判断和合情合理的做法

首先要明确，公平是面向大众的，卓越是面向小众的。现在有个倾向，即用因材施教来代替培养卓越之才，这样做容易混淆概念，因为因材施教也是面向大众的。其次这里的卓越要排除两种人，一种是所谓"大师、领军人物"，为什么学校培养不出大师、领军人物？因为大师、领军人物并不是学校能培养出来的，这类人物中有很多都受过高等教育，有的人考试成绩还不一定处于前列，毕业时的综合禀赋也不一定最强，但通过长期实践锻炼和个人努力，加上适当的机遇，使其在人生道路上走向了高处。还有的人，并没有接受高等教育，甚至是从大学半路出走，却取得了非常优秀甚至辉煌的成就。另一种是有特殊天赋的人，我们唯物主义者要承认这类人的存在，但是这类人占比极少，可遇而不可求，往往与家庭、社会地位等无直接关联。对他们，首先是能否发现的问题，然后才是对其成长加以助力。企图通过培养造就特殊天赋是不可能的。坦率地说，我们现在并未听说通过教育系统发现了多少这样的人，即使通过少年班等培养了一批优秀人才（占比多少不清楚，还有一些是失败者），其中不少已身处国外，但他们有没有特殊天赋，似乎也找不到佐证。

采取一些特殊措施，培养卓越人才未尝不可，但在资源分配上要有个限度，马太效应太严重是不行的，更不要形成对天赋一般或稍逊者的思想压力。我们上学的年代，在当时的氛围下，优秀学生在帮助学习困难学生上花的精力有时甚至超过他本人的学业。如今当然很难再看到这种情况，这和当前资源过

分集中于少数人是两个极端。我认为，学校的主要精力还是要放在多数学生身上，要求教授给本科生上课，绝不是只给少数人上课，把多数人培养成有用之才是学校的基本任务。

6. 积极推进国际化，实现双向互动

一方面，要大量提供国内学生到国外学习的机会，了解外国情况，学习先进的科学技术和体验不同的教育方法。大量培养能承担国际合作的人员。另一方面，要大量吸收外国学生来华学习，培养大量知华人员，尤其要为广大发展中国家培养大量工程技术人员，从人力资源上帮助他们的国家发展，这也是中国高等教育的历史使命。

改革开放以来，中国的工程教育与整个教育事业一样，取得了很大的成绩，同时也存在着诸多问题。有些问题带有普遍性，也有的问题是中国特色浓郁。为此，当然要学习借鉴国外好的做法，但主要还是要研究自己的国情，总结自己的经验教训，在实践中探索前进，逐步提高。既不要自我陶醉，也不要妄自菲薄，尊重普遍规律，依据实际情况，不断探索，走自己的路。

主要参考文献

[1] 中国工程院制造强国战略研究项目组. 制造强国战略研究（综合卷）. 北京：电子工业出版社，2016.

[2] 朱高峰. 论教育与现代化. 北京：高等教育出版社，2015.

[3] 朱高峰. 论工程教育研究与改革. 高等工程教育研究，2014（1）.

[4] 朱高峰. 教育中的几个基本问题. 高等工程教育研究，2015（1）.

试论素质教育[①]

　　素质教育是近年来我国教育事业中提出的一个概念，其本意是针对我国现实中越来越强化的应试教育。众所周知，中国历史上就一直沿袭通过层层考试选拔人才（主要是选拔官员）的科举制，后来这一套就逐渐形成了应试教育的传统。在现代社会中，仍然把这种传统作为选拔社会各方面人才的普遍方法是否恰当？值得考虑。应试教育的根子就在于过分强调人才结构的层次性、宝塔型，混淆人才的类型和层次两个概念，把不同类型的人才统一排队，成为统一结构中的不同层次；而且过于突出宝塔的尖端，对尖端的出现需要有广而厚的下层基础缺乏认识，由此造成教育资源配置的严重失衡，人力资本结构的严重不合理，还造成广大青少年从小就被压在考试的大山下喘不过气来。结果是社会各条战线上既缺乏量大质优的能实干、苦干、巧干的劳动者，又失去了产生尖子人才的宽广深厚的基础。正因为如此，与之对应的素质教育才得以成为教育界和社会各界关注的热点。

　　顾名思义，素质教育就是不以应试为目标而是以提高人的素质为目标的教育，就是说，目的是为了使广大青年成才，而不是层层选拔尖子。所以，讨论这个问题，前提是对人才的理解要正确全面。应该认识到，只要在社会需要的各种岗位上能够合格完成任务的都是人才，能优异地完成任务的就是优秀人才。要把"人人皆可成才"作为人才观的基本出发点。1993年中共中央、国务院发布的《中国教育改革和发展纲要》（以下简称《纲要》）中提出"中小学要由'应试教育'转向全面提高国民素质的轨道，面向全体学生，全面提高学生的思想道德、文化科学、劳动技能和身体心理素质，促进学生生动活泼主动

---

① 本文 2009 年 1 月发表于《高等工程教育研究》。

地发展，办出各自的特色。"这里，对素质教育内容的各个方面均有明确要求，当然，所针对的不应只限于中小学生。而在 1994 年《中共中央关于进一步加强和改进学校德育工作的若干意见》中就明确提出"增强适应时代发展、社会进步以及建立社会主义市场经济体制的新要求和迫切需要的素质教育。"这里的素质教育已经是面对全部教育而不仅仅限于中小学了。

本文就素质教育所涉及的各方面的问题作一个概括的分析，内容较多侧重于高等教育范围。至于考试制度，当然不可能也不应当废除，但要根据社会需求和人才成长的规律不断改进完善，使之成为素质教育的有机组成部分。这是一个大题目，此处不拟展开讨论。

从 1993 年《纲要》所提内容来看，所谓素质教育，与我国长期以来关于德智体全面发展的提法，与后来更全面的"德智体美劳"的提法是完全一致的，其实质就是全面教育的思想。当然，根据教育的发展现状，提出素质教育的概念，用素质教育的提法来概括全面教育的内容也是合适的、必要的。

按照德智体的传统提法，素质教育应该包括三个方面，其中体育可以作为一个独立因素来考虑。在传统上，智育就是指知识传授，长期以来，单纯的知识传授培养了一大批虽然对知识了解得很多但缺乏解决实际问题能力的人，其中相当一批人甚至对知识也只是能背诵而已（中国的传统教育对背诵是情有独钟的）。而根据素质教育的理念来全面理解，智育应该包括知识和能力两个方面（体育在一定程度上也可以归之于体能培养）。至于美育，则部分属于品德，部分属于能力，同样，劳育也是德、能兼顾的教育。因此素质教育（全面教育）的内容可以归纳为知识、能力和品德（knowledge，ability，ethics）三个方面，国外很多学校也是这样归纳的。三者互相独立，又紧密联系，缺一不可，构成一个有机的整体，并体现在每个人的身上。

一、知　　识

知识是人对客观世界的认识，是人脑对客观事物的反映。自有文字以来，知识便得以记载并在人世间广泛传播，随着人类历史的发展，知识逐渐积累，并形成庞大的知识体系。为了便于人类保存、传播和掌握，知识按其所反映的客观事物的不同而被加以分类，大的方面分为自然知识和社会人文知识，细的又可按照学科分成多个类别。现代的学科体系日益庞大，被区分为不同层次，所以又有各种不同级别的学科。

在古代，由于知识积累的体量还不是很庞大，故而少数学者能基本掌握当时已有的几乎全部知识体系，成为全面的学者，所谓博士本应该指这类人。当然，即使是在当时条件下，更大量的也还是掌握某些专门知识的人，虽然他们对其他门类的知识往往也有一般的、甚至较深的了解。

到了近代，科学大发展，知识体量增加很快，人们已经不可能全面掌握，只能分门别类在某个或某些领域学有专长。

而到了现代，由于科学技术进步与生产力发展互相促进，新知识的产生形成一日千里之势，有人称之为知识爆炸。据说现在世界一天产生的新知识可以顶上过去若干年。在这样的情况下，知识教育的内容如何确定、如何选择，就成了一个大问题。基本原则有以下三条。

一是选择一些基本知识，作为人人必须掌握的内容。其中最基础的为母语和数学，其次如自然科学中的物理、化学、天文、地理和生物，人文科学中的历史、文学、经济、法律和外语等。在基础教育阶段主要学习这些内容。这些学科本身都很庞大，只能学习其中的一些基本知识。近些年来，工程教育基础化的问题已提上议事日程，所以，通用的工程学知识也应当像数理化一样，成为基本知识之一。

二是在专门教育阶段（包括高等教育和职业教育），针对不同对象，选择不同的学科知识结构，包括上述各基础学科的进一步深化并与专业相结合，如学工程的要学习工程数学、工程物理、工程经济和工程法等，同时要学习各类工程的专门学科知识，如机械、电子电气、土建、化工、能源、信息等知识。

三是根据科学技术的发展而不断更新知识。各个学科的发展速度不一，有的新学科每年都有较大变化，如信息、生物等必须及时更新，否则就跟不上形势发展。一些基础学科变动较慢，但也要根据不同情况及时做小的调整，而且隔一段时间要做一次较大的更新。

二、能　　力

能力培养是教育中必须特别强调、重点解决的问题。在人类历史上，所谓能力，首先体现在物质生产、建筑和军事活动中，基本上属于技艺范畴，而技艺能力主要靠师傅带徒弟的方式培养，并不是通过正规教育方式进行。近代教育体系形成以后，如何在学校里培养能力就成了一个突出的问题。各个国家、各个地区的教育用以解决这个问题的方式和取得的成就是不同的，直到现在，发达国家的学校仍然在探索，也并未得出统一的结果。但无论如何，在教育中包括在高等教育中要强调能力的培养这一点上是有共识的。

　　中国的教育由于在传统上特别强调背诵和书面考试，因此能力培养，尤其是应用能力的培养长期缺失。中华人民共和国成立后由于大规模建设的需要，新建了一大批专业高校，强调了学用结合，以背诵见长的传统一度有了较大的改观，学生的实践动手环节有了较大的增强，教育与产业部门的联系也建立起来了。但改革开放以来，由于种种原因，学生的实践又有所削弱，近年来更是切断了高校与产业部门的联系，所以实际动手能力的培养大大退化。这种情况必须引起极大的关注。

　　对于能力的理解历来歧见纷呈。在传统上，能力被狭隘地理解为动手能力，现在国内外很多机构都在拓宽能力的内容。美国工程院和国外一些著名高校以及我国一些高校都提出了不少新的说法，其中有的内容比较抽象，不好理解和实施。譬如，不少人强调解决问题的能力，听起来似乎很有道理，但什么是解决问题的能力，怎么获得，怎么体现，又很难说清。所以对能力要有个较科学、系统的分析。我认为，能力可以归纳为以下四个方面。

　　1. 思维能力

　　很多人往往忽视思维能力，实际上，有没有正确的思维能力是一个人能否正确、有效地做事的前提。有没有思维能力，就是能否掌握正确的思维规律并加以运用，如分析与归纳、求同与求异、前提与结论、肯定与否定、逻辑与形象等。从事自然科学和工程技术领域的工作，首先要具有正确的逻辑思维能力。遗憾的是，中华人民共和国成立以来就对形式逻辑进行了批判，并加上阶级烙印，归之为政治问题，导致几代人失去了逻辑思维的基础，不仅在一个接一个的政治运动中追求绝对的趋同，而且流弊所及，使许多人迄今仍缺乏独立思考的能力，在经济、科技、教育等众多领域，趋同化的遗风仍旧依依不散。另外，在否定形式逻辑的前提下讲辩证逻辑，实际上是把辩证变成了诡辩。这在"文化大革命"中已形成常态。"拨乱反正"以后，虽然政治帽子取消了，但思想上的症结并未痊愈。不少人，包括处于一定领导岗位的人，做结论没有前提，不单没有小前提，有的连大前提都没有。学校不教逻辑学，从小学到大学都不鼓励学生提问题，反对学生持有与教师不同的想法，甚至予以打击。考试皆有标准答案，大量培养高分低能的人，而低能首先是缺乏思维能力。令人费解的是，此事至今尚未引起重视，甚至并未作为问题提出。说到这里，也许有必要做一个补充：前面提到的"基本知识"中，还应加上形式逻辑的知识。

　　2. 技艺能力

　　这是人人都理解的能力。技艺能力也是多方面的，韩愈说"术业有专攻"，少数人可能比较多才多艺，但不可能有样样都会的全才。一般来说，会修汽车的人不一定会弹钢琴，从事机械生产的人不一定懂化工。对具体人应要求结合其专业进行训练，而且形成一定的做事能力，如有的人擅长订计划、提方案、作总体筹划，有的人擅长搭摊子、做实验，有的人擅长研发、设计、做产品，不能要求他全知全能，但也不能四体不勤、五谷不分、一无所长。

3. 沟通能力

大学生沟通能力的欠缺已引起广泛关注。世界上各种涉及能力要求的论述中都列入了"沟通能力"这一项，而中国教育对沟通能力的培养尤其薄弱。如前所述，中国教育热衷于提倡背诵而吝于向学生提供自我表达的机会，不鼓励甚至反对学生提出问题，课程中绝大部分是教师独白而没有供学生讨论的空间，考试中几乎全部为笔试而极少口试。总之，别的国家行之有效的培养沟通能力的方式几乎全都被拒之门外。再加上正式课程过多，学生社会活动时间甚少，又排斥了课外沟通的机会，因此，学生沟通能力差就可以想见了。很多大学生毕业后，无论书面表达还是口头表达都不过关，往往连事情都说不清楚，更不要说深入讨论问题了。

在现代社会，人是生活在群体中的，无论在工作中还是在生活中，都必须和别人打交道。打交道就需要沟通。讨论问题、阐明观点、介绍方案等都需要沟通。前面已谈到思维能力，思维能力和沟通能力有联系，但还不是一回事。很难设想，一个思维混乱的人能够清晰地表达，但思维清楚的人不见得表达也同样精彩。有个比喻，说某个人像茶壶，肚子里有货倒不出来，就是指的这个意思。不言而喻，沟通对于管理者尤为重要。

沟通的面是很广的，不限于讲述和写作。首先，沟通是双向的，能否理解别人的表述、迅速准确地抓住其要点、把握其核心内容，也是一项很重要的沟通能力。其次，在集体表述中如何演好自己的角色、和别人如何配合也是一个重要的方面。再次，现在信息技术飞速发展，能否用好现代信息技术作为沟通的工具也很重要。

4. 学习能力

同样的学生，客观环境大体相同，但学习效果可能差别很大。有的人很轻松，有的却负担沉重，整天愁眉苦脸。当然，基础的不同、天资的差别起着重要的作用，但学习能力如何、会不会学习也是个重要的方面。学习能力包含的面也很广，如上课时精力集中，跟随教师的思路走，对关键点正确理解、迅速掌握甚至及时记忆，省下课后复习的时间。而有的人却是上课思想开小差，课后借抄别人的笔记，复习再三而不得其解。同样是背诵，也有方法好坏之分，学外语时还有突击背单词法、循环记忆法等。至于如何找资料、如何记笔记、如何看参考书、如何泛读与精读等，无不各有其规律、其诀窍，所以，培养学习能力是关键。

科学技术在迅猛发展，社会在不断进步，新的知识层出不穷，一个人在学校里能学到的东西总是有限的，而且所学的知识也在不断老化。结束学业、参加工作后往往会感到学校里学的东西很多用不上，能用上的不少也很快变陈旧了，需要不断学习新的东西。能不能通过自己的努力来学习，对进一步发展、甚至保住工作岗位都是至关重要的。当然，社会可以提供各种继续教育的方式，有的职业对继续教育甚至有强制性的要求，但个人能否利用这些条件，除了决心和付出外，关键还在于能否有效地学习，真正学到有用的东西。而在日常工作中，更多的还是自己根据需要，通过查找资料、阅读书刊、主动请教等方式来获取知识，这些都对学习能力提出了更高的要求。

以上四个方面大体上构成了个人能力的体系，具备了这些基本能力，相信就有了解决问题的能力，包括动脑和动手两个侧面及其结合。

三、品　　德

中国人历来讲究品德及其教育，但是对品德的内容和分寸却始终缺乏准确的把握。中华人民共和国成立后相当长时期内，习惯于拿先进分子的标准去要求全民，反而忽视了对品德的一些基本要求，架空了道德的现实社会内容。改革开放以来，对教育中的德育在标准、内容和方法方面都缺乏合理有效的规范，近些年来社会上对高校毕业生在品德方面的缺陷屡有指责，并非空穴来风。

作为大学生德育内容的品德主要应包括以下几个方面。

1. 基本道德

中国历代先贤倡导的忠孝仁爱、礼义廉耻等传统道德当然应加以继承，但应赋予新的内容。例如，忠是忠于祖国、忠于人民，孝是新型家庭关系中对父母长辈的尊敬和关爱，仁、爱是新社会条件下人与人之间和谐相处的关系，基本上属于伦理范畴。总的原则是对传统道德加以继承、改造和发展，形成新的基本道德。

2. 社会公德

社会公德本应包括在基本道德中，但就当前实际情况来讲，有加以强调的必要，如尊老爱幼、帮扶弱者、诚信无欺等。这方面的道德有很多具体表现，如遵守秩序、排队不要加塞、给老幼孕残让座、不要随地吐痰等，看起来非常琐碎具体，但是却反映了一个国家、一个民族的道德水平，受过高等教育的人更应该起带头示范作用。

3. 职业道德

每个职业的从业人员都有需要共同遵守的规则，其中有些可以制定相应的强制性法规，但也有相当部分需要自觉遵守，这就是职业道德。例如，商业要诚信无欺，工程要精益求精，医生要救死扶伤，政法人员要保护百姓等。当然各行各业都有其具体内容，现在的问题是要整理规范、形成体系，并让准备从事此类职业的青年人了解并掌握。举个例子，前些年曾报道日本有个工程师设计的大桥塌了，他本人因为内疚而跳海自杀。而中国近些年来的塌桥事故屡屡发生，却很少见到有关方面出来认责示悔。我家乡的一座桥还没有建好就塌了，结果是设计方和施工方互相推诿，谁也不承担责任。不是说要鼓励自杀，但工作中出了差错、造成事故，总该有些自责的精神吧。

4. 人生观、世界观

正确的人生观、世界观对人的思想行动起着根本性的指导作用，因而也是良好品德的基础。多年来我国强调人生观、世界观的作用，但在和平环境下，在以经济建设为中心任务的社会中，对广大群众的人生观、世界观应该怎么要求，如何创造条件让人们形成正确的人生观、世界观，如何衡量、检验等，都需要深入研究。孔子说"过犹不及"，历史已经证明，过高的要求非但不能达到目的，还会适得其反，空洞的说教徒然让人厌烦。人的一生究竟是为了革命、为了事业、为了穿衣吃饭、为了养家糊口，还是为了光宗耀祖，如何把社会实际中必然遇到的问题和理想结合起来，提出正确的目标，如何用年轻人容易接受的表达方式正确地提出目标等，都需要花大气力去研究。

除了上述内容，关于品德的内涵还可以考虑得更广一些，如气质、修养、风度等，这里就不逐一展开了。

四、三者之间的关系和作用

前面已述，三者既相互独立，又有着密切的关系。就知识和能力来讲，能力需要一定的知识作基础，尤其是在科学技术高度发展的现代，缺乏起码知识的人很难形成较为完备的能力，纵然在某一方面有突出本领，往往也难以持续发展。即使是体能训练，也需要对人体生理、心理有一定的知识基础。很多能力中的方法要素都是建立在掌握相关知识基础上的。反过来说，能力范畴也包括获取知识、掌握知识的能力。品德则是做人的前提。如果说知识和能力可以用多和少、大和小来衡量，那么，品德则往往用好与不好来衡量。也就是说，知识和能力可以相对量化，因而主要是个数量积累的问题；而品德有正与负之别，因而主要是个质量问题。当然，品德也有程度之分，把个人作为一个完整的道德实体来考察，绝大多数人的品德都到不了"坏"的地步，但表现在个别人身上或某些单项内容上，还是可以给予"坏"的评判。

品德与知识、能力之间，不一定存在直接的正相关。不能说品德好的人知识掌握一定多，能力一定强；但品德好的人通常有比较好的内在和外部条件，从而能获取更多的知识和更强的能力。例如，勤奋好学，有利于知识的积累；乐于助人，就有更和谐的学习环境，等等。同时品德好的人，其知识和能力也有更多的发挥机会，产生更积极的效果。不言而喻，品德坏的人，如果有了较多知识和较高能力，其负面作用也会更大。

综上所述，知识、能力和品德的关系大体可以用这样一个公式来表示：

（知识＋能力）×品德＝个人素质

五、培 养 方 法

知识、能力和品德三者的培养方法也是不同的，要有效地实施素质教育，掌握正确的方法很重要。

知识主要靠传授，中国历来在知识传授方面是很强的。传授也有两种方式，一是口头，二是书面。口头传授主要是讲课、讨论、答疑。目前的主要问题是缺乏双向互动，讨论太少，这也不符合教学相长的原则。此外，随着社会的进步，班级的规模应该缩小，而不是越来越大，教师与学生之间应该有更多直接接触的机会。至于教师本身的水平问题，则不在本文讨论范围之内。书面传授主要是学生自己看书学习，在中学和大学低年级，应帮助学生培养读书的习惯和方法，选择适当的读物也很重要。

能力主要靠训练，即使是解题，也要学生自己做，否则，不管教师讲了多少种方法都没有用。记忆力在一定程度上也是训练出来的。现在我们的教育中实际训练的环节太少，这对于工、农、医等实用专业教育尤其不利。医科相对好一些，但据说也不令人满意。至于工科，则问题相当严重，缺乏实习机会，设计被砍掉，诸如此类，比比皆是。校内实验也有问题，现在有不少教学仪器厂家提供的教具，学生看不到内容，只能黑箱操作，在这种情况下，怎么能形成感性认识、训练出实际能力？这个问题应该引起重视。至于一些条件差的学校，连这样的实验也做不了，问题就更大了。

至于品德，则主要靠养成。现在的问题是把品德变成一门或几门课程，想用传授知识的方法来培养品德，这是不可能成功的。前面已说过，靠空洞说教是一定要失败的。品德教育应贯穿到所有方面，家庭、社会、基础教育都有不可推卸的责任。而在高校，要把品德教育贯穿到知识和能力的培养过程中去，贯穿到学生的生活和课外活动中去。教师的表率示范作用也很重要。陶行知说得好："学高为师，身正为范。"如果要求学生在课堂上遵守纪律，而教师在上课时却接听手机，那么，即使把纪律强调一百遍也是没有用的。

通过以上分析，可以看到，实施素质教育决不单是中小学的事，在高等教育中也具有普遍的实际意义。当然，要真正解决从观念到体制、政策、方法、资源配置、队伍建设等一系列问题，有很大难度。但首先应当对其重要性、必要性有一致认识，然后才能研究具体内容，提出行动方案。容易做到的可以在一定范围（如校内甚至更小范围）内尽快实施，有些难度较大的则需要较高层次的决策，采取较大范围的行动。

以上谈了对素质教育的一些认识，归纳不一定全面，论述不一定准确，甚至可能有谬误之处，只是想引起讨论，把这个已经广为传播、已经深入到教育各个方面的概念分析、研究清楚，使它对我们的教育事业真正起到指导作用。

素质教育与沟通能力培养[①]

关于素质教育，笔者曾在较多场合阐述了自己的看法，主要观点有以下几点。

（1）素质教育是我国特定历史时期，针对应试教育越来越泛化，其弊端越来越暴露，并影响着一代人甚至几代人的成长过程而提出的，应作为整个教育的指导思想和目标要求。

（2）素质教育的内容是全面的，主要应包括知识、能力和道德品质三个方面，是三者的上位概念，不应在知识和能力同一个逻辑层次上来谈素质。

（3）根据当前我国教育现状，我国的学校教育大多长于知识传授而拙于能力培养。在素质教育中，应突出能力要求，当然知识和品德也都有各自的问题，但学生能力弱的确是一个关键。

（4）对能力不能狭隘地理解为仅仅是动手能力，而要有全面的理解，主要应包括思维能力、技艺能力（动手能力）、学习能力和沟通能力四个方面。相应地体现为学习者对个人自身、对事物、对知识和对其他人的关系。

（5）目前在谈到能力时，往往特别强调技艺能力的重要性；由于引入和提倡学习型组织、学习型社会等概念，对于学习能力也有所关注；但对于思维能力和沟通能力却普遍不够重视，甚至没有作为问题被正式提出。

（6）由于思维能力是另一个大的方面，本文暂不拟涉及。这里主要讨论沟通能力。众所周知，沟通能力在国外普遍得到重视，在调查现代工程师或其他专门人才必须具备的品质中，沟通能力往往赫然在列，并处于靠前的位置。很

① 本文根据 2007 年 8 月 30 日在清华大学举办的中国素质教育与创新型人才培养专家论坛上作者的发言整理而成，写于 2010 年 3 月。

多高等学校都开设了沟通（communication）课程，即使这样，沟通能力不足在很多情况下仍被列为毕业生不符合社会要求的一个重要方面。

一、沟通的基本概念

1. 沟通的目的和意义

社会是由人组成的，大至国家，小至社区、家庭，要维持正常运行，谋取经济、文化、社会进步，保证安全，都需要得到群体认可和采取群体行动，因此必须要在相关群体内部，以及与外部各方面互相了解，取得一致。若有分歧，也要弄清分歧点所在，是本质性的还是非本质性的，是可以妥协的还是不能妥协的，凡此种种，都需要沟通。因此，沟通是社会及其各组成部分得以存在和发展的基本要素，是人与人之间相互了解的基本方式和渠道，是集中意志、统一行动的前提。

沟通并不是一方把意见、意志强加给另一方，个人知识是有限的，理解、看法难免片面主观，通过沟通可以博采众长，集中多数人的智慧，并且在沟通过程中往往能产生新的想法，迸发出新的火花。

2. 沟通的内容

沟通内容可以包罗万象、无所不有。在沟通中，双方或至少有一方（主动方）要提出自己需要沟通的内容，包括问题、意见、看法等。这些内容可以是经过深思熟虑的，也可能是不成熟的，也可能是转述其他人的。而在沟通过程中，往往会产生事先没有想到的新想法，有时在无意识的沟通中甚至会发现非常有价值的内容。

3. 沟通方式

沟通方式也是五花八门、多种多样的，并且是随着人类社会的进步而不断发展的。

首先是表情动作，包括肢体语言。这是最古老的方式，在动物中即存在。在人类语言正式产生前，表情动作是沟通的主要方式。这种方式尽管古老，但决不可忽视其在现代社会中的作用，尤其是熟人之间，肢体语言可能是最有默契、效率最高、效果最好的方式。当然，运用这种方式，也要注意到不同群体间，尤其是不同地域、不同民族、不同社会阶层间的含义的区别。

最为普遍的沟通方式还是口头语言的交流，包括谈话、讨论、演讲（上课）。口语交流可以是一对一的，也可以是一对多、多对多的，视情况而异。除日常语言外，音乐也是一种重要沟通方式（也有论者认为音乐本身就是一种语言形式）。

在文字发明后，书面方式沟通摆脱了时空限制而大大发展起来，书面方式包括信函、通知、文章、书籍等。其中信函、通知是有特定对象的；文章、书籍虽然只有一种意向性的对象，并没有具体的特指对象，但也有其读者范围，譬如，较之人文社科类书籍，自然科学和技术类专业书籍的读者群显然要狭窄得多。文字的载体，除了纸张外，历史上还有竹、帛、木、石、骨、金属等，如我国古代的甲骨文、钟鼎文、石鼓文等，都留下了不朽的典籍。

除此外还有很多方式，如艺术表演，可以说是语言、动作和音乐的综合运用。

随着电子信息技术的发展，出现了现代沟通方式，包括电话、传真、影像。互联网和移动通信的发展更使各种新的沟通方式雨后春笋般涌现，如电子邮件、短信、彩信、多媒体、博客、微博等琳琅满目，使现代人的沟通交流更加多姿多彩。一方面，人与人之间通过网络组成了虚拟社会，大大扩展了交流的领域和境界；但是另一方面，传统的实体社会中的沟通方式，如口头语言和书面文字则有被削弱的趋势。

4. 沟通工具和环境

无论人类的沟通方式发生了多么巨大的变化，最重要的沟通工具仍然是语言。实际上，语言已经渗透到各种最新的沟通方式之中，与此同时，人们对语言的界定也在不断拓展和深化。

由于人类成长过程中的地域分割，形成了多个民族、种族和成千上万种语言，即使在同一民族中，也有古代语言、现代语言及各种方言。在全球化时代，掌握语言工具是能力的重要体现。

沟通场所也是多种多样，包括家庭、社区、街道、公共场所等任何地方，比较正式的沟通往往在会议、课堂等场合。

除了直接面对面交谈外，沟通可以有报纸、刊物、广播、电视、通信、互联网等多种不同沟通方式和工具，可根据对象、场合而定，如根据个别沟通或集体沟通、单向沟通或双向沟通、正式沟通或非正式沟通的需要以及对象的身份等决定沟通媒体的选择运用。

5. 沟通技巧

有了沟通的内容和工具，并不等于一定能做好沟通，沟通的效果也因人而异。就是说，沟通效果在很大程度上取决于沟通能力。沟通能力包括两个大的方面：外在的运用沟通工具的能力和内在的沟通技巧。成功的沟通，除了要有良好的意愿以外，沟通技巧起着很大作用。

常用的沟通技巧包括：

（1）表达能力——能够清晰、简洁、准确地表达是沟通的基础。表达能力与思维能力有直接关联。如果一个人思想是混乱的，一般来说就不可能有清晰的表达。但表达能力有其独立性，有的人也有很好的想法，但就是表达不清楚，俗话说"肚里有货倒不出来"就是这个意思。

（2）争辩能力——表现为逻辑性、雄辩力、吸引力等方面。同样的话，有的人讲出来就是吸引人，而有的人讲出来就很平淡，有的人靠激情甚至声调来吸引人，也有的人靠理性、靠风度来增加语言的魅力。在口头争辩中正确运用语速、语调和肢体语言往往很重要；在书面争辩中则主要靠论据和逻辑的力量，当然，在确保论据充分、逻辑严密的前提下，语言的个性和文采如果运用得当，也能增强说服力。

（3）倾听能力——即口头交流中的理解力，主要表现为能准确、快速地抓住对方表达的核心内容。一个领导者，若能快速抓住下属表达的意见，对其正确发挥领导作用是很重要的。不单是领导者，善于倾听、善解人意对任何人都是有价值的。每个人的理解力都不一样。学生在课堂上理解教师讲课内容的能力的差别对学习效果会产生很大的影响。阅读能力是另一种理解力，即书面交流中的理解力，它对速度的要求虽然没有倾听能力那么高，但对理解的正确性和精确度的要求则有过之而无不及。

（4）设计能力——在一些正式的场合，大如演讲、演出或者重要会议上的正式发言，小如一堂课，往往要进行事先设计，除了内容设计外，还要有形象设计、动作设计，甚至环境设计，力求达到最好效果，使对方由理解到信服甚至到崇拜。

6. 沟通中的负面做法

由于种种原因，沟通中可能出现一系列负面的做法，如：

（1）侵权——在书面或口头发表的作品、文章、演讲中，未取得原创者的同意就擅加征引，甚至不加说明地引用他人见解以冒充己见，后者就是近些年来屡屡见诸报端的剽窃行为。

（2）篡改——擅自改动他人的作品内容或客观存在的事实，包括实验数据等。

（3）伪造——主观臆造、甚至蓄意编造客观上不存在的事实并加以发表。

（4）泄密——把只能由少数人知道的事告知其他人或公之于众，包括国家秘密、组织秘密和他人的个人秘密（个人隐私）。

（5）强迫——不是以理服人，而是采用强势手段（如行政手段等），强迫对方接受自己的意见。

（6）误导——运用各种手段，如诡辩、假象、容易产生歧义的用语等，故意引导对方产生错误的理解。当然，这里不包括非主观引导产生的误解。

采取这些负面做法都有一定的目的，包括取得经济利益，博取不正当名利等。这些做法，暴露了个人素质中的品德问题，其后果不仅会影响交流各方的关系，导致利益纠纷，有时甚至会产生法律问题，出现对簿公堂的难堪场面。

二、沟通能力培育中的问题

沟通能力是个人素质的重要体现，从一个人的沟通表现中可以反映出他的知识、能力和品德。现在世界各国对青年学生的沟通能力普遍感到不足，而中国的问题尤为突出。

（1）中国家庭中父母与子女之间的沟通往往是单向的，缺乏平等双向的沟通。

（2）中国大学前教育的基本目的是培养听话的好孩子，教育方式基本上是单向灌输，不鼓励学生提问，甚至抑制学生的独立思考和争辩，缺乏师生间的平等对话，也很少组织学生间的自由讨论。

（3）大学教育中缺乏让学生自我表达的场合。

（4）学校中不设沟通课程，学生没有系统了解和学习沟通的机会。

（5）即使偶尔谈到沟通，对沟通的理解也往往是片面的、局限性的。

由此造成的后果是大学毕业生缺乏沟通的基本能力，不少人不能准确清晰表达自己的见解，对较复杂的事物，如针对问题提出解决方案时，不能系统完整地表达清楚，在基本沟通工具——语言的掌握上也欠缺火候，不少初到管理部门工作的人连一个简单的通知都写不完整，这些都严重影响了人的作用的发挥。

不言而喻，沟通能力的欠缺会严重限制人的发展，也会影响团队集体的工作效率和社会效率的提高。

三、建　　议

（1）应该把沟通能力的培养作为一个专题，在教育系统和社会研究中给予重视，并进行系统研究。

（2）在高校中逐步开展沟通教育，并作为必修课普遍开设。

（3）在教学的各个环节中加强沟通实践，提倡学生多提问题，进行讨论式教学，选择一些课程进行口试，开展丰富多彩的课外讨论会、辩论会等活动，关键是要形成普遍参与的群众活动。

（4）培养沟通课教师，建立相关专业。

（5）逐渐向中小学延伸，提倡启发式教学，改变满堂灌的教学方式。

（6）在全社会倡导平等的启发式的家庭教育，逐渐改变中国长期封建式的君君臣臣、父父子子的观念，形成社会主义和睦的新家庭模式。

教育思想论札之一（二则）①

其一　论应用型本科教育

初接触到这个题目，有些奇怪，觉得不应该有什么问题，也请教了教育界业内同志，想弄清"应用型本科"究竟是什么意思，与"应用型"相对应的是什么型。了解一些情况后，才认识到有些问题确实需要说说清楚，所以把一些思考写出来与大家讨论。

（一）概念与方向

1. 面向

要谈应用型教育，首先要界定清楚什么是应用型人才，应用型人才面向什么需求。人类社会的活动可以分为经济、政治、文化三个方面，其中经济活动是基础，而文化从广义上来讲也包括科学研究。经济活动包括生产、流通、交换，其中生产是物质基础，而生产中又包括操作、管理和技术等各个方面。如图1所示。

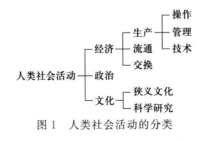

图 1　人类社会活动的分类

①　本文根据 2009 年 5 月在上海召开的全国应用性本科教育学术研讨会上作者的发言整理而成。

所谓应用型，主要是面向整个经济活动的人才类型，应用型人才所面向的当然不止于经济领域，但主要是经济领域。与应用型相对应的是研究型或学术型，因此除了纯科学研究（即不以直接应用为目的，而是为了探索事物规律的研究）以外的人才，包括技术研究者在内，都应属于应用型，因为技术研究的目的就在于应用，可以说，离开了应用的技术研究毫无意义，因此，应用型人才这个概念涵盖了人才中的绝大部分。

2. 层次和类型

（1）层次。层次有两种意义：首先是教育的阶段层次，高等教育范围内有专科、本科、硕士、博士等阶段；其次在教育机构的层次上有所谓"一流"与"非一流"（应分为几个等级并不清楚）、研究型与非研究型等。

（2）类型。类型也有两种意义：首先是领域的不同，如理、工、农、医、文、史、经、法等；其次是按面向分的类型，如研究型、应用型等。

（3）层次和类型是不同的概念，其间有一定的对应关系，例如研究型层次的教育机构，应该从事研究型类型的教育。但对应并不是绝对的，不能说研究型学校就不能培养应用型人才，非研究型学校就不能培养研究型人才，但大体上有这样一个趋向。

3. 人才类型与就业的关系

我国目前将高等职业教育定位在专科，因此本科及以上都是非职业教育。现在有一种提法，说职业教育是以就业为导向的教育，这当然是对的；但不能反过来说非职业教育就不是以就业为导向。在目前的社会发展阶段中，上学以后都要就业，并且绝大部分人上学的目的就是为了有个好的就业机会。就业对办学的导向越来越强。因此不同层次、不同类型的教育培养的人只有就业领域和岗位的不同，以及就业面宽窄的区别（宽窄不能决定好坏，有的虽然就业面窄，但需求强烈），但却没有不就业的问题。

4. 人的区别

由于先天的区别和后天不同环境的影响，人的爱好、特长等都是有区别的。有的人心灵，有的人手巧，有的沉湎于阅读，也有的擅长于行动。因此，抹杀人的专长，把所有的年轻人都压到一个模子里去塑造是错误的。应该允许以至鼓励人的多样性发展，使每个人都各得其所，都有用武之地。

（二）教育的内容

概括来说，教育的内容包括知识、能力和品德三个方面，这三者总括起来构成一个人的素质。

1. 知识

知识内容非常广阔，并且以越来越快的速度膨胀。如何在有限的时间内，选择合适的知识来教和学，这就不仅有内容问题，更有结构问题。考虑知识结构，有以下三个角度。

（1）理论体系的完整性。对于理科教育，由于其目的是掌握该学科的理论体系，以进一步寻求学科发展的机遇，因此在本学科范围内，必须讲求体系的完整性。

（2）实际需要的现实性。对于工科教育来说，掌握知识的目的在于应用。因此要从所学专业的实际需要出发来组织知识结构。

（3）科学技术发展的动态性。科学技术的发展近年来大大加快了，因此教育中的知识内容要不断更新。在快速发展的学科和专业如信息、生物领域尤其如此；新出现的交叉学科，也要纳入相应的教育中去。

应该从以上三点出发，对课程、教材体系进行改革，并且动态地跟踪调整。理工以外的其他各科教育（如农、医等），都可以分为理论和实用两部分。

2. 能力

能力也是多方面的，主要包括：

思维能力——基础是逻辑思维，包括分析和综合、演绎和归纳、收敛和发散。在此基础上也要有一定的非逻辑思维，包括形象思维和灵感，当然，后者很难有规范化的培养方式，只能在经验积累的基础上自然形成。

沟通能力——这是中外各国对高校毕业生能力调查中普遍处于弱项且排在前列的。沟通能力是现代社会赖以存在的基础条件，教育必须与之相适应，予以强化培养。

技艺能力——也就是通常说的动手能力。这种能力不但对应用型人才重要，即使是科学研究人才也应具备，譬如，做实验的技巧对于科学研究就是非常重要的。

学习能力——学校教育在人的一生中只占了一小段时间，在就业以后还要不断提高充实自己，因此在学校中应使学生掌握学习能力，包括学习书本知识的能力和在实践中总结提高的能力。

当然，成为社会需要的合格人才还需要具备与其职业直接相关的其他各种能力。应当指出的是，任何个别能力都不是独自发展、孤立存在的，而是与众多能力彼此相关、共同发展、"集成"发挥作用的。

3. 品德

品德包括不同层面的内容，体现在个人对待他人、对待社会和对待自己的认识、态度、行为举止上。

首先是个人修养，个人修养很难用语言来准确全面地描述，但一般来说可以从其行为举止上被识别。其次是基础道德和社会公德。这些是所有社会成员都应该具备的。在高等教育阶段，还应该安排使学生具有与所学专业相关的职业道德的内容。

4. 知识、能力、道德的关系

对我们称之为人才的个人来说，知识、能力和品德三者缺一不可，但作为人格发展的三个不同方面，三者是不等价的。也可以说，三者是不同的三个维度，互相之间不能替代。在总体评价时也不能把三者简单相加。笔者在《试论素质教育》（载于《高等工程教育研究》2009 年第 1 期）一文中曾提出，三者与其说是相加的关系，不如说是相乘的关系更为恰当，即对个人来说：

$$素质＝（知识＋能力）×品德$$

式中，知识和能力都是正数，最小为零；而品德则有正有负。从社会后果看，当一个人品德为负时，其知识和能力越大，则其整体素质越差。

三者的教育方法也不一样，一般来说：

（1）知识靠传授。所谓传授，包括教师直接讲授，也包括在教师指点下学生自己从书本或其他途径中获得。更广义一些，学生可以在校独立获得或者离开学校后自学获得，但书本是前人或他人写的，通过读书获得知识也是一种传授，是前人或他人的间接传授。

（2）能力靠训练。靠听课、读书是得不到能力的，能力的形成要靠实际动脑、动手来训练。做实验是训练，参加实习是训练，解题也是训练，训练是获得能力的主要途径。

（3）品德靠养成。当然也可以讲一些基本道理，但主要通过日常行动来养成，潜移默化，在道德上形成自我规范。在这里，榜样、示范和环境氛围都很重要。当然，利用各种机会，如纪念日等组织一些相关活动也很有意义。

现在的问题在于知识结构老化，跟不上科学技术的发展，尤其是在一些快速发展的领域和新出现的交叉学科领域更是如此，但在知识问题上大家认识还是比较容易统一的，区别只是具体执行的问题。但能力和品德问题就大了。在能力训练中主客观条件均很欠缺，缺乏投入和环境氛围，也缺乏师资，使能力缺失成为普遍性的问题。至于品德，一是社会大环境中的诚信缺失、道德败坏的社会现象对学生产生的影响甚为严重；二是教育中普遍存在把品德教育知识化、教条化的倾向，而教师以身作则、教书育人的责任则渐趋式微，令人忧虑。

5. 正确处理几组关系

在具体教育方法上必须处理好以下几组关系。

（1）灌输与启发。两者都需要，但随着年级升高，启发的比重应逐步加大。

（2）动脑与动手。同样两者都需要，在信息技术大量应用于教育的情况下，应注意两者的结合。但是，不少事情光靠虚拟方式是难以真正掌握的，还必须真正地实际动手。

（3）知识和能力。两者所占的比重可以根据专业领域的不同而不同，在应用型教育中能力训练必须占相当大的比重，同时要注重两者的融合。

（4）品德、知识与能力。品德必须贯穿于教育的全过程、全时空。品德教育不是去和知识、能力争课时，而是要渗透到知识传授、能力训练之中。

（三）实践教育

在应用型教育中，实践教育占有突出的位置。目前对于教育中实践环节缺失普遍感到忧虑，恢复、加强实践环节的呼声很高，但作为一种教育方式，其系统的有理论高度的研究还为数不多。这里只想提出几个粗浅的基本想法。

1. 基础

实践教育的基础是理论联系实际。作为一种教育方式，实践教育既不是理论教育，也不是单纯的实际操作。如果仅仅理解为单纯的实际操作，那就完全可以在毕业后到实际工作岗位上去进行，没有理由作为学校教育的一个必不可少的内容。人们可以从课堂上得到理论知识，得到对事物的初步认识，也可以通过实际操作，通过不断重复取得实际经验，但这两方面都是不全面的，只有在理论指导下的实践才能使人掌握完整深刻的认识，具有扎实的、牢固的经验。因此实践教育（而不是单纯的实践活动）是必不可少的教育方式。

实践教育中的实践是根据教育目标组织的有明确理论指导的活动。它或者是为了验证某一具体理论原理（如单项实验），或者为了体验某个专业领域的理论如何在实践中得到应用（如综合或专业实习），或者是让学生主动用学到的知识和能力去完成某项任务（如课程和毕业设计）。每项活动都有明确要求，活动过程都有人指导、有人帮助，结果都有考核评价，这与工作中单纯的实践活动是有原则区别的。

2. 方式

实践教育的方式，可以有多种，如前面已经提到的实验、实习、设计等，还可以有其他方式如制作、调查、体验等，应该对每种方式的特点、效果、在教育中的作用等进行深入研究，才能从更高的角度来理解掌握实践教育，并做出科学的组织安排。

3. 类别

实践教育可以分校内和校外两类。校外实践要与社会结合，对工科和经济等科目来说，就是校企结合或产学结合。目前由于产学结合的大环境较差，一些学校倾向于在校内自建实习基地，这当然是一种可行的方式，但它不能完全代替到社会、到企业的实践。另外，产学双方如果结合得好，也可以延伸到校内。产学结合可以有不同方式，但归根结底总是要达到双赢，如订单式培训，学校应按照企业的要求来安排教学计划。即使是非订单式，学校也要调查多数企业的实践需求来调整改革自己的教学活动。到企业、去公司同样应使双方受益，学校应做好相应的组织和思想工作，使学生到企业去真正能帮助企业产生价值，而不是去"添乱"；反之亦然，企业在接纳安排学生实践的过程中，也应以良好的企业文化去影响学生，帮助他们形成应有的职业意识。

（四）目前情况和存在的问题

如前所述，应用型教育在整个高等教育中应占最大的比重。实际上，高校毕业生的绝大部分也都在从事应用性工作，但目前应用型教育的发展并不理想，还存在很多问题。主要是大部分高校不愿意承认本科的任务主要是应用型教育，而都在争取成为研究型大学，现在承认自己是应用型教育的主要是专科新升格为本科的学校，而且勇于承认这一点也并不是全部。对于专科和职业教育，普遍认为是低人一等，整个社会导向都是趋向于拔高层次，贬低和鄙视应用性工作和应用型人才，这非常不利于国家的发展和建设。产生这种情况的原因主要有以下几个方面。

1. 认识问题

首先是对历史发展阶段的看法，认为中国要搞现代化，要建立创新型国家，因此大量需要的是研究型人才。而实际上中国目前还处于工业化阶段，工程建设任务艰巨，大量需要应用型人才。即使实现了现代化，也还大量需要应用型人才。

其次是传统问题。传统上中国文人就重学轻术，重理论而轻实践，把实际动手解决问题或制造人工产品贬为雕虫小技。学而优则仕的观念沦肌浃髓，这里的仕，是官僚和知识分子的结合，学习的目的是为了当官，即使当不了官，也要当不从事实际劳动的知识分子。

再次，对发达国家的教育了解片面，把美国的研究型大学作为最高的追求目标，没有看到，即使在美国，研究型大学也只占很小的比重，而绝大多数高校是培养应用型人才的。

2. 体制政策问题

首先是官本位，高校领导都有行政官员的级别。专科校长是副厅级，本科校长是正厅级，其中进了某些名单的学校还可以升到副省级，这种行政等级对学校领导有很大的诱惑力。

其次，在投入和收费政策上不平等。投入有三个问题：一是投入总体上不足，教育经费占 GDP 的比重低于发达国家和一些发展中国家；二是不根据实际需要，而是按层次划分，如专科学校实践环节比重大，需要更多的经费，但因为层次低，生均经费就少于本科；三是马太效应，越是条件好的名校经费越多，越是条件差的学校经费越少。

收费也有类似情况，如上职业院校的学生，多数家庭经济条件较差，属于弱势群体，但收费反而比普通院校高，实际上是双重剥夺。最近提出的助学金办法对此能起到缓解作用，但并不是从收费制度这一根本上解决问题。

更重要的是用人政策问题。一方面，由于高学历人才数膨胀过快，很多单位人事部门不了解实际岗位对人的真正需要，盲目招收高学历人才，用于不需要的岗位，造成新的学用脱节，给人以人才需求增多的假象。另一方面，在很多企业，不同层次人员之间的待遇差距过大，对基层劳动者的待遇压得过低，也引导社会上单纯追求高学历的倾向进一步畸形发展。

3. 社会环境氛围问题

从社会意识上看，经过多年的发展，青年人只有走高学历一条路，这已成为社会共识。过去讲独木桥，现在的扩招只是把桥拓宽了，但还是只有一座桥，既不是条条大路，也不是立交桥。尽管已经出现技能型人才紧缺、大学毕业生就业率下降等现象，但社会意识一旦形成，要改变还需要相当长的时间。

从社会责任上看，社会上习惯于把教育中出现的种种问题都认为是学校的责任，而缺乏全社会都对教育负有责任的认识。广义地说，社会风气、社会的主流价值观、社会的道德状态、社会的具体环境等都对青年学生有多方面的影响；狭义地说，对于实践教育，社会各方面，首先是企业，负有不可推卸的责任，而目前这种企业责任恰恰是最为缺乏的。

从中小学教育（国外称为 K12 教育）看，由于应试教育的导向越来越强，使学生缺乏自主思维的习惯，缺乏解决实际问题的能力，也缺乏品德的养成。

4. 师资和其他条件问题

一方面，由于教育中实践环节的缺乏，毕业生缺少实践经验；另一方面，由于人事制度的限制，学校与企业人员互相兼职实际上不可能，导致高校毕业生成为教师的主要来源，这种局面的持续，使教师队伍中有实践经验者的比重越来越小，与教育要求的差距越来越大。

在物质条件方面，投入不足前已述及。实际上，这几年学校经费已有大幅度的增加，但主要用于盖房子、搞校园建设。有的学校在教学设备上有较大改善，有的学校则变化不大，加之学生多了，平均条件反而更差了。另外，由于学校建设经费的来源大量依靠贷款，因此部分学校每年偿还利息的钱就占用了相当部分的正常经费，这样用于教学的经费就更少了。

（五）主要建议

以上种种问题，牵扯面很广，且存在已久，解决起来显非朝夕之功。目前政府也已看到了一些问题，采取了一些措施，如不再大规模扩招，出台受惠面较宽的奖、助学金制度等。学校层面该怎么做，笔者建议如下。

1. 明确面向

绝大部分学校应该面向经济社会第一线，面向应用。我们到美国加州州立大学（CSU）去访问时，校领导见面的第一句话就是"我们不是 UC（加州大学），我们是面向应用的"。香港理工大学多年来一直坚持面向应用。这些学校都与产业界有着紧密的联系。面向应用是教育的主流，是光荣的历史使命，绝非低人一等。

2. 清晰定位

一流大学、研究型大学只能是少数，如果都是一流大学，也就无所谓一流大学了，绝大部分学校应该是普通的应用型大学。

3. 加强沟通

应加强与政府、与社会、与企业、与家长的沟通；在校内，也应与教师、学生有更多的沟通，取得他们的理解和共识，沟通的基础是学校自己要坚定，如果自己觉得挺不直腰杆，那就什么也谈不上了。

4. 力争优异

在明确面向和定位的前提下，在自己所处的类型和层次中要力争做好工作、处于前列，要看到应用型本科教育的广阔天地，无论是理论和实践，无论是校内和校外，无论是教材和设施，无论是管理和引导，都有大量工作要做、可做。只要真正去做了，就一定能做出成绩来。只有靠自己的实绩，才能取得社会的承认，取得应有的位置。这里不应有争议、有动摇，而要踏踏实实、一步一步去做好。

其二　教育应依靠社会，服务社会，与社会协调发展

教育的改革和发展要在社会发展的大背景下来研究。教育应服务社会，这一点已基本达成共识，但教育与社会不是单向的关系，而是双向互动的关系。教育的发展必须要依靠社会，单纯靠教育界自身是不可能完成教育改革发展的任务的；同时，教育发展必须与社会发展相协调，讲教育要优先发展，是讲工作顺序问题，尤其在长期过于单纯强调经济发展之后，有必要强调教育、医疗等事业的重要性，但发展目标仍然是与社会发展相协调，否则就不是科学发展。

国家、社会到 2020 年的总目标是基本实现工业化，人民的生活达到全面小康水平，在此期间，第一、第二、第三产业将全面发展。第一产业要加强，要提高质量，延长产业链，但就业人口和第一产业在国民经济中的比重还会降低；第二产业主要是产业升级，提高技术含量，提高档次和价值；第三产业比重应有较大的提高，是解决就业问题的主要依托，其中生产型和生活型都会有很大发展。要在这样的背景下来分析各类人才的需求，来做出教育总体布局。顺便指出，教育作为第三产业的重要组成部分，也需要大量的人才。

教育依靠社会是一个重大课题，至少有以下几个方面的内容需要研究。

1. 人才需求

这是教育的出发点，但人才需求是个很难说清的问题，首先是人才含义不清，人们谈到人才时往往会持片面的理解，更多的是将其等同于顶层人才、尖端人才。事实证明，这对教育、对社会、对青少年和家长的期望有误导作用。应广义地理解人才，只要是能够在社会需要的各种岗位上尽责尽力做好工作的都是人才，能优异地做好工作的就是优秀人才，一定要贯彻人人皆可成才的指导思想。

人才需求有数量、质量和结构三个方面。研究人才培养，应构筑一个立体模型，其结构有纵向的层次结构和横向的专业结构。人才有不同类型，不要把类型与层次混为一谈，抹杀人才的多样性。在相当长时期内，我国人才结构将是宝塔型的，劳动密集型产业（包括农业）将占我国就业人口的大多数，普通劳动者是多数，教育必须与之相适应。要培养大量能干活、会干活、干好活的人。

2. 人才成长规律

人才的成长绝不是单纯依靠学校教育就能完成，家庭、社会环境，尤其是

在工作中的实际锻炼都起着重要的作用。如何弄清人才成长规律和教育在其中所起的作用对于搞好教育工作是很有必要的。

不同类型的人才，如学术型、应用型、技能型人才，科学家、工程师（包括医师、农艺师）、技师、普通工人、管理者（从事行政管理、经济管理、工程管理的人员）、律师、作家、音乐家等的成长规律各有自己的特色，应分门别类研究清楚，并对各类教育在人才成长过程中应当起到的作用提出指导性意见，这些规律和特色实际上也是安排各类教育内容的依据。

3. 投入产出关系

我完全赞成许多专家提出的增加教育的投入，有些方面还要大幅度增加。教育产业化、教育机构作为经营单位是不对的，但投入产出还是要讲。教育的投入与产出应该从全社会的角度来计量和分析。投入包括政府经费、社会各方面的投入和学生家长的投入，而产出则要看毕业生的质量及其与社会需求符合的程度。因为人与物质产品不同，即使教育中的失误导致毕业生质量差，但大多数毕业生在工作实践中是会逐渐适应工作要求的，只是适应期会比较长，个人要付出额外的努力，换言之，也就是社会要付出额外的投入或遭受额外的损失。另一种情况是毕业后从事不对口的工作（专业不对口或层次不相符），同样会使社会遭受损失，因此，教育投入的目标应该是使全社会人力资本的效益实现最大化。人口加人力资本方才等于人才资源。

要讲究投入的配置效益，例如公立学校的学费，家长交了学费就减少了在其他方面的消费，而学校收学费就减少了政府的支出，政府拿省下来的钱用去搞别的项目建设，这样一种配置是否合理，值得研究。至于质量低的教育反而要高收费，或者由于教育严重不均等而导致额外收费（例如择校费）则肯定是不合理的。

教育内部的投入分配也要加以关注，包括不同类型的教育之间、同类教育的各个教育机构之间、同一个教育机构内部用于教学和其他方面之间的经费分配。

4. 社会投入

社会投入包括两个方面。一方面是对办学的直接投入，主要是对民办学校的投入以及对公办学校和学生的各种资助、捐助等，目前比重还较小，应该扩大，但要有更明确的鼓励政策和更规范的管理办法。

另一方面，也可能是更重要的一方面，就是产学结合办学。职业教育必须产学结合，否则就成为无的放矢。普通教育也需要产学合作。普通教育目前实践环节非常薄弱，较扩招前差，较"文化大革命"前更差，严重影响教育质量，尤其是对应用型人才的培养，缺乏实际能力的训练是个致命的弱点。这个问题靠学校本身是解决不了的，必须产学结合、共同努力才行。要明确产业、企业不单是人才的使用者，它们对于人才培养同样负有不可推卸的责任，必须采取强制性措施，用法规形式来保证，当然，也要给予相应的政策鼓励。

至于继续教育和终身学习，用人单位和学习者本人应当是投入的主体。

5. 环境氛围

学校不是一个封闭的系统，学生也不是生活在真空里，青少年的成长必须有良好的社会氛围。从德育来讲，家庭、社会的作用至少与学校同样重要。从智育来讲，全社会的科学普及活动和环境也是重要方面。社会上各种诱导青少年从事不健康活动甚至违法活动的机构和人员的存在，学校周边环境的低俗化、商业化等都需要认真对待。除了物质环境以外，舆论环境也很重要，对于正确的人才观，需要大力宣传引导，像现在这种大肆吹嘘高考状元等报道，实际上就是在推波助澜，助长应试教育，非常不利于广大青少年的健康成长。

总的来说，青少年的成长成才、教育事业的健康发展是全社会的责任，应该各方面协同努力才能做好。当然教育机构是主体，但教育部门、教育机构必须善于依靠社会。政府应充分发挥我国社会主义制度的优势，在抓好教育机构的同时，要发动全社会共同办好我国的教育事业。

教育思想论札之二

——特色高等院校的使命①

一、由　　来

1. 含义

所谓特色高等院校是近年来产生的一个名词，具体指有特定专业范围的高校。本来高校的专业范围可以不一样，有宽有窄，但近年来在高校改革中，形成了普通高校都要综合化的倾向，而有特定专业范围的只是高等职业院校和大专院校。但实际上，还是有大量的本科高校是有特定专业范围的。因此而形成了特色高校的概念。

2. 历史情况

中华人民共和国成立前的高校，基本上是照英美模式建立起来的。一般都是综合大学，学科、专业门类齐全，尽管也有一些特色，如某些专业较强，但这是在门类齐全中有强有弱，同时有一些高专，专业特色是很明显的。

中华人民共和国成立以后，全面学习苏联，1952 年进行了全国性院系调整，形成了一大批专业特色鲜明的高校，即使如北京大学、清华大学经院系调整后，也形成了北京大学以文理为主、清华大学以工科为主的格局。同时形成了一大批与产业联系非常紧密的院校，每个院校为特定的行业培养专门人才，从数量上来看，专业高校成为主体，而完全门类齐全的高校已不复存在。

---

① 本文根据 2007 年 12 月 18 日在北京举办的关于特色高等教育研讨会上作者的发言整理而成。

改革开放以来，高校改革再次以美国为模式，通过院校合并、新建专业等行政措施，使高校尽量综合化，还采取了政策导向，如经费投入向综合院校倾斜。院校分类、分等级，重点院校确定中的重要内容是专业数量必须达到一定规模，同时切断了各专业院校与所对应行业之间的行政联系。

尽管如此，大批专业院校所建立的新专业由于缺乏基础，力量薄弱，在内外竞争中均处于弱势，而对其特色专业的支持也削弱了，表面上形成千校一面的情况，实际上，大批院校仍然以原有专业为主。这就形成了今天所谓的特色院校。本来特色应该是少数，但今天看来，特色院校在数量上仍占有最大比例。

3. 国外情况

从历史上看，欧洲大陆国家（工业化相对后起的国家）都有大量专业明确的高校。以德国为代表，Hochfahrschulen 系统成了其高等教育中最大的特点。俄罗斯（苏联）是向德国学习的，法国也有大量的特色高校，尤其是工科。

需要指出的是，即使在美国，也并非所有大学都是综合性的，美国有哈佛大学、耶鲁大学，但也有麻省理工学院、斯坦福大学这样以工科为主的名校，这些学校在世界上的地位并不低。即使哈佛大学和耶鲁大学也各有特色。

因此，特色高校是世界普遍存在的，有其存在的必然原因。

二、特色型高等教育的意义及其作用

（1）人类社会发展到现在，受教育首要的目的还是获得谋生的手段。因此如何通过有限的在校时间使学生获得对求职谋生最有用的东西是高校的主要任务。社会是按各个行业组织起来的，一个人要想适应所有行业的具体需要是不可能的。因此存在两种可能，一种是学校中教授最基本的共同课程，适用于各种不同的行业，但并不教授与行业具体有关的知识。毕业后可以到各种不同的行业去工作，但实际工作前需要接受较长的岗位培训。另一种是学校除一定的共同课程外，教授与某行业相关的课程，毕业后可以到该行业工作，上手会较快，但转行则较困难。前者适用于像美国这种处于发展前沿的国家，而后者则适用于相对滞后、处于赶超阶段的国家。

（2）从教育的效率和效益来看，一个国家的资源是有一定限度的，如果上百个高校中都要全面配置门类齐全的专业，显然，资源就不够用。而除了一些综合大学外，其他学校按特色专业配置，可以在所有专业中都形成较强的若干中心，这是比较有利的，学生也可以在专业中受到较好的训练。

（3）从学生个人来讲，人是有差异的，有的人逻辑思维能力强，适合于从事理论分析基础工作；有的人动手能力强，善于解决问题；更有人善于组织管理，可以从事管理工作。不同的人应该有选择适合自己特点的机会。相应地教育也应该多种模式、多样化，而不是要把人培养成一个模子里压出来的标准品。即使在美国这样的条件下，仍有不少比例的年轻人愿意到社区学院学习，毕业后从事第一线实际工作，就是一个明显的例子。

三、特色高校的优势和特点

（1）由于特色高校优势专业突出，因而易于集中力量办好，无论是教师队伍，还是教学设备方面都是如此。但是，我国还是一个发展中的大国，底子薄，要办的事很多，教育经费总体上不足，学校数量又很多，分到每个学校数量就很有限，与发达国家相比，差距很大，合格教师队伍也严重不足。因此，集中力量办好优势专业是可行的办法。

（2）特色高校的主体专业与产业联系紧密，无论是专业课程，还是研究课题，都是围绕相应产业的实际需要而选择的。学校对产业的实际情况、背景等都比较熟悉。尽管在前段的调整中，高校与产业的联系被用行政手段切断，但两者之间的自然联系是切不断的。我们提倡实践教育，目前最欠缺的是真实的实践环境，而不能仅停留在模拟上。关键在于产学结合，共同培养人才，而特色高校这方面的优势明显。

（3）特色高校由于专业面有限，在学科、专业的综合上有弱点。尤其在交叉学科的发展上，只要超出专业范围，就显得力不从心。在数理化等基础科学上，也主要只是面向应用，难以对它们本身的发展做出较大贡献。需要这些特色高校与综合性高校和科研单位加强合作，优势互补。

四、当前高等教育中的主要问题

1. 办学规模与需求之间脱节

近年来大规模扩招已使学生规模在十年中增加了三倍。扩招依据主要是两条：一是毛入学率比发达国家低，需要提高；二是推迟就业，减缓就业压力。但就是没有分析我国所处的历史阶段以及我国的人均生活水平与发达国家的差距。就学生入学率来讲，仅仅统计与人口的比例是没有意义的，我国人口中一半以上还是农村人口，因此与发达国家直接比毛入学率，显然不具可比性。我们以前就提出过，医护人员、义务教育的教师数是要按照人口比例来要求的，但工业人才只能与工业规模来比，基础科学的研究人员的数量则要按国力来考虑。至于推迟就业，只能是在特殊情况下的短期措施（类似于2009年的经济刺激措施），这类措施不可滥用，否则会造成长期后果。现在大学生就业困难问题有其必然性，需要从长计议，统筹解决。

2. **办学规模与办学能力之间脱节**

无论是经费、师资，还是其他条件，要适应这种短期内大扩张都是很困难的。政府在经费上和土地上给予了很大支持，各地纷纷建起了高教园区，大学土地面积大膨胀，也建了大量房屋，但不少学校背上了沉重的债务包袱，后续经费也很困难。一些地方政府难以长期提供支持，学生的学费收入成为不少地方院校的主要经费来源。因此，一方面学费上涨，造成社会矛盾；一方面学校还得坚持扩招，以维持学校运转。学生及其家庭两边受挤，投入大大增加，超出支付能力，出路又没有保证，对于下层家庭来讲，孩子上大学几乎成为鸡肋。

从师资队伍看，梅贻琦先生的"大学乃大师之谓也，非大楼之谓也"的名言早已家喻户晓。但师资问题不是短时间就能解决的，目前的主要做法是研究生毕业留校，近亲繁殖。本来教师队伍中很大一部分人就缺乏实践经验，现在这个问题更为突出了。

3. **模式单一、层次模糊**

模式问题前面已经述及，现行政策引导学校都要办成综合型大学。层次问题则引导大家都要办成研究型大学、一流大学等。相反，对实务型人才、技能型人才、地方性本科（所谓二本、三本）、职业教育，从方向引导、高考录取方式和舆论上都形成歧视，以致产业的中坚力量被严重削弱。

4. **能力缺失**

教学中重知识传授、轻能力训练，这固然与中国传统教育思想有关，基础教育和升学考试也养成学生只重背诵的习惯，但高校教师本身能力不足，教学实践条件又匮乏，是高校自身的主要原因。从广义能力看，思维能力、沟通能力的培养更为不足，事实上连相应的课程都没有。当然，近年来对学习能力有所强调，由于网络技术发展，学生查材料能力有所加强，但系统学习能力仍然不足。

5. **与产业实践割裂**

这个问题前面已有评述，兹不赘述。

五、对办好特色型高等院校的建议

1. 指导思想上

应明确中国是发展中大国，还处在并将长期处在社会主义初级阶段，不能一切以美国为标准。大学的形式应多样化，特色型高校在相当长时间是需要的，并且应占有相当大比重。即使在实现现代化之后，也仍然需要一些特色型高校。

2. 政策上

主要是分类指导、平等对待。如在考核指标体系上，取消对规模（包括专业数量）的要求。大的学校、专业全面的学校要办好，小的学校、专业较少的学校也要办好。一般说来，小的学校更容易办好。倒是学校规模太大反而不易办好。对不同规模、不同类型的学校在投入上应一视同仁，对特色型高校由于与行业部门切断联系而减少的投入应该设法弥补。对于各种类型的高校，激励政策应分别激励其最优者，鼓励和引导把各类学校都办好。

3. 在办学上

各类学校都要明确具体的培养目标，并据此重新审视各自的教学体系。

要全面理解高等教育内涵，要重视知识结构，突出能力训练，强化品德养成，要突出以能力为中心，全面培养和训练学生的能力。

4. 要重建与产业的紧密联系

特色型高校应坚持围绕对应的产业开展工作，充分发挥历史上有过紧密联系的优势。用各种方式重建与产业的联系。可以与整个产业建立联系，也可以与某些重点企业加强联系。学校应明确目标定位，为产业培养所需人才，为产业开展研究工作。产业方面也应当积极开展产学合作互动，为培养人才提供实践教学条件。

产业方面应设法为学校的实践教学提供部分师资来源，校方应吸引产业方面人员参与学校的方向、目标建设乃至课程设置等方面的决策，由于各行业中都存在大量中小企业，学校如何与中小企业结合是个需要研究、突破的问题。

对于非特色型高校，也应加强与产业和社会的联系。

5. 要注重学科综合

特色型高校在发挥特色的同时，也要注意学科和专业的综合。应该围绕自己的特色专业来展开学科和专业建设，要特别关注自己专业与相应专业的交叉领域，不要错过可以产生出的新兴领域。

实践教育理念^①

　　清华大学的教育工作讨论会以"实践教育教学理念"为主题，提出了一个很有意义的问题。尽管我们平时说到教育时均会谈及实践环节，有时甚至是大声疾呼要加强实践，但是从教育理念上来考虑、分析，还很少见到。所以实践教育也是一个理论问题。这里尝试从以下几个方面做一些探索，从我本人的背景出发，主要限于工程教育的范畴。

一、问题提出的背景

　　这里叙述的是整个工程教育的背景，但强调涉及实践的内容。

　　首先，当前中国处于大规模工业化时期，国民经济的主体是第二产业，尤其是工业，国民经济的增长也主要靠工业。我国正在实施大量的工程项目，包括规划设计、技术研发、项目建设和运转维护。大量的工程实践需要既掌握理论基础又具有实践能力的大量工程技术人才。

　　我国的经济体制正从计划经济向社会主义市场经济转变，在市场经济中对于工程技术人员来讲，除了掌握技术外，还必须懂得经济。各种各样的交易（广义的）同样是重要的、必不可少的实践。

　　我们在各项工作中要贯彻科学发展观，即以人为本，全面面向产业与科教的协调、可持续。这要求视野广阔，考虑问题全面。除了拓宽知识面以外，需要对环境、社会等方面有大量的实际接触。

---

①　本文根据 2004 年 12 月在清华大学第 22 次教育工作研讨会上作者的演讲整理而成。

当前科学技术的飞速进步带来的学科交叉、专业交融，使工程实践越来越具有综合性，要求工程技术人员具有在实践中解决综合性问题的能力。

近年来高等教育的变化、规模的急速扩张、学校性质的变化，给工程教育带来很大影响，而实践教育受到的影响尤其重大。

二、对学生的基本要求

世界各国对学生的基本要求尽管在用词上有些差别，但概括起来就是知识、能力、品德三个方面。

知识可分为显性知识和隐性知识，显性知识是可以用文字记载下来的，通常称为基本知识，当然也包括课本以外的其他各种资料文献等；而隐性知识是难以用文字表达的，表现为经验、技艺等。一般来说，隐性知识必须要通过实践才能获得，而显性知识虽然可以从书本资料中获取，但没有实践的体验，往往是不能真正牢固掌握的。在实际工作中，无论是在生产岗位、技术岗位或管理岗位上，一个有实践经验的人和一个没有实践经验的人之间的区别是一眼就可看出的。

能力包括各个方面，如提出和解决问题的能力、分析和综合能力、学习能力、表达和沟通能力、组织和团队合作能力等。能力主要通过实践获得。例如一个在学校里从事过较多社会活动的学生和从未从事过社会活动的学生在沟通能力和组织能力方面可能会有很大的差距。

品德则靠养成教育，应贯彻到生活学习的各个方面、各个环节中。道理固然要讲，但根本的是要做，并且学校还有个和社会互动的问题。

三、实践教育的特点

教育的目的，尤其是高等教育的目的应该是掌握已知，探索未知，达到全面发展，终身受益。当然已知和未知是相对的，对个人、对团体、对国家和对全人类是不一样的。在受教育过程中，主要还是从个人角度把未知变成已知，并牢牢掌握之。在这个过程中，个人应通过对自己未知的事物（大量的是别人早已知道的）进行探索，在了解和掌握事物的同时，更要掌握探索未知的方法、规律，这样以后就可为团体、国家乃至人类探索未知作出贡献。探索过程本身就是一个以实践为主的过程。

　　探索的内容包括两个方面，一方面是验证已有的理论与探索新的理论，已有的理论可以从书本或教师的讲授中获知，但通过本人的验证才能真正深刻地理解和掌握。即便抽象如数学，也要通过严密的推导和大量的解题才能掌握。掌握了现有理论，才有可能了解其局限与不足，才有探索新的理论的可能。另一方面是掌握定型的操作与创造新的方法。各种操作方法一般都有具体详尽的规定，应该通过一定量的实际操作来掌握，然后可以分析其缺陷，研究改进的方法或创造全新的方法，以提高质量，增进效率，节约时间和减少物质消耗。这在工程中是大量存在的。

　　实践教育的方式包括实验、实习和探索性实践三种。实验和实习主要是验证性的，当然有的优秀的学生也会在实验和实习中发现和提出问题，为进一步开展探索打下一定基础。实习如果在企业、社会中进行，也可结合一定的探索性实践。探索性实践一般在高年级和研究生阶段进行，结合毕业设计和论文进行，内容有研究、工程实践和社会实践等。实践中均应包括资料查阅、数据处理、人际沟通和思维方式锻炼（提出问题、分析和综合）等环节。

　　实践教育的范围应贯穿整个教育的始终，做到全过程。同时要含在各种不同类型的教育中，做到全覆盖。

　　实践教育的特点是，所开展的各项实践活动都是有理论指导的，是在理论指导下进行的，实践教育中的实践区别于社会中每日每时大量进行的实践就在于此。另外，实践教育的参加者——学生具有高度的自觉性，具有浓厚的兴趣，并不像社会上大多数人主要出于直接谋生的目的而工作，因此尽管实践教育中实践的量相对较少，占时有限，环节也难以宽覆盖，但能取得较好的效果。

四、实践教育存在的问题

　　首先是资源不足，包括校内资源和社会资源，在大量扩招以后，问题显得更为突出。近年来高等教育的投入增加很快，但不均衡，大多数学校的用于教学的生均经费没有增加多少，甚至在减少。至于社会上，由于广大企业对技术创新、人才的需求还缺乏动力和实力，因此普遍不愿为学生提供实习的条件。

　　对实践教育的重要性认识不足也是个问题，首先大量教师本身就未经过丰富的实践锤炼，因此对实践的重要性缺乏体会。另外，计算机技术发展很快，计算机模拟技术已很普遍，因此有些人就以为计算机模拟可以完全代替实际运作，对之缺乏全面辩证的认识。

对实践教育缺乏系统理论研究。如前述，对实践作为教育中的环节是有较为普遍的认识的，但对实践教育作为一种理念，作为一种教育方式就缺乏研究了。例如动手和动脑的关系，实践中是否包括脑力活动，就是个需要认真研究的问题。

另一个问题是教师力量薄弱，如前所述，由于教师队伍的局限，能够指导学生开展实践活动的力量远远不足，尤其是对于工程实践更是如此。

五、实　　例

以个人经历举两个例子。

一是 1951 年我考入清华物理系，物理系是清华录取分最高的系之一，同学在中学大多是班上尖子，因此都很狂。但是第一次做普通物理实验就给同学们来了当头一棒，实验前要预习，预习后要写预习报告，就有不少同学的预习报告通不过，要重写，实验做完后的正式报告几乎没有人是一次通过的。助教在每个人的报告上用红笔密密麻麻地批了很多话，对数据的取得、结果的分析等都找出很多毛病。虽然实验本身并不难，但是确实对理论指导下的实践上了生动的一课，应该说是终身受益的。

二是 20 世纪 80 年代末时大学生都很狂，开口闭口就是"要是我当总理会怎么怎么样！"当时我在邮电部分管邮电业务工作，我就组织北京邮电大学的管理系毕业班研究生到基层邮电局去，我说你们先慢点当总理，先到一个县邮电局去当局长看看怎么样。但是教师们非常担心，经过商量后改为见习副局长。这样一个班学生到山东省各县去了半年，去前、去后我和他们各座谈了一次，经过半年以后，学生们的普遍感觉是自己的坐标系变了，对社会有了真正的了解，对个人目标有了较切实的想法。很遗憾由于工作变动，我后来未能跟踪他们的发展轨迹。

六、应采取的措施

第一，提高认识，政府，首先是教育行政部门，与学校、教师、学生乃至全社会对实践在教育中的重要性应有共识。

第二，争取资源，包括财政性资源和来自社会的资源。同时应就资源的合理分配提出约束条件，资源应在不同学校之间合理分配，而在校内资源则应首先用于改善教学条件，尽量少用于装点门面。

第三，要大力呼吁社会对教育予以支持，社会舆论对教育的种种批评大多是有道理的，但不能片面单纯指责学校，教育应是全社会的共同事业，大家都有责任。在为教育提供校内外条件（如实习机会）、实践所需装备、校外兼职教师等和改善学校周边环境等方面，社会应该有所作为。至于学生良好品德的养成，没有社会大环境的提高是不可能的。

第四，学校应主动与社会紧密结合，应使学生在学习期间就能为社会创造价值。这里不是指校办工厂，那是另外一个复杂的话题。这里说的是应尽力使学生在校外实践中为接受单位创造一定的价值。只有这样，校企双方才能建立长期合作，才能使校、企、学生三方都满意。这方面过去非常薄弱，认识上就有障碍，具体办法也缺乏，应该从实际出发，一步一步向前进。

第五，为适应实践教育，教师队伍应有相应的变化。现有教师中一些人要提高和补课，同时要补充有丰富实际经验的新的成分。我国高校的兼职教师制度一直未真正建立起来，看来到了要认真考虑这个问题的时候了。

第六，应把实践教育理念的研究作为一个重大课题来进行，如果理论上不清楚，往往会造成行动上的盲目性，因此在采取种种实际措施的同时，应组织一支相应的队伍做系统深入的研究。

教育中的十二个问题[①]

科教兴国、教育是基础、教育要先行等，这些说法已经成为日常口头语了。作为受过多年教育的知识分子，不能说对教育一无所知，但真正深入想一想，觉得又有不少问题，包括一些基本问题，似乎也并不很清楚。这里想把思路整理一下，以求教于读者。

一、什么是教育

这好像不成为问题。自古以来即有教书育人之说，但教什么书，育什么人，就是个问题。更重要的是你要育人，人家要你育吗？你要把人育成这个样子，人家愿意成为这样的人吗？所以更基本的应该是学习。人为了提高自己，适应社会的需要，或者为了自我满足和自我实现，感到不足，就需要学习。学习是一种主动的行为，是学习者自己主动的行为。学习可以有多种方式，通过接受教育是其中的一种方式，在现代社会中它可能是主要的方式。如果说成是在别人的帮助下学习，那仍然是学习者的主动行为。当然帮助有各种方式，给钱买书是帮助，借书给你是帮助，讨论问题也是帮助。但到了教书办学，可以说就是专门的固定的帮忙形式，就是教育了。这时事物的性质就起了变化，这里教育者成了主动者，而被教育者（学习者）却变成了被动的对象。学校教育是教育者按照一定的要求或自己的想法来教育被教育者，被教育者并无多少意

① 本文是作者 2000 年应已故陈太一先生之约为某出版社计划出版的一本书所写的稿子。此书未能出版，后本文曾在《科技日报》上发表过。

志可以表达，在义务教育阶段更是如此；即使在非义务教育阶段，受教育者有整体上接受这种或那种教育的权利，但当你选择了某种教育后，具体教什么、怎么教就要听别人摆布了。

二、教育中的主要矛盾和矛盾主要方面

教育中的矛盾很多，如教育目标与社会需求之间的矛盾、教育内容与教育目标之间的矛盾、教育方法与教育目标之间的矛盾、教育方法与受教育者接受性之间的矛盾等。但是从上述分析可以看到，主要矛盾应该是教与学之间的矛盾，包括教与学双方在目标、内容、方法等各方面的矛盾。至于说与社会需求之间的矛盾，则主要体现在受教育者身上，受教育者接受教育的目的是为了适应社会的需要，但当他受了教育以后却不能适应社会，这就是个大问题。其后果是由受教育者承担，教育者并不直接承担此后果（间接的会有，如对非义务教育，其他受教育者以后可能不再选择此种教育）。当然，受教育者对社会需求的了解也不一定清楚或准确，但这是每个学习者都存在的问题。而对教育本身来说，则矛盾体现在教与学两者之间。教者要教这门课，学者对此没有兴趣，或认为无用；教者要多讲理论，学者愿意多动手实践，等等。显然，在这对矛盾中，矛盾的主要方面在教育者，学生对于教师无论从地位、年龄、阅历和学识来看都是弱势群体，发言权是不多的，更没有决定权。因此谈教育要抓住教育者这个矛盾的主要方面。

从另一个侧面来看，教育是教师要把学生变成某种状态的人（具有一定知识、能力、品德等）。在这里，学生对于教师是客观存在，如果目标大体上正确的话，教师如何做，如何改变学生，并达到改变的目的，重要的是必须适应学生，使学生能够接受，否则，再高明的教师，甚至学富五车，你的课学生不愿听或听不懂是没有用的。

三、教育的目的

关于教育的目的，原则上说很容易，就是使受教育者能够适应社会的需要。但这个问题教育本身解决不了，社会究竟有什么需要，要各种什么样的人，各需要多少数量，这些问题说不清楚。在计划经济下没有说清楚，因此老是产生学非所用、用非所学等问题。实际上如何用人更是个问题。在市场经济

下，从道理上讲很容易，应该由市场来检验，但是市场有局限性，信息的不对称，各个环节上的时延，尤其是教育的滞后性使得这个问题很难解决，在发达的市场经济国家中也大量存在不对口的问题。在总的不理想的情况下，有两个问题值得注意。一是义务教育的目标问题。义务教育是由社会公共支出支持的，在社会经济力量能够支持的前提下，应使全民都能受到的作为一个公民必须具备的最低限度的教育。年限固然是个很重要的指标，但具体的教育内容是什么则更重要。所以要有一个最低要求，作为一个社会公民，必须在自然知识、社会知识、道德品格等方面具备最低的要求。二是非义务教育的目标问题。它存在多种选择：作为一名普通劳动者，要接受一些与其工作领域有关的知识和其他一些基本技能，如农业、工业、服务业等，这就要有相应的职业教育；至于目标是成为某一方面的专业人才的，当然要接受更多的专业教育。而在义务教育水平不高的国家，为了成为专门人才，在接受高等专业教育之前还要有一段非义务性的普通教育（非专业教育），即普通中等教育。义务教育是基础，关系到整个民族的素质；职业教育同样也是基础，关系到整个国家的实力。两者均是全民性质的。因此，必须把义务教育和职业教育放在最重要的位置。进一步来看，适应性包括数量和质量两个方面。关于数量，应该看到，教育是要消耗资源的，而社会资源是有限的，无论是公共资源还是私人资源，都是社会资源，如果消耗了大量的资源，该受到教育的人并未受到教育，或者教育出来的人社会并不需要，这就是浪费，就不符合效益原则。至于质量怎么样，当然也很重要，好的学校和一般甚至差的学校的毕业生差别就很大，质量和数量是辩证统一的关系。如我国的工程技术人员数量很大，名列世界前茅，但真正合格的工程师却并不多，很多地方还缺人，合格的高级技术工人也非常缺少。

四、教育的内容

从大的方面看，学校教育应该包括德、智、体三个方面，有的加上美，有的还加上劳等。先不说体育，从德、智两方面来看都有需要研究的问题。

从德育来看，首先是缺乏标准，作为一个公民、一个学生，其道德规范应该是什么并不清楚。以前把对先进分子的要求作为对全民的要求，在被实践证明是不可能以后就没有再制定过明确的标准，这样就失去了目标。尽管理论上不断强调其重要性，但在实际中却往往把德育简单化地等同于政治理论，甚至包括时事知识等，而并未形成一个德育的体系（包括课程体系），真正的德育却极其缺少。此外，在德育方法上，身教重于言教是正确的，至少学校的氛围、教师的以身作则都是必不可少的。由于教师本身就缺乏职业道德规范，再加上对社会现实中的不少现象教师也解释不清楚，因此课堂上枯燥的说教就显得苍白无力，有时甚至起反作用了。

　　智育方面首先遇到的问题是，它仅仅是知识还是也包括能力。现在比较一致的看法是应该包括两个方面。随之而来的问题是，什么是能力，是思维能力还是操作能力，两者各有什么标准；更大的问题是如果教师本身就缺乏能力，尤其是实践能力，那又如何能培养出学生的能力？知识方面也不是没有问题。目前在专业教育中争论最大的是基础和专业的比例，是基础理论体系多学一些还是专业知识多学一些，这个问题直接与需求有关。在国际上，美国体系和德国体系之间也是不同的，前者强调职业多变，学校中只是要打好基础就行了，与专业有关的知识由用人企业通过培训去解决；而后者则强调专业对口，毕业后即可直接上岗。目前中国的基本倾向是强调基础，这是针对"文化大革命"前专业划分过细的情况而调整的，是合理的，但完全走上美国式的道路是否符合中国实际，从全社会来讲是否达到了资源优化，就值得斟酌。

五、教育的方法

　　教育方法包括自学、讲课、讨论、做题、做实验、生产实践（包括社会调查）等。从形式上看，有课堂内和课堂外两大类；从性质上看，有理论与实践两大类；从途径上看，有单向传授、双向交流和学生自主进行三种。这些都是必要的，关键有两点，一是各占多少比例，原则上是层次越高，交流和自主的比重越大。对专业教育来说，各个专业也不一样，如外语就要学生花大量时间去练习，工科实践的比重要大大高于理科等。另一个更重要的是这些环节相互之间的关系怎么样，能否协调配合成为一个有机的整体，例如传授与交流如何结合，讲课时是否允许提问，讲课前后是否要求学生自学，讲课时是只讲重点还是讲全部内容，课程设计或论文中老师辅导的分量和比重等。现在讲得较多的提法是灌输和启发的问题。从议论的情况来看，似乎两者是对立的，但认真想一下，我觉得两者不应该是对立的，而应该是相辅相成的。目前高考中语文题都有标准答案的现实，把盲目灌输做到了绝对化的地步，当然是错误的。但是不妨设想一下，如果没有丝毫灌输而只有启发，会是个什么局面。所谓"启发"，就是让学生自己去思考、去想问题、去寻找解决问题的办法。但问题要有背景、有来源、有前提，解决问题有客观环境条件。如果学生什么也不知道，何从想起？这就如知识和能力的关系，如果没有一点知识，能力又从何谈起。一个生活在穷乡僻壤的孩子，抬头是青天，低头是黄土，你什么知识也不传授，也不灌输，老去启发他自己想，能行吗？所以灌输仍是必需的，当然针对中国几千年来学习方式以背诵为主的情况，强调启发是必要的。随着学习层次的提高，启发式的比重也应越来越大，但决不能从根本上否定灌输及其作用。

六、教育的效果

教育的效果应该从是否达到了目标来衡量。这可以从宏观和微观两个方面来看：宏观即从国家社会来看是否达到了目标，微观即受教育者个人是否达到了目的。从另一个角度看可以有形式和实质两个方面：形式上看，国家培养出了多少不同层次的人才，有多少学生完成了某一层次的学业，拿到了文凭；实质上看，这些人是否符合社会的需要，能否在社会中发挥应有的作用，能否找到合适的能发挥个人才智的工作。从经济学角度来看，这些人能否在社会中创造应有的价值，与所消耗的资源是否相应，或者说，消耗同样的资源能否有更好的效果；对个人来说，在教育上所花的投资能否得到回报。

由于人的能力并非全与所受教育有关，人的作用更是受制度、政策等社会大环境及其工作单位的具体环境所制约，经济增长也并非只决定于劳动者受教育程度这一个因素，因此宏观的教育效果难以清晰地衡量。国际上很多人在研究教育投入产出，但没有得到比较科学的结果。定性地说，一个国家教育水平越高，经济社会也越发达，这是毫无疑问的，但仅仅这样说也太笼统了，不解决任何具体问题。当然也有一些较为具体的研究，如 20 世纪 80 年代末 MIT 就提出了"回归工程"的改革方向，他们是经过了认真研究的。至于个人的效果，还有精神上、心理上的因素，也不是单纯用挣多少钱就能说明的。

七、应试教育和素质教育

反对应试教育、提倡素质教育无疑是完全正确的。否定社会需求的多样性、多层次性，把教育的目的完全归结为进入上一层次的教育领域，使教育体系成为一种自我服务的体系，是错误的，也是可悲的。应该看到教育的多层次与社会需求的多层次是相符合的，在当前历史阶段，即便在最发达的国家，受教育的目的也还是谋生的需要，还远未达到自我实现价值的境界，何况在我们这样的发展中国家。但是反对应试教育决不能成为反对考试，高考制度还是当前实际情况下相对公正的办法。关键是考什么，如何考。实际可做的首先是要改进考试内容和题目，尽量减少纯靠死记硬背的内容，尤其是某些所谓标准答案之类的评分依据。当然，这要求判卷人的水平要有很大的提高，也可以说这是一个提高中学教师水平的很好的机遇。其次，要改变对中小学的评价体系，如何确定科学的评价标准和方法，也是要做大量工作的，但这也是教育学的极好课题。再次，全社会尤其是媒体一定要大力宣传行行出状元的思想，要大力宣传社会合理分工、每个人在不同岗位上都能做出成就的思想，要坚决改变媒体上对高考大肆炒作的现象。真能做到这几点，应试教育的弊端可以减少一大半。但要完全清除看来也不大可能，发达国家如日本等也存在这个问题。至于素质教育也绝不是仅限于上几堂文学艺术课，首先要弄清素质的内容，真正能做到德智体全面发展也就很好了。当然，理工科学生要具备一定的文史方面的基本知识，反之亦然，这主要是中学教育中的问题。因此对高中的定位要清楚，如果高中单纯是为了升大学做准备，似乎文理分科是合理的；如果高中是适应社会上一个层次劳动者的需求，文理分科应赶快取消。

八、关于工程教育

　　工程教育，尤其是高校中的工科教育，一直存在一个很矛盾的现象。一方面，几十年来一直分科很窄，要求专业对口，这在中华人民共和国成立初期人才奇缺的情况下是有道理的。这样做，其培养目标应该是工程师（人事部门也一直是这样要求的），但在课程内容上却普遍要求基础和专业理论上的系统性，而工程实践环节的内容则远远不够，对工程师所需要的非本专业的知识（如经济、法律等）则基本上是缺门，实际上培养目标是科学家而不是工程师。另一方面，社会上工程师又远远没有科学家的地位高，从留学生的情况看，在国外得的学位回国后都被承认，并且比国内相同的学历更受重视，但国外得的工程师称号回国后却一律不予承认，要从头来起。改革开放以后，情况就更严重了，一方面专业不断地拓宽，这从方向上来看是对的，但另一方面由于经费不足，工业部门的不配合，实践环节越来越少，本科以上的学位都是科学硕士、科学博士，近年来试点的少量工程硕士也只在在职人员中实施。现在扩招以后，有些学生连做基础实验的条件都没有了，真不知道能培养出什么样的人才来。

九、教育创新和创新教育

这也是近一两年来很热门的话题。个人理解，教育创新就是在教育改革中要有创新，要用新的理论、新的观念来指导教育改革。创新教育就是以培养创新人才为目标的教育。这里关键问题是对创新的理解问题。如果理解为一种精神，要在全民中提倡创新精神，这当然是完全正确的；如果是以熊彼得所创立的技术创新的理论作为依据，那本质上是个经济概念，至少是技术经济概念。因此要明确两点，一是创新（innovation）不等于创造（creation）、发明（invention），并不要求原始性、独创性（当然包括独创的），但要求实用性、有效益。因此，教育创新并不是要独创一种完全新的、古人和他人都没有的模式和方法，而是可以借鉴学习别人的经验为我所用。创新人才也不是专搞发明的，而是可以把别人的理想、思想、知识、专利等拿来变为现实的产品、商品而取得效益的人。二是创新与敬业、纪律、团队精神（就是我们多年提倡的集体主义，无非翻译了一个洋名词）的关系要正确处理，不能一提创新就是个人冥思苦想、天马行空、独来独往。我国现在需要多数、甚至绝大多数劳动者要恢复和强化敬业精神，踏踏实实完成本职工作，并在此基础上创新。如果大家本职工作都做不好，同样的图纸、同样的材料，在国外做的产品就好，到中国来做的产品质量就不行，大家还是都要买原装货，那么国家发展靠什么？当然也应有少数人不从事当前的具体生产活动，而是去做研究开发、新产品设计等。所谓创新教育，要适应大环境的要求，不能只讲求异思维，首先要有求同思维。

十、终身教育和终身学习

现代社会科学技术发展大大加快，知识老化的半衰期缩短很多，尤其表现在信息、生物等新技术领域。因此，靠在学校中学的知识用一辈子是不可能的，必须在工作中不断地继续学习。作为现代社会中的人，建立终身学习的观念是必要的。为了适应工作变动（包括岗位变动和专业领域变动）需要学习；进一步说，在退休以后，一部分人为了自我实现、自我满足，仍然有继续学习的必要，这就成为真正的终身学习。从教育的角度来看，为了配合终身学习提供条件，就要组织终身教育，包括各种各样的在职教育和社会上的老年学校等。办学主体可以是大企业，也可以是各种学校和一些专门机构；教育方式可以是面授，也可以是函授、电视和网上教育等方式。除了上学以外，还可以有各种形式的自学。

十一、教育的环境

办教育当然要有一定的客观条件，要有设施、有资金、有教师队伍。在计划经济条件下，学校是一个封闭的系统，资金渠道单一，完全依赖政府拨款，教师完全是全职的，并且高校中不少学校形成自我繁殖，学校办社会，与外界联系很少。改革开放后，情况有了一定程度的变化，但是并没有根本的变化。例如资金来源主要还是靠政府拨款，教师队伍也仍是全职的，与社会联系比过去有所加强，但主要是在科研方面，甚至直接做产品。而在教育方面的联系仍不多，某些方面比过去反而削弱了。这些都是需要研究解决的问题。另外，社会对教育的理解和支持，即所谓软环境似乎更为重要，问题也更多。例如家庭教育与学校教育的配合问题，尤其在中小学时期，目前是两方面都不满意。一方面不少家长在以身作则、对孩子潜移默化的影响方面非常不理想；另一方面学校又给学生大量课外作业，往往要求家长陪做，有的家长甚至代做等。又如兼职教师问题，尤其是高校，工科迫切需要大量有实践经验的工程师去授课，但由于人事制度的制约和课程内容的限制，甚难做到。再如学生尤其是工科学生的实习问题，包括部分教师的实践活动等，至今并未被广大工程界所理解和接受，得不到起码的支持，等等。总之，社会对学校要求甚高，但具体支持却甚少，在这种情况下，一些学校又通过不正常的收费和过分的要求来"勒索"学生和家长，在某些地方造成相当尖锐的矛盾。因此，要办好教育，当然需要广大教职员工的艰苦努力，但是全社会的共同努力同样是必不可少的。

十二、关于教育产业和教育产业化

这是近来的一个热门话题，也是一个争议很大的问题。首先要说清产业和产业化不是一回事。从国民经济统计来讲，承认社会各种劳动都创造价值，因此把教育列入第三产业，和科技、文化、体育、卫生列入同一大类，并统计其产出，作为国民生产总值的一个组成部分，这在原则上已不存在争议。从这个意义上讲，教育产业是客观存在的事实。但是教育产业的产出如何计量，产出和投入之间是个什么关系却是个大难题，至今并未找到好的办法。从产业分析来看，首要的是清楚产品是什么，有人说教育的产品是学生，多数人并不同意这种看法，而认为教育的产品是教育服务，学校出售这种产品，学生购买这种产品。学生为什么要买这种产品？学生接受了教育服务后提高了自己的能力，可以通过自己的劳动取得更多的报酬。那么学生预期的报酬提高（相对未接受相应教育服务者而言）是多少，实际报酬提高又是多少，与学生对教育服务的付出是否相称，这些问题都很复杂，并且不但决定于教育的质量，还决定于学生的天赋、努力程度、社会的大环境、选择专业的合理性、社会各类职业报酬的不均衡等因素。因此，要弄清这个问题还是很难的，仅就教育论教育是说不清楚的。本人曾写过一篇题为《论人才产业》的文章，从整个人才成长、其价值的实现来研究似乎更清楚一些，当然文中也只是提出了一些问题，要弄清楚还需要做大量的工作。目前实际上在统计中基本是把对教育的投入即消耗作为其产出来计量的，也是一种没有办法的办法，在这一类三产中不少都是这样做的。

至于产业化，一般含义上来说就是把教育完全按经济规律来办，把学校作为企业来办，这样就抹杀了教育的社会性、公益性的一面，看来会引发很多问题。因此，很多人并不接受并甚感忧虑。

以上所谈只是自己的一些认识，也可以说是提出了一大堆问题。尽管也谈了一些看法，但没有解决什么问题。因为是随笔，所以也讲得比较放松，没什么条条框框，目的在于引起人们的注意，共同探讨。

教育中的几个基本问题[①]

对于教育，尤其是工程教育，已经进行了很多研究和讨论。在实践中我国的工程教育也已取得了很大成绩，但是至今在一些基本问题上仍然存在不同的意见，阻碍着教育的进一步发展，从逻辑层次来说，存在以下几个问题：

（1）教育的根本使命是什么？这个问题上仍然存在不同看法。如果答案是培养人，那么就会引出以下的问题。

（2）培养什么人？或者说培养的对象是谁？

（3）要培养什么样的人？或者说把人培养成什么样？即培养的内容是什么？

（4）怎么培养？目前的大量研究和实践集中在最后一个问题上，即培养方法问题，而对前面更为根本性的问题，尽管存在各种不同的意见，但实际上研究讨论得很少，反而是绕着走的多，当然事实上在不同方法中往往隐含着前面的几个问题，只是没有挑明而已。本文即想清晰地提出这几个问题并阐明作者自己的意见，这几个问题关系到整个教育，所以文中主要讲高等教育，但部分也涉及基础教育。

一、教育的根本任务

从道理上说，这应该不成问题，但实际上，一直存在着高等学校有三项任务的说法，即教书育人、科学研究、服务社会，或者简化为教学、研究、服

---

① 本文 2015 年 1 月发表于《高等工程教育研究》。

务。在实践中，这种提法得到了广泛的认可。问题并不在于提出三项或者四项任务，而是这几项任务有没有一个中心，是围绕中心任务进行的几个方面的工作，还是并行不悖的几项工作。在实际情况中多数是并行的三项任务，因此高校的科学研究并不是围绕育人的需要而开展的研究工作，高校的服务社会也主要不是以培养人来为社会服务，而是在培养人以外单独开展的服务活动。

更有甚者，高校之间是按照研究活动所占比重来分类的，因而分成研究型大学和教学型大学。为了安慰若干较好的但被分到教学型的大学，又创造出来了一个教学研究型大学或研究教学型大学。这样分类的结果，在研究型大学里，顾名思义教学自然就放到第二位了，而研究型大学在一般观念中等同于"好"大学，所以结果是在"好"大学研究是第一位的，而教学是放在后面的。另外，从学校的实际利益来看，教学经费是按照学生人数下拨的，是相对固定的，而科研经费则是按项目拨的、可以争取的。因此争取尽量多的科研项目和经费的重要性就远远超过了搞好教学的重要性。还有在下达科研项目时和对学校的评价中，发表论文数也成为重要的指标（尽管没有明文正式的规定，但实际上是普遍存在的），因此对教师考核中也就有了发表论文的要求，并且成为评价个人业绩、晋升职称的重要依据，这样，教学的地位就进一步下降了。这种现象越是在水平高的学校中越是严重，那些踏踏实实搞教学（包括管教学）的教师，其地位是"低人一等"的，往往还被人认为是没有出息，搞不了科研而只好专注教学。

当然，不管学校在研究上还有多少动作，学校还是要有教学的，学生还是要在课堂上学习、修完课程直至毕业的，也还是有相当大部分的教师和管理者是在从事教学工作的。从这个角度来看，后面几个问题涉及更多的人，还是有讨论的意义。

二、培养什么人，培养的对象是谁

从学校教育的角度来说，当然培养的是全体学生，从具体学校角度来说，培养的是本校的全体学生，似乎这也是天经地义的。

但近年来，一种说法逐渐在扩散，并且声音越来越大，即学校要培养"拔尖"人才，或者是"领军"人才。一些学校采取一些特殊措施，集中少部分所谓的尖子学生，集中优质资源，采取特殊措施，进行重点培养，并且这种做法还在越来越多的学校，尤其在高水平大学中蔓延。

而在大学前教育中，这种趋势更为明显而强烈。多年来各地形成了一批重点中学、重点小学，甚至是重点幼儿园，学校中还有重点班。其共同做法是：集中优质资源，培养少数人，而相应的对学校的考核制度，则主要是升学率。由于教育的普及率在不断提高，因此一般的升学率已不能说明问题，升入到上一级的好学校的升学率才受到更大的重视。在这种情况下，广大家长的注意力也都集中在让子女上重点学校、重点班，为此不惜花很大代价，买高价学区房，交高额择校费，以及让本已学习负担很重的孩子们课余去上各种并不见得有兴趣的兴趣班，以求在考试中得到某种加分，这既造成了孩子们缺乏正常的休息娱乐时间，不能德智体全面发展，又不能让个人意志、个人兴趣有发挥的余地，甚至产生厌学情绪。至于大多数学生，在这种重压之下，仅仅养成了应付考试的本领，而缺乏真正的知识和能力，不会探讨问题，不会独立思考。

到了大学阶段，本来已经没有升学率的问题，由于我国大学是从"严进宽出"变成"宽进宽出"，所以原则上也没有毕业率的问题，为了在人才培养上有所作为，一些学校不得不把重点放在集中有限的资源培养少数"尖子"上来，这种面向少数人集中资源重点培养的做法近些年来甚至有愈演愈烈之势。具有讽刺意味的是，在一些著名大学准备继续接受研究生教育的本科毕业生中，成绩好的，包括所谓的"尖子"，大多数都去了国外，而留在国内的则大抵成绩平平，以至于多数顶尖大学的研究生不得不从下一等级的学校（当然也是"好"学校）本科生中招收。我有一个在顶尖大学长期任教的同学就告诉我，从整体上看，他的硕士生水平不如本科生，博士生水平则不如硕士生，这样的结果，难道是我们希望的吗？

拔尖人才也好，领军人才也好，都应该是社会各个方面的精英。我们可以从以下几个方面来分析。

1. 什么是精英？

精英是社会各个领域中处在前列的一小部分人，或者说是具有较高水平和能力并取得较大成就的人。但这里要区分两种情况。一个人能否有较大能力，取得较大成就，要取决于三个条件，即天赋、环境和努力。应该说，每个人都程度不等地有其天赋，并且各有其具体内涵，各人又会向不同的方向发展，如果其发展方向与其天赋一致，那么成功的可能性就大一些，不一致的时候取得的成就会小一些，但也不一定毫无成就。我们各种选人、用人的机制就是想使一致程度更高一些。但是人群中确实有极少数具有特殊天赋的人，如果被置于合适的环境中，个人又努力，有可能做出一般人不可能做出的成就。人类历史上一些杰出人物的例子已经充分说明了这一点。但是这种人从统计上占比是极少数，可能只有万分之一或更少，并且是可遇不可求的。这些人当然是精英，但也只有在获得相应的机遇时才能成为精英，历史告诉我们，这类人大抵生不逢时，只能默默无闻，甚至穷困潦倒。另一类精英则人数相对较多，他们天赋一般，可能高于平均水平，但也可能与一般人持平，然而，由于能在较好的环境（包括家庭、学校、工作单位、社会环境）中成长，个人又很努力，因而取得了较大成就（包括学业、工作业绩、个人生活等），成为社会中的上层，成为人们羡慕、学习，甚至追求的榜样。通常我们所说的精英，主要是指这一批人。

2. 精英是怎么形成的？

如前所述，对于极少数有天赋的人，首先不是培养的问题而是发现的问题，这些人中有一些可能有某些"怪癖"，在某些方面的能力可能远远低于平常人，或显得很幼稚，因此不时被人认为是"异类"，甚至低能，所以要发现这种有特殊禀赋的人是很不容易的。如果确实发现了，就应该创造一种适应其特点的环境，让其天赋有成长发挥的可能，至少不要去抑制、打压他，让他有一个自由生长发展的环境。

至于前述占多数的一般"精英"，则确实有一个培养教育的问题，这里有几个方面要说清楚：首先，还是关于先天禀赋的问题，尽管不具有特殊天赋，但各人禀赋的趋向性是不同的，要尊重其个人禀赋的趋向，而不是用种种他人意志来抹杀个人的爱好、兴趣。其次，学校教育阶段是成才的准备阶段，不能说在学校里就已经是精英了。在学校阶段，要讲究公平，不能人为造成过大的差别，不能主观认定某些人就是尖子精英，集中资源，采取特殊措施从优培养，从而导致"马太效应"。这种做法，一方面不一定能真正形成好的效果，另一方面，容易形成社会阶层固化，阶层之间流动困难，严重影响社会公平。再次，能否成为精英，关键还是要看走上社会以后的情况，工作环境、人际关系、个人的适应和努力程度，往往是更重要的影响因素。这里，很大程度取决于机遇，在计划经济制度下，机遇性更大一些，在市场经济条件下，个人主观能动性的余地就大一些。还要说明一点，环境条件的好坏也要辩证地看，有时处于逆境反而能锻炼、启发人的毅力。古人所谓"天将降大任于斯人也，必先苦其心志，劳其筋骨，饿其体肤，空乏其身，行拂乱其所为"云云，说的就是这个道理。目前我国科技界、政界的领军人物很大部分来自"文化大革命"后头两批大学生就是明显的例子。

3. 人才观和群众路线

前述两种意见，一种强调重点培养精英，另一种强调平等地培养全体学生，其区别在于前者强调排序，后者强调平等。前者强调的是精英强国，认为只有培养出少数杰出的精英来，中国才有希望，在国际上才有地位；后者强调大众强国，认为只有多数人都成为合格的劳动者、工作者，中国才有希望。

从路线上看，正确的路线只能是群众路线，而群众路线并不否定少数精英的作用。群众路线认为群众不是群氓，群众需要组织起来，需要有带头人，但关键还是要全体群众的共同努力，才能使一个国家、社会前进，兴旺发达。

群众路线的人才观是人人皆可成才、天生我材必有用，尊重个人意愿，实现合理分类分流。领袖人物要在群众性的实践中自然地崭露头角。天津职业大学校长董刚有一个很好的比喻：尖子与优秀群体的关系，有点像高峰和高原的关系，如果是在平原上拔地而起，再高也高不到哪儿去。当然组织的识人用人作用也很重要，两方面不可偏废。

4. 学校的作用

目前的现实情况决定了只能用系列考试制度来区分学生参与不同教育的类别，这是一种没有办法的办法。伯乐识马只能是个例，并且主要只适于用人单位在工作实践中选拔人才，很难惠及学生阶段（艺术院校除外）。由于在教育中把分数作为衡量学生优劣的唯一标准，客观上造成了不同类型学校和学生的高低之分。

在这种做法相当长时间内难以改变的情况下，在每一类学校中，至少在每一所学校中，教学资源必须在全体学生中平均分配，不能为保护少数"尖子"而做出制度上的倾斜。从人道的角度看，对学习中困难较多的学生反倒是应该给予更多的关注。总之，我们的教育应该让全部学生，至少是让绝大多数学生通过接受教育成为社会需要的人才。

学校要以实际行动缓解和矫正社会上、家长中已形成的浓厚的唯精英论思想，减少对青年学生的思想压力，促使其健康成长。

一些学校采用集中资源培养少数人的做法，也不必要地加重了有较优潜质的学生的负担，有时反而会起到拔苗助长的作用，甚至会透支其未来。那些到处宣扬各级考试"状元"的做法往往在思想上、心灵上给青年学子造成负担乃至阴影，对他们本人、对其他人的影响都很难说是正面的。

应该说，在高校内部，此类做法目前涉及的面还不大，不像在中小学那么广泛，由于高校专业众多，不可能集中太多资源，但是前面所说的"培养尖子人才"等说法影响在扩大，所以对这种倾向还是要注意。高校的主要问题还是由于学校分类而形成的资源分配不均衡。当然，高校为了探索改进培养方式而举办的各类试验班等做法是必要的，有的已经做出了好的成绩。但是，既然是试验，那就有个评价验收问题，包括目标的合理性、路径的可行性、效果的好坏大小、可复制迁移的范围和条件等，不能虎头蛇尾、有头无尾，甚至简单地把未经验收的试点当成亮点大加宣传。

三、培养什么样的人

1. 两种育人观

这个问题上有共识，也有分歧。共识是需要培养人才，但在认识什么是人才、内涵应该包括哪些时，就有了分歧。概括地说，是否是人才应该从两个方面看。一方面是做人，一方面是做事。能否成为一个好人，一个真正的人，当然是关键，其主要内涵应该是人的品德。另一方面，人能否为社会作出贡献，或至少在社会上能独立生存，则要看他是否会做事，主要内涵是有没有一定领域的能力。分歧在于，有的教育者强调培养品德，而另一部分人则强调培养本领，这样就有了两种教育方式，即博雅教育和专业教育。

博雅教育强调做人，在教育方式和内容上，强调普适性，放之四海而皆准，着重培养人的品德，包括自身修养、坚持正义、服从真理、遵纪守法，理解并遵守各种道德规范，与人和睦相处、乐于助人。而专业教育，则强调相关领域的知识和能力教育。由于一个人的精力有限，不可能什么都懂什么都会，因此要求在具有对自然和社会一般认识的基础上，较为精通和熟练地掌握专门领域的知识和能力，作为为社会作贡献和个人谋生的手段。

应该说这两种教育理念和方式都是合理的、必要的。问题在于不少人把两者对立起来了，再者，两种方式也各自有其问题。

2. 博雅（做人）教育中的主要问题是形式主义

人的品德的形成主要靠养成，成为一种习惯，成为自然的无意识的行为，而不是能背多少教条，而现在的主要问题是把它作为一种知识传授，设置独立的课程，甚至课程体系，脱离生活、脱离社会、脱离整个教育体系和过程。具体课程的内容又很狭隘，相当程度上变成时政教育，而把正确思维方式的养成和和谐的人际关系培养排除在外，也没有从环境上（包括社会大环境和学校、班级的具体环境）去创造条件、形成氛围。教育者的示范作用也被忽视，因此无法形成整体合力，促成学生高尚品德的形成。例如作伪是品德中的一个大问题，从作业的抄袭，到校内考试乃至各级统考中各种专供作弊的现代技术手段的运用，无不凸显出这个问题的严重性；从学生所处的环境看，各类论文的拼凑、抄袭等也相当广泛。在这种环境下如何对学生进行正确的教育，教师自己对这些问题有无正确的认识，就要打个大大的问号。扩大来看，对社会上一些丑恶现象怎么看，怎么从制度、政策、环境到个人品德各个层面、多个角度来分析认识这些问题，以得出个人应该如何做的结论，从而形成正确价值观，这是目前普遍而紧迫的问题。但实际上，我们的教育往往是抛开问题，讲空洞的道理，这样是无法真正教育好怎么做人的。

当然，在做人教育上也有在理论上提高的一面，对不同的人要进行一些哲学、伦理学、法学等社会科学方面的教育，但这些教育必须在对实际问题有理解、有分析、有认识的基础上进行，做到有的放矢，而不是宣读空洞的教条。

3. 专业（做事）教育中的主要问题是脱离实际

自人类社会进入工业化时代以来，科学、技术、工程快速发展，特别是近几十年来，由于信息技术的飞速发展，带动了整个社会的巨大变革，对社会科学领域也产生了巨大的影响。教育的内容主要来自实践的总结，在实践平稳发展的时候，教育内容可以维持若干年不变，但在实践快速变化的时候，总结的工作往往跟不上，各类专业教育中的理论体系就会显得陈旧落后，这也是现代高等教育强调科研重要性的原因之一。要求学校进行一定的科研工作，并不是要求每个老师都能精通学科的前沿，而是通过科研了解学科专业发展的现状和趋势，能融入教学，而不至于脱离现实太远。

专业教育中的第二个问题是实践教育缺乏。当代教育普及很快，学生数大量增加，而企业的生产自动化发展也很快，实际操作岗位大量削减，因此学生，尤其是工程专业学生到企业实践的机会大为缩减。行业办学曾经是中国高等教育的特色优势之一，但由于前期改革把相关企业与高校的联系用行政手段给切断了，加之企业接受学生实习又没有明确的社会责任来约束，因此学生实践的机会就更少了。这个问题必须从学校和企业两方面来解决，要从主体上明确企业的社会责任，并在经济上辅以相应的抵扣政策。同时鼓励企业通过接受学生实习等方式，遴选部分优秀学生毕业后去企业工作。学校则要努力探索能给企业创造价值的实习内容和实习方式，并教育学生到企业遵守劳动纪律，认真学习企业文化，培养自己的职业道德。特别要注意创造学生去中小企业实习的机会。中国经济处在转型提升期，有一大批中小企业亟待提升档次，需要高校的智力支持，只要引导组织得好，是可以创造大量校企合作包括学生实习的机会的。

专业教育中另一个问题就是缺乏逻辑思维和工程伦理、人际关系等内容，如前所述，做人教育要和具体实践环境结合。同样，做事教育要和做人结合起来，一些基本的道理（伦理）、方法（逻辑）是各个专业共同的，当然也有针对各个专业不同的内容，通过在专业教育中融入这些内容，也为做人教育提供了途径，不会做人也是做不好事情的。

专业教育中还有一个问题是学习与应用不对口，即学非所用或用非所学。在一些发展前沿的国家，如美国、英国等强调博雅教育，并不特别要求专业对口问题，但在德国等追赶型国家则强调专业对口，提高教育的效率和效益。中国仍处在追赶阶段，而且是处在既要填补历史缺漏、又要实现历史跨越的阶段，更应该如此。现在的问题是，中学生在高考时选择专业的因素太复杂，更多是从分数是否适应录取线考虑，而高校的专业设置又有较大的滞后性，导致专业教育与社会需求经常脱节的现象。

关于专业面宽窄和如何适应交叉学科发展的问题，也是普遍存在的问题。不同类型的国家有不同的标准和做法，不同类型学校的标准和做法也不相同，如职业教育的专业面会窄一些，高水平学校可能会相对宽一些。但如何在突出专业的同时给学生必要的宽口径知识，是需要解决的问题。笔者曾多年提倡在工程教育中普遍引入工程学概论课程，作为主要专业基础课，但至今未能大范围实现。对于交叉学科问题，也需进行多种探索。新学科的形成总是从小到大、逐步发展的。对有些好的苗头，要给予关注，可以做些试点，尤其是工程技术和社会科学如经济学、法学等学科的交叉，在发达国家也有较多实践，我国在这方面仍有较大差距。

总的来说，要把做人和做事两者融合起来，根据上述分析，两者不仅必须融合，也是可以融合的。我们的态度是提倡整体优化、综合发展，反对狭隘片面、畸轻畸重。

要着眼于经济、社会的需求和人的全面发展来整体考虑教育的内容和形式，做人教育要渗透到生活学习的全过程中，并贯穿个人的一生，而做事要有具体领域并与时俱进、不断提高，知识、能力、品德三者缺一不可。

至于怎么培养的问题，各种研究和实践已经很多，兹不赘述。

这几个基本问题的存在，有各方面的原因，有的由教育本身发展变化所引起，有的由对国外情况的误解或歧解所引致，也有的由社会制度、政策等各方面因素所引发。分歧可能会长期存在，但是要引起重视，开展讨论，更希望有关方面能进行广泛深入的调查研究，提出客观中肯的分析意见，从而引导我国的教育事业健康地发展。

主要参考文献

［1］朱高峰. 工程教育中的几个理念问题. 高等工程教育研究，2011（1）.

［2］朱高峰. 试论素质教育. 高等工程教育研究，2009（1）.

［3］朱高峰. 教育思想论札之二（二则）. 高等工程教育研究，2012（6）.

［4］朱高峰. 论"人才产业". 科技导报，1997（5）.

职业教育的指向是什么^①

中国职教学会的同志希望我担当学术委员会的顾问，我开始很犹豫，因为我是圈外人。后来考虑到，我在中国工程院接触了一些工程教育工作，对工程教育有过一些思考，而工程教育和职业技术教育有很近的关系，所以最后还是接受了。事物总有两个方面，有时圈外人的意见和想法也会有一些启发作用。

我思考的第一个问题是：什么是职业教育？大家谈了许多现象，比如，一方面职业学校包括高职学校毕业生的就业率低，另一方面是高技能人才非常缺乏，一些本科毕业的大学生甚至重新到职业学校学习技术、技能。当然是个别的，但问题的实质是什么？事实上，社会现象是极为纷繁复杂的，任何个案都可以找到。所以需要定性与定量相结合地去研究，找到本质性的东西，这是科学的态度。什么是职业教育的根本性问题？它让我首先想到的是，与职业教育相对应的是什么教育，或者说职业教育的指向是什么？工程教育的指向是培养工程师，科学教育的指向是培养科学家，法律教育的指向是培养法律工作者。有人提职业教育就是以就业为导向的教育，我同意。但是在高等教育中，哪些不是以就业为导向的专业？我看不太多。现在要求上大学的人很多，但主要目的还是作为谋生的手段，离纯粹作为满足个人提高的目标还很远。仅仅把现在划定的"职业教育"作为就业为导向的教育，而其他教育不是以就业为导向，这种划分方法是有问题的、不对的。职业教育是有层次的，高、中、初几个层次，这是由社会的劳动力结构与层次所决定的。有结构与层次就应有重点。经济学界有人提出要培养中产阶级，理论依据是认为这个阶层比较大的话，社会就相对稳定。按照国际上的标准，每人每天平均低于 2 美元的收入就是处于相

---

① 本文根据 2003 年中国职教学会第二届学术委员会成立会上作者的讲话整理而成。

对贫困，低于 1 美元就是绝对贫困。按照这个指标，我国农民绝大部分都处于绝对贫困或相对贫困之中，这是一个多么大的人口群体。这个群体稳定了，国家才能稳定；这个群体富裕了，社会才能发展。目前，我们还不是发达国家劳动力的陀螺型结构，而是宝塔型结构。职业教育要适应这种情况，职业教育的高、中、低的层次设计是否应该考虑到这个国情。职业教育非常强调能力特别是实际动手能力的培养，这是特色，非常必要。能力教育是整个教育都要重视的事情，但是千万不能忽视道德教育，对职业教育来说，尤其要加强职业道德培养。封建社会传统教育培养的是统治者，学而优则仕，那个时代也有那个时代的道德准则，影响至今很大。中华人民共和国成立后相当一段时间，我们拿先进分子的道德标准来要求普通民众，事实证明是行不通的。职业教育是平民教育，因此，职业道德教育影响到我们国家和民族的普遍道德水平。过去火车上服务员把车厢内的垃圾清扫后，一股脑儿都扔到列车外面去，小环境看起来干净了，大环境却被污染了；轮船也是这样，随时把垃圾扔到水里去。这种行业性的普遍行为，说明我们的职业道德意识、公共利益意识是很差的，非常需要普及、加强这方面的教育。现在利用职业谋取私利的现象很多，也说明职业道德教育的欠缺。再谈谈职业教育的条件问题。大家都呼吁国家要加大投入、改善条件，但投入的多少，应该视需要而定。并不一定说本科学校就应该比专科学校大，专科学校就应该比中专学校大，有些专业，比如文科类的一般就比工科类需要的投入少些，职业学校一般地要求有专业化训练，设施设备的要求应该更高些，这是政府在投入时一定要考虑的，否则办职业教育会很艰难。办职业教育要与行业和企业紧密结合，这是根本方向。现在政府机构调整了，管理部门的职责发生了改变，但行业还在、企业还在，结合的途径和方式方法要创新，不然是没有出路的。

最后谈一点对中国职教学会学术委员会的想法，既然是学术组织就要放开讨论，百家争鸣，特别是要就教育谈教育，就教育规律谈教育规律，不要泛政治化。教育的结果滞后性强，短期内不容易表现出来，所以更要警惕瞎折腾。

创新人才与工程教育改革[①]

对中国工程教育的现状，包括成绩和问题，以及改进的建议，在上半年中国工程院和香港理工大学在深圳共同举办的论坛上，我有过一个发言，内容已在《高等工程教育研究》今年第四期上发表，这里就不重复了。本文只是想从建立创新型国家对人才的要求角度提一些看法。

一、创新的概念、内容和方法

1. 什么是创新？

创新的概念是奥地利学者熊彼特在 20 世纪初提出来的，其原意指通过技术创新（广义的）促进经济增长。但近年来我国社会上对创新赋予了越来越多的含义，从技术扩展到科学，从科学技术扩展到人文领域，从物质领域扩展到精神领域，这样，在研究讨论问题时，各人所说的同一个词却可能指不同的事物。因此，首先应使概念在内涵上统一，才能进行严肃认真的探讨。我认为，还是应该回到熊彼特的本义上来。由于篇幅关系，这里不想引他的原话，而只是引用 1999 年中共中央、国务院《关于加强技术创新，发展高科技，实现产业化的决定》中的一段话："技术创新是指企业应用创新的知识和新技术、新工艺，采用新的生产方式和经营管理模式，提高产品质量，开发新的产品，提供新的服务，占据市场并实现市场价值。"

---

① 本文根据 2007 年 9 月 24 日由中国工程院和上海市人民政府主办的新形势下我国工程教育的改革与发展论坛上作者的发言整理而成。

这段话的内容和熊彼特的理论是完全一致的，也就是说，我国是完全接受了熊彼特的理论的。这里特别要注意以下几点。

（1）技术创新并非单纯的技术活动，而是包括技术、工艺、生产方式、经营管理模式等，也就是前面提到的广义的理解。

（2）技术创新并非必须首创，而是只要对从事创新活动的企业来说是新的就行，因此技术、工艺等可以是自己创造的，也可以是与别人合作创造的，也可以是借鉴甚至是购买的。

（3）技术创新必须占据市场并实现市场价值，也就是必须有经济效果；不能实现市场价值的单纯技术活动，即使是得到"国内领先""国际先进"等评价的所谓"成果"，都不能算作创新。

2. 创新的方式

2006 年全国科学技术大会上明确提出原始创新、集成创新和消化吸收再创新三种方式。

需要进一步明确的是原始创新很重要，只要有苗头、有可能的都应大力扶持，但原始创新需要条件，从事原始创新的只能是少数人。站在国家的高度看，除个别国家外，绝大多数国家的原始创新都只可能占一小部分，而大量的是集成创新和消化吸收再创新。

当前科学技术发展迅猛，学科交叉越来越广泛，一件新产品中往往包含着多种技术，而技术与工艺、生产方式、经营方式等又往往综合在一起，因此，集成创新的范围非常广阔。另外，对我国这样的后起国家，大量引入国外的产品和装备技术，如何消化吸收和提高再创新，是个重大机遇。不少国家如日本、韩国等都有成功的经验；我国前些年的大量引进本身并不错，但是缺少再创新，不能不说丧失了不少机会，浪费了大量时间和资金。

3. 创新领域的展开

如前所述，创新的领域可以概括成一个三轴的立体。如图 1 所示，y 轴上是过程展开，从研究（基础、应用）、开发、设计、制造到营销；x 轴上是组

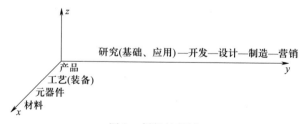

图 1　创新的领域

成元素，从产品到工艺（装备），到元器件、材料，而 z 轴上则是管理、组织。在立体中每个交叉点都可以成为创新的对象，因此创新的领域是非常宽广的，也可以说创新是无处不在。

4. 创新的意义

创新是经济发展的主要源泉。我国改革开放近 30 年来，经济增长速度很快，但增长主要靠大量投入，包括材料、能源、资金和人力的投入；效果是产业规模大、产品数量多，但产品技术含量低，自有技术比例低，附加值低；增长方式是粗放型的，不能持续。唯一的出路是转向集约方式，依靠自主创新来提高技术含量，提高产品档次，提高附加值，减少消耗，减少污染。因此，创新对于我国目前的发展阶段具有特殊的意义，是经济转型的主要内涵和标志。

5. 创新人才的含义

创新人才有狭义和广义的两种理解，狭义的仅指在源头提出新思想的人，广义的则指所有参与创新各个环节的人。按狭义的理解，创新人才只能是很少一部分人，需要有一定的天赋，而后天家庭、学校和社会应该创造一种宽松、鼓励向上的氛围，帮助他们脱颖而出。但是这样理解的创新人才面就太窄了，不能成为教育培养中的主要任务；并且，如果光有出点子的人，而没有具体去做、去完成以至去从事工程化、产业化的人，那么，其结果很可能是虽然会有一些发明，甚至有些专利，但这些发明和专利只能束之高阁，不能产生价值，不能成为创新。从当前我们面临的历史任务来看，应该把创新人才理解为如前所述创新领域中每个环节上所需的人才，按这样的理解来展开教育体系的建设，并且与人才使用体系紧密结合。说白了，学校培养出的合格人才（合格的含义可以另议）在使用单位开展创新活动时，只要能很好地适应需要、完成任务，就是创新人才。如果用人单位根本不搞创新，只是墨守成规，都是老一套，那么，在岗者无论有多强的个人素质，也成不了创新人才。因此，创新人才应该是个人素质与工作环境结合的概念。

二、人才需求

1. 需求领域

在不同的发展阶段、不同的经济增长方式下，社会对人才需求的领域是不同的，具体来讲：

（1）在粗放经济增长方式下，因为技术、装备、关键器件、材料、管理等大量依靠引进，上游工作都在外面，因此只需要下游的产品组装和销售人员。

相应地，学校培养的较高层次的人才就没有用武之地，不得不大量出国。当然，也有一部分到国内外企工作，但大多无法从事上游工作。

（2）立足于自主创新时，各个环节的人才都需要，呈现出立体化、多元化的特点，教育体系必须与此相适应。

2.需求数量

总体上说，需求数量应该与经济社会发展相适应。具体来说，直接为人服务的应该与人口成比例，例如义务教育的教师，医生、护士等卫生医务人员，当然，比例数会随社会进步而有所提高。与经济发展有关的人员，如工业、农业、建筑业等，需求数量应与经济规模和水平相适应。随着产业结构的变化，人员组成情况也会有所变化。社会公共事业、服务业、政府机构和社会管理人员数量总的说也应与人口有一定的比例关系，其中，公用事业和服务业与社会发展水平关系甚大，而公务员和社会管理人员则与政治和行政体制有密切关系。

3.需求结构

需求结构涉及人才分类，可以有各种不同分法。

（1）按技术——可以分为研究型、应用型、技能型等；

（2）按管理——可以分为决策型、指挥型、执行型等；

（3）按教育类型——可以分为科学型、工程型、技术型等。

这些分法并不完全科学，互相之间有交叉，如研究和应用之间、决策与指挥之间，所谓类型只是一种侧重。此外如技能型也应属于应用型，但由于强调技能的重要而单独列出作为一种类型。类型与层次之间有联系，但又不同。各个类型中有不同层次，如研究型人才中有高级、中级和初级研究人员等。目前社会舆论习惯于将研究型、决策型、科学型等理解为高层次，相应的应用型、指挥型、工程型为中层次，而技能型、执行型、技术型为低层次，这是将类型与层次混为一谈了。实际上，各种类型只是社会分工不同，就其重要性和社会地位来说并无高下之分。社会是个立体结构，缺了哪部分人都不行，比如科学型和工程型，能说科学型比工程型层次就更高吗？但由于种种原因，社会上却形成了科学家地位高于工程师的导向，这种导向是错误的。

从数量上来说，研究型、决策型、科学型的人数最少，后面依次增加，这样的人才结构在纵向上就形成一个宝塔型。这是普遍规律，大概也是形成塔尖就是高层次概念的一个原因。但这是一种误解，人数多少取决于社会需求，以为人数少的就一定层次高，这是形而上学的理解。如果把塔横过来，变成横向结构，不就没有层次高低的问题了吗？

4. 质量需求

具体体现在人才的素质上，将在下面展开叙述。

5. 存在问题

首先是需求不清楚。长期以来在计划经济下对人才需求及其预测的方法本来就有不少问题，在市场经济条件下就更不适用了，但新的方法又没有。首先对全社会人才结构的实际需求缺乏研究，一些大的比例关系不清楚，如医卫人员与人口比例，医卫人员中医生和护士的比例，工程技术人员与工业产值的比例，工程技术人员中工程师、技术员、技师的比例等，都没有一个比较符合实际的参考数。

其次是用人上的脱节现象。人事部门（包括政府和国企的人事部门）和具体用人部门之间的沟通差。还出现盲目拔高现象，以为高层次的人做什么都好。实际上不同类型、不同层次的人各有其所长，工程师去做工人的工作大多是做不好的，博士生去做一般文书工作大多也难以胜任。

再次是对经济、社会发展变化对人才需求的影响缺乏研究。大的方面如工农业人口的比例、制造业和服务业之间的比例变化等。随着技术进步，如信息化带来劳动人口中各类人员比例的变化等都缺乏研究。

三、人 才 供 给

1. 人才供给原则上应与需求相适应

所谓适应，应是全面的，包括数量、质量和结构。

当然，所谓适应也是相对的，从全社会来讲，需求很难精确算出，结构要很精确也难。随着经济社会的发展，经济的转型化，需求又在不断地动态变化，因此完全适应是不可能的，但要有个大体适应。另外，由于教育有较长的周期，往往招生时的情况与毕业时的情况会有很大变化，因此更要求谨慎，教育部门和学校应尽量具体准确地了解需求及其变化情况。

2. 目前存在的主要问题

（1）高等教育总量膨胀过快。1998—2005 年间全国在校生增长 5.7 倍，而同期经济总量也就增长 1 倍左右，显然无法适应高校招生的增长速度。实际上，毕业生就业问题越来越严重，反过来又影响教育和教学的质量。

（2）教育结构失衡。九年义务教育后分流的政策对职高、中专不太公平，政府投入的经费少，对学生收费也就随之增高，造成社会上对这两类学校的歧视现象。

高等教育机构盲目拔高，都要办成综合性大学、研究性大学等，名不副实，浪费资源，给学生错误导向，都想当研究人员，都想当科学家，再加上实践条件缺失，毕业生不会做事。

（3）本应占绝大多数的应用型、技能型人才严重缺失。

3. 忽视个体差别，扼杀个人特色

个人天赋不一，人与人之间的差别是客观存在的。有人喜欢动脑，有人善于动手；有人异想天开，有人循规蹈矩；有人长于逻辑思维，有人长于形象思维，都可以成为人才，但只是不同类型的人才。目前的教育却要把人引向一个模式，使人不能发挥其特长。即使在美国，适龄青年中也只有一半左右的人上大学，并且多数是上的社区学院（college），毕业后还是从事一线的劳动。

4. 学用脱节问题

前面已述，但从供给角度看，由于高层次人供过于求，所以，不仅相当一部分毕业生学非所用，而且是高学低用，挤占了学用对口者的就业份额。这是极大的资源浪费。

四、人才质量——素质

对于人才质量，或者说对学生的要求，社会上主流的说法是知识、能力、素质，但从逻辑上讲，素质是涵盖知识和能力的上位概念，换言之，知识和能力也都是素质，三者并不在同一个逻辑平台上。因此，知识、能力、品德应该是更为准确的提法。

1. 人才素质的三个方面

（1）知识。

对知识教育并没有多大异议，关键在于知识是无穷的，并且在以加速度增长中，选择什么知识作为人才必须具有的基础就成了问题。因此就有基础与专业之争、政治与业务之争等。对知识教育大体上有三方面的要求：一是理论体系的完整性，二是实际需要的现实性，三是科学技术发展的动态性。

这三个方面应根据人才的不同类型而有不同侧重。对理科研究型人才，理论体系的完整性是首要的，否则无法开展理论研究工作；而对于工科实用型人才，则实际工作中的需要更为关键。在农、医等科，其中都可区分为理论型（生物专家）和实用型（农艺师、临床医师）而各有侧重。至于科学技术的最新发展动态，则应随着学位层次的递进（本科、硕士、博士）而加大比重。

（2）能力。

能力对于创新来说是非常关键的。创新要求解决实际问题，做出实用的东西来，就一定要有能力。对能力也不能作狭义理解，局限于动手、技艺能力，而应全面来看。能力内容甚广，归纳起来包括思维能力、技艺能力、沟通能力和学习能力四个方面。从人这个主体来看，思维能力是人自身应拥有的"指挥中心"，技艺能力用于解决人与事物的关系，沟通能力用于解决人与人的关系，而学习能力用于解决人与知识的关系。作为人才，四个方面的能力构成一个完整的整体，包括人的主观世界和与客观世界的关系，缺一不可。

从创新角度来看，思维能力对应于创新思维，技艺能力对应于创新实践，沟通能力是建立创新团队的基础，而学习能力则保证了创新的可持续性。

（3）品德。

品德应包括个人修养、基本道德、社会公德和职业道德等方面。在品德教育方面有几个问题应注意。

首先，品德标准的确立要区别对先进分子的要求与对社会大众的要求。过去多年的教训是以先进分子的标准要求全民，结果反而忽视了最基础的要求，比如诚实问题。从1958年"大跃进"开始，社会浮夸成风，工农业大量制造虚假实例和数字，一级欺骗一级，直至今天还存在各种考试作弊的现象。因此，要恢复几千年来传统道德中经过时间检验、不受社会制度影响的长期适用的精华部分。

其次，要看到随社会的变化、时代的进步而形成的新的道德要求，如社会平等、尊重他人。一些人习惯于在公共场所大声喧哗，从根本上讲，就是以自我为中心，不尊重别人。这些恶习在世界上损害了国人的形象，看起来是小事，但品德就是要在日常点滴小事中逐渐养成的。

再次，根据不同职业提出不同的职业道德要求。

2. 人才素质的培养方法

知识、能力和品德是人才素质的不同的三个方面，其培养方法也是不同的。

（1）知识靠传授。

知识传授包括面授和非面授，也包括自学。自学也是间接的传授，是前人通过书面（媒介）记录的方式向自学者传授知识。直接传授应灌输与启发相结合，不能一概反对灌输。当学习者一无所知的时候，一定的灌输是必要的，但随着知识丰富程度的提高，应不断加大启发的比重，即使在自学中，也有不加思索全盘接受和经过思考辨别后再理解的区别。

随着信息技术的发展，出现了各种新的传授方式，应充分发挥其作用，使更多人有更多学习知识的机会。

(2) 能力靠训练。

能力靠传授是不能获得的，而必须通过实践，具体动手、动脑。即使是思维能力，也要靠训练，对问题进行分析、综合，然后才能体会到其关键所在。在训练中要提倡动手和动脑相结合，现代的技能型人才和过去师傅带的徒弟之不同，就在于前者有一定的知识基础，对不少事情不但知其然，还知其所以然（当然不是全部事情，也没有人能做到任何事情都知其所以然）。

(3) 品德靠养成。

切忌把品德作为一门知识来传授。有的内容，如时政可以开知识讲座，但这不是品德教育。在品德的形成过程中，可以有一些基本概念的解释引导，但大量的是靠养成，靠家庭、学校、社会的熏陶，靠家长、教师和领导人的示范，靠具体实例的感化。因此，品德必须融入人才成长的全过程，贯穿素质教育的全时空，在知识和能力课程中也要包含品德的内容。

五、工程教育改革

工程教育改革是个巨大而复杂的系统工程，在多个会议、多种媒体上都已有大量论述，这里只能提一下个人认为是几个重点方面的思路。

1. 合理结构，引导舆论

如前所述，前提是结构要合理，要针对目前社会上已形成的"一刀切"、盲目拔高的人才需求假象，认真研究合理的人才需求，首先是合理的需求结构，要研究国外不同类型国家的人才结构，及其在不同发展阶段的演进过程，结合我国社会经济实情提出我国当前及今后一个阶段的人才需求结构，以及相应的教育结构，并应大力宣传、引导舆论，真正贯彻中央提出的人人皆可成才的理念，扭转千军万马继续走独木桥的趋向。

2. 明确定位，力求优异

各高等工程教育机构应根据社会客观需要和自身主观条件，明确自己的定位。必须指出，大多数学校应该是应用型的，研究型只是很少一部分；即使在研究型学校中，也并非所有专业都是培养研究型人才。还有相当多学校（主要是高职）要培养技能型人才，应停止学校升格改名运动，已升格的也仍可包容原有的任务。

在定位明确后，每个学校应努力做好工作，致力于在同类学校中争取优异，而绝不可再去力争升格。

3. 加大投入，减轻负担

政府应加大投入，首先是教学费用的投入，投入应根据实际需要，而不是单纯根据办学层次。工科学校、职业学校实践环节需要较多经费，应加大投入。要减轻学校和学生负担，不能再逼校长靠扩招维持生计。不能越穷的地方教育收费越高，中西部地区政府批准的办学规模应与财政支持能力相符。

4. 产学结合，多种方式

当前工程教育本身的一个重要问题是缺乏实践环节，因此要通过多种方式的产学结合来解决。政府应有政策引导鼓励，企业应形成责任观念，学校要积极沟通，合理组织，使企业能够在产学结合中真正受益。

工程与工程师[①]

1994 年 6 月，国家决定成立中国工程院，并设立院士制度。这体现了党和国家对发展工程技术的重视，以及对全国工程技术界寄予的厚望。但几年来，在接触中，作者发现多数人对中国工程院的性质、任务、特点不了解，甚至对中国工程院这个名词都有不少误解。这段时间中国工程院在能源、交通、农业、工程教育等方面开展了一系列的科技咨询工作，其中包括一个工程教育改革的课题。在课题研究过程中经过反复讨论，作者感到我国社会和教育界对工程教育含义还没有统一的认识。产生这些情况的重要原因是人们对什么是工程，什么是工程师，什么是培养工程师的正确方法和途径，什么是工程教育的体系、规律等一系列基本问题缺乏统一的认识。为此，作者拟对"工程与工程师"进行探讨，以期抛砖引玉。本文第一部分讨论工程的概念、作用、特点及范畴，第二部分讨论工程师的作用、素质、职业特性和培养教育问题。

一、工 程

目前，"工程"一词在我国已被随意地用到了难以想象的地步，如社会上出现的"希望工程""安居工程""五四三工程"等各种各样的名词。这一方面说明人们对"工程"很向往，认为其地位高，因此在开展各种活动时，愿意用"工程"冠名；另一方面说明我们没有对"工程"做出一个确切的定义。此外，还有部分人士将工程狭义地理解为建筑工程、土木工程（民用工程）。事实上，

---

① 本文根据作者在几所高校所作的报告整理而成。

现代工程远远超出了建筑工程的范畴。因此，把工程的概念讲清楚是十分必要的。

（一）工程的概念、作用及特点

1. 工程的基本概念

中国科学院于中华人民共和国成立之初成立，其学部（由学部委员，即现在的院士组成）已有四十多年的历史了，那为什么还要成立中国工程院呢？很重要的一个原因是因为工程不同于科学，也不同于技术。为此，首先需讨论工程与科学、技术之间的区别与联系。

（1）科学。科学是人类探索自然和社会现象并取得认识的过程和结果。它包括自然科学和社会科学。自然科学是我们探索认识自然的过程和结果，社会科学则是探索认识人类社会的过程和结果。这里的"过程"是指研究和探索的活动，即认识过程，也就是科学研究活动。"结果"是研究和探索得出的科学的理论体系，即理论化的知识。科学本质上属于认识世界的范畴。

（2）技术。技术是人类在改造世界的过程中采用的手段，它本质上属于改造世界。例如，弄清楚天上有多少颗星，哪颗星在什么地方，做什么样的运动，这是认识世界，是科学；但怎么弄清楚，就需要方法、手段。又如，什么时候发生地震，做出预测或进行系统记载，都属于认识世界的范畴；但如何预测，如何预防地震，同样需要方法、手段。这些方法、手段就是技术。技术属于改造世界的范畴。

（3）工程。工程是人们综合应用科学的理论和技术的手段去改造客观世界的具体实践活动，以及它所取得的实际成果。工程中不仅含有许多技术方法，也涉及大量的科学理论问题。在长期的生产和生活实践中，人们根据数学、物理、化学、生物等自然科学和经济、地理等社会科学的理论，并应用各种技术的手段，去研究、开发、设计、制造产品或解决工艺和使用等方面的问题，逐渐形成了门类繁多的专业工程，如水利工程、机械工程、航天工程等。

在古代，科学和技术是两个不同的领域，科学研究只是单纯地探索自然，很大程度上是利用天然条件，没有什么技术手段。比如，用肉眼观察星星。当时搞技术的属于工匠的性质，有的人手艺很高，可以做出非常精巧的东西来，但并没有什么科学的依据。像秦兵马俑里出土的铜车马，有很高的技艺，但并没有现代冶金学、机械制造学的理论依据。

而现代科学研究则不同，它越来越需要以技术为手段，以各种各样的仪器、装备为工具。同时，技术也越来越建立在科学的基础上，科学和技术已越来越多地用于工程实践。在此基础上我们的工程也越来越发展，有更多、更完整的科学的理论体系在指导着我们的工程实践，也有更多的技术手段供我们在工程实践中应用。由此可见，科学、技术和工程三者间既相互独立，又相互联系，构成了一个完整的现代科学技术体系。

在我国的科学技术体系里，总体上来讲，存在重科学轻技术的倾向。例如，我们绝大部分研究院的名称都是科学研究院，很少看到技术研究院。但是，对产业部门和大企业的研究院来讲，多数的研究内容是技术而不是科学，而名称却都叫科学研究院。举这个例子足可以说明重科学轻技术的问题。这也是当初一些老专家们积极倡议要成立中国工程院的原因之一。我国工程的地位、工程师的地位需要大大地提高，需要被国家和社会承认。

2. 工程的重要作用

工程的重要作用可以归纳为以下四点。

(1) 促进经济增长、生产力增长，很大程度上要依赖工程。

发展无非是经过两种途径：一是新建；二是在原有基础上的改造。新建自然有大量的工程内容。原有的企业或原有的基础设施的提高也有两个方面：一方面是技术改造，提高它的技术档次，这种技术改造很大部分是属于工程的领域；另一方面，并不改变其设施，只是改变管理方式，也能很快地提高产量、质量或效益。这种管理改进中也有很大部分属于工程的内容（但不能说管理就是工程，管理和工程是既有联系，又有区别）。因此，对经济增长来讲，工程起着很大的促进作用。

(2) 推动社会进步，在社会的诸多子系统（如科技、教育、文化、卫生、体育等）中存在着大量的工程问题，如当代教育的发展，很大部分要靠工程技术的发展。

现代化的教育方式，很大部分属于信息工程。社会可持续发展问题，其人口、环境、生态等都与工程的发展密切相关，如污染怎么控制，这里虽有理论问题，但更多的是工程技术问题。总之，社会进步中含有大量的工程内容，工程的发展能推动社会进步。

(3) 第一生产力的体现。

邓小平同志指出："科学技术是第一生产力"。但是，单纯的科学往往只是潜在的生产力，要把潜在生产力变成现实的生产力，中间需要通过工程来加以转化。例如，牛顿三定律虽然非常重要，但它不能直接变成生产力。只有把它运用到工程里边去，如机械工程等，才能成为生产力。

(4) 培养人才。

应该说人才的成长，特别是国家建设人才的成长，很大程度上需要通过工程的实践。当然不排斥少数搞纯理论研究的科学家，可以不去进行工程实践。

但社会中绝大部分人需要通过实践的培养、锻炼才能够成长起来。因此，工程实践的环节对人才的成长是非常重要的。

3. 工程的主要特点

（1）科学性。

古代的工程是怎么做的，今天并不都清楚，比如说金字塔的秘密到今天为止并没有被揭开；又如玛雅文化的一些遗迹，当时怎么建起来的，尽管有许多猜想，但并未证实，没有找到科学的依据。

现代工程则不同，它是建立在科学的基础上。如三峡工程，早年孙中山先生曾提出过类似设想，中华人民共和国成立后又论证了几十年，但由于存在大量的问题有待解决，所以直到 20 世纪 90 年代才正式兴建。其中有科学的问题，但主要是工程问题。如泥沙问题，如果不能采取有力的措施解决长江上游的泥沙，过若干年以后，泥沙就会把水库淹没。为此，有关部门做了大量的试验，证明泥沙问题是可以解决的。在此基础上才下决心搞三峡工程。当然这些问题很复杂，要有比较充分的科学依据。这个"充分"不仅仅是数学证明里的"充分"，它要以大量的客观实际作为依据。并且充分不等于百分之百，未来将发生的问题，我们的科学家和工程师有些也并不完全清楚，但根据现在的认识，对将来可能出现的问题会得到解决这一点是有充分信心的。可以说，科学性是当代工程的一个主要特点。

（2）社会性。

工程问题产生于社会实际，并且涉及社会的多个方面，其解决问题的过程往往是一个群体性社会实践的过程。工程（特别是现代的工程）必须由群体来完成，这就决定了在工程中必须要有集体的观念，要有一个严密的群体组织，经过大家的共同努力，才能够完成工程任务。但在这方面，我国目前存在着很大的问题。现在许多研究单位把一个个科研项目层层承包、最后承包到个人，科研集体越来越小，很多是个体的活动，不能形成一个整体。这样解决一些小问题是可以的，但不可能真正形成工程。因此，现在大量的研究成果不能应用，不能用于工程。工程的社会性是个非常重要的问题，也是工程本身非常重要的特点之一。

（3）实践性。

工程本身是实践活动，而不是理论活动，它的目的性非常明确。这一点与科学的过程不一样，科学过程允许并鼓励人们去大胆设想，异想天开，愿意怎么想，就怎么想。对于科学思维来讲，没有一个敢于突破现有的体系或范围想问题的精神和能力，在科学上就不会有创造性的成就。工程则不同，工程不能胡思乱想，工程必须根据特定的目的，在特定的范围里，去解决特定的问题。因此，工程的实践性是非常重要的。目的性、应用性在工程中也有非常明显的表现。

（4）创新性。

工程需要创新。但创新这个概念含义极广，不易被多数人完整地理解和接受。江泽民同志在科技大会上提出："创新是民族的灵魂。如果一个民族没有创新的精神，这个民族就没有什么希望。"这是从精神的大范畴来讲创新。而我们讲的工程的创新是反映经济发展过程中的一种机制。在经济发展中，工程的创新性虽有一定的技术内涵，但更多的是一个经济范畴。创新是应用新的思想、新的技术、新的手段来取得一定的社会效果。对企业来讲，就是获得了新产品或提高了产品质量，改进了生产工艺，扩大了规模，取得了提高效益的结果。认真地说，科学家们关心的是发明创造，而对创新关心的并不多。因此创新这个词虽然在社会上非常之热，但真正对创新有正确理解的并不多。

工程本身具有创新性。工程中很少是完全照抄照搬的，就是同样的东西用在不同的地方，也有一定的创新内涵。如北京、天津、上海三地建的电视塔都有创新。若把北京电视塔的全套技术原封不动地搬到上海去，肯定是不行的。因为地质条件、周围环境都不一样，因此，电视塔的基础的深度、基础的打法等也就不一样。这就需要我们的工程师根据实际情况去做，做的过程就是创新的过程。因此，创新性对工程来讲是普遍存在的。

（5）复杂性。

工程的复杂性主要体现在以下三个方面。

① 工程中有许多不确定因素。这与科学的情况不一样，一般要解决科学问题，它的各种条件比较清晰，如果不清晰就得不出结论。然而，在工程中并不是把所有的边界条件都彻底弄明白了才能解决工程问题。不少情况短时间弄不清楚，或不能完全弄清楚，有的工程是在一些问题不清楚的情况下进行的，也有时是边做边弄清楚的，这是工程的一个很大特点。

② 工程在很大程度上受客观条件的制约，工程越大，受制约的情况就越复杂。例如三峡工程，1997 年 11 月要大江截流，11 月的流量约为 20 000 m^3/s，而在 1、2 月份水位最小时不到 10 000 m^3/s。为什么截流时间不选 1、2 月，却定在 11 月呢？因为必须在大江截流后，明年大水来以前，建成一座大坝，在这么短的时间内建这么大的坝，这在世界上也是没有的，是非常复杂的问题。选 11 月比 2 月能多三个月的时间，因此，只能在还有 20 000 m^3/s 流量的情况下截流，其代价虽比 8 000 m^3/s 流量时大得多，但整体上讲，它又是合理的。这说明工程中存在着制约性。

③ 工程具有多元性，一个工程问题往往不具有唯一解。我们平常讲的最佳方案，其实就是此方案的优点比别的方案多些，缺点比别的方案少些。若是

时间和条件允许，还可能设计出更好的方案，但要付出代价，至少要拖时间。此外，看问题的角度也存在着差异和变化。最明显的例子就是建筑，一个建筑物是尖顶好还是圆顶好就很难说，当初建埃菲尔铁塔时受到强烈的反对，几乎所有的人都认为是个怪物，现在却是世界一大景观。

（二）工程的范畴

古代的工程大体上可分为民用（civil）和军用（military）两大类。长城是军事工程，而都江堰则是民用工程。古代的许多水利工程，一部分是为了灌溉，一部分是为了防止自然灾害，还有保卫自己等，这是当时的需要。随着生产和生活的逐步发展，人们开始制造些简单的工具和机械，以至出现了机械工程。以后又发明了电，应用化学反应，有了电气工程、化学工程等，现代工程体系就逐渐建立起来了。上述这些划分都是按工程的专业内容、性质来划分的。本文试图按工程的整个体系，把现代工程看作一个三维空间结构，在平面的横轴方向，以客观物质在工程中的流向分为资源、采集加工、制造三个方面；在纵轴方向，以工程中人的工作流程和工作内容分为研究、开发、设计、制造、运行、营销、管理、咨询和其他九个方面；空间轴是对象轴，即工程技术的应用领域（如海洋、航空等），这里的应用领域是指人类认识、了解、活动的范围。上述三个轴构成了工程技术完整的体系结构（见图 1）。本文将着重从纵、横两个方向加以分析。

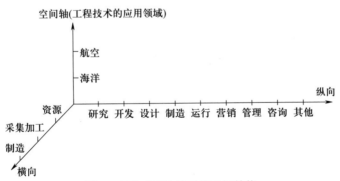

图 1　现代工程体系三维空间结构

1. 横向

（1）资源。

自然界的资源大体可分为材料、能量、信息三大类。

① 材料。材料是物质生产的基础。按其来源划分，可分为天然材料和人

造材料；按性质划分，可分为金属材料（黑色金属、有色金属、合金）和非金属材料（有机材料和无机材料）；按用途划分，可分为结构材料和功能材料；从发展的角度划分，可分为传统材料和新型材料，新型材料大多是功能材料，都有新的制造和加工方法。

当前，在我国经济建设中起重要作用的是传统材料（钢、水泥、木材等），据统计，我国的重点支柱产业（如汽车、石化、建筑、机械制造等）中，所用材料中传统材料的比重占 95％以上。但我国的传统材料中存在着不少问题，如较长的加工过程，原料和能源的消耗大，资源浪费严重；生产过程的污染严重；材料的再生或再循环利用率低，如日本钢材的回收利用率为 71.1％，我国仅有 44％；材料的综合利用程度低，如包头矿石中的稀土，攀枝花矿中的钛、钒等都没有得到充分的利用；材料的质量差，品种规格不全，如虽然我国的钢产量已达到年产 1 亿多吨，但仍需大量进口优质钢材等。

目前，作为高技术产业的基础和先导的新材料发展很快，据报道，20 世纪 80 年代世界上已注册的材料有 30 多万种，其中新材料的品种正以每年约 59％的速度在快速增长。世界各国都把发展新材料列为 21 世纪优先发展的领域之一，我国的国家高技术研究发展计划（简称 863 计划）也列有新材料。因此，不论是从改进传统材料的工艺、降低消耗、提高性能和质量，还是从新材料的性能和制造方法的角度来看，都有大量的工程技术问题需要解决。

② 能量。能量不同于材料的特殊性在于我们不是作为材料来利用能量的载体（能源），而是利用载体所含的能量，即以电能、机械能、热能等形式表现的。能量的主要载体有煤、油、气、水、核五种形式，随着科学技术的发展，人类还可能更多地利用其他形式的能源。但是，即使是这些传统能源，在工程化的过程中都有大量的工程技术问题需解决。如煤的综合开采、清洁燃烧及提高使用效率；油的开采、炼油技术的提高，生产流程的改进，油品的质量提高和品种增加；气的开采和利用；水资源的充分利用；核能的开发利用等。

目前，我国在能源方面，宏观上存在着结构、环境影响和节能等问题。在微观上，从人们目前能直接利用的能量形式（主要是电能、热能、机械能）的产生、传递、变换、使用过程，到新能源（如太阳能、风能、地热、海洋潮汐等）所产生的能量的直接利用，都存在着大量的工程技术问题需要进一步加强研究和开发。

③ 信息。虽然现在信息的使用已非常普遍，但目前人们对信息尚无一个统一、确切的定义。信息也有载体和信息本身两部分。信息技术一般是指实现信息的获取、传递、加工存储和使用等功能的技术，它是由感测、通信、计算机（包括计算机硬件、软件、人工智能）和控制四个基本部分组成。目前，信

息技术已广泛渗透于各个工程领域以及生产、经营、管理等过程中，成为它们发展的基本依据和重要手段。

在信息领域，国民经济信息化、信息基础设施和因特网的关系问题是一个需要讲清楚的问题。国民经济和社会信息化是对全社会来讲的，信息基础设施是构成信息化的物理基础，而因特网是信息基础设施的一个组成部分，这三个方面是三个不同层次的问题。

信息是一种资源，开发、利用信息和信息技术更好地为国民经济服务，是现代工程中的一项重要任务。

（2）采集加工。

发现和开发自然界所蕴藏的资源，使之更好地为人类服务，这是工程的主要任务之一。资源在工程化的过程中都存在着探测、采集、运输、加工这几个过程。

① 探测。探测是资源工程化的基础。具体说，资源（材料、能量、信息）必须经过勘探、查找及检测才能为人们采集和获取资源提供依据。

② 采集。采集是资源工程化的重要环节。如信息的采集，如何把分散在各个地方的信息采集起来，变成有用的信息，这是信息系统里一个十分重要的问题。现在我们的信息采集问题很大，全国有两千多个县，有几百万个企业，如何搞准统计数字就是个很大的问题。如对外贸易，经贸部搞了一个统计（采集），海关也搞了一个统计，这两个统计数字不同，各有自己的计算口径，从他们各自的工作侧面讲都有道理，但就是数字不一样。一直是两个数字，对外用海关的数字，对内用经贸部的数字。说明信息采集是个非常复杂的问题。

③ 运输。运输是个很重要的问题。物资交流需要运输，人的活动也需要运输。运输主要依靠铁路、公路、航空、水运等。几十年来铁路一直是我国的主干，近年来却发生了变化，短距离（特别是客运）大多被汽车所取代，高价值的长途及一些鲜活货运被空运所取代。目前世界上发达国家都有了综合运输系统，而我国的综合运输系统还没有成形。

能量的运输比较复杂，能量载体的运输和一般的运输相同，但能量本身的运输是个传递问题，即电的运输。目前，我国的国家电网尚未形成，电基本上是就地消费，远距离的传输只起到互相调剂余缺、保证不中断、提高可靠性等作用。

信息的运输就是传送。信息的传送（通信）是一个庞大的工程技术领域，包括交换、传输、终端等。对通信来说，信息远距离消费是其本质特点。因此，通信网络是通信的本质问题，没有网络就没有通信，通信网在全世界来说是规模最大、技术最复杂、要求最高的一个网络。因此，网络技术在通信里占有非常重要的地位。

④加工。无论是材料、能源还是信息，一般不可能被人类直接利用，都需要进行加工，如要把铁矿变成铁，炼成钢，做成各种各样的钢材，都需要加工。能源也是如此，当然也有可以直接利用的，如煤可以拿来直接燃烧，但如果加工成蜂窝煤，就比直接烧煤块能减少污染，提高效率，所以加工很重要。信息同样需要加工，不经过加工的信息很难适用，作为国家管理来讲，要把上万个单位的信息综合起来，加工成为一个有用的信息体系，其中含有许多技术问题。

（3）制造（建造）。

第一个方面是制造，制造不同于前述的一般加工。制造是用多种材料，经过复杂的加工过程做成一种新的产品或装置。制造过程要大量使用动力（能量），现代制造中又大量用信息系统来控制。制造可分为离散制造和连续制造两大类。离散制造，即单件制造，如电视机，它是一部一部地制造，每一部电视机单独成一个整体，能够独立地使用。又如制造一台万吨水压机也是离散制造。另一类是连续制造，如造水泥，水泥的制造不能一粒粒地制造，从原材料进去，到最后成品水泥出来，它需要经过一个连续完整的化学过程（包括物理过程）。化工产品都是连续制造。广义上讲，电也是连续制造，发电是不能中断的。因此，这两类制造是制造里性质不同的两个领域，其生产特点也不同。连续制造讲过程，过程一旦定下来，只要配方掌握住，过程控制好，它自己就出来了；离散制造一般是开放型的，而连续制造是封闭型的，封闭在一个大的容器内部。

第二个方面就是建造，建造和制造不一样，制造是制造一个设备。建造是建造一个建筑，建造包括房屋建造、道路建造、桥梁建造、大坝建造等。

2. 纵向

工程的纵向内容主要分为研究、开发、设计、制造、运行、营销、管理、咨询和其他等九个方面。

（1）研究。

工程中的研究包括基础研究和应用研究两个方面。工程的研究领域和科学的联系较紧密，现在有科学工程，还有工程科学。工程科学是工程的科学基础，在工程研究中用工程科学作指导是非常普遍的。科学工程则是另外一个含义，科学工程指的是科学的手段。目前，科学的手段非常复杂、庞大，需要用工程的观念来做，如天文望远镜、加速器等都是科学工程。

研究是一种对新事物、新观念、新思路的探索，其结果可能探索出一个正面的结果，也可能探索出一个否定的结果。研究可以做成，也可以做不成，越是接近基础，不可知性就越强，做不成的可能性越大。但越接近应用的领域，成功的概率应该越大。对于应用部门的课题研究，十个里有九个不成功是不行的。对于一些产业部门来讲，工程研究更多的应该是在应用领域。

（2）开发。

研究是证明原理的是否可行，可以做试验，但并不要求做出成形产品。开发则应该是根据原理做出具体的产品来，需要考虑做成产品的各种因素。如结构、外形、内部各部分之间的配合与外界环境的协调性能指标等。研究和开发往往是有联系的（特别是对产业部门），但从性质上讲，研究和开发又是有区别的，而且常常不是同一组的人来完成，因此两者间的衔接十分重要。

（3）设计。

要把开发出来的产品制成可生产、可销售、可使用的商品，就要设计。可生产性在开发阶段虽有充分的考虑，但在设计阶段仍有不少工作要做，要完成可生产性设计，还应包括过程设计。可销售涉及价格问题，如果产品很好，但成本很高，卖不出去也没用。因此，经济问题在设计阶段就需要着重考虑，同时设计阶段还需要考虑质量问题；在多数情况下，商品还需要可维修及售后服务，其中的服务问题，也存在着产品设计中可不可维修、易不易维修的问题。所以说设计过程是工程领域里非常重要的一个阶段。但我国的设计工作极其薄弱。现在所谓的设计院性质上都是建筑工程设计院，只限于建造领域里的设计，基本上没有工业产品的设计。很多领域是拿开发代替设计，所以工作就停留在商品前的阶段。设计包括产品设计和过程设计，后者在我国基本上是空白。因此，造成我国要大量引进生产线的现象，甚至一颗螺丝钉、一根布线也要从国外买。

（4）制造。

这里的制造（包括建造）是指工程实施过程中的一个重要环节，前面的制造（建造）是相对资源的发现、采集而言，是两种不同的角度。

随着科学技术不断发展，设备的更新，生产工艺的改进，在制造领域中有大量的工程技术问题需要解决。但是，目前我们生产（制造）过程很薄弱，不被人们所重视，生产（制造）工程的概念尚未建立，我们的大学里没有制造系，只有机械系，在生产一线上缺乏生产工程师和制造工程师。

制造里还有一个很重要的问题就是质量。对产品的质量控制，开始是采用对质量的全面检查，后来提出质量不是检查出来的，应是生产出来的或由设计确定的，只要你做出来，就应该是合格的，不能光靠监督，从而出现了全面质量管理，靠管理整个过程来保证产品质量。最新的提法是用户的需要就是质量，不是以生产者自己讲好为准，也不是产品越复杂越好，如现在出现了傻瓜照相机。这已不是生产过程的问题，变成了使用需求反映到设计中的问题，即设计时就要考虑用户的真实需求。现在这些工作之所以没有人做，是由于做的人没有地位，不被大家所承认。建造领域里也一样，目前的建筑设计和施工与今后的长期使用是脱节的。建造好了，这套东西是不是能用，事先是不知道的。因此有的工厂设施建造成了以后，长期投不了产。这类事时有发生，是先天不足。

（5）运行。

运行（包括维护）中同样有大量的工程问题需要去处理、解决，所以需要运行工程师。运行与制造是不同的阶段，整套系统是否能正常运行，里面有什么问题，这是个很大的领域，其中包括维修问题。对于故障，应在其发生前就设法诊断出来，排除掉。特别是对连续性的制造运行和不能中断的通信、运输、电力系统等行业，运行维护尤其重要。对运行技术、运行工程应该作专门的研究。

（6）营销。

营销是市场经济中一个十分突出的问题。产品要进行销售，销售人员要与用户沟通，但我们现在缺乏沟通技术。现在的大学毕业生，不少人不能把问题讲清楚、写清楚，这就难以适应社会的需要。要掌握技术的内容，同时也能与人沟通，进一步的要求是能分析市场，做市场调查、分析和预测，这是市场经济所需要的。例如移动通信市场，谁也没有预计到，西方国家在几年前，还一直把移动通信作为贵族通信，谁也没有想到技术发展如此之快，社会接受得也非常快。现在北欧国家蜂窝移动电话的人口普及率最高达到30%，远远高于我国总的电话普及率。① 也有预测不成功的，如综合业务数字网（ISDN）已经讲了20多年，现在远远没有达到预想的水平，有相当大的距离。因此，调查、分析、预测市场对营销部门来讲是个非常关键的问题，也是非常难的工作，仅仅了解技术是不够的，还需要了解经济、心理及社会各方面的情况。

（7）管理。

管理中相当大的部分属于工程领域，同时工程各个领域都有管理问题，如研究的管理、开发的管理、生产的管理等。但更大的问题是综合管理，即一个领域、一个企业如何把技术、经济、人事和财务等综合在一起管理，对技术发展前景、新业务的可能性、代价多少等，要综合起来考虑。这方面的人才现在太缺乏了。管理也包括经济的内容，对于一个企业来讲，要挣钱才能维持、发

---

① 这是当时的数字，现在全世界移动电话总数已超过固定电话总数，有的国家移动电话人口普及率已接近100%。

展。对技术、业务、经济、人事等方面能够做好综合管理，是个非常重要的问题，这个管理不是我们一般理解的管理。

项目管理是工程管理中的一个重要领域，国外很多工科院校都专门设有项目管理课，通过项目管理学习，往往能对一个人起到非常好的综合培养作用。

（8）咨询。

咨询是随着经济和建设的发展而发展起来的，许多问题需要有一个客观的咨询机构去研究分析。咨询产业内部也有不同的层次，有些是提些意见和建议，有些是给你设计一个系统，建议你或替你去买设备，买来后帮你集成为一个系统，即所谓交钥匙工程。在国外，咨询产业现在已发展到了相当的程度，预计将来还会有更大的发展。我国近年来也一哄而起成立了许多咨询机构，但真正起作用的咨询机构极少。技术发展很快，要能够起到咨询作用，就要在本领域中或技术深度上比被咨询对象高出一个层次才行。因此，对咨询的要求就更高一些。咨询不是具体去搞开发、设计（咨询公司可以有搞设计的人），而是要站得更高一点，能够提出具有一定方向性的意见，起到综合集成的作用，这是一个有发展前景的领域。

（9）其他。

还有一些领域只能归为其他类，比如说测试、安全、培训等。测试试验也是工程里一个很大的领域。随着新技术的发展，测试试验已经成为重要的组成部分，并且大量的测试试验成为独立的范畴，很多工厂已有中心实验室进行测试工作。特别是搞市场经济以后，社会更需要有公正、客观、独立的检验单位。

综上所述，工程内容纵横交错，庞大复杂，每一个纵横交叉点又都是一个工程的重要领域。从图2中我们可以看出，在研究、开发、设计、生产、运行、销售、管理和咨询等多个过程中，越是下边的过程，科学（指自然科学）技术成分越大，越到上边的环节，经济成分越大。我们只有综合地考虑科技和经济的内涵，才能把工作做好。

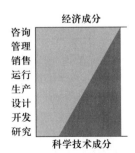

图2　工程中的科技与经济成分示意图

二、工　程　师

（一）工程师的作用、素质及职业特性

1. 工程师的主要作用

"工程"的英文是 engineering，它是从 engine（发动机）发展而来的，后边加一词尾 er 就是人（engineer），工程师是掌握机器或使用机器的人，再加上 ing 就是工程师做的工作。可见，工程和工程师密切相关，工程师在整个工程实践中起着很重要的作用，这个作用分成三个层次，即参与、组织和领导。

（1）参与。

要完成一个工程实践必须要有各种类别、层次的人来共同工作，其中有工人、技术员，也有会计师等，但起主导作用的应该是工程师。工程师在工程实践中起的作用，首先是参与，任何一个工程必须要有工程师的参与，并在里边起骨干作用。

（2）组织。

前面已谈到，工程是一个有组织的、群体的实践活动。工程师在工程中的作用不单是一般性的参与，而要组织集体去开展实践性的工作，当然这个集体的范围有大有小，并且这里工作的含义主要是业务技术工作。

（3）领导。

领导与组织有共同之处，也有不同的地方。领导肯定要组织，但组织工作并不都是领导，这里不是讲笼统的领导，而是具体的对某一项工程实践的领导。领导考虑问题的范围比一般的组织工作要宽，它不光是技术业务性的工作，而往往有大量的经济、人事等管理工作。因此，工程的领域比科学技术要宽。从这个意义上来讲，搞科学的人可能很深，搞技术的人可能很专，但对工程来讲，作为工程师来讲，他需要的面要宽。工程师如果不考虑管理问题，不考虑经济问题，很难成为一个优秀的工程师。随着技术的发展，社会的进步，工程师的群体越来越大，作为工程中起主导作用的工程师，即使不在领导岗位上，也有必要帮助领导者工作，在这一点上工程师和科学家有很大的区别。

（4）各类人员及其职责。

① 技术工人。工人（包括技术工人和技师）是实际工作的操作者。现在的工程自动化程度比较高，随着社会的进步，在西方发达国家里，白领人员超过蓝领人员，工人的比重相对少一些，这是社会发展的趋势。但总的来讲，工

人还是必不可少的。现在的工人与过去不一样，有相当一部分人是从事脑力劳动的，并不单纯从事体力劳动。操作现代化的机器本身并不是靠体力多么强壮，而是需要有一定的技术。现在的生产也并不完全靠手艺，有的需要掌握一些设备运作的性能，并去操纵这个设备。因此现在的工人与过去的工人有了很大的变化，特别是技术工人及其中的技师。

② 技术员。技术员是技术工作的执行者。他们与工人不一样，工人尽管有脑力劳动的成分，但主要还是以体力劳动为主。技术员已进入脑力劳动的范围，在技术层次中技术员是最底层，他们是具体技术方案、工艺过程的执行者，他们需要根据工艺技术过程去组织工人进行操作或本人具体进行操作，这是技术员的工作。

③ 工程师。工程师是技术工作的骨干，他们在工程中除了一般参与外，还起到一个组织领导的作用。工程师要对工作有整体的了解和考虑，要对整体或局部的设计或施工等方面提出具体的技术方案，并按这个方案去执行。工程师要拟订方案，这本身就带有一定的创造性，因此，他的工作并不是单纯的执行问题，它是一个较高层次的工作，有创造性，有组织管理的内容。

④ 研究员（科学家）。科学家是搞研究探索的。工程科学家（研究员）就是研究工程的科学基础，同时还有大量的技术研究工作，因此要紧密结合工程实践。可以说为工程工作的研究人员就是研究性的工程师。另外，大量的工程师在搞研究工作。工程研究员与工程师之间并没有本质的区别，研究员本身也可以是工程师。在西方国家里，技术员和工程师间还有一个层次，即技术专家（technologist），现在我国没有，如果拿学历来讲，技术员大体上是中专学历，技术专家可能是大专也可能是本科学历，但工程师要求本科以上的学历，至少具有本科的技术基础。在西方国家，工厂车间里的生产环节中，有一部分工作是让技术专家来做的，按我们理解的生产工程师中层次稍低的工作是由技术专家来做的，所以西方国家真正在生产第一线工作的工程师也不是很多的。

2. 工程师的基本素质

工程师所具备的基本素质应包括以下几个方面。

（1）知识。

作为一个工程师来讲，需要具备相当丰富的知识和较宽的知识面，没有一定知识的人当不了工程师，没有相当宽的知识面很难成为一名优秀的工程师。知识应包括以下三方面。

① 自然科学知识。工程师应根据不同的专业了解自然科学体系的一些相关知识。有的在这方面需要了解比较深，有的在另外一方面需要了解比较深，各有不同。总的来讲，作为一名工程师，应该对自然科学最基础的东西有所了

解。工程师要求具备的知识综合性很强，仅了解本专业上的一点东西是远远不够的，作为工程师来讲是有欠缺的，比如搞运输或通信组织运行，如果你对自然、地理不了解，一点地形地貌知识都没有，那是很困难的。

② 社会科学知识。对工程师来讲，社会科学知识也非常重要。如果一个人对社会科学没有什么了解，也可能在某个领域里成为一个好的科学家，但要成为一名好的工程师是很难的。经济知识对工程师很重要。如果工程师不了解经济，你就没法做这个工程的投入、产出、投入产出比估算，就不能估算工程能不能赚钱，如果没有成本、费用、利润效益的概念，工程师是没法当的。此外，还有法学、社会学、伦理学，等等。这一点对中国的工程师来讲尤其欠缺，我们现在有相当一部分人大学毕业了，虽然有了工程师的职称，但对社会科学可以说是无知的，这是个很大的问题。

③ 了解社会。对社会的了解，还应包括国情、社情等。如现在讲中国特色的社会主义市场经济，中国特色是什么？过去总讲地大物博，现在看不是这个情况了。中国目前是可用地不多，耕地不多，森林太少，山地太多。不能利用的土地多，沙漠戈壁相当大，因此东南沿海地区的人非常密集。我们很多资源人均水平比世界平均数要低得多，比如我国水资源大约只有世界人均的五分之一，非常贫乏。像这些基本国情，作为工程师应有所了解，因此我们不是关在房子里，而是在社会大环境下进行工程实践，不了解社会环境，要做好工作是很困难的。

（2）能力。

作为工程师，光有知识没有能力是不行的。知识可以转化为能力，但不等于就是能力。有的人读破万卷书，能力不一定就强；有的人书背了很多，叫他写一篇文章不一定写得好；也有的人会写文章，叫他去治理一个单位可能治不了。工程师的能力大体应有以下几个方面。

① 获取知识的能力。在研究单位里，对新毕业的学生，第一个就教他怎么到图书馆去查资料，现在还要到网上去查资料。给定一个题目，该怎么做，是凭着自己的脑子去想，还是先去查阅各种资料，看看前人到底做了什么，这就是能力的一个方面的体现。另外还有自学能力，有没有主动获取知识的能力，这点非常重要。现在技术发展这么快，想看的东西非常之多，一些新兴领域日新月异，有人说三个月不看杂志有的内容就看不懂，尤其是一些新名词怎么来的也不知道了。怎么能在浩如烟海的知识范畴里较快地选出所需要的知识，这就是获取知识的能力，这方面对很多人来讲是欠缺的。

② 理解分析能力。工程师如何去理解所面临的问题、所面临的环境，这很重要。作为工程师来讲，首先要善于提出问题，现在面临的许多课题，都不

是由提出课题的人给你设定好条件，而是要你在环境中去把它提炼出来。因此需要有理解和分析的能力，否则连问题都提不出来，面对任务可能一筹莫展，不知从何着手。

③ 应用实践能力。工程是个实践过程，它并不是大量发现新的理论、新的观点，主要的是应用，把理论与方法应用于实践中解决问题。因此，实践能力对工程师来说是最重要的。

④ 综合协同能力。工程实践往往是一个综合复杂的系统，它包括具体任务中各个部分的综合、与周围环境的综合、技术和经济的综合等方面。一般工程项目中做的可行性报告，不但要技术上可行，经济上也必须有效才行。另外还要能够协同工作，要处理好人际关系，组织内部、组织外部、组织之间、个体之间都要能够协同工作。因此，作为工程师来讲，需要有综合的思维方法和综合能力、协同能力，包括领导集体工作的能力。

⑤ 表达沟通能力。工程师在群体里工作，其工作内容牵扯到上下左右各个方面，如果表达能力不强，不能把自己的思想、方案表达清楚（包括口头方式和书面方式的），工作会非常困难。表达能力、与人的沟通能力，都是工程师所需要的非常重要的能力。

概括起来说，第一是思维能力。现在人们对正确的思维能力的学习和训练比较差，我国从中学到大学都不教逻辑学。马克思主义讲辩证逻辑，但首先应搞清形式逻辑。现在很多人对形式逻辑从概念上就不清楚，所以无论是工作还是生活，都会碰到很多问题。所以首先要头脑清楚，要有科学思维的能力。

第二是实践能力，即动手能力。要能具体搞方案、搞设计、搞产品，就要动手。有些还要动手写东西，动手做技术性的工作，所以，动手能力是很重要的。

第三是沟通能力，若没有沟通能力，作为工程师应是个很大的欠缺。

（3）品德。

品德是每个人都必须具备的，比如社会公德、家庭道德等。但作为工程师仅此不够，还应具有一些特殊的职业道德要求，其主要有以下几个方面。

① 要有事业心。工程实践本身是个复杂的问题，有很大的创新性，要克服很多困难，并且要有结果。这一点跟科学探索不一样，跟日常的工程运行也不一样。科学探索可能有结果，也可能没有结果；日常运行中创造性的比重相对较小。因此，工程实践需要强烈的事业心。否则，要把一个工程从头到尾比较好地搞下来是很难的，会碰到很多困难、很多挫折、很多问题，可能受到很多指责。没有强烈的事业心，是很难成为优秀的工程师的。

② 要有集体主义精神。工程实践本身需要一个群体去完成，人人都想当

头是不行的。总工程师只有一个，但总工程师必须有一帮助手，必须大家团结一起工作。现在的社会中各种各样的鼓励刺激很多，在这种情况下，名利观念比过去重得多。当然，这个问题要两方面看，完全不讲名利，大家都平均，都默默无闻的也不行，不利于我们整个社会的进步，不利于科学技术的发展。但一切都以名利为出发点，完全功利主义也不行。作为工程师来讲，必须要有强烈的集体主义精神，这一点不但我们社会主义国家如此，其他国家也一样，即提倡所谓的团队精神。如果不能团结周围的人，不能在集体中融洽地工作，个人的能力再强也很难做出大成就来。

③ 要有创造性。工程师从事的是创新的工作，因此创造性很重要。这一点为什么要放在品德里来讲呢？因为作为品德来讲，一个人是不断进步的人还是什么也不想干的人，和品德有很大的关系。当然还有个人的修养，工程师应该有比较好的修养，包括文化、美学修养，风度，待人接物的礼仪等。

（4）健康。

健康问题包括身体健康和心理健康两方面。身体健康大家都知道，工程师的工作特别是有些职业，需要非常好的身体。像地质、采矿、石油、气象这些行业常年在野外作业，有些室内的工作也往往需要长时间地连续工作，需要非常好的身体。另一个就是心理健康问题，心理健康也是非常重要的问题，过去常常把心理上的问题简单化地作为思想问题来处理。在现代社会中，由于各种差距拉开了以后，心理刺激因素也比较多，必须认识这个变化。需要有健康的心理素质去对待，否则作为工程师是很难处理各种关系的。

3. 工程师的职业特性

工程师作为一种职业，其职业的特性很有必要弄清楚。

（1）职业优势。

工程师这个职业是崇高的，在社会中有一定的优势。

① 从事工程师职业的人们一般受过高等教育，其基础比较好，知识面比较宽，适应性比较强。与科学家相比，工程师的面比较宽，与其他职业相比也是如此。比如医生、律师的职业面就比较窄，而工程师是搞工程实践的，在社会许多领域中可派上用场。

② 相对来说，工程师的待遇在社会中是中上水平，属于较好的职业。

③ 工程师的工作本身有一定的创造性，对于有事业心的人来说，搞这个工作有自我满足感，能够有所追求。成就感在工程中比较容易得到满足。

④ 工程的学术性与技术性都比较强，工程师的思维逻辑性比较强，对问题看得比较清楚，能够有一定的沟通能力，所以在群体里比较容易受到尊重。

因此，工程师这个职业有它相当的职业优势。另外一方面，这个工作相对来讲也是比较苦的，工程师是要实打实地干的，不像有的职业看起来那么轻松。不在实践中跌打滚爬，要想轻轻松松取得成绩是不容易的。

（2）职称①。

在我国目前的社会里，人们往往把工程师当作职称，有时也作为职务。职称和职务也分不太清楚。所谓职称，是为了说明你具有从事这个职业的资格而给你的一种称号，并不是职业，也不是一项具体的工作。职称是给你这么一种称号，你具备当工程师的资格了，哪地方有需要，你就可去当工程师。另一方面，在实际工作中，工程师是一种职业（职务）。作为职称，应该有统一标准，有专门的机构进行评定，就像医生和律师一样。这方面我们现在有很大问题。职称评定一般采用两种控制方式，一种是控制总量，另一种不是控制总量，但要有明确质量标准，根据标准有多少算多少，这两种方法各有利弊。不管是总量控制还是标准控制，都必须有一个统一的承认主体。否则的话，在总量控制下面，再去分单位评，最后出来的水平肯定不一样。工程师也分成几档，助理工程师、工程师、高级工程师，我们缺一个最高档，即与教授、研究员相应的档次。社会本身是有分工的，对不同层次的人都是有需要的，上面说到外国有技术专家，我们没有技术专家。我们在做法上一刀切的情况比较多，这不符合客观实践需求的多样性。

（3）职务。

职务就是工程师需要做的工作岗位，我们有职务也有职称，但现在不是很明确，在职务和职称上有些混乱。

（4）名称。

根据国情不同，工程师也有各种各样的说法。如有的国家叫文凭工程师，有的叫注册工程师，各有其侧重面。

（5）承认主体。

在大多数国家中，如果作为一种职业资格，工程师在国家级是有统一的承认主体的。而我们国家比较大，现在各个单位都在评，承认主体是分散的，出现了集中和分散并存的局面。

涉及工程师的职业，在管理使用中存在一些问题。第一就是岗位不清楚，工程师这个岗位到底是干什么的，什么地方需要设工程师的岗位，不是很清楚，层次也不清楚，整个技术岗位层次应该怎么来分，也不是十分清楚。第二就是专业范围也不是很清楚，作为一名工程师，你是什么范围里的，这个范围

---

①　我国的工程师制度实行多年，存在不少弊端，亟须改革。

到底应怎样确定，也是不清楚的。第三，使用方面还有一个较大问题，就是用人主体不明确。谁是用人的人？一个人进来了，谁让他来的，他为谁工作，都不是很清楚。从大的方面讲是为企业、为单位工作，但具体讲他的工作向谁负责并不清楚，应该说，上下关系还是有的，作为一名组长，组内的工程师就应向组长负责，但许多方面组长又管不了，既不能决定组员的工资待遇，也不能决定组员的升降进退，一点管他的权利都没有，这是个很大的问题。此外待遇也比较低，一时也改变不了。为什么？因为劳动生产率很低，我们的体力劳动生产率并不比外国人差。举个例子，中国的信函分拣员，最快的一小时可分三千封，而美国人一小时只能分一千多封。现在体力劳动领域的差距主要是在机械化程度上。随着生产机械化、自动化的发展，差距会逐渐缩小。但可怕的是脑力劳动效率比人家低得多。这个情况需要改变，但改变是需要一定过程的，要从现在做起，认识与改变这个问题。人事问题不改革，其他改革就很难顺利走下去。但从认识到改变会有一个较长的过程。

（二）工程师的培养与工程教育

1. 工程师的培养

工程师怎么培养？从经济学角度讲，人是生产力的第一因素。工程师作为高层次劳动力更是重要的生产要素，所以它的培养过程本身是个生产过程。大体上可分三个阶段。

（1）高校前教育。

高等学校以前的教育包括义务教育和作为准备阶段的高中教育，这个阶段的教育应该为工科的学生打好一定的基础，有不少基本的东西应在这个阶段完成。例如，理工科学生在上大学前，语言文字的基础要打好，基本的历史、地理知识应具备；反过来学文科的，对基本的数理化等科学知识应有一定的基础。

（2）高等工程教育。

高等工程教育的内容基本上分四个方面。

① 科学基础。对于高等工科的一名学生来讲，应掌握科学基础。首先是数理化，具体内容对每个专业不完全一样。比如学通信的，就要学点信息论的基础，学点统计学、概率论对通信也是有相当用处的。而完全搞产品设计的、搞物质产品设计的就不一定在这方面有很多要求，情况不一样。

② 专业技术知识。专业技术知识对专业工程师来说肯定是需要的。专业知识同样有宽度和广度的问题，现在有不同看法，这与社会的要求、环境都有一定的关系，只能掌握一定适度范围。

③ 与工程相关的环境。环境又可叫氛围，包括社会科学、人文科学、社会的环境条件等各个方面。但现在工科院校对技术以外的东西确实都重视不够，如"经济学"工科院校基本没有，有的有技术经济学，但技术经济范围窄，并且技术经济这个词确切不确切也还是个问题；又如法律知识现在学校都设立了，但是不是结合了真正的工程需要？至于伦理学现在基本上在工程教育里还是个空白。有的国家有工程伦理学，而我国的高等工程教育中连伦理学都没有，更不要说工程伦理学了。我们过去批判伦理学，现在回想起来伦理学还是有道理的，还是要科学地对待。当然，人文科学中有一些是在中学甚至小学里就应该学的，不能都拿到大学来学。

④ 工程实践。实践环节非常重要，对搞工程的人来讲，工程本身就是实践。对学校来讲，教育是为今后的实践做准备，教育过程中需要包括一定的实践内容。实践的方式可以各种各样，在实验室里也可以实践，但去现场进行一定的实践环节还是非常有必要的。现在也有不同意见，有人认为，学校里学生就应大量时间念书，实践可以毕业以后、在工作中再去实践。这两个是不一样的，工作以后的实践作为工作内容来讲，跟学校里的实践在本质上是有区别的。学校里的实践是学习环节，在理论指导下，要通过实践提高学生的能力，补充知识；工作以后的实践就很难说了。学校里的实践环节是有意识安排的，综合在整个课程里边，通过这个要达到一定目的。对工程师培养就需要这么个阶段，这是理论和实践有意识、有明确要求的结合过程，这是必需的。毕业设计环节通过自己去完成一项特定的任务，为学生从事工程工作打下一定基础，是很重要的。

（3）就业后培训。

学校毕业后是不是能立即成为工程师，大多数国家都不能。在中国，不是毕业后就是工程师。工科学校毕业的本科生，毕业的时候还达不到工程师的要求，需要在就业以后进行培训，当然达到工程师水平以后也还需要继续教育。

① 就业以后培训的问题从教育的角度讲是个终身教育的问题，这个观念还没有被多数人所接受，一个人在整个工作过程中要不断地接受培训和教育。这里有一个观念要明确，即要建立终身教育和终身学习的观念，特别对要成为工程师的人来讲，如果不建立这个观念，工程师是做不好的。

② 目的。就业后培训的目的主要有四个方面。

第一，从毕业到成为工程师，大体上要工作三至五年时间，在这三到五年时间里，除了工作以外，需要针对目前院校高等教育存在的不足，较系统地、有计划地学习提高。

第二，成为工程师以后，由于科学技术的不断进步，必须及时跟踪科技前沿。同样是工程师，如果知识结构停留在原有水平上，过几年以后，可能就不能胜任工作，需要不断地学习、不断地培训。

第三，为了担负更重要的工作或面更宽的工作，需要了解更多的情况，特别是上述"氛围"的内容。

第四，工作岗位变化，今天是搞开发的，明天可能去搞营销等，这种情况今后会更多。你对那方面可能根本不了解，就需要去了解。

因此，就业培训有各种各样的目的。

③ 方式。培训方式无非有这三种：一是接受院校业余教育，如函授、夜校的方式；二是单位里组织的学习培训，这方面我国还很薄弱，外国的大企业一般都有短期的培训，包括各个层次的人员；第三是自学，主要通过读书、看杂志、参加一些会议、参观考察，包括在工作中思考问题，用各种方式自己学习。

④ 内容。就业后培训是一个时间的积累过程，要能通过工作，把实际问题上升到理论，并及时地总结，这样把理论和实践结合起来就会不断提高。

2. 工程教育

（1）工程教育中的两大体系。

工程教育大体上可分为两大体系。一个以美国为代表的体系是通才教育，它并不给你很多专业知识，专业分得比较粗，主要学习基础的东西，也没有很多结合工作的实际训练。在这种教育体系下，美国的大学毕业生并不能直接上岗，它的企业、用人单位都有一套比较健全的、完整的培训体系。进了单位还要一段时间培训后才能上岗。另外就是以德国为代表，是一个专业性比较强、工程性比较强的体系，专业相对分得比较细，工程实践环节比较多，出来后可以直接工作。这两个体系各有优缺点。通才教育体系，适应面比较宽，便于转岗，便于人才流动，基础比较好，对于今后搞创造性比较强的工作有好处。专业性比较强的体系，效率比较高，培养出来的人马上用得上，比较结合实际。所以各有各的优越性。为什么形成这个情况，与民族特性有关系，与发展历史也有关系。美国是最发达的资本主义国家，它在科学技术上处于领先地位，人才相对饱和，并不急需当年毕业生马上从事具体工作。它的职业自由度比较大，要鼓励更多的创造性，鼓励人才的流动。而德国是个后起的资本主义国家，它需要在比较短的时间赶上去。因此，培养出来的人需要马上能工作，也不鼓励老去换工作，希望能在本职岗位上好好地干，它的任务并不在于大量的创新，能赶上就行。追赶战略后来被日本、韩国用了很多，用得比较成功，日本人的创造能力不强，但是模仿能力很强，善于把别国的创造发明转变成产品、成为生产力的本事很大。因此各有各的优势，你要说哪一个好，很难说。

到现在各国都感觉到有问题，需要改变，所以美国的 MIT 提出了"回归工程"的口号，它觉得原来这一套面很宽的打基础的办法不行了，需要跟工程实际更紧密结合，更直接为产业服务。因此提出"回归工程"口号，就是说工科学校还要搞工程，而德国也在拓展专业面，加强基础。教育改革问题并不是中国的特殊问题，各个国家都在进行探索和研究教育改革问题，都在向对方学习，但最终也不会变成一样，还会保持各自的特点。

（2）我国工程教育中存在的主要问题。

我国在 1949 年以前学美国的体系，之后改成学苏联的体系，苏联的体系是从德国来的，我们从苏联学来，为了学苏联这一套体制，动了大手术，进行院系调整。学中也有创造，专业越分越细。改革开放以后，随着到西方国家去的人越来越多，教育界比较普遍的倾向是向美国学习，但没有采取组织措施，① 而是出现学校相继改名的情况，"学院"改成"大学"，表示综合了，叫了"大学"后下边又要设学院，再下面是系，在这方面花了很大工夫，但只是在形式上下功夫。而国外，美国最著名的工科院校叫麻省理工学院（MIT）；法国最有名的工科大学叫高等技术学校，并不在名字上下功夫。

我国工程教育目前存在的主要问题有以下几方面。

① 大学前的准备严重不足，应试教育浪费了大量时间，学生负担很重，体质下降。问题已经越来越严重，高中至少有一年纯粹应试，另外两年大部分时间也在应试。文理分科极大地降低了国民素质。现在有些中小城市取消重点学校，做出了一定成绩，这个思路是对的，取消重点，把差的学校搞好，这个问题自然也就解决了。②

② 学校的教学体系有待改进。培养工程师，4 年的教学够不够？但大量改 5 年制也有困难。另外有的学校搞工程硕士；有的学校搞 4＋2，也有所谓 3＋1＋1，即中间一年去实践等，有多种方式。教学内容也需要改进，特别是氛围环境这部分，学校的课程体系、课程内容确实需要修改。

③ 我国的继续教育体系基本上没有建立起来。国外的一些大企业，如美国的摩托罗拉、日本的 NTT 等都有健全的系统、非常明确的培训内容，拿出课程都是一本一本的。而我们的继续教育则是应急的比较多，能够称得上正规的，现在还没有看到。稍微好一点的就要办成学历教育，就走样。有人提出，对继续教育至少要同院校教育同样重视，否则是不行的。

---

① 当时没有，近年来则采取了大量并校等措施。
② 取消重点学校的做法未坚持多久，近年来，重点学校之风刮得更甚。

（3）改进意见。

改进的意见大体有以下几个方面。

① 从全社会讲，中学要彻底改变，不应该到了工科大学再来补中学的人文课程。

② 工科学校要建立工程教育体系，还要重视承担继续教育的任务。

③ 社会上要支持学校办学，对学校的教育提供实践的条件，这很重要。企业与学校应共同承担培养任务，同时学生去实习时，也应该力所能及地为企业创造财富。

④ 用人制度也要改变，考虑这个问题必须要把培养、使用、管理三位一体结合在一块儿研究，就教育论教育，就学校论学校是论不出结果来的，不和使用、管理结合在一起来考虑，解决不了问题。

论"人才产业"[①]

把人才作为产业这一概念提出，其目的就是要把教育（培养人才）、管理和使用人才结合在一起考虑，从而换一个角度来考虑整个国家的教育事业（人才产业），引起大家的讨论。

一、"人才产业"的基本特点

1. 为什么提出人才产业这个概念

劳动力是生产力中的第一要素。马克思在《资本论》中对劳动力作为商品的基本特征已做了非常详尽的分析。但是，我们曾长期回避这个问题，直到改革开放以来，我们才逐步转变了观念，随着人才市场的出现，也逐步认识到劳动力作为商品需要进行交换。因此，把人才作为一个产业来考虑，对我们来说既是一个基本的理论问题，也是一个非常重要的实践问题。

1995 年，中央明确提出了"科教兴国"的方针，作出了经济发展中"两个根本转变"的决策，所有这些都是在强调"人是生产力第一要素"。我国要进一步发展，科技是先导，而教育（人才的培养）是根本。因此我们现在对人才问题应有一个新的考虑。

我国人口众多，从小学到大学在校学生数以亿计，但经济实力相对薄弱，因此说我们是穷国办大教育。但这里所说的"大教育"是指基础教育，即全民义务教育，不包括高等教育。义务教育由国家、社会来兴办，它是以全体公民

---

① 本文 1997 年 5 月发表于《科技导报》。

为对象，以提高全民素质为目的。而对高等教育，则应从经济规律出发，将其作为产业来考虑，目的是进一步培养高级专门人才。

2. 人才产业的一般规律

（1）人才产业既然作为产业考虑，那么它也应符合经济学的一般规律，即人才与其他商品一样，也有生产、交换、分配、消费四个环节。具体到人才产业就是：生产环节就是教育与受教育（学习）的过程；交换环节即人与用人单位之间就劳动力价值的交换；分配是指在整个人才产业中成果的分配（包括国家、集体、个人之间如何分配等问题）；消费即人才的使用过程。

（2）人才作为商品，本身同样具有使用价值和价值。

（3）同样，人才作为商品就应有价格，与一般商品一样，其价格原理上应与价值相符合，但在实际生活中还普遍存在价格和价值背离的问题。

（4）既然把人才作为产业提出来，那么人才产业就有成本、利润等问题，有效率和效益问题。同时人才在生产过程中也有价值增加（附加值）的问题。

（5）人才产业存在市场，且要服从市场规律。市场规律中的基本关系是供求关系，人才的供求关系是客观存在的，且随着时间的推移不断变化。同时，市场规律中有价格的形成机制，人才也应通过市场规律来形成其价格。

3. 人才产业的特殊规律

人才作为商品与其他商品相比，既有其普遍的属性，又有其特殊的性质，因为面对的对象是人而不是物。人才具有下列非常明显的特殊性。

（1）人的个体性。

人是有个性的实体，人的个体、个性千差万别，故对一个人知识、能力和相关素质的考核标准很难确定，难以建立统一的衡量标准。即使制定了一些标准，实际操作起来也很难。例如，通常所说的高考分数线，能否真正代表人的水平且不说，即以分数来说实际上它也仅是一个最低分数标准，只能在入学竞争中起一种筛选作用。

（2）需求的差异性。

不同的行业、不同的工种、不同的岗位对人才的需求差异非常大。

（3）使用价值的不确定性。

基于人的个体千差万别，人的才能也是多方面的，同时各个用人单位的实际情况又是千差万别，即是说，人与人不同，人与用人单位相互适应程度也不同，因为人在使用中表现出的使用价值也就不同。另外，人的使用价值也会随着条件的改变、时间的推移而变化。如某个人适应环境很快，其潜在能力就可以逐步发挥出来，那么其使用价值就会越来越高。所以说人才的使用价值很难及时地、准确地定量衡量。再如，人们常区分简单劳动和复杂劳动，但复杂劳动的定义、劳动的复杂程度实际上也很难确定。

（4）生产过程中成本弹性很大。

作为培养人才的基本条件应包括三个方面，①个人的天赋（当然天赋并不是唯一的条件，也不一定是最主要的条件）；②个人的努力；③客观条件，如教师水平和努力程度、教材和学校设施、校外教育条件等。这里讲的成本问题主要是指第三方面，其可变性很大。例如一个教室可以是很现代化的，也可以是草房，这里成本就差别很大；又如教师的知识、工资、住房等各个方面高低悬殊也很大。因此人才产业在生产过程中的成本实际上是很难确定的，而且不一定好条件、高成本就一定能培养出好学生、好人才。

（5）人才自身的使用过程又是一个不断再生产的过程。

与物质商品不一样，物质商品在使用过程中会因磨损而降低其价值，而人的才能在使用过程中会不断提高，人的能力的主要方面也在不断再生产和扩大再生产（指深度）的过程。

二、我国建立和发展"人才产业"应考虑的几个问题

1. 关于需求问题

（1）要明确需求、必须研究需求。

人既有共性，又有特殊性，且不同行业、不同工种对人才的需求也不一样。因此我们要从数量、质量和品种三个方面来研究人才的需求问题。

现在我们常拿专业人员（大学生等）占全国人口的比例，以及专业人员（大学生等）占劳动力的比例（现在国际上通行的统计指标）这两项指标与发达国家相比，这有一定的道理，但也有片面性。我们有一些人才应与总人口比，如基础教育（中小学）的教师、医疗卫生事业的专业人员、国家行政管理人员等；但另一方面，经济产业所需要的人才如果也与总人口相比就会失之偏颇，这方面的人才应与经济规模以及经济/技术水平来比。我国单位经济量的专业人员比例已大大高于发达国家。从劳动生产率的角度考虑，现在我国只是发达国家的几十分之一。手工劳动比重大的企业，不能要求其专业人员的比重向自动化程度高的企业看齐。所以这些问题人才产业都必须加以考虑。

（2）要具体分析不同行业、不同工种、不同层次的不同需求。

不同的行业、技术含量高与技术含量低的行业对人才的需求差别很大；不同的工种，如科研开发、设计制造、生产运行、教育等方面对人才也有不同的需求；某些行业特别需要一些复合型的人才，如流通领域就需要大量的营销方

面的人才；同时不同行业、不同工种还需要不同层次的人才。现在我国的高等人才层次是以专科、大学本科、硕士研究生、博士研究生和博士后这样的顺序递升的。数量上从大学本科到博士后这四层是梯形，最低层（专科—大学本科）却是倒梯形，这是否合理？同时梯形的斜度也应随着行业的不同而有所区别，不能一刀切。所有这些问题都值得我们进一步研究。

（3）在需求中应考虑人才的使用价值和价值。

目前我国人才产业的概况是：普遍存在人才价值过低；脑、体人才价值倒挂现象依然大量存在，因而严重影响了人才产业的发展。这里有认识问题，也有受历史及客观环境条件限制的问题。人才价值如何确定，人才的价值是否完全是成本问题，是否应该考虑增值问题等一系列课题，均可作为理论问题加以深入研究。

另外，还要明确人才的初始价值与真正价值的关系问题。例如：大学生刚毕业，其价值初步形成，在国有单位中按统一标准领取工资，这是初始价值；以后随着在不同工作岗位不断发挥作用，其增值问题就会提出来加以考虑，此即价值的再发现。如果做不到这一点，如果在初始工资基础上只考虑年功而不考虑其实际价值，那么对人才的发展是非常不利的。

（4）当代科学技术的发展对人才需求的影响。

① 技术创新、工业创新对人才需求的影响：这里创新不是个技术概念，而是一个经济概念，是指科学技术如何应用到生产过程中去，与经济更紧密地结合起来的问题。

② 工程化问题：用新技术改造传统产业，把科学技术变成工程（工程化），真正在生产中使用，在各个领域都是非常重要的问题。例如：现在信息技术已渗透到社会各个角落，很多传统产业的改造就是原有技术跟信息技术的结合；这样，这些领域对人才的需求就有很大变化，即不光是信息产业本身需要信息人才，而是各行各业都需要信息人才。

2. 关于生产领域（人才培养）问题

（1）需求分类问题。

如上所述，不同行业、不同层次对人才有不同的需求。这里有两个问题值得注意：①需求如何归类，如大学中专业、系如何设置的问题等；②需求层次问题。现在我国的高等人才是以专科、大学本科、硕士研究生、博士研究生和博士后这样的顺序递升的。前面已提到两个梯形是否合理的问题。这两个方面前者是横向分类，后者是纵向分类。

（2）人才培养过程中知识和能力的关系问题。

我国传统的知识传授方式是以背诵为主，这对能力的培养十分不利。我们认为：在学校中应不单是知识的传授问题，更重要的是能力的培养问题，包括思维能力、思维方式和思维方法的培养问题。过去，在这方面受唯心论或机械唯物论的影响，长期的倾向是一点论，忽略两点论，什么东西都一刀切，讲发展就不讲收益、讲建设就不讲运行、讲知识就不讲能力。今后，辩证的方法论、科学的思维、科学的方法应始终贯穿在人才生产过程的始终。

当然除此之外，在德育、体育方面也存在培养问题。当代科学技术的发展往往依靠的是一个群体的力量，如果我们培养的人才没有基本的科学道德观念与素养，那么即使这个人才能很高，也是很难在现代化的群体中发挥其作用的。

（3）专与广的问题。

这个问题就是到底培养专业人才还是培养通才的问题。从世界范围来看，大体上存在两大体系：一是以英国、美国为代表的培养通才的教育体系，即"海洋派"体系，它以宽为主；二是以欧洲大陆德国、法国为代表的专业教育体系，即"大陆派"体系，它以专为主。这两种体系各有优点。为什么会形成这种格局呢？这里有其一定的历史原因：英国是传统资本主义国家，而美国是个自由化程度很高的国家，人员流动也非常大，包括跨专业流动，如许多搞通信的专家在学校中学的是经济或法律，因此它的人才培养就要适应这种不断变化的需要。美国的大学生毕业后，虽基础较好，但要熟悉本专业还要有一定过程，因此美国企业的培训力量是很强的。而德国是后起资本主义国家，国家调控能力比较强，为在较短的时间内赶上先进国家，它需要培养出一些离开学校就能干活的专业技术人员（即在学校中定位）。这种方法成效快，培养的人出来就能用。

当前世界各国都在探讨教育体制的改革，因此前述"两派"的情况都在发生一些变化，他们都在学习对方的长处。我国也一样，1949年以前我们学习美国，此后又学苏联（苏联实际上是学德国），而且专业划得比苏联更细，这就带来一系列的问题。改革开放以来又转向通才教育，从而使教育成为不同体系的混合体。但这又带来了一些新问题，如现在的学生外语、计算机水平比以前大大提高，而本身基础知识却没有很大提高。我个人认为：我国是一个发展中国家，根据搞社会主义市场经济的需要，根据要在短时间内赶上世界先进水平的需要，要"宽专结合，以专为主"，这样才能更好地适应我国社会主义现代化建设的需要。当然专业像过去那么细也是不合适的，但也不能像美国那样寄希望于企业进行大量的就业后培训，而应是高校毕业后即能工作。

（4）关于理论和实践相结合的问题。

我国的教育（培养人才）过程总的原则应是理论与实践相结合。在实际工作中应根据不同专业、不同需求做具体分析，切忌一刀切。实践的比重可有所不同，有的实践活动（如基础科学）可主要在校内，工程类则应着重在社会中进行。

（5）关于规模效益问题。

规模效益问题对人才的培养是一个很大的问题。不同的情况应不同分析。一方面，我国大量的学校是规模过小、效率很低、浪费很大，因此，适当合并的做法是正确的。另一方面，学校规模也不是越大越好，因为学校受到了管理水平的限制，而且发展到一定规模后就容易产生官僚主义，降低效率。这些问题应进一步加以分析。

（6）关于降低成本的问题。

这对人才产业的发展是一个重要问题。一方面是规模效益问题，更重要的是观念重建问题，即人才事业是否作为产业来办，如作为产业就要讲效益、讲成本、讲效率。目前我们的学校无论是人（教职员工）、物（使用设备）等的利用率普遍都很低，意识上几乎没有人才产业及其效益的观念。

3. 关于交换问题

人才的交换方式有两种：初次分配和人才流动。

（1）初次分配问题：如大学生毕业分配就是人才的最基本的交换方式，是初次分配问题。

（2）流动问题：包括内部流动和外部流动。我个人认为：人才在内部应经常流动，这样利于人的价值再发现。而真正不需要的，可向外部流动。但外部流动到什么程度，如何做到有序流动，值得我们进一步研究。我想我国不可能也不应该提倡像美国那么大的流动度。

这里有一个问题，即人才交换的主体是什么？这个问题既是个理论问题也是个实际问题，到现在为止并不完全清楚。因为人的培养过程（人才的生产过程）中包含两个方面的因素：一是个人的努力（这里不是指天赋，因为天赋本身不能形成价值，就像原始矿产不能形成价值一样）；二是外界的条件，如国家、学校的条件等。那么培养出来的从事复杂（脑力）劳动的主体是谁？从道理上讲应是个人，但由于国家在这里已有了投入，故现在这个概念还不是很清楚，这就引出了成本补偿的问题，即通过交换应达到成本补偿。现在人才的成本应包括三个方面：国家的投入、社会（单位）的投入和个人投入。

国家的投入实际上是国家在整个社会的分配中做了社会必要扣除，然后投入到教育事业上，这一点对基础（义务）教育是必需的。对高等教育也需要，但不是全部，适当的比重应根据扣除比例（财政）和产业规模等来确定。

除了个人的努力外，上学交学费是具体的个人经济投入。但在现阶段人才价格很低的情况下，主要依靠个人的投入是比较困难的，个人的投入只能作为成本补偿的一小部分。

在国家财政较困难，教育投入不足，而个人的投入又不能成为成本补偿的主要渠道时，用人单位投入是一种可行的措施。这个方法也是目前我国采用的重要办法，对人才的成本补偿有一定的作用，也可补充前两种方法的不足。但我个人认为，这种办法应是过渡性、补充性的。

4. 关于人才在使用中再生产的问题

人才在整个使用过程中会不断增值，主要体现在以下三个方面：一是经验的积累；二是在职教育；三是在职学习，这是一个终身提高的过程。人才的再生产与上面提到的人才的培养过程有着十分密切的关系。如果培养的目标是毕业后马上就能进入工作岗位的专业人才，那么这以后就是在职教育的问题了；如果人才的培养目标是"通才"，那么在工作单位上岗之前的培训就成了教育的一个必不可少的环节。人才的增值是能力的提高，这不仅是工作时间的长短来决定的。现在实施的基本上以年资作为升级的唯一标准的办法，并不能体现对人才的正确评价。

5. 关于政策和管理的问题

现在在人才产业方面有相当大的一部分问题是由管理引起的。因此，在政策、管理上我们应做到：

（1）要转变观念。

人才培养问题若不从经济上考虑，不把人才作为产业来考虑，所有上述问题都很难解决。

（2）要统筹规划。

现在我们是分段分割式管理，各部门（教育、人事、劳资、用人部门）分别制定自己的政策和管理办法，这样很难全面解决问题。要全面地解决这些问题，就必须采取统筹规划的方针。这里统筹规划包括两个全过程的管理：一是人才从生产、培养、使用到增值的全过程；另一个是教育本身的全过程，即不同人才通过不同教育方式来进行提高（增值）的过程。这两个全过程如没有统筹规划的考虑，那么人才就很难形成产业。

（3）逐步承认人才的价值。

目前社会上存在的脑体倒挂、复杂劳动不被承认的现象已成为影响我们社会发展，影响我们"科教兴国"政策的贯彻，影响"两个根本转变"的根本问题，这个问题不解决，我们国家要想赶超世界先进水平是不可能的。因此必须逐步认识人才的价值，当然这个问题的解决需要一个过程，这个过程可能是个痛苦的过程，但如不能解决这个问题，那我们就没有发展前途。

人才的价值有两个方面：一是基本价值（最低价值），二是附加价值（价值的再发现）。如现在所说的"破格"提拔问题，其实就是一个对人才价值认识不清的问题。因为人经过一段时间后，会有各种表现，其价值肯定会有所分化，这是根据其不同的价值给予不同的待遇是完全正常的，又何来"破格"问题？

人才价值的承认是我们整个人才产业以及国家下一步发展的一个根本性的问题。我们整个国家的发展从根本上说就是要依靠人的创造性的劳动，因此人才产业的效益问题、人才产业的基础理论问题以及人才产业的政策和管理问题都是急需研究解决的问题。

6. 人才产业的建立是个长期性的问题

上面提到的我国人才产业面临的种种问题，其实有着深刻的历史原因。当然这种情况是一定会改变的，但是这个改变要有一个循序渐进的过程，因为教育体制的变化是一个长期而又复杂的过程（即使在发达国家，其教育体制的改革也都是以 10 年为单位的），至于说到把教育纳入整个人才产业中来考虑，则是一个更长期的过程。

目前我们首先要明确方向，同时要从实际出发，进行试点。如可以在国有企业中搞一些"双轨制"。总之，应在不造成过大的社会震荡的前提下，逐步建立和发展我国的人才产业，为社会主义现代化奠定人才基础。

教育思想论札之三

——人才与人才培养[①]

对教育，尤其是高等教育，本人曾在多处发表过见解，但对教育目标中的人才问题说的不多。近期社会各方面对人才问题甚为关注，各主管部门也采取了很多措施，提出了各式各样的计划，并付诸实施，但对人才的概念似乎还没有一个统一的理解，本文想谈一下个人的看法，顺便也将人才培养和教育问题联系起来。

一、人　　才

1. 人才概念

（1）劳动力——所有具有一定劳动能力（包括体力劳动和脑力劳动）的人都可以称为劳动力。但要成为现实劳动力，还需有两个条件：一是本人参与劳动的意愿；二是有参与劳动的机会。否则就只是潜在的劳动力。

（2）人力——所有劳动力的集合，一个社会或一个组织（企业或其他单位）中所有现实劳动力的集合为其实际的人力资源，而未参与实际劳动的潜在劳动力则构成潜在人力资源。

（3）人才——并非所有的劳动力都能称为人才。人才是劳动力中较为优秀的一部分，其范围小于人力。对人才的判断没有统一的标准，可以在性质和程度上有较大区别。例如用能力或者贡献来判断，能力高的、贡献大的就是人

---

① 本文根据 2007 年 12 月 18 日在北京举办的关于特色高等教育研讨会上作者的发言整理而成。

才。而"高"或"大"的程度、范围也可以有广义和狭义之分。因此，人才是个相对的概念，对人才的要求和界定应根据不同的需要、不同的场合和环境而定。

（4）根据经济社会发展、建设的要求，我们总体上应该从广义来理解和界定人才。树立人人皆可成才的指导思想，即在一定岗位上经过努力能按要求全面完成确定任务的，就是人才；能出色地完成任务的，就是优秀人才。这里特别要注意避免职业歧视。中国历史上就有行行出状元的提法，在社会主义社会中更应如此。

2. 人才类型

（1）社会是复杂的，根据社会分工不同，人才类型也是个复杂的体系。

从横向上有不同职业、不同工种的区别。每个国家都应有自己清晰的职业划分体系。

从纵向上有不同层次的区别，每种职业都有高级、中级、低级的不同职位。

实际上，还存在第三个坐标轴，即性质的不同。举例来说，工程师是一种职业，并且按专业划分，可以有机械工程师、电气工程师、化学工程师等；按层次划分，可以有初级、中级、高级工程师等。还可以进一步细分：同样是机械工程师，可能从事技术研究、产品开发、工艺设计、生产制造、设备维修、工厂管理，以及产品营销和售后服务等不同性质的工作。各种专业中均有类似情况。

因此，人才体系是一个立体结构，不能简单化，导致重视了某类人才，却忽视了另外的人才。

（2）从数量上来看，人才在人力中应占一定比例，具体比例根据情况而异。不同类型的人才数量不同，不同行业的人才数量也不尽相同，顶尖人才、领军人才所占比例不可能大，但一般人才应有相当的比重。

（3）在我国提出建立创新型国家的目标后，各方面都呼吁要培育创新型人才，但究竟什么是创新型人才，理解不一样，差异也比较大。狭义的理解是具有创新思维，不墨守成规，并能针对从事工作内容，提出新的思想，做出新的成绩的人。而广义的理解应该是在创新活动各个环节上作出贡献的人。前者只能是很少的一部分人，而后者可以有较大数量。此外，从中国的实际情况看，尤其要大力提倡在本职岗位上严格认真完成任务，这是对绝大部分人的要求。绝大多数人都应具备完成本职工作的能力和精神。

3. 人力资本

讲人力、人才，必须讲人力资本，即形成人力、人才所需要的投资。投资来源包括个人、政府、社会等方面。

从学校毕业即参加工作的人的角度看，个人投资中包括直接投入（上学期间的学费和生活费）和机会成本。后者指为了上高一级的学校而放弃就业所致的损失（收入减少）。政府投入包括开办学校、维持学校的开支，及解决相应环境条件的投入。社会投入包括社会办学投入、产学结合中产业方面的投入，以及在职培训、成人大学等方面的投入。从经济角度看，通过这些投入，使人获得了知识和能力，也就是比起不经学习的人，这些经过学习的人获得了创造更多财富的本领。各方面投入的总和就是人力资本。可以从全社会，也可以从一个企业组织、从一个个人来计算分析人力资本的投入。

人力资本投入后应该有产出，即人创造的价值，或者说经过学习受过教育的人所创造的比没有受过相应教育的人更多的价值。人力资本产出也可以分别从全社会、企业组织和个人角度来分析。其中，从个人角度看，也就是取得的报酬，受过不同教育的人所取得的报酬会有所区别。报酬中除了显性的工资等收入外，还要考虑到隐性报酬，不应只考虑即期收益，还要考虑长期收益，包括晋升机会等因素在内。

4. 存在问题

由于历史传统等因素，一些管理部门对人才理解过窄，对人才需求结构缺乏研究，尤其是缺乏针对我国实际情况和所处历史阶段的认真研究。这导致人们在层次结构上单纯重视高学历，一味要求顶尖人才、领军人才，而贬低量大面广的实用性人才，严重影响了社会导向和合理人才结构体系的形成。例如，医生、护士比例倒置，工程师与技术员比例倒置，甚至取消技术员岗位，各个领域中大多有类似情况，其后果当然很严重。以医护界为例，护理人员缺乏导致大量住院病人需要家属自己或雇人护理，既浪费了大量人力，又严重影响家属本人工作，还扰乱了医院秩序，影响正常医务工作开展。

在专业结构上，把不同职业、不同性质混淆为不同层次，如认为科学家（从事科学研究者）比工程师（从事技术研究、开发及实务者）高，从事新产业的比从事传统产业的人高，等等。再加上盲目追求高层次的倾向，使全社会的人都挤到独木桥上。

人力资本概念没有建立起来，对人力资本缺乏研究，即使有一些研究也大多是定性的，在定量方面，最多只有一些企业内的薪酬制度研究。因此，既缺乏全社会教育资源配置如何使人力资本效益最大化的概念和目标，造成大学盲目扩招、资源浪费，甚至在一定程度上导致新的脑体倒挂；又没有形成对个体的正确引导，反而存在大量的误导。

二、人才成长规律

1. 基本条件

要成为一个人才，需要多方面的条件，主要是天赋、环境和努力三个方面。

天赋——必须承认人的天赋是有差别的，包括遗传因素和非遗传因素。但天赋差别除了程度不同以外，还有性质上的区别。例如左、右脑作用的不同，有人思维能力强、有人实际操作能力强，有人理性、有人感性等。人们往往重视程度差别，说这个人聪明，那个人愚笨等，但对性质上的差别却视而不见，甚至抹杀，而要求所有青少年都成为一个模式。

环境差别在各个社会都存在，在今天的中国则更为突出。城乡差别、地区差别、家庭差别（包括经济条件和文化素养）、学校差别、行业和单位差别等都存在，有时还相当突出。除了硬环境外，软环境（舆论、观念等）也很重要。政府和社会有责任尽量缩小差别，包括实际措施（如义务教育均等化等）和舆论引导。要重视结果公平，更要重视起点公平和机会公平。当然，差别不可能完全消失，所谓均等化也只能是对达到基本标准的要求，不可能各方面完全一样，因此在面对选择机会时，个人和家庭也要根据实际条件做出正确的决定。

个人努力是弥补天赋不足和环境不佳的唯一途径。无论在学习或工作中，勤奋都是必要的，但也要讲究方法，提高效率，把实干与巧干结合才能取得最好的效果。家庭、学校、单位领导应该起到正确的指导作用。同学、同事间也要互相帮助。个人要有较好的心理素质，面对失败、挫折，能正确对待，成功时也要防止骄傲和裹足不前。

2. 发展阶段

学校阶段是打基础的阶段。基础打得好，以后可以较快地成长，少走弯路。学习阶段既要注意全面发展，也要注意发现和发掘自己的特长，发挥相对优势。

工作岗位是关键，首先是学校中学到的东西要接受工作实践的检验。而在工作实践中积累经验是更为重要的。在工作中学习，把实践知识上升到理论，与学校所学理论结合起来，并用以指导今后实践，这是优秀人才成长的关键。现代社会中，个人和单位之间可以双向选择，但从个人角度来看，找到理想岗位并不容易，而且理想也是相对的，一般情况下，要使自己适应岗位需要。当然，有机会时也不妨主动更换岗位，但不能总是这山望着那山高，更换岗位过于频繁。在被动更换岗位，或者提升职位时，应尽快适应新的岗位的需要，尽快进入新的角色，对原岗位上取得的经验要有条件有选择地运用。

物质产品生产出来后，其质量就已固定。而人不是物质产品，人有主观能动性，因此即便不是一流学校毕业生，只要自己在工作中努力实践、学习，同样可以成为优秀人才。大量实际例子说明这一点。因此个人努力什么时候都不晚。

在参加工作后，继续学习、接受继续教育是不断成长的重要途径；在继续教育中，通过教师较系统的指导，能使个人很好地总结提高，在新的基础上再继续前进。

三、培养和教育

1. 培养目标

应该根据人才需求的立体结构，按质按量培养各类人才。其中对创新型人才应该从广义上理解，在创新活动各个环节上所需要的人才即属于创新人才。应该说，顶尖人才、领军人才，包括狭义的创新型人才都不是通过学校教育能培养出来的，学校教育只是打个基础，使学生具备一些基本素质。真正成才要通过在工作中的大量实际锻炼。

2. 教育体系

广义的教育是个庞大复杂的体系，覆盖了全社会和个人成长、成熟的全过程。

（1）从阶段上可分为义务教育（包括学前教育）和非义务教育、院校教育和继续教育；

（2）从性质上可分为基础教育和专业教育、学历教育和非学历教育；

（3）从指向上可分为普通教育和职业教育。

各类教育中还可再根据其类型与等级细分，如专业教育可分为各种专业等。

培训在广义上也属于教育。现在往往把针对具体职业、甚至岗位的相对短期的培训独立出来，由一定独立的机构来组织实施，实际上，这也是一种教育方式。

3. 教育内容和方法

根据素质教育的要求应包括：

知识——包括基础知识（科学知识、人文知识）和专业知识，专业知识分门别类相对较细。现代社会中知识数量在快速膨胀，质的方面也在不断深化，学校教育只能择其要者而教之，不能倾盆大雨，越多越好，搞得学生分不清主次、无所适从。

能力——是个庞大的体系，主要可分为思维能力、技艺能力、沟通能力、学习能力等四个方面。目前教育中，能力缺乏是个普遍而严重的问题。世界各国在这方面都有反映，而中国由于历史传统和现实条件，能力缺乏的情况尤为严重，如思维能力和沟通能力的学习基本上是空白。

品德——包括基本道德、社会公德、职业道德、人生观、世界观等。改革开放以后，注意了克服高大空的毛病，但基本道德缺失成为最大问题，职业道德一直未形成规范性的内容，而在教育方法上的形式主义甚为普遍。

笔者曾多次论及，在教育方法上，知识靠传授、能力靠训练、品德靠养成，而实践教育思想应贯穿始终。

4. 教育中的问题

中国教育中的问题颇多，简单罗列如下。

（1）教育目标脱离社会需求，教育结构严重不合理；政策导向上各级各类学校都向上看齐，自我拔高，造成千校一面、缺乏特色。

（2）混淆不同类型与层次，贬低应用型人才与职业教育；近期虽有较大变化，但全社会舆论环境已形成，要改变非一日之功，政策导向上也还存在不少问题。

（3）改革开放之初，政府投入严重不足，促使各类学校自主经营，教育产业化之风甚盛，其后虽然相关部门声明从未提过"教育产业化"，但政府投入不足长期存在，实际上形成了种种利益关系和既得利益集团，要改变难度很大。

（4）学校（主要是高校）工作不是以教学为主导，而是以科研为主导，而科研并非围绕育人开展，教师和各级干部把大量精力花在跑项目、争经费上。

（5）实践教育严重短缺，缺乏全社会的支持。

（6）教学效果差，存在大量无效劳动，如英语教学、部分政治课和很多内容陈旧的专业课。

这些问题的解决将是一个漫长的过程，世界各国都在研究教育改革，关键在于行动。

从全社会来看，教育对人才的成长起到关键的基础作用。教育事业繁荣和人才辈出应该是紧密联系在一起的，但是如前所述，人不是机器或物质产品，人存在自我矫正、自我发展的能力，在教育阶段即使效果差一些，只要本人努力，有相应的环境，仍然可以在人生道路上取得成功，甚至个别天赋很优异的人不屑于在学校教育中受规范性的约束，主动离校创业而取得了享誉世界的成功，当然这是极个别的人，是可遇而不可求的。从绝大多数人来看，还是要接受正规教育，走上工作岗位然后逐渐成长起来，如果学校教育差一些，通过自己在工作实践中的努力，还是可以弥补过来的。所以，目前尽管大家对教育意见很多，所谓创世界一流大学到现在也还没有看出多少效果来，但由于中国经济社会发展实践中的巨大体量和提升水平的要求，各行各业还是出现了一大批优秀人才。当然，在这种情况下，成才的道路会长一些，个人和社会所付出的代价会大一些，也就是人力资本形成中成本会高一些、效益会差一些。对人力资本问题，我国缺乏深入的研究，因此，问题就说不透。本人在十多年前，曾写过一篇《论人才产业》的文章，提出了这个问题，但也没有研究下去，本文只是想再次提出这个问题，希望能引起人们的重视，认真加以研究。

职业技术教育

——工匠精神研究[①]

　　2016 年 11 月 6 日，本人应邀参加了由苏州市职业大学和中国自然辩证法研究会工程哲学委员会共同举办的"弘扬工匠精神，创新工程教育"高层论坛，会上谈了对工匠精神的理解和思考。《苏州市职业大学学报》"职业技术教育"栏目连续发表了工匠精神研究文章，本期邀请我为栏目主持人，在此，就传承工匠精神、如何培育工匠精神提出了自己的思考和建议。

一、工匠及工匠精神

　　科学是发现事物规律的研究活动，技术是探索和改变事物的实践活动。劳动者的手艺，称之为"技"；能用以解决实际问题为"技能"；有艺术与美的价值，则称为"技艺"。知识有显性知识与隐性知识的区分，能力也分为操作能力和思维能力。工匠主要是指通过大量实践积累了较多隐性知识的掌握某一方面专门技术的专业劳动者。工匠精神，是指工匠对自己的产品精雕细琢、精益求精的精神理念。表现为不断雕琢自己的产品，不断改善自己的工艺，追求完美和极致，对精品有着执着的坚持和追求。

---

　　①　本文 2016 年 12 月发表于《苏州市职业大学学报》。

二、传统工匠精神

传统工匠的时代特征是农业社会，工匠以手工业者和个体劳动的小生产者为主。工匠精神内涵主要是执着、求精的劳动态度，以个体为主的劳动方式。劳动内容包括产品制造、服务和技艺方面的独立发挥，劳动效果上追求完美、追求产品的特色和独特的外形。职业伦理追求负责的精神和产品的物有所值。传承方面是以人身依附关系学徒制为主，个体世代传承。

三、工业化时代的工匠精神

工业化时代，社会特征发生了巨大的变化，劳动者的主体是现代工业劳动者，劳动方式以大生产、分工协作为主。工匠精神的内涵主要体现为：集体有组织的劳动方式，工作内容上专业分工明确，以特定的工序在专门的劳动岗位上工作。劳动效果方面执行统一的标准、规范和进度。职业伦理方面执行岗位职责和集体主义。劳动态度方面在建立在劳资关系上保持了执着、求精的工匠传统。工匠精神的传承以教育、培训等现代学徒制的集体传承方式为主，仍有个人专长存在，手工业仍然存在，但已逐渐向特色化演变。

四、新时代的变化与思考

随着信息化时代的到来，信息技术改变劳动生产方式，人机结合分工合作。呈现了差异化的生产需求和规模化的生产方式，生产和服务结合越来越密切。工匠实际操作比重减小，管理、服务比重上升；劳动特征发生了变化，从简单劳动到复杂劳动，从人的机器化（单纯简单动作）到机器的人性化，传承方面更关注人的可持续发展。从发展过程看，为"个体—集体—个体"且呈螺旋上升过程。因此，要处理好"特色和标准，个体和集体，知识产权和传播，创新和规范，实用和艺术"等方面的关系。中国目前还处在工业化阶段，同时还要向信息化领域发展，要补工业化时期的课，打好基础。要全面理解现代工匠精神。而特色手工业还会长期存在，现代工匠应成为工程人才中的一个重要组成部分。

后　记

首先，衷心感谢周济院长在百忙之中为本书作序，肯定了本书的主题和主要内容，积极评价了我的工作。

二十年前我刚开始接触教育事业之时，张维先生以他多年的教育经验、学识和热情给予了我很大的启示，在我们共同主持下完成的中国工程院第一份关于工程教育的调查报告过程中，从张先生身上，我看到了老一辈教育家的高尚风貌，今天仍历历在目。在此谨向张维先生表示衷心的敬意和深切缅怀之情。

在本书撰写过程中，姜嘉乐同志给予了很大的帮助，以他对教育事业的深刻理解和多年来作为中国工程教育研究主要刊物主编的深厚功底，对"工程学概要"和"关于工程教育和一般教育问题的再思考"进行了非常认真地阅读和思考，提出了很多具有启发性的构想和中肯的修改意见，实际上本书最初就是在他提议基础上产生的。

王孙禺、沈廉、张彦通等同志在两份调查报告形成的过程中做了大量工作，对他们的辛勤付出和贡献在此一并表示感谢。

任博同志在书稿的资料收集、文字处理上不厌其烦地做了大量工作，起到了重要的作用。本著作受上海工程技术大学学术著作出版专项资助。上海工程技术大学高等教育研究中心的同志们参与了工程概论和工程教育改革中的多次讨论，提供了学校改革中的实践情况和相关资料，在此一并表示感谢。

我本人是做技术工作出身的，后来做了一段时间管理工作，也只是局限在邮电通信事业的管理中，对其他工程领域的知识大多是到中国工程院工作后从与各领域院士、专家们的交往和一些活动中学到的，对社会科学方面的知识也大多是在与中国社会科学院、高校的同志们的交往中获得的，在此一并表示谢意。当然大多只是学了一些皮毛，有不当之处还望给予指正。

郑重声明

高等教育出版社依法对本书享有专有出版权。任何未经许可的复制、销售行为均违反《中华人民共和国著作权法》，其行为人将承担相应的民事责任和行政责任；构成犯罪的，将被依法追究刑事责任。为了维护市场秩序，保护读者的合法权益，避免读者误用盗版书造成不良后果，我社将配合行政执法部门和司法机关对违法犯罪的单位和个人进行严厉打击。社会各界人士如发现上述侵权行为，希望及时举报，本社将奖励举报有功人员。

反盗版举报电话　　（010）58581999　58582371　58582488

反盗版举报传真　　（010）82086060

反盗版举报邮箱　dd@hep. com. cn

通信地址　北京市西城区德外大街 4 号

　　　　　高等教育出版社法律事务与版权管理部

邮政编码　100120

防伪查询说明

用户购书后刮开封底防伪涂层，利用手机微信等软件扫描二维码，会跳转至防伪查询网页，获得所购图书详细信息。也可将防伪二维码下的 20 位密码按从左到右、从上到下的顺序发送短信至 106695881280，免费查询所购图书真伪。

反盗版短信举报

编辑短信"JB，图书名称，出版社，购买地点"发送至 10669588128

防伪客服电话

（010）58582300